中文社会科学引文索引
（CSSCI）来源集刊

城市史研究

（第41辑）

URBAN HISTORY
RESEARCH

张利民　主编

天津社会科学院　中国城市史研究会　主办

社会科学文献出版社
SOCIAL SCIENCES ACADEMIC PRESS (CHINA)

《城市史研究》编委会

主　　任　靳方华

编　　委　(按姓氏拼音为序)

　　　　　　陈国灿　何一民　李长莉　苏智良　涂文学

　　　　　　熊月之　张景诗　张利民　钟会兵　周　勇

主　　编　张利民

本期执行主编　任云兰

副 主 编　任云兰　任吉东　王　敏　范　瑛　李卫东

编　　辑　(按姓氏拼音为序)

　　　　　　成淑君　龚　宁　刘凤华　万鲁建　王　静

　　　　　　王　丽　魏淑贇　吴俊范　熊亚平　杨　楠

　　　　　　张　弛　张献忠

目 录

城市规划与空间

近郊大学校园建设与近代天津城市空间的现代性演进 …… 何　睦 / 1
沦陷时期北平房荒与日伪举措 ……………………………… 魏　坡 / 13
南非约翰内斯堡贫民窟问题研究（1910~1960） …………… 尚宇晨 / 29
发展中国家低收入群体住房政策
　——以巴西政府对里约热内卢贫民窟的治理为例 … 刘　明　蓝　海 / 48

市政与城市治理

制度、法律与观念：民国时期的设"市"纠纷 ……………… 赵　斐 / 63
民国时期兰州城市保甲及其经费问题考略 ………………… 柳德军 / 84
1946~1948年国民政府在天津征兵研究 …………………… 郑　帅 / 102

城市经济

无声的抗议：近代胶州地区华商走私初探（1899~1912）
　……………………………………………… 马斗成　张欣羽 / 116
晚清民国时期的烟台抽纱花边业 ………………… 唐家路　崔研因 / 130
近代城市发展与银行区位决策
　——一项基于上海的研究 ………………………………… 伍伶飞 / 144
营业时间与近代天津社会变迁 ……………………………… 成淑君 / 154

思想观念与文化

从天津法律学校看明清法律与社会的关系 …………………… 王 静 / 168
消费的现代性：20世纪初的西式餐饮与都市生活
……………………………………………………… 田 涛 尹斯洋 / 182
20世纪二三十年代天津女性的时尚消费 ……………………… 王萌萌 / 198
由报及局：从《北洋官报》到北洋印刷局 …………………… 杨莲霞 / 210

慈善与社会控制

抗战胜利后上海尊师运动述论 …………………… 张秀丽 张吉玉 / 227
民国初年华北灾荒与京津艺界赈灾义演 ……………………… 桑慧荣 / 243

城市环境

感观与科学：近代四川城市河流水质的判读 ………………… 张 亮 / 257
资源、环境与权益：天津墙子河的近代排污转型及影响 …… 曹 牧 / 275

会议综述

"中国与世界：多元视野下的中国城市史研究"学术研讨会暨中国
　城市史研究会2018年会综述 …………………… 范 瑛 汪 琪 / 289
近代以来华北城市与乡村变迁学术研讨会综述 ……………… 刘凤华 / 295
"大运河历史文化遗产资源与运河文化带建设"学术研讨会
　综述 ……………………………………………………………… 杨 楠 / 301

稿 约 ……………………………………………………………………… 307

Contents

Urban Planning and Urban Space

The Construction of Campus on the Outskirt and the Evolution of Urban Space in Modern Tianjin　　　　　　　　　　　　　　　　　　　　　　　*He Mu* / 1

The Housing Shortage in Peiping and the Moves of Japanese Puppet Regime During the Occupation　　　　　　　　　　　　　　　　　　*Wei Po* / 13

Slum Study in Johannesburg: 1910 – 1960　　　　　　　　　*Shang Yuchen* / 29

A Research of Housing Policies of Low Income Families for Large Developing Countries Research: The Brazilian Government's Managements and Enlightenments to the Slums of Rio de Janeiro　　　　　　　*Liu Ming & Lan Hai* / 48

Municipal Administration and Urban Governance

System, Legislation and Concept: An Analysis on the Dispute of Establishing "City" in the Republic of China　　　　　　　　　　　　　　　*Zhao Fei* / 63

The Research on Lanzhou Baojia System and Its Fund in the Republic of China
　　　　　　　　　　　　　　　　　　　　　　　　　　　　Liu Dejun / 84

A Study on the National Government Conscription Study in Tianjin, 1946 – 1948
　　　　　　　　　　　　　　　　　　　　　　　　　　Zheng Shuai / 102

Urban Economy

Silent Protest: A Probe into Smuggling of Chinese Merchants in Kiautschou from

1899 to 1912　　　　　　　　　　　　*Ma Doucheng & Zhang xinyu* / 116

Yantai Lace Industry in the 1890s to the 1940s

　　　　　　　　　　　　　　　　　　　Tang Jialu & Cui Yanyin / 130

Urban Development and Location Choice

　——A Study on Banking in Modern Shanghai　　　*Wu Lingfei* / 144

The Business Hours and the Social Change of TianJin　*Cheng Shujun* / 154

Ideas and Culture

The Relationship between Law and Society in Ming and Qing Dynasties in

　Perspective of Tianjin Law Schools　　　　　　　*Wang Jing* / 168

Modernity Consumption: Western – style Food and City Life in 20th Century

　　　　　　　　　　　　　　　　　　　Tian Tao & Yin Siyang / 182

Tianjin Women's Fashion Consumption in the 1920s and 1930s

　　　　　　　　　　　　　　　　　　　　Wang Mengmeng / 198

From *Beiyang Official Newspaper* to Beiyang Printing Bureau

　　　　　　　　　　　　　　　　　　　　Yang Lianxia / 210

Charity and Social Control

A Review of the Respecting Teachers Movement in Shanghai after the Victory of

　the War of Resistance against Japanese Aggression

　　　　　　　　　　　　　　　　Zhang Xiuli & Zhang Jiyu / 227

The Famine of North China and the Disaster Relief Performances of the Beijing –

　Tianjin Art Circle in the Early Years of the Republic of China

　　　　　　　　　　　　　　　　　　　　Sang Huirong / 243

Urban Environment

Perception and Science: The Interpretation of River Water Quality in Cities of

　Sichuan in Modern Times　　　　　　　　　　　*Zhang Liang* / 257

Contents

The Resource, Environment and Rights: The Drainage Transformation and
   Influence of Qiangzi River in Early Modern Tianjin *Cao Mu* / 275

Summaries of Symposiums

Summary of "China and the World: A Study of Chinese Urban History from the
   Perspective of Pluralism" and the 2018 Meeting of the Chinese Urban History
Research Society *Fan Ying & Wang Qi* / 289
Summary of the Symposium on Urban and Rural Changes in North China since
   Modern Times *Liu Fenghua* / 295
Summary of the Symposium on "Grand Canal Historical and Cultural Heritage
   Resources and Construction of Canal Cultural Belt" *Yang Nan* / 301

Abstract / 307

·城市规划与空间·

近郊大学校园建设与近代天津城市空间的现代性演进[*]

何 睦

内容提要：在近代中国城市化进程的起步阶段，位于近郊的大学校园是构成现代城市空间格局的重要元素。以天津为例，为了解决发展空间的问题，北洋大学和南开大学分别在距天津市区5公里以内的近郊，建设了花园式校园。这不仅提高了自身的办学环境，而且成为城市空间拓展的推动因素和城市景观构建的重要组成部分，并且在近代天津市中心区域半殖民地化的历史背景下，加载了民族自强的符号意义。

关键词：天津城市空间 北洋大学 南开大学

按照大学与城市的地理关系，大学校园可以分为城市型、乡村型和近郊型三种类型。其中，前两种类型均为西方古典大学的既有形式，分别以法国巴黎大学、英国牛津大学和剑桥大学为典型代表。而近郊型大学则是伴随工业社会的城市扩张，在较为晚近的时期出现的新型空间关系。作为现代大学校园的主要形式，近郊型大学不仅是一种空间描述，而且包含了独特的建筑内涵。市郊广阔的土地可以构建宏大的花园式校园，同城市"适度隔离与适度联系相协调"的距离既可以使师生免受城市的喧嚣，[①]又保持了与城市社会的联系。从城市的角度来说，郊外的大学校园既是城市空间的延伸，又是独立于城市空间的变量。对于后起的中国城市来说，这

---

[*] 本文系国家社科基金后期资助项目"象牙塔与摩登天津：一组近代中国大学与城市关系的考察"（18FZS057）阶段性成果。

[①] 〔美〕F. L. 奥姆斯特德：《美国城市的文明化》，王思思等译，译林出版社，2013，第218页。

重变量可以成为城市化进程中所必需的现代性元素。

近代以降，中国城市面临的首要课题，莫过于从农业社会背景下的传统城市向工业社会的现代城市转化。由于历史机缘，天津是近代中国最早开启城市化进程、出现空间拓展的城市之一。伴随近代洋务运动、租界的划定和拓展以及袁氏新政，到20世纪初，天津市区面积已经增加了数倍。而伴随城市现代化进程的深入，天津不但成为近代大学的肇始之地，而且也是高等教育发展最快的城市之一，到20世纪30年代，天津已有各级大学6所。[①] 其中，就区位来说，规模最大、知名度最高的北洋大学和南开大学，均为比较典型的近郊型大学。它们不仅构成了天津现代文化教育的顶层，而且与城市的空间拓展息息相关。本文力图通过天津的历史经验，管窥近郊型大学校园在中国近代城市发展史上所起到的作用。

一 大学校园的变迁与天津城市空间的拓展

北洋大学是近代中国自主创办的第一所公立大学。1895年，由清末洋务运动的核心人物之一、时任天津海关道的盛宣怀筹资创立，初名"天津北洋西学学堂"，1896年更名为"北洋大学堂"（以下简称北洋大学）。创校之初聘请美国教育家丁家立（Tenney Charles Daniel）担任总教习，以美国耶鲁大学为蓝本进行专业设置。不过，最初的北洋大学并非设于城市郊区，而是由天津旧城大营门地区闲置的博文书院[②]改建而来。入驻以前，校方在结构布局方面进行了相应的调整，将主校舍改建为由一套四合院式大楼和相连接的平房组成的封闭式空间，将教室、图书馆、学生宿舍等机构容纳其中，并围合出一个植有草皮和树木的中心庭院。这一空间体系类似欧洲古典"学院"的设计，即通过建筑物的墙体把校园空间与城市空间分隔开来，将师生活动控制在一个封闭空间中。作为中国近代最早的大学

[①] 分别为北洋大学、南开大学、天津工商大学、河北工学院、河北法商学院和河北女子师范学院。参见赵宝琪、张凤民编《天津教育史》上卷，天津人民出版社，2002，第342页。

[②] 博文书院本是1886年由时任天津海关道周馥设立，旨在"课以中西有用之学"的新式学校。但因经费问题，一直未能开办，校舍闲置被抵押给银行。后由盛宣怀向银行赎回校舍，以为开办北洋大学之用。参见北洋大学—天津大学校史编辑室编《北洋大学—天津大学校史》第1卷，天津大学出版社，1990，第41页。

校园，北洋大学采用封闭结构不是偶然的。它传承了中国传统书塾的建筑习惯，同时也充分表明了早期中国大学将自身定位为神圣的"象牙塔"，不希望受到外界的打扰。就这一点来看，在清末出现的京师大学堂、山西大学堂等早期大学校园莫不如是。

庚子事变以后，北洋大学大营门校园被德军占据，不得不另觅校址。1903年，时任北洋大臣的袁世凯指定在城北西沽武库重建北洋大学。西沽武库建于1892年，位于北运河南岸、西沽村北部，距天津市区4公里，占地约350亩，是清军屯聚军械弹药的军事重地，庚子之后处于废弃状态。北洋大学便以这块"政府拨付"土地为基础，开始重新规划建设新的校园。武库原先的8座大库房中，2座改为教室，6座改为学生宿舍，并新建了别墅式的外国教员宿舍楼、中国教员宿舍平房及学务处等办公用房。此后，又经过几次改扩建，陆续添建了理化室、机械室、电灯房、自来水池、图书馆、体育室、运动场（包括篮球场3块、网球场5块、足球场1块）等建筑和设施，逐渐发展成功能完备的现代大学校园。

南开大学则是中国近代最为知名的私立大学之一，由教育家张伯苓于1919年创办。起初并未独辟校园，而是在位于市区的南开中学南端设立大学部，主要校舍建筑仅为一座新建三层教学楼，教学与办公均置于此。随着办学规模的不断扩大，原有办学场地很快就捉襟见肘，必须迁移校址。当时天津市内的地价日益昂贵，寻找上百亩规模的大学用地相当困难。于是，校方将视线转向市区以外，1922年，经过多方努力，南开大学在城南3公里处的八里台地区，"由捐、购、租的地七百余亩"适于作为建校的敷地。[①] 翌年6月，主教学楼及学生宿舍、临时图书馆等建筑竣工，校园初具规模。到抗战爆发前，又陆续添建了科学馆、主图书馆、女生宿舍、教员住宅等建筑，总占地面积约400亩（其余未开发土地做预留地）。

从这两所大学的发展历程来看，最初的选址均未出市区。不过，由于城市本体容量很难满足现代大学发展的空间需求，所以即使大学落户于城市中心，也会受到空间的限制，被迫迁出市区。南开大学早年因"地方狭窄，难于扩充"而迁址八里台就是一个典型例子。[②] 而将校园迁至城市郊

---

① 吴大猷：《南开大学和张伯苓——大学和校长的特色》，王文俊、梁吉生等编《南开大学校史资料选（1919～1949）》，南开大学出版社，1989，第71页。
② 《迁移校址》，《南开周刊》第21期，1923年。

外后，最直接的便利就是可以获得更大的办学用地。因此，20世纪二三十年代以后，中国许多知名学府都直接选在城郊建立校区，如中央大学之于南京，燕京大学、清华大学之于北京，交通大学之于上海皆然。另一方面，远离市中心的恬静校园也为人才培养提供了良好的条件。据校友回忆抗战前的北洋大学："有自然之风景，无都市之烦嚣，同学课余散步，假日野餐，或河边垂钓，随兴所至，都属幽境。置身其间，心旷神怡，实为最理想的学术研究环境。"[①] 无独有偶，南开大学学生也认为学校"因为是在郊外，更可以超脱出闹市中的尘嚣之扰，称得起作高等学府的雅静的所在"。[②]

而对于天津来说，大学校园则为城市化提供了难得的动力。首先，两所规模巨大的大学校园及其所携的现代建筑群，在空间上形成了一根支撑南北的轴线，起到了将城市建成区域环状扩大的效果，奠定了此后天津西部的地理格局。其次，为了服务于大学师生的日常需求，水、电等城市基础设施逐步进入了原本人迹罕至的郊区。譬如，北洋大学自设水厂，设施齐全，以临近的北运河为源自制自来水，污水处理也有专门设备。[③] 而南郊地区甚至由于南开大学的存在，早在20世纪20年代就得以通电。"在南开大学迁建八里台前，电力公司的线路并未拉到那里，所以没有电。南大自然消耗大量电力，公司洽妥学校当局后，方将线路拉到八里台，城南一带方有电力供应。"[④] 而最重要的是交通，虽然学校不再占用城市中心区的空间，但是现代交通体系维持了大学校区与城市之间的便捷联系。在城市北部，西沽一带与市区原本主要依靠北运河渡船联系，北洋大学迁校后开辟了"大学道"通达市区，[⑤] 汽车和人力车均可通过，30年代以后又有公交线路相连。南开大学由于直面市中心，交通更加便利。"校门前便是一条通天津与小站的汽车道。顺着这条马路向北，可以经海光寺、南关下头，而直达旧城的南门。假若要到繁华的租界区域里去，只于在海光寺那

[①] 张国柱：《北洋大学的回顾》，《国立北洋大学》，台北，南京出版有限公司，1985，第80页。
[②] 王之杰：《南大地理概要》，王文俊、梁吉生等编《南开大学校史资料选（1919～1949）》，第28页。
[③] 《国立北洋大学一览》，国立北洋大学，1924，第13页。
[④] 张源：《从小事看南开》，陈明章编《国立南开大学》，台北，南京出版有限公司，1981，第294页。
[⑤] 魏传基：《北洋忆往》，左森编《回忆北洋大学》，天津大学出版社，1989，第129页。

里向东一转弯亦便算到了。无论在那里码头或车站，都可以人力车或汽车代步而顺着相当的路线直达校门。"[①]

沿着通往两校的道路，新的民居和商户很快填充了这片中间地带，城市化的脚步又使大学在空间上的独立开始逐渐消失。当1946年因抗战内迁的北洋、南开师生回津复校时便发现，从西沽到北运河、从八里台到海光寺（旧日租界南部）间已经遍布民居，原本坐落于郊区的校园无论是按照行政区划还是在社会大众的意识中，都是市区的一部分了。显而易见，在近代天津尚缺少长期稳定的城市规划的情况下，大学的人文吸引力，以及通达便利的交通和完备的基础设施，使城郊的大学校园自然成为城市空间扩张的坐标。

二　大学校园与城市景观构建

早在西欧中世纪的古典大学时期，城堡式的学院建筑内部就有被称为"Campus"的小块草地。1817年，托马斯·杰斐逊在美国弗吉尼亚州的夏洛茨维尔市，以低建筑密度和田园式开放空间的全新理念创建了弗吉尼亚大学，自此宣告了现代大学校园形式的诞生。"Campus"这个概念也被赋予了新的含义，它不再仅仅限于教学楼前面的绿地，而延伸为对融入大自然的整个大学区域的代称。到1898年，英国建筑理论家埃比尼泽·霍华德发表了题为《明日的田园城市》的专著，阐述了"田园城市"的理论，提出现代城市景观建设规划的标准，必须突出园林绿化。[②] 大学校园也就此成为"田园城市"的一个片段。

20世纪初的天津，北洋师生从来到树林绵延、水塘交错的西沽伊始，便已意识到在此处建立大学校园的景观意义："本院天然风景甲于津市，故一切得之天然独厚（见图1）。该处地方僻静，空气新鲜，将来稍事修理，不但为津市绝妙之天然冰场与泗水池，且亦为津市唯一良好之空气浴场与日光浴场。"[③] 20世纪30年代初，北洋大学进入办学资金相对稳定的

[①] 王之杰：《南大地理概要》，王文俊、梁吉生等编《南开大学校史资料选（1919~1949）》，第27页。
[②] 〔英〕埃比尼泽·霍华德：《明日的田园城市》，金经元译，商务印书馆，2000，第10页。
[③] 《本院天然冰场修理完毕》，《北洋周刊》第4期，1933年。

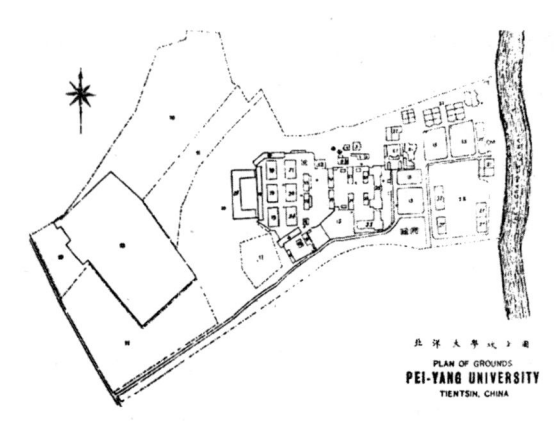

图 1　北洋大学校区图

资料来源：《国立北洋大学一览》，第 4 页。

时期后，便着手制定校景规划方案，开始进行有计划的校园改造。这主要包括在校园内空地种植花圃，将校内马路拓宽，将学生宿舍附近的池水改建成"北洋大学溜冰场"，以及在正门前北洋桥下的排水沟栽植荷花等。[①]

除了对校内环境进行整修以外，北洋大学也如许多位于城市近郊的世界名校一样，将校园景观的营建延伸到通往城市方向的毗邻区域。北运河从北洋大学校园北部和东部环绕而过，河畔原有桃柳种植，景色优美。北洋迁址于此后，校内师生"游散赏景者日多一日"。[②] 加上出于环境卫生的考虑，虽然是校墙之外的景观，学校也视其为校景之一部，加以重视："西沽桃花，驰名津沽，为津市风景之一，对于本院之风景与卫生，关系尤巨。"[③] 因此，校方不但按期修整河边大路，补种各处花草，还在工程教育家蔡远泽担任校长期间（1930～1932），利用建设学生宿舍退回的工程余款，"购入大量桃秧柳苗，遍栽西沽马路两旁"。[④] 经过数年悉心栽培，一度衰颓的"桃花堤"在北运河沿岸得以再现。而优美的景观又加深了学校与城市的联系。自"桃花堤"恢复以后，每年都有大量天津市民前来西沽巡游。游人在参观桃花之余也常顺便进入北洋大学校内游览："本院内院外，桃花林下，布满游人踪迹，各校旅行团，结队来游者尤众，且有童

---

① 《洋灰桥下，改植荷花》，《北洋周刊》第 42 期，1932 年。
② 《扁舟一叶送夕阳》，《北洋周刊》第 43 期，1932 年。
③ 《西沽桃花翠柳问题》，《北洋周刊》第 50 期，1934 年。
④ 《本院培植西沽桃花》，《北洋周刊》第 17 期，1932 年。

子军数团，在院外森林，搭支帐篷，流连不去，每日上午十时至下午六时，天津仕女之前来观花者，络绎于西沽道中。"① 对于来访的市民，校方不但不会阻止，而且还以此为契机，加强校内的环境建设。"桃花渐开，日来游人甚多，为观瞻起见，各处早有大加整刷之必要……调用闲散工友，日夜赶做，顿使本校气集一新。"② 可以说，桃花堤是近代大学通过景观营造，加强与城市社会联系的一个典型范例。

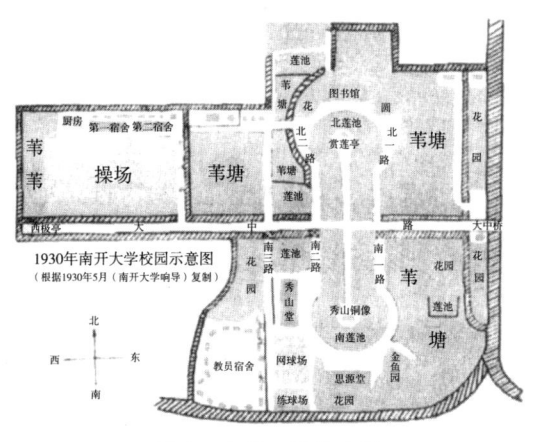

图 2 南开大学校区图

资料来源：南开大学校史编写组编《南开大学校史：1919~1949》，南开大学出版社，1989，第 96 页。

而在城市的西南隅，后起的南开大学则进一步体现了现代大学校园与自然环境直接融合的理念。南开大学所在的八里台本是天津南部的一片湿地，南开选址此处以前这里还很荒凉，除了村民耕种的稻田，到处是低洼水沼，大小池塘连绵不绝。在此建校的南开因地制宜，参考了美国大学校园向社区开放的思路，大胆取消了围墙的设置。这使南开的校园景观不再有内外之分，而与自然环境完全融为一体。校方进而充分依托原有环境，以水为主题进行花园式校园的规划（见图2）。整个学校不仅被支河细流所环绕，就是校内也是小溪纵横交错，具有水乡田园风光。校园内部采用对称式规划，以正对校门的大中路为中轴，各教学楼和设施分置两侧，以天

---

① 《西沽桃花盛开游人如云》，《北洋周刊》第 18 期，1935 年。
② 世日：《移花接木焕然一新》，《北洋周刊》第 39 期，1932 年。

然池塘为校景，近似于美国伯克利大学的校园布局。学校还将四五处面积较大的水域种上荷花，改造为莲池。这样，"小溪、莲池、花树、苇塘，伴着红房、水塔、平顶及圆顶的欧式建筑，使整个校园宁静秀丽，时常引来国内外人士以及天津市民到校参观、游览"。① "每逢假日，仕女老幼，文人名士，诗人乐家，学子庶人辄络绎而来，徘徊于大中路上，奔驰于百树村边……南望田园阡陌成行，北眺苇塘风哨鸟鸣。"②

在已经高度都市化的天津，"南大不只占有全市教育上的重要位置，并且在地理上亦被视为少有的'乐园'"。③ 20世纪30年代，南开大学与北洋大学"桃花堤"一起，成了天津有名的风景游览区。诗人柳亚子在南开大学赋诗称道："汽车飞驶抵南开，水影林光互抱环。此是桃源仙境界，已同浊世隔尘埃。"④ 可以说，大学校园将自然景观与人文主题结合在一起，成为一个促成"诗歌生产"的景观空间。

三 围绕校园建设的近代中西文化竞合

在近代中国特殊的历史背景下，大学校园兴建的背后，还蕴含了中外文化竞争与融合的多重意涵。特别是在天津这样租界林立的城市中，无论是在城市的规划者还是在普通市民的潜意识中，都存在一种与西方的竞争意识。因此，大学校园成了一个多重意义的神圣空间。这种神圣性不仅仅是象牙塔之于普罗大众的神圣，而且也是对抗外来入侵的民族主义的神圣。因此，大学校园的兴建带有强烈的民族自我正名的意味。毁于八国联军的北洋大学在庚子以后迅速复校，便有这一民族心理的背景。

早在1864年第二次鸦片战争以后，英法便在天津开辟了租界。庚子事变以后，又有多国列强争相在津划定和扩充租界，天津一度出现了九国租界并立海河两岸的局面。由于此时列强之间存在相互竞逐的心理，各国纷纷将建设租界作为展现国家实力的手段。于是，20世纪初天津市出现了一

---

① 南开大学校史编写组编《南开大学校史：1919~1949》，第96~97页。
② 《回归自然》，《南大周刊》第111期，1931年。
③ 王之杰：《南大地理概要》，王文俊、梁吉生等编《南开大学校史资料选（1919~1949）》，第26页。
④ 柳亚子：《磨剑室诗词集》，上海人民出版社，1985，第741页。

轮城建高潮，并形成了以租界为主的新城市中心。为了对抗租界的建设潮，以袁世凯为首的天津地方政府也在海河以北划定了河北新区，以天津北部地区为中心进行城市开发，试图展示依靠中国自身力量实现城市现代化的决心和能力。在这一背景下，天津市政府将城北武库划予北洋大学复校，这无疑是以对抗西方租界为背景的城市开发战略的重要组成部分。在这一背景下，构建大学硬件的重要性甚至超过了师资的引进。因此，北洋校方便将复校资金主要用于校园基础设施的建设。其中，仅建设教学主楼就耗费了白银五万两。[①] 短短数年，原本只是郊野树林的西沽，便成了天津具有标志意义的、国人自建的现代文明展示空间。

如果说作为公立大学，北洋大学的复校表征了本土城市管理者在政府层面与西方的对抗意识，那么依靠私人捐款迅速落成的南开大学校园，则反映了天津市民阶层的民族心理。由于毗邻租界建筑群，南开上下对校园建设所承担的使命有着更加直观的感受。因此，打造一座符合世界标准的现代大学校园，是南开校方以及背后资助南开的整个天津民族工商士人阶层的共识。当秀山堂、思源堂、木斋图书馆等恢宏的大学建筑陆续拔地而起的时候，南开师生亦可自豪地宣称："用中国人的钱，在荒地和芦苇塘里，建筑起一座一座的楼房来。从南开到八里台，所有可以与外国人的洋楼对抗的，就是南开学校的建筑物，外国人扩充租界侵占中国人的土地，然而足以和外国人势力对抗的，还是南开发展的势力。"[②] 对于私立大学来说，精美的校园不只是一个消费项目，还可以为学校引来后续的社会资助。南开校方就经常邀请潜在捐款人到学校来参观，对比南开教学楼与外国租界建筑的区别，以此激发对方的民族自豪感，吸引更多办学资金。[③]

不过，校园建设虽然存在文化竞争的意味，但是校园中的建筑却丝毫没有因循中国传统建筑。由于近代以来的科学技术主要由西方传来，因此早期中国大学的主要建筑多以西方建筑元素为基调，以表此处为研究科学和文明之所。譬如北洋大学校园的核心建筑——教学主楼，采用了西方折

[①] 李书田：《北洋大学之过去》，《北洋大学纪往》，台北，北洋大学校友会，1979，第40页。

[②] 郭荣生：《南大毕业生近三年之职业调查》，王文俊、梁吉生等编《南开大学校史资料选（1919～1949）》，第335页。

[③] 南开大学校史编写组编《南开大学校史：1919～1949》，第111页。

中主义建筑风格，混搭西方各时期的古典建筑要素，入口为典型的陶立克柱式结构与半圆拱圈的结合，除地面两层外还有一层半卧式地下室。特别引人注目的是，主楼"上建四面钟塔，高耸津沽，巍然学府"。[①] 钟塔在西方是一个神圣性的建筑元素，一般出现在广场、教堂、大学等神圣空间中。早期中国大学的许多主楼都采用了钟塔这一西方建筑符号，主要是有意区别于其他城市建筑，凸显自身西方学术传播者的身份。就这一点来说，北洋大学最为典型，"这座钟，学校经常测太阳矫正，是当时天津市唯一的标准钟。钟声嘹亮，可传达到远方"。[②]

然而这种古典建筑风格并没有持续太久。随着20世纪20年代以后西方进入成熟工业社会阶段，现代主义建筑潮流开始在欧美都市中方兴未艾。而在中国的主要城市里，首先体现这一全新动向的，便是作为西方文化窗口的大学校园。在20年代落成的南开大学里，可以明显感受到大学建筑在这一时期从古典主义向现代主义过渡的倾向。以现存的（其他建筑毁于抗战）南开大学主要建筑思源堂为例，该楼建成于1925年，由洛克菲勒财团和袁世凯后人资助，留美归国的南开大学教授邱宗岳设计，初期规划作为科学馆使用。与此前的大学建筑不同的是，这座大楼虽然入口门廊仍然设计由六根古希腊风格的爱奥尼亚式柱支撑，延续了西方传统大学建筑的特征，但主立面采用了简约的清水红砖墙面，未刻意添加任何修饰，并且内部采用三层混合结构，大大增加了使用面积。这种将去修饰、重空间的典型现代主义元素与古典主义相杂糅的设计风格，在同时期南开的秀山堂、芝琴楼、木斋图书馆等主要建筑上都有突出呈现。而进入30年代以后，这一过渡趋于完成。1929年，前述北洋大学教学主楼因不慎失火被焚。校方经数年集资，于1932年建成新厦（工程学馆，后称南大楼）。在这座新建筑上古典元素已经完全消失，取而代之的是当时世界最流行的包豪斯建筑风格。新大楼外部为简约的规则矩形，远观好似方块积木的组合，凸显了现代性、工业性和实用性，成为天津市内最早也是最典型的现代主义风格建筑之一。

总之，近代中国特殊的历史赋予了大学校园额外的含义。正如福柯所

---

① 李书田：《北洋大学之过去》，《北洋大学记往》，第40页。
② 和春芳：《北洋母校大楼被焚目睹记》，左森编《回忆北洋大学》，第32页。

说:"空间是任何公共生活形式的基础。空间是任何权力运作的基础。"[①]在近代天津城市核心区租界林立的历史空间下,于近郊建设世界标准的大学校园,得到了整个城市社会的重视和支持。而作为西方科技的传道者,大学校园又不自觉地紧跟了西方现代建筑潮流的变换。这些因素的叠加,客观上使大学校园始终保持为城市中建筑思想最前沿的空间。

结 论

在探究近代中国城市化进程的相关课题时,大学校园与城市空间的互动是不应被忽视的一个方面。就这一问题来说,天津为我们提供了一个较为典型的观察文本。从城市现代性发展的视角来看,位于城市近郊的北洋大学和南开大学校园,在天津城市空间的演进过程中,至少扮演了三个角色。

首先,城市不仅是大学的载体,大学校园也是城市空间的构成力量。在天津市内空间受到外力破坏和相对饱和的情况下,北洋大学和南开大学来到地广人稀的郊外,除了为自身觅得了理想的办学环境以外,也带动了天津南北郊区的开发,为天津市区的延伸拓展提供了支点。

其次,大学校园本身亦为重要的城市景观。所谓城市景观,应是自然景观与人文特色的结合。[②] 两座大学无一例外地根据自身的校园建设理念,对原生态的自然环境进行了开发和改造,在美化教学环境的同时也造就了现代城市所必需的"花园"式风景,实现了自然景观向城市文化景观的转化,进而在近代中国城市园林尚欠充足规划的时期,承担了郊野花园的功能。

最后,构建现代化的大学校园对于近代城市的社会心理具有双重意义。天津虽然是最早开启城市现代化进程的城市,然而其空间现代性主要来源于外国租界的"加持"。因此在租界以外兴建现代化的大学校园,于民族心理、政治意义方面均影响巨大。而中国近代大学西方文明传播媒介的身份,又决定了大学建筑是世界建筑潮流最紧密的跟随者和展示者。也

[①] 〔法〕米歇尔·福柯、保罗·雷比诺:《空间、知识、权力——福柯访谈录》,包亚明编《后现代性与地理学的政治》,上海教育出版社,2001,第13~14页。

[②] 魏向东:《城市景观》,中国林业出版社,2005,第175页。

就是说，一方面大学校园的建成，在政治上表现了民族主义的情绪；另一方面紧跟西方建筑风格变换的校园建筑，又体现了文化上开放求知、追赶世界的迫切。这也是在外来冲击下开启现代化进程的天津城市灵魂的映射。

作者：何睦，天津师范大学教育学部

（编辑：万鲁建）

沦陷时期北平房荒与日伪举措

魏 坡

内容提要：受日本侵华战争影响，大量外来人口迁入北平，导致房屋供不应求。加之房屋市场的投机行为、日本人强占强租和物价飞涨，造成严重的房荒，给北平市民和日本人的生活以及政府机构的运行造成困难。为维持社会稳定，保障日本人生活质量以及日伪机构和公务人员的运作和工作，日伪政权采取了一系列应对举措。日伪政权殖民统治的本质决定了其无法从根本上解决房屋供求问题和物价问题。日伪政权将重心放在了整治房屋租赁方面，但收效甚微。

关键词：沦陷时期　北平房荒　日伪政权

北平沦陷前，因为国都南迁，政商各界人口大减，房屋自此过剩，房租十分低廉。而沦陷时期，受战争与殖民统治影响，不仅人口激增，房屋供不应求，而且物价飞涨，导致民众难以负担房租，形成了严重的房荒[①]。为维持社会稳定，服务于殖民统治，日伪政权制定了一系列应对举措。房荒是严重的社会问题，深刻影响着民众生活，也折射出城市的社会面貌。早在1942年，从北平逃到解放区的于力，发表了报告文学作品《人鬼杂居的北平市》，其中"北平房荒"一节是最早关于沦陷时期北平房荒的介绍。[②] 此后相关研究长期不足。近年来随着沦陷区研究逐渐引起学界关注，一些研究也涉及北平房荒，但基本是在其他主题下有所涉及，缺乏专题研

[①] 房荒指住宅情况恶化，多数人难以解决住宅问题。沦陷时期北平房荒，主要体现在数量上的房屋供不应求，经济上的民众无力承租房屋。有关房荒概念，参见〔日〕矶村英一《城市问题百科全书》，黑龙江人民出版社，1988，第394、395页。

[②] 于力：《人鬼杂居的北平市》，群众出版社，2008，第29~32页。

究，导致基本史实亦含糊不清。[①] 鉴于此，本文利用相关原始档案和多方文献探究北平房荒的产生及演变，考察房荒对北平城市生活的影响和日伪政权采取的应对举措，意图通过对北平房荒的研究使今人对于沦陷区城市受战争影响的社会实态和日伪殖民统治的本质有更深的认识。

一 房荒的产生与演变

北平沦陷前，就有源源不断的周边省份人口，为生计或逃避灾乱迁入北平。从历年市民籍贯统计看，1929年、1934年、1936年外省籍人口分别占北平市民人口的49.4%、59.1%、57.5%。日本侵华战争加速了外省人口迁入北平。自九一八事变以来，东北难民大批流入关内，北平成为他们主要迁入的城市，仅1933~1934年，辽宁、吉林、黑龙江、热河籍人口就增加了13630人。[②] 北平沦陷后，日军对中共领导的抗日根据地的"扫荡""治安强化运动""清乡"及对国民党正面战场发动的局部进攻，进一步加剧华北大批人口迁入北平，导致沦陷时期北平人口急剧增长。北平市政府统计室整理的1937~1945年北平市民数量统计如表1所示。

表1 1937~1945年北平市民数量统计

单位：人

年份	1937	1938	1939	1940	1941	1942	1943	1944	1945
人数	1504716	1604011	1704000	1745194	1794449	1792885	1641751	1639099	1650695

资料来源：《十年来之北平市户口与生命统计》，《北平市政统计》第2期，1946年，第7页。

由表1可知，北平沦陷期间共增加了145979人，但分阶段看，1941~

[①] 涉及沦陷时期北平房荒的研究主要有：唐博《住在民国：北京房地产旧事（1912~1949）》，山西教育出版社，2015；王振《民国时期北平的"房荒"及住房保障》，《北京档案》2014年第6期；贾迪《1937~1945年北京西郊新市区的殖民建设》，《抗日战争研究》2017年第1期；Zhao Ma, *Runaway Wives, Urban Crimes, and Survival Tactics in Wartime Beijing, 1937-1949* (Cambridge and London: Harvard University Press, 2015) 等。

[②] 《统计资料：人口：北平市本国人口籍贯统计（附图表）》，《冀察调查统计丛刊》第1卷第3期，1936年，第14页；韩光辉《民国时期北平人口初析》，《人口研究》1986年第6期。

1945年没有增加反而减少了143754人。可见，人口急剧增长的阶段是1937~1941年，共增加了289733人。因为沦陷时期北平人口自然增长率皆为负值，① 这意味着北平人口增长的主要动力来自迁徙增长。此外，日本政府在实施侵华国策的同时，鼓励日本人扩张性移民，于是大量日本人也迁入北平。日本商工会议所和北平日本大使馆的调查资料如表2所示。

表2 1937~1943年北平市日本人口统计

单位：人

年月	1937.12	1938.12	1939.12	1940.12	1941.12	1942.12	1943.2
人数	4647	26072	45416	79137	99098	99909	102087

注：根据《华北各地日侨人口（1939年12月1日）》(《社会统计月刊》第3卷第1期，1940年，第62页)，北平与四郊的日侨总人数为44430人（史料原文为44448人，但是经过对照原数据，发现计算有误），与日本商工会议所的统计相差不多。而该统计中所谓"日侨"包含了日本人34367人、朝鲜人9900人、中国台湾人181人。因此，日方的统计数据中所谓"日本人"应该也包含了中国台湾人、朝鲜人。

资料来源：《特载：第六表·北京市日本人口统计表》，《中外经济统计汇报》第6卷第2期，1942年，第8页；《特载：第一表·华北日侨人口统计表》，《中外经济统计汇报》第7卷第5期，1943年，第2页。

由表2可知，1937年12月至1941年12月，"日本人"共增加了94451人，1941年12月至1943年2月基本保持稳定。因此，1937~1941年，包含日本人在内的北平市人口增长近384184人。这一阶段的人口剧增成为北平房荒的导火索。

沦陷期间，北平房屋数量没有随着人口的增长相应增加，住房供求严重失衡。1933年，北平市共有房屋1190536.5间，其中现住房屋1088834.5间，空闲房屋还有101702间。至1936年，北平内外城的人均住房也有1.1间。1948年3月，城市人口达168万人、约32.9万户，可作住宅用房约70万间，人均约0.42间。② 1936~1948年这12年时间里，人均住房间数从1.1间下降至0.42间。由于1946~1947年，北平市区建设

---

① 北平市政府统计室编印《北平市政统计手册》，1947，第14页。
② 北京市地方志编纂委员会编《北京志·市政卷·房地产志》，北京出版社，2000，第37、38页。

住宅19000平方米，以每10平方米为一间计算，仅1900间。① 可见，抗战胜利到1948年3月，房屋间数变化很小，人口虽有较大幅度增长，但对人均房屋间数不会产生削减过半的影响。房屋供求失衡、人均住房间数严重下降主要发生在北平沦陷时期。

为解决住房问题，进入北平的日本人强占、强租大量房屋。1939年，《北华捷报及最高法庭与领事馆杂志》报道，装修精美的大房子往往被日本人以军事需要的名义强行占用。成千上万的普通房子，被租给日本人，房主往往得不到约定的租金。② 仅在1943~1945年，由伪社会局核准为日韩人住宅、商店、营业所或机关团体占用的房屋即有1843处、23514间。③ 除此之外，许多日本人还从事租房和旅馆业，扰乱房屋市场秩序。据日本领事馆警察署调查资料，1937年7月7日从事旅馆和下宿屋④的日本商铺共3间，1937年12月31日增长到27间，至1938年8月10日激增到了139间，是所有日商中增长最快的两种商铺。⑤ 1940年5月1日，从事旅馆、出租屋和下宿屋的商铺达到了279间。⑥ 于力写于1942年的《人鬼杂居的北平市》揭露了日本人的房屋生意：日本商人以台湾人或大陆人的名义向北平市民租妥房屋，随即便对房屋进行任意改造，开设下宿屋，或直接再转租给日本人，当起二房东，每间月租贵至30元，每月坐收千元收入。更恶劣的是，有些"下宿"老板、二房东以旧业主的身份，将房屋转卖给其他日本人，辗转数手，原产权主人还不知道，房子已属于旁人。这种情形，不一而足，直接受损失的是房主，间接受影响的是大多数市民。⑦

与此同时，一些有房屋有资金的北平民众也趁势而起，参与投机活动。面对住房供不应求的状况，有房贩子组织团体买卖房产，在不订立契约的情况下，用不多的成本，买定数所房屋，尔后又转手出卖，获得很高

---

① 北京市地方志编纂委员会编《北京志·市政卷·房地产志》，第38页。
② "New Currency in North China," *The North-China Herald and Supreme Court & Consular Gazette*, Jun 14 (1939): 452.
③ 北京市地方志编纂委员会编《北京志·市政卷·房地产志》，第37、38页。
④ 下宿屋，日语称呼，意为出租屋，通常是日本人将自宅或几个房间租给他人住宿，也有同时提供膳食的。
⑤ 《北京之日商职业统计》，《商业旬刊》第1卷第5期，1938年9月30日，第60、61页。
⑥ 『北支最近の経済事情』華北事情案内所、1940、114頁。
⑦ 于力：《人鬼杂居的北平市》，第31页。

的利润，进而抬高了房价。由于大部分市民无力购买房屋，主要通过租房的方式解决住房问题，① 这就使得租房市场十分兴盛，但其性质与过去的完全不同，可以说是"完全变态，相尚以诈，惟利是图"。② 有房主或者居奇勒索，或者借机要求租客退租，抬高租金后再次租出，导致频起租房纠纷。最终这些人的投机行为抬高了房价、房租，致使北平民众解决住房问题变得更为困难。

沦陷中后期，物价飞涨，导致房租持续上涨，民众无力承租房屋，经济上的房荒越发突显出来。沦陷时期北平人口变动分为两个阶段：第一阶段是1937~1941年，人口急剧增长，直接造成房屋供不应求；第二阶段是1941~1945年，太平洋战争爆发后，日本加紧对北平民众的搜刮和蹂躏，造成人口死亡大幅增加，同时又有大量人口外迁，共减少143754人。③ 从房屋供求角度而言，沦陷中后期，人口减少，房屋供求较沦陷初期有所均衡，供求关系引起的房荒略有缓解。但由于日伪政权对沦陷区竭泽而渔的经济和金融政策，导致物价上涨，尤其是在太平洋战争爆发后，物资缺乏，北平物价持续暴涨，④ 进而导致房租上涨，民众负担不起房租的房荒问题越发严重。沦陷中后期北平主要的生活必需品物价变化情况如表3所示。

表3 1940~1945年北平城内主要生活必需品物价调查情况

单位：元

时间 品类	1940年5月间价值	1941年5月间价值	1942年5月间价值	1943年5月间价值	1944年5月间价值	1945年5月下旬价值	1945年8月上旬价值	增加倍数
大米	0.25	0.45	0.90	2.00	5.50	73.00	750.00	3000.0
面粉	0.25	0.40	0.55	2.00	5.00	40.00	380.00	1520.0
房租	6.00	10.00	10.00	20.00	35.00	400.00	2000.00	333.3

资料来源：《北平邮务工会、北平邮管局关于员工生活救济问题的呈和交通部邮政总局的公函（附北京城内物价调查表）》（1945年1~12月），北京市档案馆藏，档案号：J010-001-01014。

---

① 刘爱居：《民生问题中"住"的对策》，《政建》第5卷第1期，1944年，第18页。
② 《凌霄汉阁谈荟》，《申报》1948年10月28日，第8版。
③ 韩光辉：《民国时期北平市人口初析》，《人口研究》1986年第6期。
④ 有关北平殖民经济导致物价上涨的研究，参见谢荫明、陈静《沦陷时期的北平社会》，北京出版社，2015，第59~172页。

由表3可知，1940年5月至1945年8月上旬，大米价格增加为3000倍，面粉价格增加为1520倍，房租相应增加为333.3倍。虽然房租涨幅远不及其他生活必需品，但房租属于生活开支大宗，数额甚大。在物价普遍暴涨、民众吃穿都十分困难的情况下，支付持续上涨的大额房租也就变成了极为困难的事。

二 对城市生活的影响

受侵华战争影响，北平人口激增，房屋供应不足，物价飞涨和房屋市场的投机行为又加剧了房租上涨之势。住是四大民生之一，北平房荒造成北平民众租房费用高、租房难，进而引起房主和房客之间纠纷不断。

房租费用是民众生活的沉重负担。1927年，房租费用平均占普通工人家庭生活总费用的7.5%。[1] 而在沦陷时期，租房费用却占了生活总费用的大部分。北京大学教授郑天挺之女郑晏回忆，北平沦陷不久，日军就要强占他们的住所，由叔叔郑少丹周旋，才以较低价钱卖掉，获得一点收入。此后，经济史学家黄序鹓因敬重郑天挺，将其私房以较低租金租给他们。而这较低的租金也占了沦陷区生活总开支的一半。郑晏指出，"最开始父亲每月给我们的生活费是100元，后来涨到了200元。其中前毛家湾房租100元，我们的生活费和学费100元"。[2] 而房租还在上涨中，在昆明的郑天挺为交纳儿女的房租显得十分为难。他在1940年5月8日的日记中写道："屡得家书，平寓非二百元不足用，房金尚不在内，益以房租须二百六十元，更益以汇水须二百八十五元矣，而余之所入不过三百十二元耳，今在此包饭非五十元不办，日常洗衣、剃头、零用又非二十元不办，酬应尚不与焉，月亏已四十元矣。"[3] 北京大学教授尚处于如此窘境，更何况一般民众。1945年北平市邮局差役的每月薪金一般为1000~1800元，但最便宜的房租已经涨到四五百元一间，以每个差役供应五口之家需要两间房

---

[1] 北京市地方志编纂委员会编《北京志·市政卷·人民生活志》，第324页。
[2] 郑晏口述、黄培整理《郑天挺95岁女儿口述：父亲在西南联大，我们在北平》，澎湃新闻，2018年1月25日，https://www.thepaper.cn/newsDetail_forward_1968104，最后访问日期：2018年5月12日。
[3] 《郑天挺西南联大日记》上册，俞国林点校，中华书局，2018，第269页。

为标准,每月薪金几乎只够交房租。① 随着日军加紧掠夺沦陷区,北平民众的生活基本要围绕着生存展开,吃穿住是最重要的事情。房租占生活总费用的大部分,意味着民众只有很少的费用去应付吃穿问题,沦陷区生活日趋艰难。

除了房租负担重外,能否租到房也是问题。有市民感叹,"即使是具有充实条件的租客,如押地款之特别从丰,房租之不计较,欲找一稍可如意的住房,实难于上青天。如果是中下阶层租房,则真是欲哭无泪矣"。② 即使抱着不求房屋条件如何,有房就租的心态,也未必能租到房,房东往往对房客百般刁难:"住房有老人不行,恐怕死在房子里脏了房,有小孩子不行,恐怕闲着没事拆了房,人口多不行,恐怕撵搬家'泡'了,打架打不过,大了肚子的太太不行,恐怕不久就要生出一个淘气的小孩,要一生两个也保不起,那更麻烦,单身者又不租,恐怕不是安善良民,必须要夫妻二人,又要求不生养,才算合格。"③ 甚至有人因为找房心力交瘁,最后得了胃病、精神衰弱、眼膜发炎、鼻子伤风。④

房屋不足,租金上涨,进而导致租房纠纷频起。政府和民众往往将房租上涨的原因归于人口增长后房主的投机行为,但房租上涨的主要原因还有飞涨的物价之影响。许多房东依赖收租生活,除此之外就没有其他收入来源。面对飞涨的物价,甚至房东抬高房租,"而其所增之数,远不及生活必需品所需者,于是收支悬殊,此种人均无法资生,流为乞儿"。⑤ 物价上涨,生活成本提高,房东和房客所感苦痛相等,涨点租金,非无情理可言。但问题是,房客已经无力在水深火热的生活中多给房东一些房租。不同的利益诉求无法调和,最终导致房主与房客之间纠纷不断,房客告房主压迫房客任意加租,房主告房客延不迁移,妨碍产权,甚至于演变成各种闹剧、惨剧。有将房子租来又分租给朝鲜人,并且长期不交房租拖欠至二百多元潜逃的;⑥ 有妇人房租无一日拖欠却遭房主借端驱逐迁移,走投无

---

① 《北平邮务工会、北平邮管局关于员工生活救济问题的呈和交通部邮政总局的公函(附北京城内物价调查表)》(1945年1~12月),北京市档案馆藏,档案号:J010-01-01014。
② 南光:《华北琐言:京津住房问题》,《远东贸易月报》第4卷第3期,1941年,第49页。
③ 鲁狂:《房荒》,《政建》第5卷第2期,1944年,第42页。
④ 章飞:《找房记》,《沙漠画报》第2卷第9期,1939年,第20页。
⑤ 《故都近况》,《申报》1943年5月21日,第4版。
⑥ 《欠房租举家潜逃》,《商业旬报》第3卷第3期,1939年,第5页。

路，携子跳河的。① 有人把1942年称为"房东年"，据说老文艺人程继先之死便与房东逼迫搬房有关，在程继先未搬以前，房东把房上的瓦片揭去了。②

房荒也给日本人的生活造成了困难。日本人侵占北平后，住是首要解决的问题。然而，北平的房屋太稀缺了，甚至有报道称，1938年5月，在北平的日本人超过了12000人，其中有许多日本人因为无房可住，已经到石家庄等待着迁入山西。③ 房屋成为稀缺资源，除了强占强租房屋以外，一些日本人也需要合法向北平市民租房。随着日本人不断迁入，租房越来越难，每日都可在报纸上见到许多日本人寻求租房的广告。日本人还需要通过"房纤"④与房主协议租房，为此要交纳一定的手续费。因为语言不通，也常常在具结契约时，造成很多纠纷。⑤

房租同样是日本人的沉重负担，其增长速度甚至超过了其他生活费用总物价的增长速度。由表4可见，1938年1月至1940年3月的27个月里，剔除了住宅费用的生活费用，其物价总指数上涨至192.8，而单列出来的住宅费用物价指数上涨至205.9。在日侨住房费用的六种类型——租日本屋、租中国屋、新建房屋、改造房屋、下宿、旅馆中，日侨租一间中国房屋的费用物价指数在1940年3月达到了250，新建和改造房屋的每一平费用物价指数也分别上涨至285.7和325。因为住旅馆不是长久之计，拥有北平不动产的日本人又十分有限，而且在建筑材料短缺的局势下难以新建住房，所以大部分日本人需要通过租住中国房屋解决住房问题。⑥ 因此，租住中国房屋的费用物价指数大体上可以代表日本人的住宅费用物价指数。可见，日侨住宅费用物价指数约为205.9，远远超过生活费用物价总指数192.8。而且，住宅费用在日侨生活费用中占的比重也很大，根据

---

① 陈逸飞：《撼天庐谭屑：房阀平议》，《立言画刊》第137期，1941年，第23页。
② 四树堂主：《由房东年说到文艺人之穷》，《三六九画报》第16卷第6期，1942年，第22页。
③ Oliver Frank, "Unconquerable Peking: Monarch of All He Surveys," *The China Weekly Review*, Jun 1 (1940): 9.
④ 相当于房屋中介。
⑤ 『華北事情紹介資料 第14輯 北支に於ける邦人衣食住状況』華北事情案内所、1942、23頁。
⑥ 『華北事情紹介資料 第14輯 北支に於ける邦人衣食住状況』23頁。

1941年国防妇人会北平地方本部公开发表的四口之家的生活预算，以四口之家月收入200元为标准，彼时的房屋每月租金大约为50元，加上取暖煤炭、水电等，四口之家的住宅费用为70元，占了月收入的35%。[①] 为配合日本的殖民政策，大量日本人迁入北平。人口激增导致了房屋供应不足，日本人也难租到房屋。而且，北平的物价持续走高，在北平的日本人生活费用几乎是留在本土的日本人生活费用的3倍，甚至4倍，住宅费用所占比重如此之高，又呈继续上涨态势，房荒带来的问题使得日本人十分苦恼，进而也影响到殖民统治。[②] 解决日本人的房屋供应和租房费用高的问题，也就成了日本人在北平从事殖民活动的前提。

表4 北平日本人生活费用物价指数

类型 \ 年月	1938年1月	1939年1月	1940年3月
生活费用物价总指数（生活费用总物价不包含住宅费用物价）	100	120.5	192.8
住宅费用物价指数	100	118.5	205.9
租一间中国房屋费用指数（一等建筑）	100	137.5	250.0
新建房屋费用指数	100	114.2	285.7
改造中国房屋费用指数	100	150.0	325.0

资料来源：『北京邦人生活費物価調』華北事情案内所、15-16頁。

不仅北平市民与日本人的生活受到房荒冲击，日伪政权机关和公务员也面临着因房荒而起的退租涨租问题。查阅北平邮政管理局档案发现，其下属机构房屋以及员工宿舍的租金，大部分都有不同幅度的增长，甚至个别下属机构房屋出现退租现象。房主要求涨租，甚至退租，成了北平邮政管理局棘手的问题。1936年房主唐文培与北平邮政管理局订立租约，年租444元，房屋总计12间，租期10年。因为北平物价持续增长，1940年起增租为500元，1942年增租为600元，到了1943年增租为750元。1944年，房主提出北平地方物价均已增长百倍以上，全家依赖收租生活，以12

---

① 『華北事情紹介資料 第14輯 北支に於ける邦人衣食住状況』32-34頁。
② 『華北事情紹介資料 第14輯 北支に於ける邦人衣食住状況』32頁。

间房仅收取750元实难维持生活。房主要求按照房租评议会所定的中等房每月每间20元予以增租，12间房每年租金共计2880元。北平邮政管理局无力满足房主要求，但为租约到期之时还能续租，同意增加650元共计年租1400元。1912年，市民陈溪舫将9间房屋租给北平邮政管理局，年租金共计160元，虽然物价屡次增长，陈溪舫都没有要求增租。直至1940年，陈溪舫才提出增租，多次协商调整租金后，1943年北平市邮政管理局允诺的租金也仅为年租600元。而邮政管理局突然要求陈溪舫支付500元房屋修理费，被激怒的陈溪舫指出，"物价之涨已二百倍而贵局之租金只增三倍有余，长此以往何堪设想"。并援引民法第449条，"租赁契约期限不得逾二十年，逾二十年者缩短为二十年"。声明1944年10月31日终止房屋契约。为保有房屋使用权，邮政管理局派员与房主另订租约。房主要求年租2160元，租期一年，邮政管理局不同意，经多次协商最终确定最低限度，年租1300元，每半年预付一次，租期三年。[①]掌控社会的政府机构还可以与房主协商，将增租数额降到最低，避免退租发生，而政府公职人员却没有如此能力。即使是华北最高机关的科长，所住房屋，租金也从40元涨至600元，"租吧，每月薪俸全部也不过共有此数；不租吧，全家大小又住何处；情形之惨，莫可名状"。[②]

三 日伪应对举措

北平房荒不仅事关市民的生活，影响日本殖民统治的稳定，而且也与在北平的日本人生活切身相关，是其从事殖民活动的前提，甚至房荒的发展直接影响日伪政权办公和公务员生活，关系着政府机构的运行。因此，面对日益严峻的房荒，日伪政权采取了一系列应对举措。

沦陷初期，日本人计划建设西郊新市区以增加住宅房屋，解决房屋供求问题。1938年11月12日，伪华北建设总署正式推出《北京都市计划大纲》，其中西郊新市区建设将成为都市建设的起点，其主要目的便是增加

---

① 《北京邮政管理局关于所属局租房房主要求增租金及石门邮局修理日籍职员住宅的呈文》（1944年1~12月），北京市档案馆藏，档案号：J010-001-01428。
② 刘爱居：《民生问题中"住"的对策》，《政建》第5卷第1期，1944年，第17页。

日侨住宅、缓解城内人口过密。① 1939年6月21日公布的西郊住宅建设方针中，要求在1940年底前建成2000户住宅。② 然而，这个工程迟迟不能动工，1940年5月，当美国记者询问日本发言官，何时开始建设住宅区时，日本发言官含糊地回答，"它可能要看有多少废铁，美国将出售给日本"。③ 可见，北平缺乏建筑材料，来源也十分有限。纵使日本人可以利用中国廉价的劳力，土地也可以以"发展"的名义征用，但战争时期建筑材料昂贵，且来源十分有限，致使工程不能开展。到1941年，日本人才开始建设住宅1000户，1942年2月，共住进800户、居住2100人。随着战争日渐激烈，更多的资源被投入到战争中，都市建设事业的推展渐呈困难，1942年以后几乎停止。④ 1946年12月14日，工务局派员会同地政警察两局，查西郊新市区土地房屋数目，查明土地共136平方公里，合计20400亩，房屋74处，计623栋。这些房屋还包括许多日伪机关办公地。⑤ 所以，建设西郊住宅区以增加房屋供应的工作，远不能解决日本人增多与房屋不足之间的矛盾，更不用说解决北平市民的房荒问题。

日伪政权也在北平城内接收和建设住宅房屋。日伪政权接收1937年7月竣工的天桥平民住宅，共140间住房。⑥ 此外，日伪政权在1943年2月建成180间房的东直门平民住宅，累计支出12万元。⑦ 然而数百间的平民住宅对于房荒而言，无异于杯水车薪。1939年，市民刘玉麟等六人因为房东将住房出卖，四处寻觅皆无空房可租，毫无办法之际呈文市长，请求解决。市长命社会局解决，希望安顿至平民住宅。但最终得到天桥平民住宅

---

① 《北京都市计划要图及计划大纲》（1940年1~12月），北京市档案馆藏，档案号：J001-004-00080。
② 「12重要決定事項（其ノ二）12」JACAR（アジア歴史資料センター）Ref. B02030547300（第20画像目）「支那事変関係一件第十七巻」外務省外交史料館。
③ OliverFrank, "Unconquerable Peking: Monarch of All He Surveys," *The China Weekly Review*, Jun 1（1940）：9.
④ 越泽明：《北京的都市计划》，黄世孟译，《国立台湾大学建筑与城乡研究学报》第3卷第1期，1987年，第243页。
⑤ 《北平市政府关于速派员会同地政、警察两局详查西郊新市区土地房屋数目的训令及工务局关于调查情形的呈（附西郊新市区土地房屋数目调查报告册）》（1946年10月至1947年4月），北京市档案馆藏，档案号：J017-001-03167。
⑥ 北京市地方志编纂委员会《北京志·市政卷·房地产志》，第183页。
⑦ 《北京特别市工务局报送修建东直门平民住宅用款支出计算书等的呈及市公署的指令等》（1943年1~9月），北京市档案馆藏，档案号：J017-001-02725。

管理员陈椿源的答复却是，所有房屋早已租出。①

面对房屋供不应求的局势，北平商会鼓励商人购买地皮建造房屋，以图厚利，但难获响应。② 一方面，缺乏建筑材料；另一方面，虽然地价和房价飞涨，投资收益丰厚，但朝不保夕的战争年代，商人对购买地皮建造房屋缺乏安全感，而且沦陷期间地价很高，尤其是沦陷中后期，很少人有此财力投资。1938年，北平城区宅地分十等，最高为每亩6000元，最低为每亩200元。及至1946年1月，城区地价分六等，最高为每亩40万元，最低为每亩3万元。③ 沦陷期间，最高地价大约增67倍，最低地价大约增150倍。在民众财产没有保障、建筑材料缺乏以及地价高的情况下，民间鲜少建筑房屋。

日伪政权和民间建筑房屋的投入有限，且收效甚微，无法从根本上解决房屋供应问题。因此，日伪政权将重点放在房屋租赁管制上，主要包括限制退租、限制租金、常设主管机构。房屋租赁管制几乎贯穿了沦陷时期始终，在房屋严重供不应求的北平沦陷初期难有效果，在物价飞涨的沦陷中后期更显得无用。

限制退租。一些房主利用房屋供不应求的时机，无故强令房客迁走，涨租几倍后再租出。对此，日伪政权重申，《北平市租房规则》第7条"房主或包租人不得乘时居奇高涨租价"，④ 命令警察局和社会局按照规定严密检查，切实取缔乘机居奇高涨租价及无故强令房客迁让者。⑤ 1939年5月26日，日伪政权公布了《北京特别市房租限制暂行办法》，对退租做出具体规定。"房主不得因希图增租，藉典售房屋为名使房客退租；房主因房屋典售须使房客退租时，应将财政局转移凭单交房客阅看，并以书面通知房客。自接通知之日起，得延住四个月并免除四个月出租金作为房屋

---

① 《社会局关于市民刘玉麟等六人要求解决住房问题给市长的呈文及平民住宅事务所民国二十八年十一月份承租房屋各项清册》（1939年11月），北京市档案馆藏，档案号：J002-007-00249。
② 《谈房产之投资》，《商业旬报》第2卷第4期，1939年，第341页。
③ 北京市地方志编纂委员会编《北京志·市政卷·房地产志》，第165页。
④ 1934年12月19日，北平市政府公布了《北平市租房规则》，沦陷时期日伪政权继承了该法令。
⑤ 《北京市警察局关于欠房租，调查业主姓名，海关公署在京房产，房主增涨房租等训令》（1938年2～10月），北京市档案馆藏，档案号：J183-002-31297。

转移费，逾期得勒令迁让。"① 由于暂行办法没有对房主收回自住情形具体界定，一些房主便假自住为名要求房客退租，尔后又增租后租出。因此，1939年10月24日，《北京特别市房租限制暂行办法》增列第9、第10条两条条文。"凡因自住收房者得准收房，惟房东应至该管区署取具决不另租甘结。对于伪称自住收房而另行出租的房东，罚以另租之加收租额一年，一次交纳，但在自住六个月后者不在此限。"② 1943年，退租现象已经波及公务机关，因此《办法》增列第11条条文，"租赁之房屋供官署及市立之医院学校或慈善机关之用者，除有应归责于承租人之事由外（如欠租不付等），出租人不得终止契约"。③ 然而，退租现象没有缓解，至沦陷后期，随着物价持续飞速上涨，北平的退租现象更加普遍。对此，日伪市政府制定了更严厉的转租规定，自1944年9月1日以后，"人民售房除系空房及原业主自住者外，凡转移房屋新业主，应一律承认原租户另立租摺继续承租，不得将房另租新户，但新业主确需自住者不在此限"。④ 实际上，在北平民众看来，法令效力有限，房主的话却是真正的法，房东将房子卖出，或者房主以收回房屋自住为名，实则抬价另租，客气守法的房主允许房客免租住四个月，不客气地让房客搬也得马上搬。并且大部分民众认为诉诸法律程序费时费力，往往不会拿起法律的武器。⑤

限制租金。日伪政权首先要求减少日本人的房租，规定从1939年9月起，凡中国人房屋出租给日本人者，在1939年1月以后订立的合同租金减二成，在1938年12月以前订立的合同租金减一成。⑥ 但规定没有得到贯彻，北平陆军特务机关内北平市住宅斡旋委员会再次通告执行，并扩大减

---

① 《北京特别市房租限制暂行办法》，《市政公报》第53期，1939年，第16、17页。
② 《北京特别市房租限制暂行办法增列第九第十两条条文》，《市政公报》第66期，1939年，第10页。
③ 《北京特别市补订租房办法增列第十一条条文如左》，《市政公报》第201期，1943年，第1页。
④ 《北京特别市政府关于转发华北政务委员会令房租暴涨筹拟平抑对策给社会局的训令》（1944年1~12月），北京市档案馆藏，档案号：J002-007-00574。
⑤ 鲁狂：《房荒》，《政建》第5卷第2期，1944年，第42页。
⑥ 《北京特别市警察局关于住房人除包租者不得转租、房屋减租办法、增列房租限制办法补订租房办法等训令》（1939年6~11月），北京市档案馆藏，档案号：J184-002-35175。

租范围，要求所有房租9月1日起按现在租金一律减低一成。① 为进一步压制房主增租，1940年2月7日，市公署规定将1938年6月以后增租者照原房捐额一律增加二成。② 1942年6月，市公署颁布训令，否定了任何增租的诉求，要求1942年1月以后租出之房，"即以现定租价为准，无论续租、另租，一律不准再行增租"。③ 但事实是，房主增租的情形已经难以遏制。为应对战时体制下房荒紧迫之情形，日伪政权再次制定一刀切的办法，规定要求1944年9月1日起租房价格分三等，转移房产仍由原户继续承租。④ 按照政令规定房租分三级，最高者每间不得逾30元。但从民众的亲身经历看来，最低的租金，连厕所厨房都没有30元一间的。一般的房价都在50元至120元一间，还要满足房主的种种要求。⑤

设立主管机构。1938年3月12日，为帮助日本人租房以及解决因日本人租房引起的中日争端，北平警察局建立了专门部门，处理日本人租房的有关问题。⑥ 1939年，市民建议由官方设立房产介绍处，每一警察分驻所辖境内设一分处，处理界内典卖或出租房产的信息公开和交易。但警察股以"不胜其烦且涉及警察干预民事之嫌"予以拒绝。⑦ 到1942年，市公署才设立房屋经租处，充当官方房屋中介，"凡中国人或中日人民间，愿享受出租承租房屋之便利而得保障者，可先向经租处分别声称登记。以便参照双方情形作适当之介绍"。⑧ 即使官方中介建立，但其作用仍十分有

---

① 《市公署关于公布房租评议会组织规则、制止房租增价的训令及社会局、教育局关于查禁淫正邪书籍等的训令、公函》（1939年1月至1940年12月），北京市档案馆藏，档案号：J002-003-00821。
② 《指令财政局、警察局：为本市现下房租增高拟将二十七年六月以后增租者照原房捐额一律增加二成俾昭公允请核示等由准予照办征收章程应速修正呈核由》，《市政公报》第76期，1940年，第8页。
③ 《北京特别市警察局关于防止房租暴涨办法的训令》（1942年1月），北京市档案馆藏，档案号：J181-020-11208。
④ 《北京特别市政府关于转发华北政务委员会令房租暴涨筹拟平抑对策给社会局的训令》（1944年1~12月），北京市档案馆藏，档案号：J002-007-00574。
⑤ 黎庶：《严查房产倒把应澈底做起》，《中华周报（北京）》第1卷第6期，1944年，第6页。
⑥ "Peiping's Police To Handle Renting Of Houses For Japanese," *The China Press* (1925-1938), Mar 13 (1938): 3.
⑦ 《市公署关于公布房租评议会组织规则、制止房租增价的训令及社会局、教育局关于查禁淫正邪书籍等的训令、公函》（1939年1月至1940年12月），北京市档案馆藏，档案号：J002-003-00821。
⑧ 《北京特别市公署房屋经租处房屋租赁规则》，《市政公报》第149期，1942年，第2~3页。

限，租房买卖还主要通过民间"房纤"。房纤在1937年后就开始了代客租赁的买卖，北平的大部分房屋租赁交易由房纤撮合。到1948年，专业的和兼职的房纤在5000人左右。[1] 市民依赖房纤进行房屋租赁交易，房纤从中收取中介费也成了房租高涨的一个原因。

随着房荒的加剧，房屋租赁纠纷迅速增多。依据《北京特别市房租限制暂行办法》第二条的规定，1939年5月31日，北平市政府公布了《北京特别市房租评议委员会组织规则》，宣布市公署设立房租评议委员会，房主与房客之间因增租发生争议时可申请评议，评议会以市署主管职员暨关系各系各局，并遴选公正绅商组织。该会共有15人，主席委员由市长在委员中任命。例会每月二次，于第一周及第三周之星期一举行，必要时由主席召集临时会或延长开会时间。[2] 房屋租赁纠纷十分复杂。有始终未加租金者，有租金加一二成，或四五成以至一倍以上者，有借故压迫住户迁移，而以高价另租新户，加收茶钱打扫钱者，房屋租赁的乱象造成房主与房客纠纷不断。房租评议委员会的成立使得这些纠纷有了政府调解的可能。但据报纸刊载，"凡房租评议委员会所接受住户呈报房租纠纷案件几于案如山积，实属不胜其清理之烦"。[3]

四 结语

抗战时期，为躲避战乱，大量人口涌入城市进而造成房荒，这是许多城市共有之现象。沦陷区城市房荒，除"北平居，大不易"外，还有"上海居""苏州居""天津居"等，皆是"大不易"。[4] 日伪政权往往将城市人口增长和房荒宣传为城市繁荣的表征，实则是日本侵华战争引起的社会

---

[1] 北京市地方志编纂委员会编《北京志·市政卷·房地产志》，第173页。
[2] 《市公署关于公布房租评议会组织规则、制止房租增价的训令及社会局、教育局关于查禁淫正邪书籍等的训令、公函》（1939年1月至1940年12月），北京市档案馆藏，档案号：J002-003-00821。
[3] 《房价官定说》，《商业旬报》第2卷第18期，1939年，第9页。
[4] 参见张生《上海居大不易：近代上海房荒研究》，上海辞书出版社，2009，第47~60页；巫仁恕《劫后"天堂"：抗战沦陷后的苏州城市生活》，台北，台大出版中心，2017，第190、191页；尹学梅、王静《浅析南京国民政府时期城市房屋租赁纠纷与应对——以天津为例》，《城市史研究》第2辑，社会科学文献出版社，2014；迟青峰《近代天津房荒问题研究（1937~1945）》，《中国房地产》2019年第3期；等等。

畸形变动，带给民众无尽的苦难。沦陷前，北平的房屋租金低廉。比较中国几个大城市的房租，时人指出，"在杭州十块钱，在南京上海十五或是二十块钱一个月的房子，在北平大可以花同样的价钱住一年都不止"。[1] 而且，1928年后，国都南迁，政商各界人口大减，余下空房甚多。在房屋存量充足、租金较低的状况下，本来居住是不成问题的。而北平沦陷后，在战争与殖民掠夺的影响下大量人口迁入、房屋市场投机盛行、日本人强占强租以及中后期物价飞涨等因素，导致住房供求失衡和房租上涨，北平已然成了房租最贵、租房最难的城市之一，民众生活深受影响。正如表现沦陷时期北平民众生活的长篇小说《四世同堂》里所描写的："到处人们都谈房，找房，买房，或卖房。房成了问题，成了唯一有价值的财产，成了日本人给北平带来的不幸！"[2]

　　北平房荒因日本侵华战争而起，也因日伪政权殖民统治的本质而无法解决。大量人口涌入城内，致使房屋供不应求，是房荒的直接原因。虽然日伪政权很早就意识到解决房荒的根本办法是新建房屋增加供应，但殖民统治的本质决定了更多的资金和资源被投入到日本发动的战争中。到沦陷中后期，房荒更多表现为民众负担不起房租的问题，其根源在于殖民掠夺带来的物价飞涨，无法改变殖民掠夺的本质也就无法解决物价问题。为了稳定社会秩序，开展殖民活动，日伪政权也制定了一系列的房屋法规和政策，其核心内容是房屋租赁管制。根据上述分析，房屋租赁管制的效力十分有限，对于解决北平房荒无异于扬汤止沸。日本侵华战争的本质决定了日本人管理沦陷城市不可能以发展城市和保障民众生活为目的，其根本目的是掠夺城市资源，以服务于侵华战争。

作者：魏坡，山东大学历史文化学院

（编辑：刘凤华）

---

[1] 李朴园：《北平的衣食住行》，《越风》第7期，1936年，第33页。
[2] 老舍：《四世同堂》（完整版），赵武平译补，东方出版中心，2017，第496页。

南非约翰内斯堡贫民窟问题研究（1910~1960）*

尚宇晨

内容提要：约翰内斯堡作为南非的第一大城市，贫民窟长期存在，与种族隔离制度的演变交织在一起。约翰内斯堡市政厅在20世纪二三十年代清理了散布在城市核心区的贫民窟，但是制造了第一个大型贫民窟——西区；南非中央政府在50年代强行推动西区的改造重建，把黑人集中安置到索韦托，造就了人口超百万的巨型贫民窟。南非各级政府清理贫民窟只是一种手段，目的在于制造白人与黑人的居住隔离，这是维护种族主义理念、强化种族隔离统治的重要方式。

关键词：约翰内斯堡　贫民窟　种族隔离　居住隔离

在世界各国工业化和城市化进程中，快速扩张的大城市出现贫民窟是一种常见的现象，表现为区域人口过于密集和糟糕的公共卫生条件。[①] 英国、西欧和北美等发达国家与地区的大城市历史上都相继出现过贫民窟，巴西、墨西哥和印度等发展中国家至今仍受到大规模贫民窟问题的困扰。约翰内斯堡作为南非第一大城市，长期的种族隔离统治加剧了城市的贫民窟问题，影响了城市的空间格局，黑人在贫民窟中沉沦不起，难以摆脱。出于维护种族统治和城市管理的需要，中央和地方政府不断

---

* 本文受"杭州市社科优秀青年人才培育计划"资助。

① 2002年10月28日在内罗毕召开的联合国专家组会议将贫民窟定义为综合以下特征的地区，即不充足的安全饮用水、不充足的卫生和基础设施、房屋结构质量差、过度拥挤、不安全的住房质量。转引自联合国人居署《贫民窟的挑战——全球人类住区报告2003》，中国建筑工业出版社，2006，第14页。

清理约翰内斯堡的贫民窟,在20世纪二三十年代对城市核心区和50年代对西区进行大规模的拆除,把黑人逐步清理出市中心,集中隔离在索韦托。研究约翰内斯堡的贫民窟问题,是对现代城市贫民窟现象的个案研究,探寻南非黑人艰难的城市化道路。本文选取的时间段是1910~1960年,主要研究约翰内斯堡贫民窟的产生、政府清理贫民窟的措施及其影响。

学术界对南非和约翰内斯堡贫民窟的研究,主要从宏观和微观两个层面展开。在宏观层面,强调城市化和种族隔离制度是造成南非黑人贫民窟普遍存在的主要原因。菲利普·伯纳认为,在20世纪40年代,约翰内斯堡的黑人居民在城市西南部大规模私自搭建棚屋,是黑人城市化过程中非常重要的环节,迫使政府承认大量城市黑人的存在,建造黑人城镇索韦托;① 德波拉赫·珀瑟尔分析了南非国民党在1948年执政后对黑人城市化采取的种族隔离新政策,认为政策存在内在矛盾,虽然无法限制黑人城市化,但是使得黑人发展受限,长期身处贫民窟。② 在微观层面,学者们对一些著名的黑人社区、黑人城镇进行了研究,如帕纳尔研究20世纪初约翰内斯堡的贫民窟,特别关注阿非利卡人妇女的境遇;③ 大卫·古德休对20世纪上半叶约翰内斯堡最大贫民窟索菲亚镇的研究,从居民的工作、宗教、教育、治安等多维度阐述了索菲亚镇从起源到被政府拆除的50多年的历史;④ 菲利普·伯纳对约翰内斯堡周边的黑人城镇索韦托和亚历山德拉的研究,认为黑人形成了较为稳定、独特的城市文化,长期以各种方式反抗种族隔离统治,为南非的和平过渡奠定坚实的民众基础。⑤ 国内学界对

---

① P. Bonner, "African Urbanisation on the Rand between the 1930s and 1960s: Its Social Character and Political Consequences," *Journal of Southern African Studies*, 21 (1995).

② Deborah Posel, *The Making of Apartheid 1948 – 1961: Conflict and Compromise* (Oxford: Oxford University Press, 1991).

③ S. M. Parnell, *Johannesburg Slums and Racial Segregation in South African Cities, 1910 – 1937* (Ph D. diss., University of Witwatersrand, 1993).

④ David Goodhew, *Respectability and Resistance: A History of Sophiatown* (Westport, Connecticut: Praeger Publishers, 2004).

⑤ Philip Bonner and Lauren Segal, *Soweto: A History* (Cape Town: Maskew Miller Longman, 1998); Philip Bonner and Noor Nieftagodien, *Alexandra: A History* (Johannesburg: Witwatersrand University Press, 2001).

世界各国城市化过程中出现的贫民窟现象颇多关注,涉及的国家很多,[①]但对南非贫民窟问题研究很少,目前可见的有秦晖在《南非的启示》中对索菲亚镇、索韦托的剖析。[②]

一 城市中心贫民窟的形成

南非最早的城市贫民窟可以追溯到19世纪40年代。在开普殖民地的东部与科萨人接壤的地区,出现一些小规模的边疆城镇,城镇周边的一些黑人居住点,因卫生条件恶劣、传染病流行而成为贫民窟。[③] 贫民窟的大规模形成与工业化、城市化密切联系在一起。自19世纪七八十年代在南非内陆发现钻石和黄金矿产以来,南非走上一条矿业驱动工业化、带动城市化的发展道路。到20世纪上半叶,南非工业化不断深化,经济结构从以农业与矿业为主,逐渐转变为以工业为主,工业产值占国内生产总值的比例稳步上升,从1911年的5.9%增长到1948年的23.3%;农业与矿业的比例逐步下降,从1911年的21.5%和27.3%分别下降到1948年的16.4%和10%。[④] 南非工业发展早期主要集中在两方面:一是与矿业相关的制造业。如化学产品和电力能源;二是消费品的制造业。城市人口的快速增长促进了这些制造业的发展。[⑤] 国际政治经济环境有利于南非的发展。在大萧条的影响下,1933年南非政府主动放弃金本位,黄金价格飙升,一些品质较差、开发成本较高、无利可图的金矿得以继续开采,加上1930年在兰德地区发现了新的金矿,矿业部门投资大增,带动了炸药、化学制品、钢铁和

---

① 郑秉文:《贫民窟:拉丁美洲城市化进程中的一个沉痛教训》,《国家行政学院学报》2014年第5期;杜悦:《巴西治理贫民窟的基本做法》,《拉丁美洲研究》2008年第1期;吴晓、吴明伟:《美国快速城市化背景下的贫民窟整治初探》,《城市规划》2008年第2期;王英:《印度城市居住贫困以及贫民窟治理——以孟买为例》,《国际城市规划》2012年第4期。

② 秦晖:《南非的启示》,江苏文艺出版社,2013,第436~462页。

③ Bill Freund, *The African City: A History* (Cambridge: Cambridge University Press, 2007), pp. 109-100.

④ Charles H. Feinstein, *An Economic History of South Africa: Conquest, Discrimination and Development* (Cambridge: Cambridge University Press, 2005), p. 129.

⑤ Robert Ross, Anne Kelk Mager & Bill Nasson, *The Cambridge History of South Africa Vol. 2: 1885-1994* (Cambridge: Cambridge University Press, 2011), p. 221.

机械等制造业的发展，这些产业大多集中在兰德地区，特别是约翰内斯堡，进而使得整个经济随之复苏。① 第二次世界大战让南非的制造业有了发展机会，欧洲对南非工业品和日用品的供应降到最低程度，战争的需求，特别是对燃料、食物、军火等物资的需求，刺激着制造业的扩张。

南非工业化建立在使用黑人廉价劳动力的基础上，"南非经济一方面依靠欧洲人的创意、组织和技术，另一面依靠上百万的土著劳动力"。② 工业化与人口城市化相辅相成，在20世纪上半叶，随着工业的迅速发展，大量人口聚集到城市，城市化率不断提高，从1911年的24.7%上升到1936年31.4%，在1960年达到了46.7%。③ 在这50年间，全国总人口从597万增长到1600万，④ 增长了约1.7倍；城市人口从147万增长到747万，增长了约4倍。约翰内斯堡作为南非人口最多的城市，人口数量从1921年的29万增加到1936年的53万，1951年达到了88万，其中白人从1921年的15万增加到1951年的36万，⑤ 黑人从1921年的12万增加到1951年的47万。⑥ 在南非工业化和城市化的大背景下，二战对黑人城市化有极大的推动作用，也造成了严重的住房危机。在战争期间，大量白人应征入伍，生产部门为战时需求而扩大生产，能够填补岗位空缺的主要是黑人。为此，南非政府对黑人的通行证检查网开一面。1942年警察部门在全国主要工业中心暂停执行通行证制度，涉及约翰内斯堡和兰德地区的其他城镇、德班、比勒陀利亚、彼特马里茨堡、金伯利和布隆方丹，⑦ 主要大城市仅有开普敦不在其列。这些城市立即涌入了大量黑人，约翰内斯堡的情况尤为严重，直至1946年才取消了这项政策。保留地的经济状况也让更多的黑人选择外出，二战之前，很多保留地的粮食已经无法自给；战争爆发后，

---

① Nigel Mandy, *A City Divided: Johannesburg and Soweto* (Braamfontein: Macmillan South Africa Publishers Ltd., 1984), p. 47.
② Department of Native Affairs, *Report of Native Laws Commission, 1946 – 48* (Pretoria, 1948), p. 17.
③ Statistics South Africa, *South African Statistics 2005* (Pretoria, 2006), pp. 3, 7.
④ Statistics South Africa, *South African Statistics 2005*, pp. 3, 6.
⑤ Bureau of Census and Statistics, *Union Statistics for Fifty Years: 1910 – 1960* (Pretoria, 1960), p. A – 12.
⑥ Charles Simkins, *Four Essays on the Past, Present & Possible Future of the Distribution of the Black Population of South Africa* (Cape Town: University of Cape Town, 1983), p. 6.
⑦ Department of Native Affairs, *Report of Native Laws Commission, 1946 – 48*, p. 72.

黑人最基本的生活物资,如玉米、大米、蜡烛、木料、煤油、煤炭等的价格上涨了20%~30%,特别是玉米因减产而供应不足。① 战争期间黑人在城市找到工作后,很快就会把家人接到城市。由于战时资源紧张,城市政府基本停建新的黑人居住点,大量黑人进城后房屋极度短缺,爆发了全国范围的强占土地运动。在1944~1950年,仅约翰内斯堡估计有6.3万~9.25万黑人居住在强占土地的临时营地上。② 大量人口流入城市,在促进经济繁荣和城市空间拓展的同时,也产生一系列"城市病",其中住房短缺无疑是最严重的问题。贫民窟是南非黑人城市化主要的空间载体,约翰内斯堡作为最大的城市,问题尤为突出。

约翰内斯堡的贫民窟最初出现在城市核心区。1904年鼠疫暴发,疫情主要集中在被称为"苦力居住点"的贫民窟,位于城市核心区的西侧,数百名黑人感染身亡,整个居住点被一烧了之。③ 核心区的房屋是城市建设初期的产物,质量普遍较差,但靠近工作场所,交通便利。随着越来越多白人移民选择在约翰内斯堡组建家庭定居,他们离开了城市核心区,迁往城市其他区域。空出来的房屋因为来到约翰内斯堡的新移民提供了低廉的住宿地方,是他们落脚城市的首选,很快成为贫民窟的集中地,被称为"内城贫民窟"。④ 内城贫民窟以黑人男性为主,出现了黑人、阿非利卡人、有色人、印度人等多种族混居的街区,也有阿非利卡人较为集中的街区。1914年,南非肺结核病调查委员会对境内的黑人居住点进行第一次系统调查。报告指出,各城市的黑人居住点存在房屋质量很差,大多数房屋不合适居住,卫生状况糟糕,肺结核病流行,缺乏干净供水,公共厕所数量很少,垃圾堆积无人处理等诸多问题。⑤ 这一描述同样适用于约翰内斯堡,房东或房客在房屋后院搭建违章建筑,没有上下水管道,污水随处泼洒在

---

① A. W. Stadler, "Birds in Cornfield: Squatter Movements in Johannesburg, 1944 – 1947," *Journal of Southern African Studies*, 6 (1979): 111.
② A. W. Stadler, "Birds in Cornfield: Squatter Movements in Johannesburg, 1944 – 1947," *Journal of Southern African Studies*, 6 (1979): 93.
③ Keith Beavon, *Johannesburg: The Making and Shaping of the City* (Pretoria: University of South Africa Press, 2004), p. 77.
④ Keith Beavon, *Johannesburg: The Making and Shaping of the City*, pp. 80 – 81.
⑤ T. R. H. Davenport, *The Beginnings of Urban Segregation in South Africa: The Natives (Urban Areas) Act of 1923 and Its Background* (Grahamstown: Rhodes University, 1971), pp. 6 – 7.

后院，沉积在低洼处漫进房间，加上垃圾清理不及时，卫生条件极其恶劣。①

在20世纪二三十年代，南非的城市中出现了大量生活在贫民窟的白人，被称为"穷白人"，他们主要来自农村地区，大多数是说荷兰语的阿非利卡人。②据卡内基委员会估计，在1929~1930年，全国180万的白人中，有超过30万人属于非常贫困。③这一时期正值阿非利卡人城市化的高峰期，他们为了改善经济状况，从农村和小城镇流向大城市，因为没有受过训练，缺少在城市里谋生的技能，所以只能充当低端劳动力，还要面对黑人的直接竞争，出现严重的失业问题。20年代末和30年代初，一大批穷白人涌入约翰内斯堡，栖身在城市东部的一些街区，由于难以独自承担房租，他们将房屋分租给其他人，这些街区很快成为拥挤不堪的贫民窟。④约翰内斯堡市政厅在1934年对贫民窟的一项调查中指出，有1922户家庭需要重新安置，其中有928户是白人，占到48%。⑤穷白人虽然栖身于贫民窟，但是作为享有南非公民权的少数派，他们得到了政府和慈善机构的扶持，特别是在工作、教育和住房等方面。到30年代中后期，随着南非经济摆脱大萧条的影响走向繁荣，穷白人问题逐步得到解决，摆脱了贫民窟的生活。

作为种族隔离的主要对象，黑人无法轻易地摆脱贫民窟。以黑人在约翰内斯堡的居住条件而言，无论是在城市核心区、西区，还是在索韦托，都可以视为贫民窟，且随着种族隔离统治的强化，规模变得越来越大。南非的其他城市同样如此，区别仅在于隔离开始的时间与贫民窟的规模。究其原因，可以分为三方面。

第一，在观念和法律上，白人统治集团认为，黑人不是城市的常住居民，否认黑人在城市拥有长期稳定的居住权。相关政府报告和法律文件对此都有明确的表述，如1921年中央政府的土著事务部发布报告称，黑人就

---

① Keith Beavon, *Johannesburg: The Making and Shaping of the City*, pp. 86-87.
② Report of The Carnegie Commission, *The Poor White Problem in South Africa, Part I* (Stellenbosch, 1932), p. viii.
③ Report of The Carnegie Commission, *The Poor White Problem in South Africa, Part I*, p. vii.
④ Keith Beavon, *Johannesburg: The Making and Shaping of the City*, p. 110.
⑤ S. M. Parnell, *Johannesburg Slums and Racial Segregation in South African Cities, 1910-1937*, p. 82.

其天性而言，并不是城市居民，他们出现在城市里，引起大量卫生、经济和社会问题；城市是欧洲人的区域，没有空间安置多余的黑人，驱逐他们是合理的。[1] 1923年的《土著（城市地区）法》强化了这种观念，成为白人政府遏制黑人城市化的核心法律。1952年《土著法修订案》的条款确定了部分黑人享有城市居住权，该条款这样表述："土著人在城市地区或法律实施的地区停留不得超过72小时，除非……"[2] 然后明确属于"除非"之列的黑人所需条件。因此，对白人政府而言，黑人只是在城市为白人服务的临时工人，不得在城市里长期居住，将来要回到保留地，因此不需要为黑人提供住房和其他公共服务。这是白人统治集团实行种族隔离的借口。

第二，黑人住房的供应受限。首先，黑人不得在城市里随意购买土地和房屋。约翰内斯堡绝大部分地区在土地出让时，有特定条款规定不得向有色人或黑人出售土地，只有索菲亚镇、纽克莱尔等少数区块因周边环境恶劣而不受此约束。[3] 其次，黑人按规定需居住在市政厅所属的居住点。早在1905年，约翰内斯堡市政厅就在城市西南部、距离市中心13公里的克里普斯贝莱特（后来成为索韦托的核心区）设立第一个黑人居住点，开始要求黑人不得自由租住在城市里。[4] 但是居住点不能覆盖所有在城市里合法工作、生活的黑人，在1923年，不计居住在矿场营地的黑人，约翰内斯堡约有5.4万的黑人，只有6500多人生活在居住点；到1934年，不计入黑人矿工，黑人人数达到10.5万人，居住点覆盖39%的黑人，约4.1万人。[5] 没有生活在居住点的黑人，除了矿工绝大多数被限制在矿场营地、白人家庭的帮佣居住在雇主家中、部分工人居住在工厂集体宿舍以外，剩余的只能在市场上寻找低廉的房屋，他们有的钻法律漏洞合法租房，有的干脆非法居留在城市，聚集的区域很容易变成贫民窟。

第三，约翰内斯堡市政厅对黑人的管理相对宽松。在1923年的《土

---

[1] Pauline Morris, *A History of Black Housing in South Africa* (Johannesburg: South African Foundation, 1981), p. 18.
[2] *Native Laws Amendment Act of 1952*.
[3] David Goodhew, *Respectability and Resistance: A History of Sophiatown*, pp. 2–3.
[4] Philip Bonner and Lauren Segal, *Soweto: A History*, p. 13.
[5] S. M. Parnell, *Johannesburg Slums and Racial Segregation in South African Cities, 1910–1937*, p. 180.

著（城市地区）法》通过之前，南非四省对城市黑人的管理缺乏统一的法律和管理体系，地方政府管理黑人的自由度较大，约翰内斯堡经济活跃，对黑人劳动力的需求很大，对黑人的管理相对宽松。约翰内斯堡市政厅在1905年要求黑人集中居住在克里普斯贝莱特，但是居住点远离市中心，交通不便，能够提供的房屋数量有限，无法满足企业和黑人的需求。在他们强烈的反对呼声下，市政厅同意向黑人发放特别豁免证书，允许企业在工厂建造宿舍或为工人在外租房。以此为契机，黑人可以相对自由地在城市中生活，市中心的仓库、工厂都出现小规模的黑人生活区。[①] 企业可以为黑人在城市中租房，黑人也可以自行租房，甚至房东为出租房屋，与黑人签订虚假劳动合同，再向市政厅申请豁免证书，在申请证书的具体环节，涉及诸多文书，最后往往不了了之。[②] 这对城市政府而言，黑人的居住行为变得难以监管。市政厅在1915年对市中心的贫民窟进行调查，发现7500名黑人中只有369人持有市政厅发放的豁免证书，其中一个名为"马来居住点"的街区人数最多，但市政厅从未对该街区发放过豁免证书，所有居住在这里的黑人都是非法的。[③] 同样，在西区变成贫民窟的过程中，市政厅默许房东搭建违章建筑，没有积极干预。随着市中心贫民窟的泛滥，清理贫民窟提上了地方政府的工作日程。

二 对市中心贫民窟的清理

在20世纪上半叶，随着南非黑人城市化的进程逐步开启，各地城市黑人数量越来越多，很多人住在贫民窟，地方政府认为这带来很多卫生健康、治安犯罪方面的问题。更重要的是，黑人与穷白人在贫民窟混居，与穷白人多方面接触，触及白人种族主义者的敏感处。1912年土著事务部开始酝酿《土著（城市地区）法》草案，白人统治集团内部对黑人城市化政策进行长时间的激烈讨论，直至1923年经国会投票成为法律，在全国层面形成遏制黑人城市化的政策，对黑人在城市的工作生活加以限制。《土著

[①] Philip Bonner and Lauren Segal, *Soweto: A History*, p. 14.
[②] Keith Beavon, *Johannesburg: The Making and Shaping of the City*, p. 83.
[③] S. M. Parnell, *Johannesburg Slums and Racial Segregation in South African Cities, 1910–1937*, p. 126.

（城市地区）法》的核心在于，不承认黑人在城市拥有居住权，认为他们不是城市的常住居民，只能作为临时工人在城市工作，一旦失业就有可能被驱逐出城，除了划定的黑人居住点以外，其他区域禁止黑人购买、租赁土地和居住。《土著（城市地区）法》为城市政府管理黑人、清理黑人贫民窟、遏制传染病传播、改善城市环境提供了法律依据。它授予城市政府一项最重要的权力，即在满足一定条件后，可以向土著事务部申请将城市全部或部分区域划定为禁止黑人居住，以此驱赶法律实施范围内的黑人，清理贫民窟。[1]

《土著（城市地区）法》通过后，约翰内斯堡市政厅为推动法律的实施，当年立即对城市范围内的黑人数量进行普查。约翰内斯堡的黑人，不计居住在矿场营地中的，约有5.4万人，其中超过1.5万人比较自由地住在城市里。[2] 按照《土著（城市地区）法》的规定，受法律影响、需要搬离现居住地的黑人，城市政府为他们提供安置住房，才能将他们搬走，这是申请在全市范围实施《土著（城市地区）法》的必备条件与主要障碍。约翰内斯堡市政厅所属的住房数量有限，但是仍然申请把整个城市划为法律实施的范围，土著事务部故意忽略约翰内斯堡的不足，很快批准申请。从1924年开始，约翰内斯堡市政厅开始发起驱赶黑人、清理贫民窟的行动。在1924~1927年，市政厅主要针对市中心的东西两侧2~3公里、横穿市中心铁路沿线的区域，包括新多恩方丹、伯特伦斯、洛伦特兹维尔、朱迪斯·帕尔、沃胡特、丹佛、斯帕斯·波纳、福特斯堡和伯格多普等街区，它们有的聚集大量黑人，有的靠近城市东部的白人社区。福特斯堡和伯格多普附近的马来居住点是当时城市最大的贫民窟，聚集的有色人远多于黑人，却没有在第一时间被清理。[3] 因此，清理贫民窟只是一种手段，目的是实现黑人与白人的居住隔离，实现种族隔离。在具体操作层面上，由市政厅在公共场所和新闻媒体上发布清理某一街区的公示，公示期结束

---

[1] 关于南非白人政府对黑人城市化的政策研究和《土著（城市地区）法》，可参见拙文《种族隔离制度下南非白人政府的黑人城市化政策研究（1920~1960）》，《世界历史》2018年第1期。

[2] S. M. Parnell, *Johannesburg Slums and Racial Segregation in South African Cities, 1910-1937*, p. 179.

[3] Keith Beavon, *Johannesburg: The Making and Shaping of the City*, p. 100.

后，市政厅卫生部门的调查员深入街区，一旦发现还有黑人居住的迹象，会向被搜查到的黑人发放告知书，黑人的通行证和工作信息被记录，他们将面临重罚，甚至可能丢掉工作，违法的房东也会遭到罚款。[1] 但是，市政厅清理贫民窟的行动遭到房东和黑人的联合反对，并诉诸法律。1927年，特兰士瓦上诉法庭裁定，约翰内斯堡市政厅申请把整个城市作为《土著（城市地区）法》实施范围这一行为违法，被清理的黑人可以返回原来的住处。[2] 市政厅清理黑人贫民窟的计划暂时陷入停顿。1928年和1929年市政厅将注意力转向城市北部和南部，清理了少量非法居住的黑人。这两个区域居住着大量合法的黑人，约3万名家庭帮佣住在白人家庭。[3] 这符合法律的核心精神，即黑人在城市只要直接为白人服务，就可以长期居住。

1930年南非国会对《土著（城市地区）法》进行第一次修订，规定在清理黑人的时候，地方政府无须新建房屋，允许地方政府向特定地区发放特许证，允许黑人居住在法律已经实施的地区。[4] 这实际是约翰内斯堡发放特别豁免证书的翻版。根据新的法律条款，约翰内斯堡市政厅与土著事务部几番博弈，在1933年初达成协议，把城市西部的索菲亚镇、马蒂戴尔和纽克莱尔三个街区单独划出，城市其他区域成为《土著（城市地区）法》实施范围。[5] 这三个街区与西土著城镇被合称为"西区"（Western Areas），在30年代初已经聚集了相当数量的黑人，即使按照新的条款，也难以符合条件，只有把西区割裂开来，市政厅才能在城市其他区域，特别是在核心区继续清理黑人贫民窟。至此市政厅的策略逐步清晰，囿于政府财力和安置点的容量，不可能为全部黑人安排安置点，在集中清理核心区贫民窟的同时，把黑人有意识地引导到西区，在其他区域实现白人与黑人的居住隔离。因此，市政厅与土著事务部的协议为西区演变成为新的贫民窟奠定制度基础。

---

[1] S. M. Parnell, *Johannesburg Slums and Racial Segregation in South African Cities, 1910–1937*, p. 180.
[2] Keith Beavon, *Johannesburg: The Making and Shaping of the City*, p. 100.
[3] Keith Beavon, *Johannesburg: The Making and Shaping of the City*, p. 101.
[4] Keith Beavon, *Johannesburg: The Making and Shaping of the City*, p. 101.
[5] Keith Beavon, *Johannesburg: The Making and Shaping of the City*, p. 108.

1934年南非国会通过《贫民窟法》（Slum Act of 1934），成为地方政府清理贫民窟另一个重要工具。《贫民窟法》提供三种清理方式：一是地方政府可以改变土地的用途，把居住用地改为工业用地，要求居民搬离；二是地方政府可以对土地上的房屋进行改造，要求居民搬离；三是地方政府可以要求没收土地、清理居民，而暂时不决定地块用途。与《土著（城市地区）法》相比，《贫民窟法》在清理贫民窟上拥有两个突出的优势：第一，无须为受影响的居民提供替代性的安置房屋，可不受限制地清理居民；第二，《贫民窟法》的出发点不是种族隔离，清理的对象不仅是黑人，还包括有色人和印度人，甚至是白人。《土著（城市地区）法》针对的对象是黑人，通过驱赶黑人清理贫民窟；《贫民窟法》针对的对象是土地和房屋，通过拆除被划定的区块清理贫民窟，居民被驱散是顺带结果。按照《贫民窟法》，新多恩方丹的印度人和有色人被驱赶，土地性质从住宅用地转变为工业工地；伯特伦斯的黑人被驱赶后，剩下的以印度人、有色人为主，还有少量白人，整个地块被清理后，在1939年建设成为低密度的白人社区，居民主要是伯特伦斯和其他街区受拆迁影响的穷白人。[①] 约翰内斯堡市政厅综合运用《土著（城市地区）法》和《贫民窟法》，通过十余年的努力，在1940年前把城市核心区周边的贫民窟基本清理完毕，初步实现了白人与黑人之间的居住隔离。

三 西区大型贫民窟的成形与清理改造

约翰内斯堡的西区距离市中心约7公里，包括索菲亚镇、纽克莱尔、马蒂戴尔和西土著城镇四个街区，其中索菲亚镇占地最大，集聚的黑人最多，因此成为西区的代名词。在20世纪初，索菲亚镇、纽克莱尔、马蒂戴尔的土地开始切分成块出售，由于紧靠垃圾填埋场，初期难以吸引白人入住，为此在出让土地时，去掉对出售对象的种族限制，1923年《土著（城市地区）法》通过之前，索菲亚镇等街区是德兰士瓦为数不多黑人能够购买土地的地方之一。[②] 1919年约翰内斯堡市政厅将西区的垃圾填埋场推平，

[①] Keith Beavon, *Johannesburg: The Making and Shaping of the City*, pp. 112–114.
[②] Tom Lodge, *Black Politics in South Africa since 1945* (Braamfontein: Ravan Press, 1983), p. 93.

建立西土著城镇，作为黑人专用的居住点。在20世纪20年代初，西区在约翰内斯堡西部成形，索菲亚镇、马蒂戴尔、西土著城镇和纽克莱尔自北向南排列。

随着约翰内斯堡的发展和清理城市中心贫民窟计划的推进，西区成为黑人的避难所，人口不断膨胀，逐步成为城市最大的多种族混居的贫民窟，兰德地区乃至南非最重要的黑人城市中心，"非国大和南非共产党的政治温床、城市黑人文化的诞生地"。① 在20世纪上半叶曾长期担任非国大主席的艾尔弗雷德·科马在索菲亚镇拥有地产，在20世纪下半叶非国大的三位主要领导人奥利弗·塔博、沃尔特·西苏鲁和纳尔逊·曼德拉都在西区活动过。在1921年，西区人口不足3000人；20年代末，索菲亚镇和纽克莱尔大约有1万人（马蒂戴尔面积较小，人口统计时往往归入索菲亚镇）；在1933年，西土著城镇达到1.4万人的官方定额，此后人口缓慢增长；在30年代末，约有2.5万人生活在索菲亚镇和纽克莱尔。② 到了四五十年代，人口增长速度惊人。1945年，土著事务部的报告估计索菲亚镇和纽克莱尔的人口已经达到3.7万人，西土著城镇人口爆满，达到1.9万人；约翰内斯堡非欧事务部估计，在1952~1953年，索菲亚镇和纽克莱尔达到5.9万人，西土著城镇约有2万人。③ 西区的人口从不足3000人，增长到近8万人，30年间增长了20多倍，从城市郊区发展成为靠近市中心的大型贫民窟。

西区人口的大规模增长，是多种因素结合的结果。既有工业化、城市化的宏观背景，也有地方政府的刻意引导。市政厅把西区单独划出《土著（城市地区）法》的实施范围，应是考虑到西区自身的独特性，主要体现在以下三个方面。

第一，土地产权的特殊性和黑人房产主的存在，增加了整个区域对黑人的吸引力。索菲亚镇等三镇在出售地块时，没有对买家的种族加以限定，由此形成一个特殊的群体——城市黑人房产主，在南非种族隔离时期，这是极为罕见的群体，他们拥有土地所有权，是真正意义上拥有房屋者。在1923年的《土著（城市地区）法》通过后，黑人不能在城市获得

---

① David Goodhew, *Respectability and Resistance: A History of Sophiatown*, p. xv.
② David Goodhew, *Respectability and Resistance: A History of Sophiatown*, p. 3.
③ David Goodhew, *Respectability and Resistance: A History of Sophiatown*, p. 66.

地产权,只能在特定地区租赁土地或者房屋,而西区在此之前已经出售的土地,不受该法的约束,对黑人来说西区可谓是少数的法外之地之一。在西区的房产主中,黑人的数量不多,在30年代初为四五百人,[1] 到1950年上升为800人。[2] 大多数房产主仍然是白人,他们把房屋租给黑人牟利。土地产权给予黑人房产主一定的保障,不用担心轻易地被政府驱逐。西区的黑人房产主大多经济条件一般,需通过高息借债才能购买房产,唯有通过出租房屋才能偿还债务。这就吸引更多的黑人来到西区,富裕的黑人希望投资西区的房产,务工的黑人来到西区租房。

第二,索菲亚镇等街区采取社区自治,对黑人管理松懈。索菲亚镇街区的业主拥有完全产权,社区事务由业主和居民自治管理,不受市政厅的直接管辖,对黑人私人酿造与销售酒精、[3] 通行证检查执行不严格,房屋分租、合租现象普遍;市政厅所属的西土著城镇和其他居住点管理严格,黑人需按规定申请入住,登记身份证明和劳动合同,接受日常的管理。因此,很多黑人宁愿选择租金更贵但比较自由的索菲亚镇等街区。随着黑人不断进入约翰内斯堡,西区变得拥挤、房租上涨,房产主就默许他人搭建违章建筑,以吸纳更多房客。按照地方法规,索菲亚镇等街区的地块只能建造一栋建筑,但是在二战期间和战后时期,房屋极端短缺,法规无法执行,几乎所有的地块都出现了违章建筑,[4] 为索菲亚镇等街区的人口增长提供了空间。

第三,西区的区位和交通优势,成为多数黑人落脚约翰内斯堡的首选。西区距离市中心约7公里,市政厅安排的黑人居住点位于后来的索韦托核心区,距离市中心约13公里,出于到工作地点方便的考虑,无论是二三十年代被清理出市中心的黑人,还是二战期间新近进城的黑人,都把居住地的首选放在西区。西区交通便利,横穿整个兰德地区的铁路经过西

---

[1] David Goodhew, *Respectability and Resistance*: *A History of Sophiatown*, p. 10.
[2] David Goodhew, *Respectability and Resistance*: *A History of Sophiatown*, p. 74.
[3] 黑人酿造和销售酒精是《土著(城市地区)法》明文禁止的行为,黑人饮酒须到市政厅垄断经营的酒厅购买,以此获取的利润纳入专门账户,用于管理黑人使用。
[4] Deon van Tonder, "First Win the War, then Clear the Slums': The Genesis of the Western Areas Removal Scheme, 1940 – 1949," Philip Bonner, Peter Delius, Deboral Posel, eds., *Apartheid's Genesis, 1935 – 1962* (Johannesburg: Witwatersrand University Press, 2001), p. 317.

区,停靠在纽克莱尔,① 在西区逐渐成为兰德地区的黑人中心后,周边城镇的黑人工人会在休息时间乘坐火车赶到这里娱乐消费。

随着西区人口大幅增长,整个区域逐步演变为贫民窟,犯罪横行,成为政治反对派的温床。当时的媒体对西区如此描述,"布满灰尘肮脏的街道,破旧的商店,杂乱无章未经规划的瓦楞铁皮房,只有一个水龙头的院落散发出的恶臭,没有下水管道污水无从排放","缺少卫生设施,处于贫民窟的状况,犯罪横行,普遍的人性堕落"。② 与西区糟糕的卫生环境相伴随的是糟糕的治安环境,暴力犯罪高发。在20世纪30年代,西区的犯罪问题已经相当严重,到了40年代随着更多人的涌入,犯罪活动也随之增多,周末晚上在公交车站、火车站频频发生的暴力抢劫和强奸事件使夜晚举行的社交、宗教和政治活动日趋减少。③ 这些罪行的实施者主要是城市黑人青少年和流动工人分别组建的帮派。城市黑人青少年犯罪是南非黑人城镇的通病,在西区和兰德地区其他城镇形成了青年帮会的亚文化。④ 他们年少辍学,不愿意像父辈那样从事辛苦的体力劳动,相互聚在一起嬉闹成立帮派,以偷窃抢劫为生。流动工人组织的帮派以来自莱索托的巴索托人帮最为著名,在四五十年代,内部分成不同派别或与其他黑人部族发生过多次大冲突,影响遍及整个兰德地区,其中纽克莱尔是重灾区。在1953~1957年,巴索托人在纽克莱尔发生的械斗不下30次,规模大小不一,超过千人的大斗就有3次,警察出动超过千人。⑤ 巴索托人与城市黑人青年和其他流动工人都发生过冲突,导致西区和兰德其他城镇的黑人按照各自的部族,画地为牢强化部族联系,在斗殴时一呼百应,引起很大骚动。

但最让各级政府担忧的是,黑人政治意识的觉醒与政治反对派在西区

---

① David Goodhew, *Respectability and Resistance: A History of Sophiatown*, p. 7.
② Deon van Tonder, "First Win the War, then Clear the Slums': The Genesis of the Western Areas Removal Scheme, 1940–1949," Philip Bonner, Peter Delius, Deboral Posel, eds., *Apartheid's Genesis, 1935–1962*, p. 320.
③ David Goodhew, *Respectability and Resistance: A History of Sophiatown*, p. 99.
④ Clive Glaser, *Anti-Social Bandits, Juvenile Delinquency and the Tsotis Youth Gang Subculture on the Witwatersrand 1935–1960* (Master's thesis, University of Witwatersrand, 1990).
⑤ Philip Bonner, "The Russians on the Reef 1947–1957: Urbanisation, Gang Warfare and Ethnic Mobilisation," Philip Bonner, Peter Delius, Deboral Posel, eds., *Apartheid's Genesis, 1935–1962*, pp. 164–165.

的成长。随着大量黑人进入约翰内斯堡,新近城市化的黑人不可避免地提出政治诉求,与特殊的地产权相结合,西区成为黑人反对派的政治温床,南非共产党和非国大在西区建立分支机构,拥有大批的支持者,参与当地的各类组织与抗议活动。① 在1949年9月至1950年5月间,西区出现连续的骚乱动荡,南非共产党在其中起到重要作用,索菲亚镇、纽克莱尔和西土著城镇都是骚乱爆发的核心区域。

在城市化的过程中,"社会矛盾常以突发事件为爆发点,激起社会的一系列强烈反应和严重混乱,混合暴力和非暴力形式,共同形成危机态势,局面失控"。② 西区发生的非暴力抗议与暴力骚乱,是黑人在极端贫困和糟糕的城市环境中表达自身诉求的方式,但其引起西区周边白人社区居民的强烈不满与各级政府的关注。约翰内斯堡市政厅曾多次通过决议,计划对西区进行清理,最早可追溯到1932年。在1944年市政厅通过的决议中,已经形成了清理重建西区的完整计划。但当时仍处于战争期间,预估需要400万英镑的经费用于为黑人提供安置住房,资金便成为最大的障碍。③ 南非国民党在1948年上台执政后力主强化种族隔离统治,西区连续爆发骚乱成为中央政府在1950年重提西区改造计划的导火索。④ 对南非国民党中央政府和约翰内斯堡市政厅来说,对西区多种族混居的大型贫民窟进行清理改造,是有多重目的的。

第一,在居住空间上隔离黑人与白人。这是《土著(城市地区)法》的主要目的之一,约翰内斯堡最初是希望法律在全市范围内执行,在被法庭判定违法后,权宜之计才把西区划出法律执行的范围。随着城市的扩张,到四五十年代,西区已经被阿非利加人社区包围,西区居民爆发的抗议和骚乱时常波及白人居民,但是市政厅对此无能为力,白人居民决定把

---

① Deon van Tonder, "First Win the War, then Clear the Slums': The Genesis of the Western Areas Removal Scheme, 1940 – 1949," Philip Bonner, Peter Delius, Deboral Posel, eds., *Apartheid's Genesis, 1935 – 1962*, p. 322.
② 吴必康:《变革与稳定:城市化的历史特点和问题研究》,《史学理论研究》2004年第3期。
③ Tom Lodge, *Black Politics in South Africa since 1945*, p. 98.
④ Tom Lodge, *Black Politics in South Africa since 1945*, p. 102.

拆除西区的诉求上达到中央政府。① 第二，收回黑人的地产权。这是西区能够成为贫民窟的根源之一，也是中央政府要着力解决的问题。西区被拆除后，黑人房产主得到的补偿是在索韦托的杜比享有30年的土地租赁权，可以按照政府规定的30种房型自行建造房屋。② 第三，打击黑人政治反对派。1948年土著事务部的一份报告称，"西区是黑人反抗的温床"，"多年来是麻烦的根源"，③ 需要将其扼杀。除了1949~1950年持续发生的骚乱以外，1952年修改通行证法律引起全国范围的"蔑视运动"，西区的居民也积极参与。随着土著事务部筹划西区的清理改造计划，西区居民成立多个抗议组织，非国大省级和基层组织介入抗议活动，一些同情西区居民的知名白人和有色人也参与其中，多次召开或计划召开大规模的集会活动，在全国都产生很大的声势，约翰内斯堡市政厅为此主动退出了清理改造计划。④ 但是在中央政府的坚持下，特别是大量警力的弹压下，反对派无法阻止计划的执行。第四，强化种族隔离统治的有力证明。南非国民党能够在1948年当选执政，白人选民对黑人城市化的焦虑与恐惧是主要原因之一。⑤ 南非国民党执政后，在1949~1950年连续通过《禁止通婚法》、《不道德法》、《人口登记法》和《集团地区法》等四项带有强烈种族主义色彩的法律，其中《集团地区法》规定每个种族的成员必须生活在特定区域，授权政府可以将某一区域划归给特定种族，区域内的其他种族必须迁出，转让所属的不动产。中央政府在50年代对西区和开普敦的六区这两个多种族混居的街区进行清理重建，成为体现这项法律权威的试金石。

1954年，时任土著事务部部长的维沃尔德正式宣布推行西区的清理重建计划。到1955~1960年，西区的黑人被清理殆尽，统一安置到索韦托，

---

① Deon van Tonder, "First Win the War, then Clear the Slums': The Genesis of the Western Areas Removal Scheme, 1940 – 1949," Philip Bonner, Peter Delius, Deboral Posel, eds., *Apartheid's Genesis, 1935 – 1962*, p. 322.
② Philip Bonner and Lauren Segal, *Soweto: A History*, p. 31.
③ Tom Lodge, *Black Politics in South Africa since 1945*, p. 99.
④ Tom Lodge, *Black Politics in South Africa since 1945*, pp. 103 – 108.
⑤ P. Bonner, "African Urbanisation on the Rand between the 1930s and 1960s: Its Social Character and Political Consequences," Philip Bonner, Peter Delius, Deboral Posel, eds., *Apartheid's Genesis, 1935 – 1962*, p. 115.

索菲亚镇改造为白人社区，纽克莱尔和西土著城镇改造为有色人社区。中央政府对西区的清理重建，是对二三十年代清理城市核心区贫民窟的延续，包括西区在内的城市中心，除了白人家庭的黑人帮佣，其他黑人一律不能居住，黑人与白人的居住隔离深化。

四 结语

约翰内斯堡市政厅和南非中央政府从20世纪20年代开始，持续清理约翰内斯堡的贫民窟，到1960年，随着西区的拆除，市中心的贫民窟被清理殆尽。但是对这座城市来说，贫民窟这个命题远没有终结，更多黑人被集中到了城市西南边的索韦托，继续生活在贫民窟。时至今日，新南非建立后20多年，索韦托仍然存在贫民窟，城市核心区周边的贫民窟也死灰复燃。对约翰内斯堡、白人种族主义政权和黑人社群来说，长期存在的贫民窟和持续不断的清理活动，究竟意味着什么？

对任何一座城市而言，贫民窟意味着肮脏、卫生条件恶劣、犯罪高发等诸多负面形象。但是，拆除贫民窟需承担高昂的经济成本，从发展中国家甚至一些发达国家的经验来看，大型贫民窟一旦形成就很难清除。约翰内斯堡市政厅清理贫民窟的背后，有种族隔离意识形态的影响，但是行为方式符合政府对成本的核算。在二三十年代，拆除散布在市中心的贫民窟在经济上可以承受，拆后的土地价值较高，可转为商业或工业用地；到了40年代，西区聚集的人口规模让市政厅难以承受拆迁成本，即使多次通过决议要求清理重建西区，但是囿于经费而没有实质行动。如果中央政府不介入，西区作为贫民窟会继续存在于城市主城区，按照当时的发展趋势，可能会聚集更多的黑人。约翰内斯堡市政厅在清理核心区贫民窟的过程中，很多黑人只是被驱散了，没有得到妥善安置，结果是把贫民窟从城市核心区转移到相对偏远的西区。中央政府在清理西区的过程中，黑人得到较好的安置，但是索韦托基础设施先天不足，居民房屋内部长期不通水电，随着六七十年代人口的膨胀，索韦托毫无意外地沦为贫民窟。从较长时段来看，约翰内斯堡市政厅和中央政府没有为黑人提供合适的廉价住房，坚持清理贫民窟的结果是贫民窟的转移与扩大，从分散在核心区到西区的大型贫民窟，再到索韦托超过百万人口的巨型贫民窟，犹如人体内的癌细胞不断地转移与扩散。美国的城市更新运动也出现类似的悖论，粗暴地、外科手术式地清理贫民窟只是转移矛盾，让贫民窟变得更加拥挤。

两级政府对贫民窟的清理，目的不是让黑人脱离贫民窟，而是实现白人与黑人之间的居住隔离。对白人统治集团来说，白人与黑人隔离的城市才是白人的城市，才是美丽纯净的城市，才能彰显白人对城市的独享独占，黑人则被隔离在远离城市的黑人城镇。在不断地清理贫民窟的过程中，白人与黑人的居住隔离不断加深、强化，直至成功构建南非白人城市与黑人城镇两个泾渭分明的城市空间。这背后是白人种族主义对南部非洲长达三四百年的殖民统治和种族隔离的意识形态。无论是20世纪上半叶白人统治集团主流认可的种族分离（Segregation），还是从1948年开始执政的南非国民党提出的种族隔离（Apartheid），[①] 都强调白人与黑人分离发展、各自发展，以此掩饰白人对黑人的压迫与剥削。种族隔离制度是囊括整个政治经济社会的复杂系统，有各种具体形式，如在政治上剥夺黑人的选举权和推动黑人家园独立，在经济上推行文明劳工政策和白人占有全国大多数的土地，在社会上对黑人城市化采用限制政策、执行通行证制度和强化警察部门的暴力镇压等。正是在种族隔离的意识形态下，南非国会通过了1923年《土著（城市地区）法》，允许黑人在城市中工作，把黑人纳入白人控制的资本主义经济体系之中，同时限制黑人城市化发展，拒绝黑人融入以白人为主流的城市社会。黑人在城市中长期稳定的居住面临各种苛刻管制，中央和地方政府不可能为黑人提供数量足够、合适居住的住房，因此，黑人居住区的贫民窟化是无法避免的宿命。在这样的制度框架下，清理贫民窟，实现白人与黑人的居住隔离，成为维护种族主义理念、强化种族隔离统治的重要方式。

对黑人社群来说，长期身处在贫民窟，造成诸多弊端。人数最庞大的黑人，作为整体长期处于南非社会的最底层，仿佛是金字塔的塔基，绝大多数黑人的社会经济上升通道被堵塞，贫困、失业、犯罪等问题恶性循环缠绕着他们，让他们难以摆脱。在贫民窟里，长期贫困、生活基础设施不全、居住面积狭小、卫生条件糟糕、艾滋病流行、暴力犯罪横行、抢劫强

---

① 种族分离和种族隔离都是南非白人政府提出的政治口号，两者对应不同的时间分期，以1948年南非国民党上台为界，但是核心观点差别不大，都强调白人与黑人的隔离，种族分离时期以地方政府执行种族主义法律为主，种族隔离时期重视中央政府的立法与执法。

奸高发等诸多问题交织在一起,困扰着南非社会的发展。非国大执掌南非政权只是解决政治的合法性,种族隔离统治带来的社会经济问题仍待进一步破解,特别是弱势群体主要集中的贫民窟,需要政府提出更富有政治智慧的解决方案。

作者:尚宇晨,杭州国际城市学研究中心暨浙江省城市治理研究中心

(编辑:任云兰)

发展中国家低收入群体住房政策

——以巴西政府对里约热内卢贫民窟的治理为例

刘 明 蓝 海

内容提要：里约热内卢的贫民窟问题一直是困扰巴西政府的主要难题。早在20世纪初，巴西政府就已着手对贫民窟进行整治。从20世纪初到20世纪90年代，政府对贫民窟的治理以拆迁和修建房屋为主。而20世纪90年代巴西实行新自由主义改革后，政府转为加强贫民窟自身的改造，完善社区基础设施建设，打击贫民窟内的违法犯罪活动。巴西政府的政策并没有从根本上解决问题。究其原因，在于巴西政府对贫民窟的整治缺乏系统而全面的努力，政策缺乏连续性，同时农村土地占有制度极其不合理，导致大量农村人口涌入城市，并带来一系列问题。里约热内卢的案例也为发展中国家的低收入群体住房改造提供了一些有益启示。

关键词：里约热内卢 贫民窟 国家住房银行 低收入群体

低收入群体的住房问题一直是困扰广大发展中国家政府的主要难题。巴西是当今世界贫富分化十分严重的国家之一，以贫民窟居民为代表的低收入阶层的生活状况长期不容乐观。同时，巴西的贫民窟也是贩毒以及暴力活动猖獗之地。环顾巴西各主要城市，里约热内卢（亦简称"里约"）的贫民窟具有很强的代表性。该市的贫民窟不仅规模巨大，社会关系和条件错综复杂，而且也是巴西政府大力整治的重点地区。所以本文以里约热内卢的贫民窟为例，来对巴西政府治理贫民窟的政策做出深入探究。

鉴于里约热内卢在巴西的重要地位以及住房问题在发展中国家的社会

治理中占有的重要位置，国内外学术界不乏对里约贫民窟的研究成果。[①] 但是，前人的研究往往忽视了以下几个方面：第一，从整个拉美地区和巴西国别的角度来开展研究的较多，针对里约等城市的个例研究很少；第二，以往的成果多是对近些年相关政策的研究，从历史角度的追溯和深入探讨相对较少；第三，之前的成果多注重中央政府层面的治理情况，对州政府在处理贫民窟问题上的努力研究不足；第四，缺乏对其他发展中国家城市的普遍性适用价值的分析，即里约城市贫民窟的治理经验，对其他发展中国家尤其是城市化水平很高的大城市的发展和治理到底有什么启示作用。本文在前人研究成果的基础上，力求对上述问题进行进一步的深入探究。在系统研究分析里约贫民窟治理历程的同时，对里约贫民窟问题长期难以解决的原因进行深入分析，并力图对包括中国在内的发展中国家的城市发展和社会治理提供一些可资借鉴的经验和教训。

一 贫民窟的出现与巴西政府的早期治理

里约热内卢是巴西流动人口最多的城市之一，这些人口多是来自巴西各地的农村贫民，他们中相当一部分人在公共或私人土地上非法搭建简易房屋，而城市本身又无法向他们提供足够的合适住房，久而久之就在城市周围以及一些山丘地带形成大片的贫民窟。早在19世纪末20世纪初，贫民窟就已经在里约热内卢出现。到了1897年，一些退伍军人经批准被临时安置在位于市中心的圣安东尼山丘和拉普罗斯登西亚山丘。从此之后，在这两个山丘上安置的住所逐渐增多，开始形成大片贫民窟。到了20世纪20年代，贫民窟开始向圣卡洛斯等其他山丘地带扩张，并延伸至城郊。[②]

[①] 国外对这一问题的研究主要见于 Janice E. Perlman 的 *The Myth of Marginality: Urban Poverty and Politics in Rio de Janeiro*，Pamela Katia Sertzen 的 *Experiencing Violence: Children and the Marginalized Urban Space of the Brazilian Favela* 以及美洲开发银行的 *Slum Upgrading: Lessons Learned from Brazil* 等。国内学者除了中国社会科学院拉丁美洲研究所何露杨的《巴西国家住房银行的棚户区改造政策评析》一文外，大多致力于拉美地区以及巴西城市化的宏观研究，如中国社会科学院郑秉文研究员的《住房政策：拉丁美洲城市化的教训》（经济管理出版社，2014）、复旦大学樊勇明教授的《中国—巴西城市化进程与基础设施建设比较研究》以及湖北大学程晶副教授的《城市化进程中拉美国家城市环保的经验及教训》等。

[②] 郑秉文：《住房政策：拉丁美洲城市化的教训》，第42页。

20世纪30年代,由于世界范围内的经济危机引发巴西经济尤其是农业部门的萧条局面,加之瓦加斯政府大力推行进口替代工业化,在城市内建立大量新工厂,建筑业和土地价格提高,导致城市住房紧缺且房价昂贵。很多农民付不起房租,就聚居在城市中心的山坡上,因为那里没有房租,并且地理位置也比较好。[1] 里约热内卢开始形成大片的贫民窟。

20世纪70年代后,巴西经济的快速发展加剧了人口从北部、东北部等州涌入相对发达的东南部和南部各州,其中有很大一部分人来到里约热内卢,并居住在贫民窟。这些贫民窟的房屋多是用脆弱的材料建造的,公共服务设施严重缺乏,居住在此的人们对所占据的处所也没有任何法定权利。[2] 到了20世纪80年代后,贫民窟成为里约暴力犯罪活动十分猖獗的地方,成为偷盗之徒和毒品商的窝藏之地。另外,贫民窟居民人数之多、人口增长之快也迫使政府不得不对其加以重视。1960年,有33.5万人居住在里约的贫民窟。而到了2000年,这个数字达到了100万。[3] 贫民窟不仅影响到里约的城市面貌,更对城市治安以及可持续发展构成严重威胁,因此,对贫民窟问题的治理成为里约市政府以及联邦政府工作中的重点内容。

巴西政府开始着手治理贫民窟是在20世纪初。当时政府为解决贫民窟问题而采取的多是一些临时性措施,手段大多比较粗暴,而且对贫民窟的治理在政府的公共政策中不占重要地位。[4] 巴西政府真正开始重视贫民窟问题的重要性是在20世纪40年代末。自1947年开始,巴西国内出现了"红色恐慌",共产党赢得了第一轮国会选举,由于共产党在贫民窟有很大势力,导致政府决心对贫民窟问题加以有效解决,以防止共产党势力过度膨胀。在当年,巴西政府成立了一个委员会以将部分贫民窟拆迁,其目的是将贫民窟居民遣返至他们之前所在的州,但该政策由于缺乏足够的实力

---

[1] Janice E. Perlman, *The Myth of Marginality: Urban Poverty and Politics in Rio de Janeiro* (Berkeley: University of California Press, 1976), p. 14.

[2] 〔英〕莱斯利·贝瑟尔编《剑桥拉丁美洲史·1930年以来的巴西》第9卷,吴洪英等译,当代中国出版社,2013,第595页。

[3] Alec Lee & Paula B. Mian, "Speculation in Brazil's Favelas," *Washington Report on the Hemisphere* 1, 2 (Feb. 22, 2013).

[4] Fernanda Magalhaes, Francesco di Villarosa, eds., *Slum Upgrading: Lessons Learned from Brazil* (Washington D. C.: Inter-American Development Bank, 2012), p. XV.

和资源而没有得到很好的实行。[①] 1962 年，巴西政府建立了大众房地产公司（Companhia de Habitação Popular），其任务是拆除现有的贫民窟，并将这里的居民迁往城市边缘。在美国国际救济署（USAID）以及国家住房银行（Banco Nacional de Habitação, BNH）的资金支持下，该机构拆除了很多贫民窟，并将居民重新安置到城市北部和西部郊区新建的住宅区。[②] 但是，拆迁工作遇到了很大阻碍，以至于到后期进展缓慢。

1964 年军政府上台后，政府加大了贫民窟拆迁和房屋修建的力度。1964 年 4 月，里约热内卢州议员桑德拉·卡瓦尔坎蒂（Sandra Cavalcanti）女士向布朗库总统建议，政府应通过制定切实有效的住房计划来巩固军政府统治。住房计划不能抛弃生活在贫民窟的群体，应成立专门从事城市化和住房问题的研究机构。[③] 在她的建议下，巴西政府在同年 8 月成立国家住房银行，以引导、规范、控制对住房体系的投资，该机构力图让更多的低收入家庭获得对房屋的所有权，减少非法居住。该机构的资金一方面来自劳动者的工资收入，另一方面是自愿捐献。[④] 到了 1975 年，该机构主持修建了 61.59 万间房屋。[⑤] 但实际上，国家住房银行更多的是为那些技术不熟练的工人创造了就业机会，在贫民窟治理方面的贡献却较少，导致其实际作用大打折扣。

在国家住房银行成立的同一年，巴西政府也建立了住房财政体系（Sistema Financeiroda Habitacao, SFH），成为政府在全国范围内大规模干预住房领域的重要标志。该政策的主要目的是将大量财政资金在不依赖直接补贴的前提下用于住房建设。在军政府统治时期，该机构提供了 450 万套

[①] Janice E. Perlman, *The Myth of Marginality: Urban Poverty and Politics in Rio de Janeiro*, p. 200.
[②] Alejandro Portes, "Housing Policy, Urban Poverty, and the State: The Favelas of Rio de Janeiro, 1972 – 1976", *Latin American Research Review*, Vol. 14, No. 2 (1979).
[③] Maria Luiza Adams Sanvitto, Habitacao Coletiva Economicana Arquitetura Morderna Brasileira Entre 1964 e 1986, Porto Alegre: Tese de Doutorado, Faculdade de Arquitetura, PROPAR/UFRGS, http://hdl.handle.net/10183/27847，最后访问日期：2017 年 5 月 15 日。
[④] Janice E. Perlman, *The Myth of Marginality: Urban Poverty and Politics in Rio de Janeiro*, p. 201.
[⑤] BNH relatório de 1975, Rio de Janeiro, Secretaria de Divulgação, 1976.

房屋，但主要提供给资产阶级和高收入群体，[①] 贫民窟居民从中得到的实惠却很少。政府实行的政策不仅没有解决贫民窟居民和低收入群体的住房问题，反而导致社会贫富二元化进一步明显。

1968年大里约都市区社会利益住房协调处（Coordination of Social Interest Housing of the Great Rio Metropolitan Area）的建立标志着巴西政府对里约贫民窟的拆除政策达到了顶峰。该机构力图在成立后的三年内拆除所有贫民窟。它给自己设定了目标，即每天迁移100户家庭。到1973年夏天，该机构已经拆迁了62座贫民窟以及其他贫民窟的部分地区，将175785人转移到公共住房中。[②] 该机构试图使贫民窟居民更好地融入社会，但由于没有解决基础设施问题，也没有为新搬迁户提供切实的生活保障，很多人在获得住房后又将房子出卖给其他人，导致贫民窟居民依然贫困，贫民窟问题并没有得到有效解决。

在20世纪七八十年代，巴西政府还陆陆续续建立了其他一些机构来试图解决贫民窟问题，但都无济于事。大规模的贫民窟扩张与政府拆迁计划的同时进行导致城市发展较为混乱，很多贫民窟交通体系不完善，呈现一种孤岛式的状态。[③] 尽管政府的这些政策在一定程度上推动了巴西经济的发展，但毫无疑问，政府的政策已经偏离了初衷，偏离了"治理贫民窟问题"这个核心目标。在1990年后，巴西政府开始实行新自由主义发展战略，并试图用新的办法来引导、支持贫民窟的改造，放弃了之前那种以房屋拆迁和修建为主要特征的贫民窟政策。

二 20世纪90年代后的贫民窟政策：基础设施改造与维护治安

以房屋拆迁和修建为主要特征的旧政策不仅在政治上遭到反对，而且在经济上也难以维持。20世纪90年代后，贫民窟居民和低收入家庭居民

[①] Fernanda Magalhaes, *Slum Upgrading and Housing in Latin America* (Washington D. C.: Inter-American Development Bank, 2016), p. 37.
[②] Janice E. Perlman, *The Myth of Marginality: Urban Poverty and Politics in Rio de Janeiro*, p. 202.
[③] Fernanda Magalhaes, *Slum Upgrading and Housing in Latin America*, p. 31.

成为一支重要的选民力量，他们组织日益强大的社会运动来对政府施加压力，要求政府加大对其社区的公共投资。① 更重要的是，在债务危机和通货膨胀的双重打击下，政府无力进行土地收购和房屋修建。在这种情况下，加强贫民窟的基础设施建设以对其进行改造成为巴西政府的优先选择。同时，由于在20世纪八九十年代后贫民窟内犯罪活动猖獗，打击犯罪、维护治安也成为90年代后巴西政府贫民窟政策的重要内容。

（一）以完善社区基础设施建设为主要特征的贫民窟改造

与以往的政策主要由中央政府和州政府制定实施不同的是，90年代后里约热内卢市政府在贫民窟改造过程的作用日渐加强。"贫民窟—居住区"（Favela - Barrio）计划的实行是20世纪90年代里约市政府实行贫民窟改造的重要体现，同时也是该市住房政策的重要组成部分。它试图为贫民窟等城市边缘地区兴建更多的基础设施，如自来水、电力系统和垃圾清理设施等。同时试图将贫民窟与城市的其他部分融为一体。② 该计划后来也扩展到房屋改进、控制犯罪以及青年和成年培训等。作为"贫民窟—居住区"计划的补充，政府出台了《土地所有权与收益管理条例》，③ 在贫民窟改造工程开工后实施。这项计划总的来说比较成功，关键在于它能协调各部门的工作，市政府在制度方面比较完善，技术上也比较先进，同时也与贫民窟居民的积极参与密不可分。但是，由于一些政治上的原因，如政府政策缺乏连续性，在与犯罪团伙的斗争中州一级的安全保障缺失等，导致计划的施行大打折扣。④ 另外，尽管政府力图使贫民窟融入城市当中，但由于贫民窟长期游离于城市生活之外，政府缺乏有效控制，贫民窟已经成为毒贩的自由王国，严重威胁城市治安。

里约市政府在90年代还颁布了一系列法令来实现贫民窟的改造。比较有代表性的是 *BR0182* 号以及 *BR0067* 号法令。前一个法令颁布于1995年

---

① Fernanda Magalhaes, *Slum Upgrading and Housing in Latin America*, p. 40.
② Pamela Katia Sertzen, *Experiencing Violence: Children and the Marginalized Urban Space of the Brazilian Favela* (The University of Texas at Austin, August 2012), p. 25.
③ 郑秉文：《住房政策：拉丁美洲城市化的教训》，第43页。
④ Daniel S. Lacerda, "Rio de Janeiro and the Divided State: Analysing the Political Discourse on Favelas," *Discourse & Society*, Vol. 26, Issue 1 (2015).

11月1日，政府斥资3亿美元，将通过提供水和卫生服务，改善街道存储排水条件，改造和增加社会服务供应，特别是儿童保育中心，来提升里约热内卢的贫民窟和非法住宅区居民的生活条件。① 在 *BR0067* 号法令中，规定了政府投资5亿美元用于改善包括里约在内的主要城市的卫生条件。② 这些法令的颁布和实施在一定程度上加强了贫民窟的基础设施建设，尤其是卫生条件的改善，有利于贫民窟居民的身体健康。

以卢拉和罗塞夫为代表的劳工党的上台执政使巴西政府的贫民窟改造政策又得以向前推进。卢拉是从贫民窟走出来的总统，他十分重视改善那些生活困难的巴西人的生活条件。在2003年4月，卢拉对圣保罗的贫民窟居民说道："我们必需要给那些居住在贫民窟的人以房屋。"③ 在卢拉的积极努力下，2003年，巴西政府成立了城市部（Ministry of Cities），城市问题成为政府议事日程的重点。政府致力于建立一个更广阔的政策框架、财政体系和制度架构来支持住房政策的发展。2004年，巴西政府通过了国家住房政策，贫民窟改造成为国家的首要任务之一。在这种情况下，巴西政府实行双轨制度（Twin‐track Approach）以解决贫民窟问题。它包括两个主要的计划，即"增长促进计划"（Programa de Aceleração do Crescimento, PAC）和"我的生活我的家"（Minha Casa Minha Vida, MCMV）计划。

"增长促进计划"由卢拉政府在2007年开始推行，这是一项广义上的基础设施兴建计划，并通过对基础设施的公共投资来加快经济增长。2007年8月，卢拉宣布斥资42亿美元用于基础设施建设项目，包括卫生、自来水、下水道建设、电力、道路、住房等，以改善一些比较大的贫民窟的生活条件。2008年5月7日，时任卢拉政府内政部部长的罗塞夫宣布从财政预算中拨出13亿美元用于贫民窟的改造。④ 从2011到2014年，该计划投

---

① *BR0182*: *Rio de Janeiro Urban Upgrading Program*, Inter‐American Development Bank, http://www.iadb.org/en/projects/project‐description‐title, 1303.html? id = BR0182, 最后访问日期：2017年6月4日。

② *BR0067*: *Social Action Program in Sanitation*, Inter‐American Development Bank, http://www.iadb.org/en/projects/project‐description‐title, 1303.html? id = BR0067, 最后访问日期：2017年6月4日。

③ Council on Hemispheric Affairs, "Lula's Brazilian Growth Acceleration Program: The Best that the Government Funding can Buy?" *Washington Report on the Hemisphere*, Vol. 28.

④ Council on Hemispheric Affairs, "Lula's Brazilian Growth Acceleration Program: The Best that the Government Funding can Buy?" *Washington Report on the Hemisphere*, Vol. 28.

入大量资金用于兴建包括贫民窟地区在内的托儿所、体育场和文化场所,[1]并对贫民窟的卫生事业、公共交通等提供信贷支持。[2] 与此同时,政府加强了对项目执行情况的监督管理,减少来自地方政府的不必要的过多资金投入,将更多资源用于该项目的设计和执行方面,加强土地的正规化管理,通过社会支持项目的实行来加强社会工作。与之前的各项政策相比,"增长促进计划"无论是在广度还是在深度上都有新的突破。从2007年到2010年,政府投入84亿美元的津贴、信贷以用于房屋改造、卫生治理、居民安置等,惠及120万户家庭。[3] 但是,住房政策的覆盖范围仍比较有限,主要障碍表现在两点,一是资源分配的非延续性,二是相关执行机构工作不到位,无论是中央、州还是市政府都是如此。这导致政策的实际效果并不理想,造成资源浪费,贫民窟居民的实际处境也未得到实质性的改善。

"我的生活我的家"项目由第11977号联邦法令公布,于2009年7月7日开始实行,[4] 是卢拉政府国家发展规划的重要组成部分。该计划力图降低低收入家庭获得住房的门槛,成立针对贫民窟居民的特殊资助体系,以及简化房产登记手续和规范落户政策等。政府还为贫民窟居民购买住房提供一定的补助和较低的利率。到了2011年6月16日,罗塞夫政府通过第12424号法律扩大了该计划,[5] 规定要在2014年底之前建设超过200万套住房。除中央政府外,里约市政府也积极配合该计划。市政府与建筑公司签约以对相关技术标准做出规定,并投入资金用于项目的设计。该计划尽管使很多人受益,但由于在实际操作的过程中其对象不局限于低收入家庭,导致很多中高收入群体钻了政策的空子,他们获取的利益甚至要大于低收入家庭,导致该项目的实施效果大打折扣。

"增长促进计划"和"我的生活我的家"项目促进了里约城市建筑业

---

[1] Pamela Katia Sertzen, *Experiencing Violence: Children and the Marginalized Urban Space of the Brazilian Favela* (The University of Texas at Austin, August 2012).

[2] Alec Lee & Paula B. Mian, "Speculation in Brazil's Favelas," *Washington Report on the Hemisphere 1*, 2 (Feb. 22, 2013).

[3] Fernanda Magalhaes, *Slum Upgrading and Housing in Latin America*, p.46.

[4] 樊勇明、潘忠岐主编《中国—巴西城市化进程与基础设施建设比较研究》,上海人民出版社,2015,第152页。

[5] 郑秉文:《住房政策:拉丁美洲城市化的教训》,第415页。

的发展,创造了很多就业岗位,而当时正处于2008年全球经济危机的大背景下,从而有利于缓解危机带来的失业问题。这些政策减少了人们在住房方面的赤字,惠及300万户家庭。更重要的是,这些计划有效加强了城市的基础设施建设,使里约的城市面貌焕然一新,加强了贫民窟居民与外界的联系。不过这些政策也遭到严峻挑战,如在政府采购以及获取官方许可方面的困难,由于政府无力支付一些土地费用,城市无序扩张,以及由于财政紧张而导致的住房质量和设计水平低下。实际上,无论是在20世纪90年代,还是进入21世纪后劳工党上台执政,政府的贫民窟政策都表现出一定的软弱性,这些政策不仅没有触碰到社会上层的利益,而且有意或无意让他们钻了空子,贫民窟居民仍处于十分不利的境地。随着特梅尔上台,劳工党成为在野党,这些政策的连续性也受到了一定的不利影响。

(二) 政府对贫民窟社会治安的维护

20世纪90年代后,毒品走私等犯罪活动在巴西主要城市日益猖獗,且由于贫民窟长期孤立于城市社会经济生活之外,导致贫民窟逐渐成为巴西毒品交易以及其他各种犯罪活动发生的绝佳之地。在很多贫民窟,毒贩主导当地的日常生活,并控制一些当地社团组织。由于他们配有精良的武器,他们开始挑战警察和政府。[①] 基于此,巴西联邦政府和里约市政府加强了对贫民窟的犯罪清缴行动,以维护城市的治安。

2000年9月里约热内卢州政府成立了特定地区警察小组计划 (Police Group for Special Areas),其目的是在冲突中使警察和社区团结在一起,打击毒品交易等。具体来说,其任务有三:减少枪支流入和公开持枪;使年轻人免于犯罪;停止在民众和军队中发生暴力事件。[②] 该机构除了高度关注毒品交易以外,也接受来自民众的关于医疗卫生、教育等方面的求助。在最初的两年,该计划进展顺利,社区内的犯罪事件明显减少,毒品交易

[①] João H. Costa Vargas, "When A Favela Dared to Becomea Gated Condominium: The Politics of Race and UrbanSpace in Rio de Janeiro," *Latin American Perspectives*, Vol. 33, Issue 4 (2006).

[②] Riccio, V., Ruediger, M. A., Ross, S. D., and Skogan, W., "Community Policing in the Favelas of Rio de Janeiro," *Police Practice and Research*, Vol. 14, Issue 4 (2013).

也减少了，警民之间关系也得以加强。但是，该机构组织性并不强，并很容易受到政治上的干预。在 2003 年之后，该机构的运转经受了一系列危机，很大程度上影响了工作的开展。

2009 年警察安抚部队（Pacifying Police Units）的设立是巴西政府加强对贫民窟治安维护的重要举措。政府希望通过该组织，以重新干预贫民窟内部事务，并利用清剿毒贩之机消除贫民窟。① 警察安抚部队一方面为 2014 年的世界杯和 2016 年里约奥运会做好安全保护，另一方面也试图吸引私人部门的眼光以恢复房地产市场的经济利益。该机构还试图实行一些社会计划和政府干预，来提供更多的产品和服务，以使贫民窟逐渐走上正常的城市生活轨道。但是，警察有时对贫民窟的事务控制过大，不利于警民关系的协调发展。社区里很多杀人案往往被定性为警察对贩毒者以及那些拒绝接受逮捕的罪犯的处理，然而其中有很多是警察对贫民窟居民的暴力行为。政府对案件往往缺乏调查，扭曲事实。② 这导致居民对警察的怨恨以及警民关系的不信任，尤其是在警察和年轻人之间。此外，该机构的很多工作人员并没有与贫民窟居民团结在一起，对贫民窟的治理有时甚至不如那些黑帮和贩毒团伙行之有效。但无论如何，该计划在一定程度上保障了贫民窟居民的安全，社区治安得到了较大改善，一些地方甚至成为外国人和本国富人们旅行的目的地。③

三 里约贫民窟问题未能有效解决的原因分析

尽管巴西政府做出很大努力，但贫民窟问题并未真正得到有效解决，现今的贫民窟仍是巴西贫穷、落后、不稳定的代名词。巴西社会二元化愈加明显，城市低收入群体的住房问题仍是困扰巴西政府和里约市政府的重大难题。在笔者看来，里约的贫民窟问题之所以无法得到根治，原因主要

---

① Stephan Lanz, "The Born–Again Favela: The UrbanInformality of Pentecostalism in Rio de Janeiro," *International Journalof Urbanand Regional Research*, Vol. 40, Issue 3 (2016).

② Juliana Corrêa, FátimaCecchetto, Patrícia Farias, "Poor Youths and 'Pacification': Dilemmas Between Discourseand Practice from the Perspective of Young Peopleabout Policing in Rio de Janeiro's Favelas," *International Sociology*, Vol. 31, Issue 1 (2016).

③ Alec Lee & Paula B. Mian, "Speculation in Brazil's Favelas," *Washington Report on the Hemisphere 1*, 2 (Feb. 22, 2013).

在于以下几个方面。

第一,巴西政府对贫民窟的整治缺乏系统而全面的努力,政策缺乏连续性。无论是联邦政府还是州政府,提出的整治方案以及实际动作都不少,但往往孤立分散,各自为政,很少形成完整有效的治理架构。在贫民窟的拆迁过程中,政府的动作很多都属于小打小闹,没有真正下力气解决问题。如在清除科帕卡巴纳山坡上的棚户区时,只不过是摆摆样子、装装门面。[1] 政府相关部门的人事变动是政策缺乏连续性的主要原因。以1968年成立的公共发展公司(Companhia de Desenvolvimento de Communidades)为例,该计划最初在运行时比较顺利,一些试点地区的贫民窟改造项目取得了成功。这些地区的商业得以繁荣,基础设施也逐步完善。但在1973年后,由于政府将之前的领导班子和相关员工撤换下去,让一些对该计划并不是很积极且对里约市政建设了解甚少的人主持该机构,[2] 导致后来该计划的进展遇到诸多障碍,很多试点和规划最终被放弃。

第二,过多的农村贫困人口涌入城市所形成的移民无法适应城市生活以及城市基础设施建设滞后是贫民窟问题无法得到有效解决的根本原因。土地占有制度不合理一直是巴西经济和社会发展过程中难以解决的问题,尽管20世纪中期以后巴西历届政府做出很多努力,但都无济于事,反而出现越改问题越大的趋势。国家的大部分土地(包括新开垦的中西部和边疆地区的土地)掌握在大地产者以及农业资本家手中,广大小农成为无地少地的农民。他们大量离开农村另谋生计。而在第二次世界大战结束后,巴西制造业发展十分迅速,需要大量劳动力,很多无地少地的农民就涌入城市中寻求发展。但他们大多缺乏制造业发展所需的技术水平,导致很多人并不能被工业部门所吸收,这些人在城市中只能从事诸如摆摊、洗衣、保姆等非正规行业,他们居住在城市的贫民窟内,其生活境遇并未得到改善。与此同时,由于人口增长过快,城市的基础设施建设已经远远不能满足实际需求,很多新移民缺少合适的住房以及道路、供水等基础设施服务,迫使他们居住在贫民窟里。加之在20世纪80年代后债务危机的爆发

---

[1] 〔美〕诺玛·伊文森:《巴西新老国都:里约热内卢和巴西利亚的建筑及城市化》,汤爱民译,新华出版社,2010,第24页。
[2] Janice E. Perlman, *The Myth of Marginality: Urban Poverty and Politics in Rio de Janeiro*, p. 237.

发展中国家低收入群体住房政策

导致制造业所需劳动力减少，更多移民失业，导致贫民窟队伍进一步扩大。

第三，贫民窟改造计划缺乏合理的规划，不利于相关整改计划的实行。尽管贫民窟自身存在诸多问题，但一些优势也不能忽视，如上班较为方便，大部分贫民窟没有房租，且部分社区内设有免费的医疗和教育服务。[1] 但是，巴西政府往往为了中高收入阶层的住房需求以及城市美化等目的，在未做好切实有效的规划的前提下，硬生生地将这些贫民窟拆除，将贫民窟居民迁移到其他地方。这些地方交通不便，生活基础设施更不完善，动迁户的那种孤立于城市发展之外的感觉更加强烈。这些住房还要收取一定数量的租金，而搬迁导致很多居民失去了他们原本能胜任的工作，如洗衣工、带孩子等。也就是说，他们的收入下降了，但生活成本却提高了。另外，巴西政府在贫民窟改造计划的评估以及监管信息体系方面的不健全也严重威胁到了政策的长远发展，如对贫民窟的扩张缺乏有效的监管措施等。[2] 更严重的是，这些地方成为毒品走私等犯罪活动的据点，威胁着城市的安全。

第四，一些政治因素也导致贫民窟问题的解决更加困难。一方面，贫民窟居民已经形成了一股不容忽视的力量。由于长久以来贫民窟居民普遍存在沮丧的心理，且社会组织性较差，导致他们很容易受到诸如左翼激进主义等思想的影响，他们成为左翼政党和社会组织的群众基础。他们普遍对政府的相关政策不满，甚至对政策持有较为敌对的态度。政府相关部门政策实行不力以及腐败的盛行导致他们反感政府的情绪进一步高涨，不利于政府工作的实施。另一方面，贫民窟的拆迁和改造是一项耗费巨大的工程，往往超过了政府的财政能力。因此，基于上述因素，政府不可能采取激进的、彻底的措施来解决贫民窟问题。

除此之外，贫民窟居民的一些生活习性等因素也对贫民窟问题的解决产生了不利影响。他们很多人对外部世界表示抵触，并由于长期孤立于城市发展之外而对外部世界怀有一丝恐惧。所以，尽管政府为他们之中的一部分人解决了住房问题，但他们还是很难与城市的其他部分有机结合在一

---

[1] Janice E. Perlman, *The Myth of Marginality: Urban Poverty and Politics in Rio de Janeiro*, p. 200.

[2] Fernanda Magalhaes, *Slum Upgrading and Housing in Latin America*, p. 56.

起。另外，尽管他们生活窘迫，但他们中的很多人却沉溺于享乐。很多棚户区居民最操心的事情之一就是准备一年一度的狂欢节。① 他们不惜花费大量资金用于准备节日活动，甚至相互攀比。贫民窟中相当一部分人比较懒散，没有那种通过辛勤劳动来改善生活的强烈愿望，贫困问题自然无法解决。最后，尽管贫民窟居民成为左翼政党的支持者，但他们却很少参与选举政治，只是偶尔试图通过政府渠道追求个人目标。② 由于他们缺乏通过从政来改变自身境遇的上进心，也缺乏所需的实力，单纯依赖政府，所以无法改变贫困落后的现状。

四 里约贫民窟治理对发展中国家的启示

巴西政府对里约热内卢贫民窟的治理是发展中国家城市规划和社会治理的典型案例，它有其成功之处，但教训更值得我们反思，其对包括中国在内的发展中国家的启示主要表现在以下几个方面。

第一，要切实有效解决好农村居民的土地问题。正如前面所述，正是由于土地占有状况的极其不合理导致大量农民没有或缺乏赖以生存的土地，他们为了生存大量涌入城市，造成各种城市问题。因此，各级政府必须努力保障农民获取一定的维持生计的土地，抑制土地兼并的过快发展，抑制农民从农村向城市的过快流动。发展中国家的政府也应大力鼓励农村工业化尤其是农村服务业的发展，以就地吸收农民就业，从源头上减少农村人口的大量流入。同时，发展中国家要加强大城市附近的卫星城和新区建设，以疏散大城市过剩人口，促进周边地区经济发展。

第二，加强基础设施建设及相关措施的实行极为必要。若要抑制贫民窟的过快增长，仅仅诉诸拆迁和提供大量低价住房是远远不够的，关键在于加强贫民窟社区内的基础设施建设，如供水、电力、道路以及医疗卫生和教育等服务，从根本上对贫民窟进行改造。在加强基础设施建设的同时，也应注重以生态教育、性教育、避孕技术以及合法堕胎等为代表的社

---

① 〔美〕诺玛·伊文森：《巴西新老国都：里约热内卢和巴西利亚的建筑及城市化》，第26页。
② Janice E. Perlman, *The Myth of Marginality: Urban Poverty and Politics in Rio de Janeiro*, p. 135.

区服务，合理规划社区人口规模，注重社区内部的可持续发展。

第三，要积极将贫民窟与城市的其他部分融为一体。巴西的贫民窟长久以来被孤立于城市经济和社会发展之外，不仅导致贫民窟居民与外界联系较少，造成与外界的隔阂，还由于相对隐蔽的特性成为毒品交易等犯罪活动的猖獗之所，因此，打破贫民窟的相对孤立状况才能更有利于问题的解决。对于发展中国家的大城市来说，城市发展应注重连通性，方便人流物流的顺畅流动，加强城市一体化建设。政府应致力于把贫民窟与周围邻里有机融合在一起，在改造贫民窟的同时，突破贫民窟的界限，同时惠及贫民窟周边地区。[①] 同时，加强社会的凝聚力，克服贫民窟和棚户区居民对外部世界的排斥和抵触心理，使他们无论是在居住环境上还是在心理上，都有效地融入城市发展的轨道上来。

第四，要保证政府贫民窟政策的连续性。以巴西为代表的诸多发展中国家都实行了不少针对贫民窟或棚户区改造的方案和计划，但往往归于失败，其主要原因就在于政府的政策缺乏连续性，相关机构建立了不少，但很多都是半路夭折，没有做到有始有终。因此，发展中国家政府对大城市低收入群体住房的改造计划要坚定地实行下去，克服各利益群体施加的阻碍，让那些精于此方面的人才能够长久地从事这项工作，协调好住房建设部门与其他部门之间的关系，厘清各部门的职责，提升行政和办公效率。另外，要加强对贫民窟改造计划的评估，健全相关监管信息体系，使改造计划真正惠及广大居民。

第五，贫民窟等低收入群体住房的治理和改造要充分发挥国家、企业、社区和居民等多方面的积极性。由于大多数发展中国家政府财力有限，单靠政府的力量往往不足以对贫民窟问题进行彻底有效的解决，这就需要其他力量的辅助与支持，尤其是那些拥有较强实力的企业和法人单位。此外，由于社区和居民是贫民窟改造的直接利益关系方，因此只有这两者与政府、企业等积极配合、通力合作才能使治理项目取得良好的效果。若要引导社区居民与政府等部门积极合作以彻底解决贫民窟问题，那么提升政府的公信力、维护低收入群体的切身利益就至关重要。也就是

---

① Fernanda Magalhaes, Francesco di Villarosa, eds., *Slum Upgrading: Lessons Learned from Brazil*, p. 18.

说，避免社会二元化程度进一步加剧，使政策更多地向低收入群体倾斜，才是解决问题的根本之道和优先选择。

作者：刘明，湖北大学历史文化学院、区域与国别研究院
　　　蓝海，南开大学工会

（编辑：任云兰）

·市政与城市治理·

制度、法律与观念：民国时期的设"市"纠纷*

赵 斐

内容提要：1928年《市组织法》颁布，"市"作为地方行政单位正式通行全国。但全国范围的设"市"工作并非一帆风顺，在设"市"过程中出现了地方政府与绅商民众之间、地方政府与中央政府之间以及地方政府内部的设"市"纠纷等。其间折射了中央政府、地方政府、市政专家、绅商民众等诸多主体的不同动机和利益诉求，但其背后更深层次的原因主要是制度设计、法律、财政以及时人的认知和思想观念等多重因素。

关键词：市制 设"市"纠纷 《市组织法》 民国

在中国，市作为一级地方行政单位，是近代以来的舶来品。从引入市制到个别地方试验，再到全国范围内的推广，并非一帆风顺，在此过程中，引发了众多的设"市"纠纷，与市制相关的法律也一再变更，人们对"市"的认知观念亦不断变化。

目前学界对设市纠纷的研究较少，但民国时期就已有学者关注，钱端升等在《民国政制史》中对汉口等城市的设市纠纷略有提及，但未展开论述，也未探析原因；[①] 新中国成立后对此问题的研究并不多，张喜庆的博士学位论文对郑州、汉口、宁波等诸多城市的撤废做了勾勒，但未分析背

---

* 本文为国家哲学社会科学"十二五"规划重点项目"中国城市通史编纂"（12AZD083）阶段性研究成果。

① 钱端升等：《民国政制史》下册，商务印书馆，2018，第482~522页。

后的原因，仅将其归于无力负担设市成本；① 涂文学对汉口设市的个案研究，详尽地分析了1929年、1931年湖北省政府主席以及商民要求裁撤汉口市的主张，将汉口建设过程的曲折归因于两个重要因素：一是省、市政府为争夺财政税收权利的利益博弈，二是"重乡治而轻市政"的国家和地方治理传统观念。② 以上研究虽关注到民国时期设市纠纷这一普遍现象，但研究时段仅局限于20世纪30年代，其原因分析，或就个案而言，或简单化，尚无法对中国城市设"市"的艰难、复杂历程有较为清晰的认识，故而关于这方面的研究有继续深入的必要。本文拟对1928～1949年全国的设市纠纷案进行梳理，③ 探讨各地设市的艰难尝试和利益博弈，分析设市纠纷现象背后的原因，将其放置于中国城市发展的大脉络中，试图厘清近代中国城市发展历程中的困境与曲折。

一 近代市制设立与"市"之地位

近代以来，在西方、日本外来观念的影响下，"市"除有"市场"之义外，还衍生出"城镇"的含义。④

清末施行预备立宪，派五大臣赴欧美考察各国政治，时任户部右侍郎的戴鸿慈等出洋大臣在归国后提出效法德国、法国，改良全国官制，"以省为第一级，州县为第二级，乡市为第三级"，⑤ 提出将"市"作为地方

---

① 张喜庆：《南京国民政府时期市政府建立、构成、职能与运作研究（1927～1937）》，博士学位论文，四川大学，2017，第49～54页。
② 涂文学：《市制建立与中国城市现代化的开启——基于20世纪二三十年代武汉（汉口）建市的历史考察》，《江汉大学学报》（社会科学版）2017年第4期。
③ 本文所涉及的设市纠纷案集中于一般市的设立，不包括南京、上海、天津、北京、广州、青岛和汉口等特别市。对于特别市而言，因其人口、税收条件符合法律规定，因而甚少存在设市纠纷问题，而一些正在迅速发展的中等城市因建制市的门槛过高而难以入"市"，但在法律规定之前已办市政多年，且设市政公所、市政厅等机构，渴望加入市制行列，故而产生了纠纷问题，本文以这些中等城市作为研究对象。另外，"设市纠纷"包括行政建制（是否有资格设市）、城市划界等问题，本文仅就行政建制问题展开论述。
④ 张利民：《艰难的起步：中国近代城市行政管理机制研究》，天津社会科学院出版社，2008，第135～136页；赵斐：《近代以来"都市"和"城市"话语地位的变迁》，《云南师范大学学报》（哲学社会科学版）2018年第2期。
⑤ 《出使各国考察政治大臣戴鸿慈等奏请改定全国官制以为立宪预备折》，故宫博物院明清档案部编《清末筹备立宪档案史料》（上），中华书局，1979，第376～379页。

行政单位，为全国行政体系的第三等级，与乡同一级。然而，清政府在其后颁布的《城镇乡地方自治章程》中，却并未吸纳该意见，而是将地方行政单位规定为城、镇、乡三级。① 随着革命形势的发展，辛亥革命后，江苏省率先颁布了《江苏省议会议决市乡制第一章总纲》，规定"凡县治城厢地方为市，其余市镇、村庄、屯集等各地方人口满五万以上者为市，不满五万者为乡"，②"市"正式成为地方行政单位，且地位高于乡。

民国以后，在地方自治浪潮以及市政建设推动下，设"市"被重新提上议程。1921年北洋政府颁布了通行全国的《市自治制》，粗略地规定"市自治团体以固有之城镇区域为其区域，但人口不满一万人者，得依乡自治制办理"，并将"市"划分为特别市、普通市两种，但究竟怎样区分，亦模糊而简略，特别市"由内务部认为必要时，呈请以教令定之"，普通市"认定为特别市外皆属之"。③ 此法虽简略，但仅从设"市"条件而言，以一万人以上为设"市"标准，其初衷或许是想要在全国范围内普及，然而此规定并未经立法机关议决，"施行之者不过一二市，市自治并无进展，只见官办市政而已"。④ 这是在地方自治观念之下做的规定，"市"被规定为地方自治单位，并未将其作为地方行政单位，但地方自治是对中央与地方权力配置、设计地方政权组织形式、变中国传统的"官治"为"民治"的探索。⑤ 近代广州开全国自治之先，于1926年制定《广州市暂行条例》，明确规定："广州市为地方行政区域，直接隶属省政府，不入县行政范围。"⑥ "市"之地位明确为独立于县，"系属独立，自不应受县政府委办事项"，⑦ 此条例的规定将"市"作为地方行政单位。

南京国民政府成立后，"以《广州市暂行条例》为蓝本，再加以修

---

① 《城镇乡地方自治章程》，《北洋法政学报》第91期，1909年，第1~16页。
② 《江苏省议会议决市乡制第一章总纲》，《申报》1911年12月12日，第1张第6版。
③ 《通行法规：市自治制（七月三日教令公布）》，《财政月刊》第8卷第92期，1921年，第1~16页。
④ 钱端升等：《民国政制史》下册，第420页。
⑤ 赵可：《市政改革与城市发展》，中国大百科全书出版社，2004，第48页。
⑥ 《广州市暂行条例》，《广东省特别区市政月刊》第1卷第6期，1926年，第192~197页。
⑦ 孙科：《公牍·令：令六局奉省令修正市组织法伤知照由（令第三九二号，十五年八月七日）》，《广州市市政公报》第235~237期，1926年，第123页。

改",① 于1928年7月3日颁布了《市组织法》《特别市组织法》，大体沿用了其框架，组织机构都为市政议会和市参议会，但缺少了对市选举权和审计权的规定，多了"市之监督"条目。其中，普通市的设市条件是"凡人口满二十万之都市得依所属省政府之呈请暨国民政府之特许建为市"，其地位是"直隶于省政府，不入县行政范围"；② 而特别市的设市条件是，满足以下条件之一可设，即"中华民国首都""人口百万以上之都市""其他有特殊情形之都市"，其地位为"直辖于国民政府，不入省县行政范围"。③ 此法借鉴《广州市暂行条例》，规定"市"独立于县，不受县管辖，然而其行政地位究竟与县同级，抑或高于县，并未有明确说明。

《市组织法》和《特别市组织法》的颁布确立了南京国民政府成立后第一个通行全国的市制，但遭到了众多批评，导致其并未真正施行。批评者主要认为其缺乏自治精神，④ 并反对"特别市"的提法。⑤ 面对批评与各地反馈的意见，立法院在借鉴欧美国家市制的基础上，还组织官员赴亚洲其他国家考察，曾留学于美国哥伦比亚大学、时任国民政府立法院副院长的邵元冲就于1928年7月初访问菲律宾，到访岷尼拉（即马尼拉）市，向市长伊兰肖（Tomas Earnshaw）详细询问了市制，并阅读了市长赠送的"市厅之各项报告及法律"。⑥ 立法院院长胡汉民重新起草了《市组织法》原则草案12项，经中政会法律组政治报告组委会审查修改为6项，于1930年5月20日颁布《市组织法》。该法对此前的批评意见均有所吸纳，设立区、坊、闾邻大会及代表大会以弥补市自治精神，但设"市"的人口、税收条件过高，引起"若干省市当局之非难"；⑦ 另外，将市划分为区、坊、闾、邻的规定又过于细致、僵化，在实践中难以执行，由此引发

---

① 顾敦鍒：《中国市制概观》，《东方杂志》第26卷第17期，1929年，第39页。
② 《公布法规：市组织法》，《市政月刊》第1卷第9期，1928年，第12~15页。
③ 《法规：特别市组织法》，《内政公报》第1卷第4期，1928年，第122~129页。
④ 顾敦鍒：《中国市制概观》，《东方杂志》第26卷第17期，1929年，第33~41页。
⑤ 粹卢：《市制刍言》，《河北民政汇刊》第1编，1928年，第17页。
⑥ 邵元冲著，王仰清、许映湖标注《邵元冲日记（1924~1936年）》，上海人民出版社，1990，第442~444页。
⑦ 钱端升等：《民国政制史》下册，第446页。

众多诟病。① 1943年5月19日，立法院"为了配合新县制，为了达成抗建目标"，②"兼采各种学说，抑且合乎都市计划法与建设法"，③ 重新修订了《市组织法》，也称新法，1930年《市组织法》遂称为旧法。

新旧《市组织法》对设"市"条件及地位的规定，与之前相比更为具体。旧法摒弃了"特别市""普通市"的名称，而改称"院辖市""省辖市"，但其实质并未变，只是"省辖市"设市条件明显提高，也成为设"市"纠纷的矛盾焦点之一。其中"院辖市"的设市条件是："一、首都，二、人口在百万以上者，三、在政治上经济上有特殊情形者。"三种情形具备其一即可。"省辖市"的设市条件有四：一是人口在百万以上，同时又是省政府所在地；二是在政治上经济上有特殊情形，且是省政府所在地；三是人口在三十万以上；四是人口在二十万以上，其所收营业税、牌照费、土地税每年合计占该地总收入二分之一以上。④ 新法虽在税收、职权、分区等方面较旧法更为粗糙、保守，但在设"市"条件方面却更为合理、周全，"院辖市"设市条件中的"特殊情形"增加了"文化上有特殊情形者"；"省辖市"则有了全新的定义，规定具备以下三种条件之一可设为"市"，即"一、省会，二、人口在二十万以上者，三、在政治经济文化上地位重要，其人口在十万以上者"。⑤ 对于"市"的行政地位，时人认为"市与县或省并立"，⑥ 但新旧两法并未明确规定，只规定隶属于行政院或省政府，未明确市和县的等级。

"市"作为在西方、日本影响下新设立的地方行政单位，从一开始就

---

① 陈纪怀：《公牍：自治：呈复杭州市划分区坊间邻不照市组织法规定办理各缘由祈核转由（中华民国二十年二月廿七日）》，《市政月刊》第4卷第3期，1931年，第29~30页；《国民政府训令（第三七六号，二十年七月二十一日）：令行政院：解释市组织法第五条令》，《法令周刊》第56期，1931年，第1页。
② 宋子衡：《新市制的商榷》，《市政月刊》（北京）第1卷第2~3期，1947年，第14~22页。
③ 涂浩如：《论我国都市建设与市组织法：代答邱致中君新市组织法果完善乎》，《重庆市政》第2卷第6期，1944年，第6~11页。
④ 《市组织法（民国十九年五月二十日国民政府公布）》，《首都市政公报》第61期，1930年，第1~2页。
⑤ 《中央法规：市组织法（三十二年五月十九日修正公布）》，《西康省政府公报》第136~137期，1943年，第11~16页。
⑥ 陈念中：《市组织法的内容及批评（附图）》，《市政月刊》第4卷第1期，1931年，第10~21页。

遭遇了困难。且不论其自治精神、分区、市职权、税收等方面的规定，单就最基本的问题，如哪些地方可设为"市"，需要具备哪些条件；"市"之行政地位如何？这些都经历了不断妥协、修订，然而就设市条件而言，仍引起争议，各地设"市"纠纷不断，反映了各方的诉求。

二 由《市组织法》引发的各地设"市"纠纷

自清末实行新政以来，中国学习欧美、日本，逐渐在城市设立了工部局、警察局等，市政逐渐发展起来。中国是先有"市政"后设"市制"，在设市之前，部分城市已先设市政筹备处，至1928年南京国民政府颁布通行全国的《市组织法》，则遇尴尬境地。面对设"市"条件中人口、税收的高标准，各地诉求不一，有的强烈反对设"市"，认为无必要；有的虽在人口、税收两项要求上都不合法律条件，但却具备特殊情形，中央鼓励其设市；有的则希望在原市政筹备处的基础上设"市"，然而中央却不允，这些情况不一而足。[1] 各地设"市"纠纷不断，市制建立的过程是各方博弈以及中国乃至世界大势影响下的曲折过程。

（一）地方政府与绅商民众的设"市"纠纷——以梅菉、江门、海口为例

近代广东的一些镇，由于地理位置重要，靠近南洋，沟通内地与海洋，水陆交通便利，在清末民初陆续设为通商口岸，引进西方近代警察体制，设立警察局，较早试验市政。其中位于鉴江、袂花江（三江）、梅江（小东江）和三叉江汇合处的梅菉，[2] 处于西江与其支流蓬江汇合处的江门[3]以及北濒琼州海峡的海口[4]三地便是典型。然而，1928年《市组织法》一经颁布，三地则掀起反对设"市"的浪潮，产生了困扰地方几年的设"市"纠纷，其中绅商、民众显示了其强大的力量及利益诉求。

---

[1] 还有涂文学分析汉口提出的省、市关于税收的权力之争以及国家与地方治理理念的差异两方面情况。鉴于该文分析详尽，本文对汉口的特殊情形，不再赘述，而是尽力去呈现全国总体的情形及与汉口不同的情况。
[2] 梅菉今属于湛江市吴川市城区，称梅菉街道。
[3] 今江门市。
[4] 今海南省省会海口市。

制度、法律与观念：民国时期的设"市"纠纷

梅菉、江门、海口三地都是水路交通枢纽，较早开始施行市政。梅菉"上通高州、茂名、信宜，下通水东、黄坡"，民国时期商贸活跃，坊间流传俗语有"上走下走，不如梅菉和海口"①，自民国初年设置警察区署，归吴川、茂名两县共管，1926年改设市政局。江门"外通两阳、高州、港、澳，内接新会、台山、开平、恩平、鹤山"，1904年通商开埠，设立海关，②1914年设置警察局，1918年改设警察厅，1925年设市政厅，随后改为市政局。海口"外通南洋、暹罗、香港，内绾琼崖十三属"，1858年增开琼州（海口）为通商口岸，亦于1914年设置警察局，1925年改设市政筹备处。以上三地，为广东省"商务总汇之所，久经独立于县治之外"。③然而1928年《市组织法》颁布后，江门已设市政局，虽非正式市制建制，但也是市制的雏形和萌芽，江门商会、村商会、市民纷纷提出撤销江门市制的要求。近代江门商团势力强大，曾在20世纪20年代团结一致，建有商团军，有"自卫之精神"，"坚持自卫宗旨，保护商场"。④此次，对于市制问题，商会从体恤商情的角度提出撤"市"要求。

江门商会反对设"市"，主要提出三个理由：一是官方以扩张、利禄为主要目的，向商民征收捐税，商民无法负担，可能导致商业衰落；二是西区善后会议经过征集民意讨论后，认为无设"市"必要；三是违背中央规制。在江门商会提出撤"市"请求后，广东省民政厅表示"尚须考虑"，并未立即给出答复，几个月过去仍无实际行动。⑤江门商会便联合呈请，声明其"人口不过数万，依中央公布市组织法，无设立市制之必要"，而且自设独立市以来，"负担过重，成绩甚少，甚受痛苦，民不堪命"，认为"市制存废问题，与商务有重要之关系"，再次道出"维商"之实质。⑥尽管商会多次呼吁，但广东省民政厅而后查据报告，认为需"保留江门市

---

① 孙宁：《古镇梅菉的变迁》，湛江市政协文化文史资料委员会编印《湛江文史》，第30辑，2011，第87页。
② 《江门开埠》，《南洋官报》第21期，1904年，第14页。
③ 《民政：本府事项：民厅呈复议拟梅菉江门海口三地应否设市情形》，《广东省政府公报》第137期，1930年，第52~53页。
④ 《岭南消息：江门商团得力》，《广肇周报》第69期，1920年，第6页。
⑤ 《建设类廿八宗：（二）江门商会提议：请撤销市制以恤商艰案》，《商业特刊》第1期，1928年，第176页。
⑥ 《组织类十五宗：（四）江门石龙陈村商会提议：请撤销市制以维商务案》，《商业特刊》第1期，1928年，第167~168页。

69

制"。市民李侣楠等在报纸上看到消息后，也联名呈请，从设"市"后的市区面积、税收、财政、行政人员的增加等方面进言，坦言其所承受之经济负担，称"市民力小负重，必有颠仆之一日"。①

面对商会、民众的请求，广东省民政厅提出变通的方案，认为江门、海口、梅菉三市，虽人口不及《市组织法》规定的一半，经费也"仅足敷支"，但是梅菉市已奉准设市政局，而江门、海口两市，"仍属繁盛商埠，向设有警察局警察厅市政筹备处等机关管理，久已离县管辖范围，且自改行市政后，地方各项事业，日见发达，人民亦未尝感觉不便，为促进各该地方发展起见"，提出一律改为市政局，归民政厅直辖，并由其另行拟定市政局单行章程。② 对于民政厅的提议，广东省政府第五届委员会第十三次会议议决，准许民政厅的建议，将海口、江门市政筹备处改为市政局，并委任局长，梅菉市政局先行改组。③

然而，1930年修改后的《市组织法》颁布后，梅菉、江门、海口三地又遭遇了窘境。按照《市组织法》规定，在市需划定区、坊、闾、邻，而此三地为市政局，是否有效，"应否裁并县辖"，究竟应如何办理重新成为一个问题。④ 为此，广东省政府咨请行政院，并附上了三地的人口及税收情况。江门人口9万余人，税收每年20余万，海口、梅菉人口均5万余人，海口税收约18万，梅菉约2.3万，三地都以"房捐警费及花筵捐为大宗，至营业税、土地税，除广州市外，本省各地均未举办，故江门、海口、梅菉亦无此项税收"。广东省政府虽然按照《市组织法》规定的人口、税收两项设"市"标准向行政院报告，也知晓三地并不合《市组织法》的规定，但仍强调"就其情势及历史，均难编为某县区之一镇，似有仍旧设

---

① 《公牍：地方行政：关于市制变更案——函江门市民代表李侣楠等据呈请变更江门市制一案复知径向主管机关核办由 函第一一四二号（十七年十一月十五日）》，《中央政治会议广州分会月刊》第13期，1928年，第110~112页。
② 《公牍：民政：变更汕头江门海口梅菉九江等市组织案》，《广东省政府公报》第21期，1929年，第27~30页。
③ 《公牍：其他：任命海口江门两市市政局局长案》，《广东省政府公报》第25期，1929年，第43~44页。
④ 《市政：关于本厅所辖各市与市组织法规定之市不同尚待核复呈省府文（十九年九月一日）》，《广东民政公报》第69~70期，1930年，第75~76页。

市之必要",希望行政院保留三地市制。① 行政院则按照《市组织法》规定,认为三地人口离所规定之30万人相差太远,且"三处仅为交通区域,并无政治上经济上特殊情形","亦不合市组织法第二条第三款之规定",驳回了广东省政府的请求,令其撤销"市"。②

行政院驳回广东省对梅菉、江门、海口设"市"的请求后,三地的归宿问题又引起了纷争。1931年2月12日,新会县自治会代表何菽等呈请"迅将江门市制裁撤归并县治,以舒商困",③ 后江门市民代表赵午臣等电陈"江门事实尚不能设市,请迅予裁撤"。④ 迫于民情的压力,广东省政府民政厅提议"裁撤江门、海口、梅菉市政局,划归新会、琼山、茂名等县政府,暂设警察区,维持各该地方治安,所有市政事宜,仍由各该县继续办理;至原有税收,酌予裁减,以轻负担……"经过广东省政府第147次委员会会议议决,同意该提案,只是对江门做了特殊处理,因考虑到其"人口较众,市政较繁,仅划作一警察区,设置公安分局,维持当地治安,恐于市政继续进行",遂将新会政府迁往江门,令其作为县治。另外,也强调"所有市政,仍由各该项政府继续办理;各给地方税收,自应以蠲免烦苛为原则"。⑤ 至此,梅菉、江门、海口三地设"市"纷争才终于落下帷幕。

在此设"市"纠纷中,绅商、民众要求减免扩大城市、建设市政带来的税收负担,在其看来,设"市"等于拓地、征收捐税,因此他们坚决反对设"市"。然而,广东省民政厅、省政府基于三地已有的市政施行情况、治理现实以及其重要的交通、商贸地位,希望保留"市"之建制或改为市政局。最终,行政院从法律的角度驳斥了广东省对三地设"市"的要求,

---

① 《民政:本府事项:民厅呈复议拟梅菉江门海口三地应否设市情形》,《广东省政府公报》第137期,1930年,第52~53页。
② 《训令:第四二六九号(十九年十二月九日):令内政部:为广东省政府转请将梅菉江门海口三处设市案查与市组织法规定不合仰即知照由》,《行政院公报》第211期,1930年,第17页。
③ 《批令:批:第六四号(二十年二月十二日):具呈人新会县自治会代表何菽等:呈请迅将江门市制裁撤归并县治以舒商困由》,《行政院公报》第229期,1931年,第28页。
④ 《训令:第六六四号(二十年二月十二日):令广东省政府:为饬遵前令裁撤江门市由》,《行政院公报》第229期,1931年,第6页。
⑤ 《民政:本府事项:江门海口梅菉三市市政局裁撤后处置办法》,《广东省政府公报》第146期,1931年,第50~52页。

认为其并无"政治上经济上特殊情形",命令其撤"市"。类似的设"市"纠纷还有宁波,宁波设"市"纠纷从20世纪30年代延续到40年代,前后长达16年之久,其间耆老、绅商、民众对设"市"都不认同,成为地方社会反对设"市"的强大力量,最终导致地方政府撤"市"。[①] 纵观此类由设"市"到撤"市"的复杂过程,可见地方政府与绅商、市民之间的利益博弈,以及法律的制定对近代市制的确立形成的深远影响。

(二)地方政府与中央政府之间的设"市"纠纷——以兰州为例

与东南沿海之通商口岸相比,中原、西北地区的部分城市虽未达到设"市"条件,但由于其政治、交通、军事、贸易等地位重要,国民政府仍然要求其设"市"。地方政府基于人口、财政等压力,反而迟迟没有将设"市"提上议事日程,造成地方政府与中央政府之间关于设"市"的纠纷。兰州设"市"纠纷便是典型的一例。

1928年《市组织法》颁布后,次年2月甘肃省政府主席刘郁芬称"兰州为甘肃省会所在地,各项市政,均待扩充进行,市内户口数目,亦属合符",电请行政院准予设"市",国民政府同意了其请求。但此后,兰州市政府始终未遵令设"市"。据甘肃省民政厅呈报,1928~1930年,兰州"连遭荒旱灾侵,遂致商业萧条,户口减少,按明确状况而论,实无设市政府之必要"。对于此情况,内政部的意见则截然相反:

> 惟西北边陲地方,依照本党纲领,宜渐次开发以裕民生,而固边围,兰州为甘肃省政府所在地,又为我国西北工商业之中心,东通秦豫,南通巴蜀,北通宁绥,西通新疆、中亚细亚,西南通青海西藏,农工物品,输出浩繁,该地方都市之荣枯,与西北国防之建设,及农村经济之发展,均有密切之关系,最近中央决定拨助国币,于西安地方,建立西京市政府,足征。中央重视西北开发之至意,兰州地位重

---

① 《民政:令知宁波市政府取消:只登本报,不另行文》,《江苏省政府公报》第684期,1931年,第6~7页;应斐章:《特写:宁波设市问题研究》,《宁绍新报》1947年创刊号,第9~10页;《四明近讯:宁波设市殊无必要 孙表卿等电省缓议》,《宁波旅沪同乡会会刊》第11期,1947年,第22页;《宁波设市暂缓实施》,《上海宁波周报》第26~27期,1947年,第2页。

要，并不减于西安。①

内政部强调了兰州在西北开发过程中重要的工商业、交通及国防地位，并提出如果财政拮据，可以"缩小范围，以资建创"。面对中央要求兰州设市的情况，20世纪30年代留美政治学博士田炯锦则公开表示反对。田炯锦为甘肃庆阳人，是西北问题研究专刊《西北问题季刊》的发起人，"对市政方面，尤有研究"，时任监察院委员。他反对兰州设市，主要有两个层面的原因：一是从制度层面而言，认为欧洲国家设市，市享有自治权，人民可自行办理地方事务，但就中国的现状而言，认为市之收入"尽供官吏之薪金，而一切应办事业，必致因经费无着，归于停顿，故依现状万无设官办市政式的市之理由"；二是从设市的条件而言，兰州城市人口在20世纪30年代初的统计中仅有8万余人，而"市的收入因尚未与皋兰县分离，难以确定，但以该地之商工业情形推之，恐其全半收入，若供江南一市大小机关之薪金及办公费，尚虞弗足"。②因而兰州设"市"一事在20世纪30年代始终未真正提上日程。直至抗战中后期，作为抗战大后方，甘肃省政府意识到"成立兰州市政府——拟建设被炸后兰州新市政，以切合地方期待之要求"，③于1941年正式设"市"。④兰州设"市"纠纷持续了13年之久。

除兰州之外，西安、开封、郑州等地设"市"也经历了地方政府与中央政府纠纷的波折。⑤它们的共同点都在于，从法律角度而言，人口、税

---

① 《民政：（二）设治事项：一、呈行政院：为核议甘肃省政府拟请裁撤兰州市一案情形祈鉴核示遵（中华民国二十二年四月二十四日）》，《内政公报》第6卷第17期，1933年，第708~710页。

② 田炯锦：《兰州设市问题之检讨》，《西北问题季刊》第1卷第1期，1934年，第24页。

③ 谷正伦：《甘肃省政府三十年度重要之施政方针》，《蒙藏月报》第13卷第4期，1941年，第12~15页。

④ 《兰州市区辖境地图暨说明》（1940年），中国第二历史档案馆藏，档案号：12-6-9681。

⑤ 涂文学：《市制建立与中国城市现代化的开启——基于20世纪二三十年代武汉（汉口）建市的历史考察》，《江汉大学学报》（社会科学版）2017年第4期；陕西省政府治陕布告（1930年11月）——11月9日布告裁撤西安市政府及其征收的苛捐杂税》，贾自新主编《杨虎城文集》，中国文史出版社，2013，第59页；《国内外大事记：本省（九月份）西安市政府成立，陆翰芹任第一任市长》，《陕政》第6卷第1~2期，1944年，第62页；《民政：开封郑州两市裁撤》，《江苏省政府公报》第679期，1931年，第7页；《公文：河南全省自治筹备处呈文》，《河南自治周刊》第35期，1923年，第7~8页；《民政：奉令准河南省设置开封市一案咨请查照并饬属知照》，《内政公报》第9卷第1期，1936年，第66页。

收都未达到设市条件，但因城市重要的政治地位而获准设市。西安、开封为历史上悠久的古都及省会城市，郑州因近代交通而兴，成为重要的南北要冲之地，政治、军事地位亦逐渐显著，因而从政治、战略地位而言，国家需要将这些地区设为"市"。然而地方政府对于设"市"，开始时跟随潮流，但后来往往出于人口、税收的考虑，以及地方权力的博弈，对设"市"并没有太大动力，使地方设"市"进展迟缓，最后在中央政府的压力之下方得以设"市"。

（三）地方政府内部关于设"市"的纠纷——以安庆、芜湖、蚌埠为例

民国时期市制在全国推行过程中，随着《市组织法》的颁布，一些地方不同层级的政府之间由于考量因素不同而对地方设"市"形成不同意见。一些发展较为成熟的城市积极筹备设立市政，但由于《市组织法》颁布后未能达到其规定的设"市"条件，上级政府否定了其设"市"请求，酿成设"市"纠纷，迟缓了这些地区的设"市"步伐。安徽的安庆、芜湖、蚌埠三地便是地方政府内部出现设"市"纠纷的典型。

安庆为安徽省会，"芜湖处长江之中游，作首都之屏障；水陆交通，舟车云集，固一大商埠也"，是重要的商贸中心，[①] 于1896年为通商口岸，蚌埠在1911年津浦铁路建成后成为南北通衢，同时也成为兵家必争之地，战事不断。三地各有其优势，都于1929年设市政筹备处，积极发展市政，准备设"市"。

然而，随着1930年《市组织法》的颁布，安庆、芜湖、蚌埠三地设"市"需满足《市组织法》所规定之条件。作为三地区的管辖机构，安徽省政府对三地是否设"市"做了重新考量。1930年7月，因蚌埠受军事影响，安徽省政府委员会会议决定裁撤该地市政筹备处；对于安庆、芜湖，则认为"安庆为省会首善之区，芜湖为商业繁盛之地，关于市政事宜，似须逐渐发展"，希望可设"市"。但若对照《市组织法》的规定，三地人口、税收均未达到条件。因而安徽省民政厅、建设厅两厅建议省政府同时取消安庆、芜湖两地市政筹备处并提交审查。在审查期间，安庆和芜湖市

[①] 邵逸周：《芜湖市十九年建设方案》，《安徽建设》第13期，1930年，第4页。

政筹备处处长"折呈仍请存留该两市,前来职府委员会等详加讨论",力主设"市"。但安徽省政府仍认为"设市既与中央法规不尽符合,又经职府委员会议决取消,似该两市应在取消之列",并将此呈报内政部,请其裁定。① 内政部的回应则是首先撤销蚌埠、芜湖两地市政筹备处,但对于安庆是否可设"市",尚留有余地,认为其既属省会,看可否按照《市组织法》中之"特殊情形"设"市"。② 但此后安庆也并未设"市",或许与1929年9月安徽省主席方振武因反蒋被蒋介石软禁的政治事件有关。可见安庆、芜湖、蚌埠三地在筹备市政过程中,地方政府与省政府之间并未达成一致意见,致使地方政府关于设"市"的请求遭到省政府的否决,酿成地方政府内部关于设"市"的纠纷。

纵观整个民国时期,除以上列举的典型城市设"市"纠纷之外,与之类似的设"市"纠纷在全国较为普遍。据统计,1927年至1936年间裁撤的市共有16个。③ 20世纪30年代的设"市"纠纷后,在抗战的特殊时期,基于政治、军事等特殊考虑,国民政府又陆续设立了贵阳、桂林、包头、陕坝等市。至1948年统计,共设市67个,其中位于台湾的有9个,位于大陆的共有58个。④ 中央政府在设"市"与撤"市"的背后,总是基于特殊的动机和利益考量,而该过程不可避免牵涉地方政府、绅商民众的利益诉求,加之《市组织法》不断修订,以及市政专家对设"市"条件和定位的理论探讨,不同主体对于地方是否设"市"意见不一,致使民国时期出现普遍的设"市"纠纷现象。

三 民国时期设"市"纠纷背后之缘由

以《市组织法》颁布后引起的众多设"市"纠纷案来看,其直接焦点

---

① 《训令:第三四四五号(十九年九月二十六日):令内政部:呈请核示安庆芜湖两市应否取消案仰查照议复由》,《行政院公报》第190期,1930年,第9~10页。
② 《批令:批:第三一四号(十九年十月二十八日):其电人安庆市各界代表刘芳彬等:电陈安庆亟应成立市政府请令皖省府撤销改由四厅分接处分之议依照市组织法设置由》,《行政院公报》第199期,1930年,第42~43页。
③ 钱端升等:《民国政制史》下册,第520~521页。此数据未将撤废后又重新设置的开封、郑州算在内。
④ 当代中国的城市建设编辑委员会编《当代中国的城市建设》,当代中国出版社、香港祖国出版社,2009,第10~12页。

在于设"市"条件——人口和税收,即地方是否达到设"市"条件,是否合法。然而,却并不止于此,其背后不仅牵涉绅商、民众、地方、中央、军阀等诸多主体,亦包括地方市政建设、绅商税额负担、国家建设、国防建设、地方行政体制建设、地方自治等诸多诉求,挖掘其背后的原因有助于理解纷繁复杂的诸多面向。

(一)制度设计上"市"背负着艰难的多重使命

从清末官方学习西方、日本开始,"市"的设计,就不单作为地方行政单位,而是裹挟了自治的诉求,担负着实现地方自治的使命。但往往在顶层设计中又更加偏重官治的层面,"市制"的建立反而蒙上一层纱,其职能并不那么清晰、确切。

市制在中国推行初期,国人对"市"所肩负的使命给予了厚望。正如市政专家杨哲明所言:"都市是立于国家与社会之间,担负了极大的使命,以图国家与社会的调节,时代日趋文明,自由的竞争,亦愈烈,这是事所必然的。"[1] 另外,20世纪40年代,有人精妙地道出了"市"所肩负的矛盾与使命:

> 先从市组织法言,我国现行市制……在历史上既无先例,与各民主国家制度也相径庭,其所以致此的原因,纯为迁就事实,强调民主。因为近代世界潮流所趋,以及我国外交路线所向,虽地方自治,毫无根基,人民知识,无法配合,也只得削足适履,一蹴使成。但因地方自治基础的微弱,中央集权政策的束缚,终致形成在制度上凑合粉饰,在事实上百无一成。[2]

可见近代以来"市"的设立肩负着加强行政控制、追随世界潮流与符合外交路线的多重使命;在这多重使命的驱使下,近代市制面临强化中央集权与实施地方自治的矛盾与尴尬,往往出现以推行自治为名,实则加强中央集权、强化地方控制的情形。正如国民党元老胡汉民所言:"吾辈之弱点,乃适与其时帝国主义各报所批评者相反。盖当行革命专制之实,而

---

[1] 杨哲明:《都市的经纬观》,《道路月刊》第28卷第3期,1929年,第3~8页。
[2] 熊桂庵:《论中国市制》,《自治月刊》第4卷第3期,1949年,第11~13页。

又裹取自由民权之名。此惟矛盾相撞之点。"① 此语言及国民党人的弱点，亦是国民党政府设"市"的弱点所在。

民国初立时，从国家到地方各项行政制度都面临近代化改革的艰难使命。市制的设立是地方行政制度改革的重要领域，也是中国城市近代化的必经之路。然而，由于近代市制是西方的产物，民国政府在学习西方市制的过程中，难免与中国传统的中央集权思维发生碰撞。因而，近代市制在设立过程中肩负着行政控制、地方自治与世界民主潮流的多重使命，由于立场的不同，中央政府、地方政府以及市政专家分别赋予"市"以不同的使命，在市政建设上并不能达成一致。因而即使《市组织法》经过多次修订，仍不免顾此失彼，难以满足各方期望，难以实现其多重使命，最后也不免"削足适履"，"凑合粉饰"，以致设"市"纠纷不断。

（二）法律条文的不完善与政府干涉

中国之"市"为近代以来的"舶来品"，就法律而言，其制定仍处于草创阶段。在西方，"大凡各国订立市通律，总有许多市政历史和规约可以参考"，然而在近代中国，"可以参考的资料，仅有两种市组织法，和极幼稚的市政历史，而这许多参考资料，又仅能略示"。② 按照国际惯例，"任何国家对于市均采用宪法保障主义，市的地位，组织和职权，都经宪法规定，中央政府不能以普通法律，变更市政府的权限"。但民国宪法对市制的规定过于简单、含糊，仅有两条：一条是"直辖市自治，以法令定之"（第118条）；一条是"市准用县的规定"（第128条）。③ 这导致《市组织法》在制定过程中没有根本遵循，而是随着各方利益博弈而一再变更，并未形成固定的设"市"条件和资格。

《市组织法》规定的设"市"资格，主要有税收、人口与"特殊情形"三个衡量标准。从法律的具体条文来看，其所规定的设"市"条件并不合理。在税收方面，市政学者殷体扬就曾提出批评："二十万人口以上之地方，须以所收营业税牌照费土地税每年合计占该县总收入二分之一以

---

① 胡汉民：《胡汉民自传》，台北，传记文学出版社，1987，第56~57页。
② 陈念中：《市组织法的内容及批评（附图）》，《市政月刊》第4卷第1期，1931年，第21页。
③ 李仁规：《宪法中市制的批判》，《市政评论》第10卷第4期，1948年，第20页。

上者，始可呈准为隶于省政府之市，故今日已有二十万人口以上，因受财政上之限制而未得设市者甚多如无锡，苏州，自流井，宁波，太原，福州等地是。至于五万至十万人口之地方，虽有市政建设之雏形，而不能享有市特权者，不可胜计。"① 在人口方面，曾有学者认为："设市的人口条件，不宜过高过低，过高则市的设置不能普遍，影响人民生活者至大；过低市的设置虽普遍，但在中国今日情形言，难免有办理不周的地方，使市政徒有其名而无其实，结果流于滥设"，并建议"其限制应力求降低，其条件应尽量放宽使国内都市普遍设立，以为改革政治，改造社会和建设国家的张本"。② 在"特殊情形"方面，刚开始仅是模糊的规定，并未指出具体特殊情形，后来在修订过程中陆续添加了政治、经济和文化上的特殊情形，但也只是指明方向，并无具体划分和规定。

另外，《市组织法》制定后，不仅是名义上存在，更涉及落实的问题。设"市"纠纷，在表面是纠结是否达到设"市"条件，是否合法，以及是否合乎地方特殊情形。然而其实质不仅为"分职制"，亦为"分地制"，涉及新的地方行政机构的职权、人员配置、市区范围等诸多利益与权力之争。在具体的实践中，"市"的设立又存在政府主观操作的问题。田炯锦曾披露："实际市之设立仍由上级官厅决定，并非一合条件，即当然设市。必待政府命名为某某市，方得应用市组织法，否则虽系人口稠密商业繁盛，亦不得与市同列。"③ 可见由于法制的不完善，政府往往在是否设市的问题上发挥关键作用，在一定程度上阻碍了《市组织法》的有效实施。

民国时期，由于宪法对市制的规定过于简略模糊，《市组织法》对设市条件、资格的规定并不合理，一方面对税收、人口条件的规定过高，另一方面对"特殊情形"的规定过于模糊。因而在具体实践过程中，面对各地的复杂情况，在市制设立过程中由于涉及分职、分权、分地和征税等实质权力和利益问题，政府对地方市制的设立、形成过度干预，这成为民国时期各地设市纠纷不断的重要因素。

---

① 殷体扬：《对沪市召开市政讨论会之商榷》，《市政评论》第5卷第4期，1937年，第2页。
② 李仁规：《市组织法中设市条件的研究》，《市政建设》第1卷第2期，1948年，第13页。
③ 田炯锦：《兰州设市问题之检讨》，《西北问题季刊》第1卷第1期，1934年，第23页。

（三）市政运行成本及市财政的拮据

1928年《市组织法》和《特别市组织法》的颁布，是近代中国首次以中央政府的名义正式颁布建立城市行政管理体制的法律，标志着在全国范围内建立市一级的地方行政单位以及相应的政府机构。按照《市组织法》的规定，设民政、财政、教育、建设、警察、卫生等局或科，政府机构人员包括局长、科长、科员、秘书长、参事、技术人员、会计人员以及雇员等。① 尽管各市所设局、科数并不完全一致，但要构建一套新的政府管理机制，需要一批新的行政人员，则是各市都不可避免的。

行政人员的增加，则必将加重地方政府工资开销的负担，这也成为一些中等城市设"市"的障碍之一，亦是地方绅商、民众广为诟病而反对设市的一个原因。江门在未设市以前，"厅中员司不过三四十员"，设市政机构后，则骤增至一百四十余人，当地绅商表示无力承担如此冗员。② 芜湖市一个月的各项捐税总收入不过一万六七千元，而拨付的公安局警饷，就月需一万四千余元，庞大的警饷开支几乎占了全部捐税收入。③

另外，市政府的运作需要经费支持，存在设市纠纷的诸多城市，往往在市政运行成本方面有一定的困难。一是因城市经济发展水平有限，城市财政经济拮据。据研究，安庆、郑州、开封、西安、宁波等城市，皆因财政拮据，难以筹措经费，而致撤市。④ 二是因城市财政专门机构尚未完全建立起来。南京国民政府时期，在城市设立了财政局，为专门从事税收的政府机关，但近代中国城市捐税征收机关、种类、用途和稽查等都没有一定之规，⑤ 一些城市的捐税管理体制尚未真正建立起来。一方面，城市大宗捐税收入来源较为单一，《市组织法》规定市政府征收的捐税包括土地

---

① 其中，1928年与1930年《市组织法》中市政府组织机构相同，1943年新颁布规定相对宽泛、模糊，但大致内容与前相同，故参考三次《市组织法》综合概括。
② 《公牍：地方行政：关于市制变更案——函江门市代表李侣楠等据呈请变更江门市制一案复知径向主管机关核办由 函第一一四二号（十七年十一月十五日）》，《中央政治会议广州分会月刊》第13期，1928年，第110～112页。
③ 邵逸周：《芜湖市十九年建设方案》，《安徽建设》第13期，1930年，第4～8页。
④ 张利民：《艰难的起步：中国近代城市行政管理机制研究》，第250页。
⑤ 张利民、熊亚平：《近代中国城市捐税制度初探》，《华中师范大学学报》（人文社会科学版）2018年第4期。

税、土地增价税、房捐、营业税、牌照税、码头税、广告税、市公产收入、市营业收入以及其他法令特许征收之税捐等十项,① 但在传统城乡一体的税收体系下,一些城市中占城市税收比重较大的土地税、营业税还尚未举办。② 另一方面,一些城市的市政府税收专门机构尚未独立化、规范化,开封市曾拟设开封市经费收支委员会,想建立独立的财政系统,但"省会公安局经收各捐,原用以垫支各区队火食及临时杂费之用,相沿已久,一经变更,必感困难"。③

市政府的运作成本,包括行政人员的工资开支及其他项目的经费花销,其中工资开支所占比例巨大,这对于城市经济发展水平有限,城市大宗财政收入来源相对单一,市政府税收专门机构尚未独立化、规范化的一些中等城市而言,既不能"节流",亦未"开源"。市政运行成本的高昂以及市财政收入的拮据,一方面使一些地方市政府无力承担,设市积极性不高;另一方面也使分摊税收的绅商、民众负担加重,成为其反对设市的一个重要原因。

(四)对"市"认知观念的局限性与模糊性

近代以来在西潮影响下,"市"的概念逐步由"市场"演变为一种地方行政单位,对国人的观念也形成一定冲击。由于法律制度尚不完善,中央到地方并未形成一套推行市制的成熟机制,造成国人未能形成对"市"作为地方行政单位的统一认知。不同的主体基于不同的立场和利益考量,对"市"的认知和功能定位杂乱,凸显出国人对"市"认知观念的局限。

首先,国民政府官员对"市"作为地方行政单位的认知反应迟滞。1928年7月3日,南京国民政府立法院即颁布了《市组织法》《特别市组织法》,尝试在全国推行市制。但这些法令颁布后,并没有对国民政府官

---

① 《公布法规:市组织法》,《市政月刊》第1卷第9期,1928年,第14~15页。
② 《民政:令知宁波市政府取消:只登本报,不另行文》,《江苏省政府公报》第684期,1931年,第6~7页。
③ 《重要公牍:其他:咨财政厅:第三〇八号(九月二十七日):准咨送开封市政经费经收委员会组织规程等因请定期召集会议由》,《河南民政月刊》第9期,1933年,第68~69页。

员的思想观念产生较大冲击，他们仍然认同传统的省县两级制。比如1928年12月14日，曾主持重新起草《市组织法》的立法院院长胡汉民在五省民政会议演讲中讲道："照目前的制度，一省里面是两级制，省政府之下便是县政府。"① 可见政府官员对"市"认知观念的转变有一个过程，这在一定程度上影响了市制在地方的推行。

其次，一些接受过西方教育的市政专家对政府颁布的法律条文并不认可，认为中国设立的"市"并不符合国际上地方自治的潮流。陈念中认为，从世界范围来看，其他国家对"市"的定义可概括为"固定之区域，有稠密之居民，并经法律上之认可者"；而中国《市组织法》规定"市"的定义为"凡人民聚居地方，到一定程度，呈经国民政府划定区域设立市政府者，皆为市"，② 中国之"市"在概念规定中并非经过法律认可，而是由政府机关划定。田炯锦曾直言："吾国所谓市者，不过国家多添些机关，与地方自治，无甚关系。"③ 可见地方的市政专家并不认可国民政府所颁布《市组织法》对"市"的定义和功能定位，他们的言论和意见会对地方政府和民众观念产生一定影响，进而导致地方设"市"纠纷的出现。

最后，普通民众对作为地方行政单位的"市"缺乏认知，他们仅以自身利益和地方捐税为考量标准来决定对地方设"市"的态度。曾任国民党中央宣传委员会主任委员的邵元冲认为，从清末至民国10年的地方自治，"一般人民实际上没有感到什么兴趣"。④ 民国10年之后，这种状况并未有多大改观，"街民最关心的是税金的负担。至于形式上的名称都可以不必争的"。⑤ 基于这样的认识，普通民众往往认为设"市"不必要，不过是劳民伤财，官方"以扩张为本能，以利禄为主要，惟图位置私人"。⑥ 因而地

---

① 《怎样做到入党治国与何以要完成地方自治（民国十七年十二月十四日）》，中国国民党党史会编辑《胡汉民先生文集——革命理论与革命工作（1）》，中国国民党党史会，1978，第593页。
② 陈念中：《市组织法的内容及批评（附图）》，《市政月刊》第4卷第1期，1931年，第10～21页。
③ 田炯锦：《兰州设市问题之检讨》，《西北问题季刊》第1卷第1期，1934年，第23页。
④ 《邵元冲先生文集》上册，中国国民党党史会，1983，第320页。
⑤ 《小言：市制有什么好处？》，《台湾民报》第148期，1927年，第7页。
⑥ 《建设类十八宗：（二）江门商会提议：请撤销市制以恤商艰案》，《商业特刊》第1期，1928年，第176页。

方民众往往从自身利益出发反对地方设"市",成为地方设"市"纠纷的重要主体。

民国时期,政府官方对"市"的认知局限性,市政专家反对政府对"市"的定义和功能定位,以及民众对"市"的认知片面性,一方面导致了市制从上往下构建过程中的错位,另一方面也导致不同主体各自为战,从各自立场和利益出发,未形成统一的话语路径,更未达成设"市"或撤"市"的共识,终酿成众多地方设"市"纠纷。

结　语

近代以来,"市"逐渐演变为地方行政单位,是学习西方、日本行政体制的产物,民国时期随着《市组织法》的颁布正式在全国推行。然而,地方设"市"的过程却是艰辛的,其间充斥着中央政府、地方政府、市政专家、绅商和普通民众等不同主体的不同动机和利益诉求,由于市制法律尚未完善,缺乏设"市"规范,在全国范围内出现了三种类型的地方设"市"纠纷:一是地方政府与绅商民众之间的设"市"纠纷;二是地方政府与中央政府之间的设"市"纠纷;三是地方政府内部的设"市"纠纷。

民国设"市"纠纷较为普遍,其背后除了有具体的利益主体及诉求之外,导致这些纠纷的深层次原因亦不可忽视,主要有四个方面:一是"市"从一开始就肩负着制度建设、加强行政控制以及迎合世界潮流和外交路线等"多重使命",造成强化中央集权与推行地方自治之间的矛盾和冲突,地方设"市"未能兼顾这多重使命,往往顾此失彼;二是民国宪法对市制的规定过于简略,《市组织法》对设"市"的条件和定位并不合理,加之政府对设"市"的过度干预,造成地方设"市"未能形成成熟机制;三是市政运行成本高昂以及市财政收入拮据,增加了地方政府的财政负担和绅商、民众的税收负担,影响了其对设市的积极性与支持力度;四是时人对"市"的认知转变有一个过程,刚开始仅局限于人口、税收,其认知的模糊性、局限性也导致了不同主体对"市"的观念缺乏共识,争议不断。另外,正是对人口、经济等设"市"条件的认知,使得时人尤其是政府当局一味追求扩大城市规模,而其中较为简便的方法便是将市周边之区域划入市区域范围,这样的市制认知不仅影响了民国时期城市的发展,而且持续影响着1949年以后的城市发展,甚至今天的城市发展。

作者:赵斐,中共河南省委党校

(编辑:张利民)

民国时期兰州城市保甲及其经费问题考略*

柳德军

内容提要：甘肃兰州保甲在参酌江西南昌保甲的基础上，结合兰州实际情形，于1935年初开始推行。兰州保甲一开始即附设于甘肃省会公安局，且其主要负责人由省会公安局局长及分局局长兼任，从而隐现出兰州保甲在城市社会管理中的从属地位。而保甲经费的征收不得不求助警察，以及其所征经费统一缴由省会公安局管理的事实，进一步显示出保甲制度在城市社会治理中的配角身份。同时，城市保甲经费征收的相对透明化及其城市居民对相关法律法规较好的理解与运用，虽在一定程度上限制了城市保甲经费的滥收滥支，但亦加剧了城市保甲经费的困窘。城市保甲的从属地位以及经费无处附加的困窘现实，使得兰州城市保甲在抗战的艰难岁月中日陷消沉。

关键词：民国时期　兰州　城市保甲　保甲经费

南京国民政府推行的保甲制度不再是中国传统保甲之翻版，而是中国被卷入国际化的巨潮之后，面对西方政治制度与思想文化的强烈冲击而产生的一种自觉式的反应：试图将西方基层民主模式之自治与中国传统基层控制模式之保甲熔为一炉。然而，南京国民政府的这种政治理想却在当时中国特殊的国情下化为泡影。究竟是什么因素导致南京国民政府基层政制改革无果而终，虽众说纷纭，但严酷的战争环境、拮据的保甲经费、稀缺的乡镇保甲人才，无疑是民国保甲制度最终失败的客观因素。中国幅员辽

---

* 本文为国家社科基金一般项目"民国保甲制度与甘南藏区基层社会变革研究"（17BZS023）、中国博士后科学基金第11批特别资助项目（2018T110206）的阶段性成果。

阔，各地区在政治、经济、文化等方面的发展极不平衡，加之民国时期保甲制度在各地渗入程度各不相同，即使同一法规，其执行情况亦是千差万别。更何况民国保甲制度已非乡村社会之专利，即使各省省会城市，亦在紧锣密鼓地推行。近年来学术界对民国保甲制度的研究主要聚焦于乡村社会，[①] 对省会城市保甲制度少有关注，对城市保甲经费问题更是未见触及。鉴于此，笔者以兰州城市保甲及其经费问题为中心，以甘肃省档案馆馆藏之相关档案资料为依托，对20世纪三四十年代兰州城市保甲的制度设计、机构职能、经费来源、收支状况、人员待遇等问题进行系统性考察，并在此基础上进一步分析民国城市保甲最终没落的制度根源及时代特征。

一

南京国民党政府推行保甲制度之初始目的，既与其"三分军事、七分政治"的"剿共"战略紧密相连，亦与其试图加强对乡村社会的控制息息相关。事实证明，南京国民政府决定暂搁自治，力推保甲，在20世纪30年代初"围剿"鄂豫皖等中共苏维埃政权的军事战争中发挥了重要作用，以至于在红军第五次反"围剿"失利后，保甲制度仍能够作为一项基本的政治制度迅速向全国其他各省推进。然而，在保甲制度的推进过程中，一个颇具争议的话题是：保甲制度是否有必要在各省省会城市推行？对此，政学各界意见不一。其主流观点有二：一种观点认为城市应专办警察，而乡村应专办保甲。保甲制度乃农村社会之产物，其适宜乡村而不适宜城市。乡村社会与城市社会有基本之差别，其所需要之组织，亦自有不同。乡村之单位甚小，人口甚少，同居一村落者，非同族即亲邻，关系既密，相知亦切。某也善，某也恶，某也忠厚老成，某也奸猾诈虞，隐显之间，

[①] 目前研究成果中较具代表性的论述有：朱德新《二十世纪三四十年代河南冀东保甲制度研究》，中国社会科学出版社，1994；冉绵惠：《民国时期四川保甲制度与基层政治》，社会科学文献出版社，2010；张济顺：《沦陷时期上海的保甲制度》，《历史研究》1996年第1期；王先明：《从自治到保甲：乡治重构中的历史回归问题——以20世纪三四十年代两湖乡村社会为范围》，《史学月刊》2008年第2期；沈成飞：《国家权力和乡村势力间的调适与冲突——抗战时期广东黄冈保甲示范乡透视》，《中山大学学报》2006年第2期；柳德军：《二十世纪四十年代甘南藏区保甲制度之推行》，《历史研究》2017年第5期；等等。

殆无可逃。故履行保甲制度中之联保切结及规约等事，虽不无问题，然究属可能。若城市则不然。城市之社会单位既大，人口亦密，即比邻对户，亦多老死不相往来。在此各不相关之环境下，而责以联保切结，共守规约，岂非强人所难？现在虽有若干城市已在推行保甲，个人私见，不敢苟同。①另一种观点则指出：实施保甲之目的，在严密民众组织、增厚自卫力量，与警察之主旨，初无二致。但意欲以保甲代替警察，实属不妥。因为"警察须有专门学术，方克有济。如刑事警察之于搜查鉴识（如警犬指纹化验等）逮捕；高等警察之于侦查防范；外事警察之于监护外侨；交通警察之于指挥整理交通；卫生警察之于民众健康等。苟非研究有素，曷能胜任而愉快？故谓保甲可代警察者，是诚未谙警察之特质耳。"且"警权之伸张，原属保甲之归宿，相辅而行，相得益彰！乌可强为分割，致蹈支离破碎之途哉！"②

虽然时人对省会城市推行保甲持怀疑态度，但民国保甲制度犹如滔滔大潮席卷全国，即使各省省会城市亦未能幸免，更不用说江浙一带之国民党核心区域，即使地处西北边陲之甘肃省会兰州的保甲亦于1935年开始启动实施。据报载：1935年2月，甘肃省会公安局召集各分局局长讨论编查省会保甲事宜，并依照省会编查保甲法规之规定，省会保甲准由各分局代办，"现拟照前划分之六警局，分为第一、第二、第三、第四、第五、第六保甲公所，所长由各分局局长兼任"。③随后，兰州保甲编组工作亦在甘肃省民政厅的催促下迅速推进，时至1935年12月，兰州共计设6个保甲公所，有190保，1866甲，21292户，总人口数为97571口。其中，第一、二保甲公所各有52、49保，5000余户，2万余口；第三、四、五保甲公所分别有28、28、23保，一万余口；第六保甲公所仅有10保，102甲，1081户，5411口。④

事实上，甘肃省政府于1934年11月即已筹措在兰州推行保甲，不过

---

① 张纯明：《现行保甲制度之检讨》，《行政研究》第2卷第3期，1937年3月5日，第229页。
② 高嶽岱：《警察与保甲之异同》，《警察杂志》第35期，1937年，第8~9页。
③ 《各地消息：甘肃省会公安局要讯一束》，《警高月刊》第2卷第5期，1935年，第146页。
④ 《甘肃省会各保甲公所保甲壮丁统计表》，甘肃省档案馆藏，档案号：15-14-345。

兰州保甲该如何办理，仍面临诸多问题。第一，保甲组织历代各有不同，而都市与农村情形更是差异颇巨。乡村社区，居民散漫，地方辽阔，组织愈小则愈严密，"现行保甲条例之采取十进制，实为适合于农村民众组织"。至于都市，地方虽较农村为狭，但人烟之稠密，较之农村不啻千百倍。即以兰州城市而论，"有一门牌而附户至数十户之多者，有一街各里巷而门牌编至三百余号者，如按十进之法，则将使一门牌之住户编至二甲以上，一街各者为数保"。且兰州城市各街之公益事项，已有一种组织，居民习惯已久，今一旦因保甲编组强为分割，将难免不发生纠纷，推行必将愈加困难。第二，联保、连坐、切结是否亦在兰州省会推行？联保、连坐、切结虽为"保甲组织三大要素之一，然以之施行于五方杂处之都会居民"，仍须慎加考虑，因为"农村地方类多聚族而居，婚丧庆吊，时相往还，人之良莠，率为一般居民所共悉。联保连坐之法，自易见诸施行。至于都会居民则异，是每一街各中居民之籍贯互异，迁徙无常，故有同居一宅之人而素未悉其姓名者，遑论于左右之邻居，更遑论于同街衢之住户。保甲制度之不易完全实施于都会，以此为最感困难之一端"。①

为了尽快将保甲制度实施于兰州，甘肃省政府在参酌江西省会南昌保甲的基础上，对上述问题进行了如下说明。第一，关于保甲组织，城市与乡村确有不同："兹就实地观察，为免除将来纠纷计，对于保甲组织，似应加以扩大，而含有弹性者，庶几因地制宜，泛应曲当。"② 并规定兰州保甲应以"十户至二十户为一甲，十甲至二十甲为一保……即令皋兰县遵照"。第二，至于联保、连坐、切结，甘肃省政府认为，兰州城市军警林立，平日对居民稽查防范本极严密，与外县情形迥不相同。因此，对于兰州省会居民之具保，应由"省会公安局依照呈奉核准之调查户口办法办理，俾易实行，且免分歧"。③

不可否认，兰州保甲在推行之初，的确是以南昌保甲为蓝本，但甘肃

---

① 《准江西省政府函开准号电以省会保甲究由省会公安局抑或首县县政府办理等因请查照一案令仰查核办理由》，甘肃省档案馆藏，档案号：15-14-516。
② 《谨将此次奉令试办南昌市保甲拟订实施办法，对于本省现行保甲条规，应行参酌增减修改各点分析陈述》，甘肃省档案馆藏，档案号：15-14-516。
③ 《准江西省政府函开准号电以省会保甲究由省会公安局抑或首县县政府办理等因请查照一案令仰查核办理由》，甘肃省档案馆，档案号：15-14-516。

省政府也认识到,在保甲制度推行中,不仅"城市与农村因环境与人际关系之迥异,在保甲实施中难免会有所不同",而且各省因政治、经济、文化、环境等方面的诸多不同,"城市与城市之间的差异之大,不输于前者"。因此,兰州保甲在制度设计上虽秉承南昌保甲之法,但因"兰州情形与南昌未尽相同,尚有不能完全采用者。如在南昌已设有南昌市政委员会,故省会保甲,由江西省会公安局与南昌市政委员会协同督办。兰州目前既无市政府,所有兰州户口,自仍为皋兰县之户口。惟欲使省会保甲事务责任分明,事权统一起见,又似应由省会公安局督办编查,以专责成。其编查户口确数,仍造送皋兰县政府编入户籍,籍符定制"。①

此外,南昌保甲之上设有区办公处,是省会公安局、市政委员会与保甲间的联络机关。但甘肃各县区公所"因过去办理不当,流弊百出,一般民众,完全认区公所为征粮派款之机关,深恶痛绝。故在二十一年,即前主席主甘时,各县党部及民众曾纷纷呈请撤销,以革弊薮。……故本厅应环境之需要,即根据前项原则,呈准钧府通令取消,现为因地制宜及改换民众心理起见,省会保甲组织内,似亦不应再有区之名义"。②对于甘肃省政府呈请取消区一级之提议,虽然南京国民政府认为"不设区长,另以乡镇长代替","事属违背通常",不予获准,但甘肃省政府一再呈请指出:"本省区长制之不协,民情对于现今编查保甲户口及推行一切政务,实多窒碍。非不愿按本宣科,无依通例,循序推进,宁愿多所纷更,转费周折,良由本省独具特殊情形,诚不得因时因地,曲使就节。"③鉴于此,南京国民政府即再无明文训令,其实即已事实默许。

由此可见,甘肃省政府正是在参酌《江西省会编组保甲实施办法》的基础上,结合兰州省会之实际情形,制定了《修正甘肃省会保甲编组办法》,并对省会保甲的主要机构及其职能分工进行了较为详尽的说明(见表1)。其主要内容有二。一是确定兰州保甲组织及其主要负责人。(1)省

---

① 《呈为拟定甘肃省会保甲编组办法请即核转南昌行营由》,甘肃省档案馆藏,档案号:15-14-516。
② 《呈为拟定甘肃省会保甲编组办法请即核转南昌行营由》,甘肃省档案馆藏,档案号:15-14-516。
③ 《转奉南昌行营治字第16472号指令:附呈甘肃省会保甲编组办法一份》,甘肃省档案馆藏,档案号:15-14-516。

会保甲之编组，按二十进制，以户为单位，户立户长；十户至二十户为一甲，甲立甲长；十甲至二十甲为一保，保立保长。（2）甲长由本甲内各户长公推，保长由本保内各甲长公推。（3）省会于每一警区设保甲公所一处，附设于各该公安分局内。保甲公所设所长一人，助理员一人，书记一人，所长得由各该公安分局局长兼任，助理员由所长呈请省会公安局委任，书记由所长委任。（4）两保以上因地方情形及习惯上之关系，有联合办公之必要时，得设保长联合办公处，设主任一人，书记一人。主任由该管公安分局内局员或巡官当任，书记由主任呈请所长委任。二是确立兰州保甲机构主要负责人的职能分工。（1）所长的职能是：在省会公安局的指挥监督下，宣达所内奉饬遵行之法令及调查报告所辖地段内之情况；监督指挥所管保甲人员执行职务；等等。（2）保长联合办公处的职能为：办理联合各保之公共设备及修筑事项；办理联合各保之防御事项；办理联合各保之卫生清洁防疫事项；等等。（3）保长的职能是：在所长的指挥监督下，辅助所长执行职务事项；教诫保内居民毋为犯法事项；辅助军警搜查逮捕盗匪事项；检举违犯保甲规约事项；分配督率保内应办之防御公共设备或修筑事项；检查指导保内居民注重公共及家庭卫生清洁事项；实行保甲规约上所定之赏恤事项；办理怠职罚金事项；办理保甲经费之收支及预算决算之编制事项；其他依法令或保甲规约所定应由保长执行之事务；等等。

表 1　甘肃省会城市保甲机构

机　构	主要负责人
甘肃省民政厅	甘肃省民政厅厅长
省会公安局	省会公安局局长
省会保甲公所	所长（由公安分局局长兼任），助理员一人，书记一人
保长联合办公处（必要时设立）	主任一人（由公安分局内局员或巡官当任），书记一人
保	保　长
甲	甲　长
户	户　长

资料来源：《修正甘肃省会保甲编组办法》，甘肃省档案馆藏，档案号：15-14-516。

兰州保甲机构附设于甘肃省会公安分局，且保甲公所所长由省会公安分局局长兼任,保长联合办公处主任由公安分局局员或巡官充任,意味着兰州保甲成为甘肃省会公安局下辖的一个分支机构。虽然当时仍有人质疑省会保甲与同在省会公安局管辖下的警察机构职能重叠,势必会与城市警察的权力发生冲突,但从南京国民政府的态度来看,则无疑是认为城市警察能与省会保甲相辅而行。虽然这种观点从城市管理现代化的角度而言,似乎顺理成章,但从当时的社会实践来说,因保甲制度自身的特点及其与城市警察权力和职能的交错,城市保甲在实践中并未能发挥其应有之效用,相反,却成为与城市警察争权夺利的工具。

二

兰州保甲在实践过程中确有不尽人意之处,除保甲制度本身原因外,保甲经费的困窘无疑是困扰兰州保甲运行的主要因素。兰州保甲公所成立后,为了维持保甲机构的正常运行,保甲经费亦正式征收。为了使保甲经费的征收有据可循,1934年3月,甘肃省政府在《修正"剿匪"区内各县保甲经费收支规程》的基础上制定了《甘肃各县保甲经费收支暂行办法》(见表2)。对于制定上述办法之目的,甘肃省政府称:保甲经费在编查保甲户口条例第23条中虽有规定,但本省"文化落后,各县保甲长多不识字,一般民众又无考核之能力,苟不厘定详细及限制办法,势必浮派滥支,滋生流弊",使得本为便民之政,转以扰民。因此,"遵照前三省总部所定保甲经费收支暂行规程,并参酌本省实际状况,拟定甘肃各县保甲经费收支暂行办法十一条"。[①]而兰州保甲经费亦是在参酌《甘肃各县保甲经费收支暂行办法》的基础上得以执行。

表2 甘肃各县保甲经费收支暂行办法

名称 序号	甘肃各县保甲经费收支暂行办法
一	本办法依据前鄂豫皖三省剿匪总司令部颁布保甲经费收支暂行规程订定之

---

① 《呈为拟定甘肃各县保甲经费收支暂行办法十一条请鉴核示遵由》,甘肃省档案馆藏,档案号:15-14-527。

续表

名称 序号	甘肃各县保甲经费收支暂行办法
二	保长办公处经常费,每月以三元为限,(纸张笔墨灯火等费在内)
三	保长办公处缮写事务,由保长自行办理,如保长不识字时,得联合其他不识字之保长,共用书记一人,每月给津贴洋二元。联保办公处之缮写事务,亦由联保主任自行办理,如联保主任不识字时,得调用各保书记缮写,每月给津贴洋二元
四	联保办公处经费,由所联合各保原有经费(每保三元)内公平分摊,其每保应摊数目不得超过本身经费二分之一
五	保甲经费以左列各项收入充之:(1)原有地方公款或公产收益。(2)保内殷实(商绅)特别捐助。(3)如上项收入不足额定数时,得就住户中有力负担者分别征收,以收足额定数为限。但每户至多不得超过一角,征收之款均应发给收据为证
六	每月收支款项,应由保长按月造报乡镇公所,由乡镇公所列表汇报县政府查核,并于保长办公处及联保办公处门前,依照造报账目,按月公布
七	保甲会议应周日之上午八时,或下午二时举行,非遇有延长至饭时之必要时,不得开支饭费,每人每餐不得超过银元八分
八	壮丁队协助军警抵御土匪时,必要之给养及会操时之茶水,须先就保甲经费之余款移用,如无余款,得先行呈报筹集支用,事后据实造报乡镇公所转报县政府核销
九	保甲经费以保长负经收之责,乡镇长负后查及审核之责,县长负抽查之责
十	保甲经费收支人员,如有浮收滥支侵吞等情弊,一经查明或被举发,由县政府依法严惩

资料来源:《甘肃各县保甲经费收支暂行办法》,甘肃省档案馆藏,档案号:15-14-527。

兰州保甲经费自征收之日起,即存在诸多问题。据雇员刘志一于1936年4月26日呈报,"查保甲经费,在本省各县保甲经费收支暂行办法内规定,每保每月以三元为限"。但兰州城市保甲经费,向由省会公安局各分局征收,但办理者并未按照规定办理,究竟有无其他原因,殊难臆度。今将派收情形呈明如下:雇员居住西大街,为四十二保之辖区,昨天上午有保长带同第一分局之警兵,索取保甲费二角五分(系一、二两月),并发给收据一份。"窃思保甲经费若按照现时派收数目计算,本市共分一百九十保,全市共有二万零九百六十七户,每户每月以一角二分五厘派收,计收洋二千六百二十元,每保应分配洋一十三元余,与规定之数比较,计超过三倍以上，其浮收之钜，实属骇人听闻。事后，雇员又询之保长，据云：元、二两月份共收保甲费钱一百三十余串，合国币三十余元，悉数交给公安局，保长经费每月仅领到四元余，其余之数究作何用，从无明瞭。"似此保甲之利益未见，而人民先蒙不良之印象，保甲前途诚难乐观。①

兰州城市保甲附属于甘肃省会公安局，保甲经费之征收，亦是在警察的协同下共同收取，且其经费悉数交予省会公安局，而保长经费每月却仅领到四元余，这就意味着保甲经费并不会因征收较裕而有所增加，相反，保甲经费的征收却为省会公安局提供了一个借机敛财的机会。对此，甘肃省政府指令省会公安局局长史铭称："近据密报，该各保每户每月仍有派收一角二分五厘者，查与明令规定不符，仰该局长照章征收，免违定例，并将保甲开办费及经临各费收支情形，详细造具决算书，检据呈核。"②

对于甘肃省政府之指令，甘肃省会公安局局长史铭于1936年5月9日呈报称：省会情形与各县迥异，各县局公所经费多按地亩征收，在原额内稍形增加，以足敷用，固无须另筹保甲经费。但"职局主办省会保甲，所需经费除向各住户征收外，实无其他办法足资挹注"，且在开办之初，借垫经费亟待筹还，前规定每户收洋一角二分五厘，曾呈奉民政厅指令照准在案，原期陆续弥补，渐次还清，不料举办迄今，尚亏欠一千三百余元。若每保不得收过三元，则省会保甲共编有一百九十保，最多仅能收足五百七十元。但兰州城市居民"虽有二万余户，但能照章缴纳保甲经费者，若以过去征收统计，不过一万一千余户，一般贫民，即此些微之数，亦苦无法交纳"。前奉民政厅保字第29号训令，每保经费必须遵照保甲经费收支暂行办法，每月每户缴纳五分至一角，以全保计算，每月不得超过五元。对此，本局于2月27日召开局务会议，议决自3月起，各保甲公所经费应一律撙节开支，"并规定每保甲公所月支公费十五元，书记生活费十五元，六保甲公所共支洋一百八十元；每联保月支书记生活费四元，六十四联保共支洋二百五十六元；每保月支公费二元，一百九十保共支洋三百八十

---

① 《雇员刘志一呈报省会公安局浮收保甲经费情形的签呈》，甘肃省档案馆藏，档案号：15－16－198。
② 《为保甲经费仰遵照前令规定标准数目征收不得藉词浮派并将开办保甲各费收支情形造具决算书呈核由》，甘肃省档案馆藏，档案号：15－16－198。

元；每月所需收据表册印刷等费约一百元，每月共需经费九百一十六元"。各项开支已一减再减，收支相抵，尚不敷甚巨，而旧欠开办费用更难筹还。因此，省局拟由3月起，除贫苦小户免征外，每户一律征收一角，所得略有盈余，即以弥补旧欠，一俟开办费还清，再行呈请减率征收。①

由上所述，在兰州保甲推行之初，即面对保甲经费的诸多困扰，一方面有兰州城市居民对省会公安局浮征保甲经费的质疑，另一方面则有省会公安局局长史铭对保甲经费困窘的各种抱怨，姑不论史铭之呈述是否属实，但兰州城市保甲经费的征收方式，则足以从一个侧面反映城市保甲经费征收的透明程度远非农村可比。正如史铭所言，农村保甲经费多按地亩征收，在原额内稍形增加，以足敷用，但兰州城市保甲经费，除向各住户征收外，实无其他办法足资挹注。

对于省会公安局局长史铭之呈述，甘肃省政府即令民政厅予以调查。经民政厅派员调查证实，城内外第一、二、三分局所辖各保，确有浮收情事（见表3），并将调查情形及所拟办法一并提交省政府鉴核。

此次甘肃省民政厅的调查报告主要分四部分。第一，征收根据。现在每户月出洋一角二分五厘办法，系与去年八月间经本厅核准有案。第二，征收办法。每两月收一次，由总局制备收据，按期发至各分局，再由分局发至各保，由各保征收。填据后将款及存根一并呈缴分局，由分局扣除各保应领费用及保甲公所公费外，余款悉数缴存总局。"惟第三分局征收办法向由局内派警直接征收，不经保长之手，故各保亦不知其本保每月征收实数。闻第三分局征收成绩比其他各分局较强，其贫苦者亦有免收之事实。"第三，征收及开支现状。（1）开支情形。"现在各保月支公费四元六角（内分办公费三元，书记生活费一元六角），全市计一百九十保，月应支公费八百七十四元，每保甲公所月支公费三十五元（内分办公费二十元，书记生活费十五元），全市计六个公所，月应共支二百一十元，总计月支一千零八十四元。"（2）收入情形。"以现在户口为准，计全市为二万零九百六十七户，每户月按一角二分五厘实征，可收入二千六百二十元，实际以贫户免纳者甚多，故不能如数征齐，兹就察得各保征收现况作为比例，

---

① 《呈为省会情形与各县迥殊保甲经费若每保不得收过三元实属不敷开支拟自三月份起每户按一角征收祈鉴核赐予准可并布告兰市民众一律照章缴纳以维功令由》，甘肃省档案馆藏，档案号：15-16-198。

表3　甘肃省会公安局第一、二、三分局所辖各保征收保甲公费状况

局名	保名	保长姓名	户数	去年十二月收费数	本年元二月收费数	备考
第一分局	48	包守禹	53	四元七角三分	九元七角五分	
	49	单克昌	86	五元七角二分	十三元	
	50	杨生华	123	八元九角七分	十五元五角	
	51	华有山	91	八元零九分	十八元	
	52	孙瑞林	150	九元七角二分	十七元五角	
第二分局	42	王相甫	未详	十四元四角七分	三十七元二角八分	每保月按四元六角请领，公费余数均交分局，查得之数系征收未扣除之实数
	10	魏子乾	未详	六元	十五元	
	11	徐积珍	未详	八元	十八元	
	12	牛化林	未详	六元七角五分	十四元七角五分	
	32	刘约甫	未详	七元一角二分五厘	十六元	
	33	王子厚	未详	七元一角二分五厘	十八元七角五分	
	34	陈得禄	未详	七元五角	十七元五角	
	1	陆克恭	142	六元七角五分	十五元五角	
	2	李成发	103	七元七角五分	十五元七角五分	
	3	冯玉杰	98	八元七角五分	十八元	
	4	梅向初	105	七元三角七分五	十七元五角	
	5	雷武安	81	六元	十四元二角五分	
第三分局	19	廉天成	未详	八元七角五分	未详	第三分局征收保甲公费系由分局派警直接征收，各保均不知每月征收实数，故不便调查
	20	耿玉溪	未详	八元		
	22	张培桢	未详	未详	二十七元	
	21	严耀亭	未详	十五元八角八分		
	5	未详	未详	未详	十八元七角五分	
	6	张书堂	未详	未详	十五元	
	7	毛金轩	未详	未详	十四元五角	
第一分局	3	孔立亭	157	九元六角三分		合四十七元五角二分
	4	王世龙	155	七元五角		

资料来源：《本市公安局第一二三分局所辖各保征收保甲公费状况表》，甘肃省档案馆藏，档案号：15-16-198。

平均应有六成收入，除各项开支外，每保仍应有将及一倍之余款。"第四，归垫开办费情形。据公安局1936年2月17日呈称："在去年保甲开办时，曾垫支开办费三千零七十一元六角六分，向由浮征数内归垫，截止1935年11月止，尚亏开办费洋一千三百零七十元零五分五厘。"至于以往经征若干，归垫若干，均无详细报告。查本市保甲自去年6月1日开办始，截至本年2月底，已征有九个月公费，每月即按六成收足，应有一千五百六十余元之收入，除每月应支各项费用一千零八十四元外，应净余洋四百七十余元，以九个月合计，应有额外征收四千二百九十余元，足敷归垫开办费之数而有余。"近据该局呈拟改征办法，有每户征收一角作准，藉以筹还开办费之规定，仍难核实，应予考量。"[1]

根据上述调查报告，甘肃省民政厅认为，省会保甲经费自开办征收以来，每有更易，以致收支数目无从确切考稽，兹为减轻民众负担，明了保甲经费收支实况及利于统计起见，规定保甲经费整理办法六款：（1）省会保甲开支"前经本府民政厅以保字第2615号令饬每保每月照三元支给，并按本省保甲单行法规，定每三保得设一联保，书记一名，生活费由各保公费内支给"。但该局实际支给三元之外，另加一元六角作为书记生活费，殊与定案不合，仍应每月三元按实收支。（2）省会保甲公所既附设于各公安分局，为减轻民众负担计，除应准支公费二十元留作印刷收据等费用外，至于书记一人，应由各该分局书记担任，不另支薪。（3）现在征收保甲经费之收据，系三联单，应将一联交住户，一联存局，一联缴本府存查。至本年2月底以前，各月收支情形仍遵前令，据实报核。自3月起，规定另造预算呈府核夺，并将收支情形，由各公所按月公布，使众周知，免滋漏窦。（4）保甲开办费预算书总数为三千零七十一元六角六分，该局去年7月18日呈称开办费约支三千七百余元，前后所报不符，应将收支数目造册粘具呈核。（5）保甲经费一律由保长负责征收，再缴分局作统一分配，必要时得由警察协助保长征收。（6）经费征收单据，月支印刷费一百元，但以省会户口计算，有两万一千张即可足用，况两月用收据一次，以此观之，所列耗费未免过巨。此项印刷费应由保甲公所公费内撙节开支，

---

[1] 《科员李久明附征收省会公费状况报告一份》，甘肃省档案馆藏，档案号：15-16-198。

不得另外筹办，以轻民众负担。①

由上所述，在兰州保甲推行之初，关于保甲经费之征收问题，政策制定者甘肃省政府与政策执行者省会公安局之间进行了一系列的讨价还价。一方面，省会公安局对兰州保甲经费的困窘多有不满，要求增加保甲经费之呼声与日俱增；另一方面，甘肃省政府不断压缩保甲经费，以便在最大程度上减轻民众负担。透过历史的表象，回归那个特定的年代，姑不论省会公安局的要求是否属实，但城市保甲经费的征收的确与乡村保甲经费的征收存在巨大差异。相较而言，由于城市特有的管理体系渐趋形成，城市居民的制度意识更为明确，城市保甲经费的征收绝不能像乡村保甲经费征收那样任意摊派附加。城市保甲经费一定程度的透明，使得城市保甲经费看似数额较大，实则捉襟见肘。而甘肃省政府对兰州保甲经费的一再压缩，亦从一个侧面映射出城市保甲在城市社会的治理中并不如在乡村社会那样受到足够的重视。

三

虽然甘肃省政府对保甲经费之收支办法详加规定，但在实际执行中不仅难以落实，而且问题迭出。1936年初，省会公安局根据每月每户征收五分保甲经费的规定，1~2月却只收足一万一千五百五十五户，尚有一万户并未纳款，其中未必尽系赤贫，正在核查。同年6月，省会公安局公布了新修改的预算书，将每位保长的月支办公费由三元减至一元，每位联保书记的月支生活费由五元减至三元，由此引起全体保长的强烈反对。7月8日，六个保甲公所所长联名电呈甘肃省政府及省会公安局，呈文言道，按照本年3月以前旧预算规定，每保长月支办公费三元；统计六十三联保，每联保书记月支生活费五元，各书记均有家室之累，以省城刻下生活情形而论，实在不敷养赡，为此各保长多有在每月应领办公费三元内拨给书记津贴一元，以资养赡。而且，从3月起至6月再未向民间收过保甲经费，而各联保书记每月生活费到时必发，其费用只得由各保长垫支，但各保长

---

① 《为整理省会保甲经费收支规定办法令仰该局遵照办理具报由》，甘肃省档案馆藏，档案号：15-16-198。

每月办公费不能缺少，按月设法垫支，共计4个月，两宗约合垫支三千余元。各保长时刻盼望将3月至6月征收之保甲费早日发下，必能还垫。不料于6月25日却奉到新颁预算书，规定从3月起，保长和联保处书记的月支生活费大为减少，不胜惶恐。他们一致认为："新颁预算书既在6月底发表，似应从7月1日施行较为近情，若倒推从3月份起照新颁预算书征收保甲费，则各保长等垫支过三、四、五、六四个月之款从何处而来？"况且保长均系义务职，无赔偿借垫之能力，呈请此次新颁预算书，从7月1日起施行，至于6月以前之保甲费，仍照旧预算办理，以免赔垫。保长们认为，此次新颁预算书规定每户月收保甲费五分，各保情形不同，编制户数不一，一保内赤贫和免收户数多寡不一，如一保仅有六十户，再加上赤贫若干户，如何能收足三元之数，此系一大困难。因此，他们建议不如仍遵照省政府本年3月间发表之命令，规定每月每户缴纳保甲经费五分至一角，并拟请从7月起分为上、下两等征收，富者月收一角，贫者月收五分，赤贫者免收。以收数多者垫补不足，总期不能超过此次新颁预算书规定每保月收入三元之数。如此办理，在公务进行方面较为顺便，在征收保甲费方面亦不致感觉困难。

面对兰州各公所所长及保长的联名呈述，代理甘肃省会公安局局长田瑞之亦于1937年4月9日电呈甘肃省政府，回溯了兰州城市保甲自创办两年以来法规条例的几次变更。如划定六十三个联保公所、设定书记一员和生活费洋五元，以及每保每月的办公费等。再如，随后裁撤分公所书记，由公安分局书记兼办，不另支薪；甘肃省政府1936年3月节裁书记和减少每月办公费。经此次节裁，各联各保虽依规具领，但实际书记生活、办公费用，均感困难。各联以保长办公非佐以书记，实多贻误，遂将联保公费分移于属保，名为联保公费三元，实则每保各得一元以津贴书记生活。[①]随之，1936年11月兰州又缩编联保，每联保公费仍按三元，每保公费按一元具领，规定似无变更，但经费数字实有出入，无形中各保书记一元生活费更形减少。书记不克自养，弃而他图者有之，保长亦无法办理，其结果是："缩减联保二十八，节省洋八十四元，而影响及于全部保长

---

① 《为整理省会保甲经费收支规定办法令仰该局遵照办理具报由》，甘肃省档案馆藏，档案号：15-16-198。

公务之进行。"在此人心浮动、编练民众更需加紧之时，"局长职责所在，既不敢请求溢额增加，有失钧府体恤民艰之意，以保民者反以累民；亦不敢坐视废弛，不予补救，有违实事求是之道"，再四维思，唯有仰恳省府俯准恢复1936年10月以前之办法，将联保办公费直接改为每保办公处书记生活费，俾每保每月得公费一元，书记生活费一元，藉以维持现状。取消联保公费名义，按保数实领实支，俾保甲进行，得以顺利。"以所征人民之款，支付保卫人民之事，民众亦可得具体谅解。"①对于上述呈请，甘肃省政府批示："准如拟办理。"至于"联保书记生活费，应仍照旧，新经改为每保书记生活费一节，应毋庸议，仰即遵照。"②

由上可知，一方面，甘肃省政府为了体恤民艰，不断缩减保甲费用，禁止省会公安分局再向所属各保浮收保甲经费；另一方面，甘肃省会保甲经费的入不敷出和联保主任、保长待遇的极度微薄，足以影响保甲前途，窒碍抗战建国之大业。在此情境下，甘肃省会公安局不得不退而求其次，希望甘肃省政府能够将保甲人员的办公经费及薪金恢复到缩减联保之前的水平，以便确保保甲制度在甘肃省会顺利推行。虽然甘肃省政府一再强调缩减经费，缓解民艰，但事实上，无论甘肃省政府对保甲经费如何规定，省会公安局仍然依自身需要对其另行计划，甚至有时浮收之巨，令人震惊。而陷于公安分局与普通民众夹缝之中的保长，则在保甲经费的征收过程中处境艰难。据省会公安局第二分局49位保长联名公呈，称："兹办理保甲以来，勤慎服务，并无丝毫遗误，惟有保甲经费一项，其收据由公安局发于公安各分局，分局发给保长等，征收每两月一次，每户征收洋二毛五分，保长等收齐后交分局，候至四五十日，分局将每保每月办公费洋四元六角发于保长，每次如此办法。"不过，在征收元月、二月保甲经费时，保长等仍照前次征收，但花户多数面称："民政厅早已布告在案，每月花户收经费一角至五分，每保不得超过五元等语，为何如此收法？"保长等用好言劝导，"征收之每保收入最低数"。不料，分局局长称每保要出收据一百张，收入洋二十五元，绝对

---

① 《呈明联保缩编后支出经费变更保长办公发生困难请恢复上年十月以前办法可否请鉴核令遵由》，甘肃省档案馆藏，档案号：15-16-198。
② 《据呈明联保缩编后支出经费受更保长办公发生困难请恢复上年十月以前办法等情指令照准由》，甘肃省档案馆藏，档案号：15-16-198。

不能少。"若不够者，可以保长垫出或重收，只限三日内，将所收洋一律交讫，如有再抗者押追。"①由此可见，省会保甲经费的操控者并非保长，而是省会公安局及各分局局长。无论保内各户对保甲经费收支办法如何质疑，无论保内户数是否足数，省会公安局分局只依据自身需要做出规定，甚至盲目定量，对不能完成任务之保长不惜押追惩处。这必然使浮收滥支现象愈加严重，也使地方公正人士不愿受到如此逼迫而对保长职位退避三舍，地痞流氓乘隙而入，省会保甲亦畸变为土豪劣绅借机勒索地方、欺压民众的竞技场。

抗战爆发后，本已十分拮据的保甲经费更是捉襟见肘。省会保甲经费"向由住户征收，自1938年7月奉颁省会保甲经费概算表规定，省会住铺各户资产在百元以上者，以一万七千户计算，每户每月征收一角，每月收入月计一千七百元；其资产在百元以下者，概免征收上项保甲经费。在1938年7~8月，各保甲公所收缴数目虽不及预定每月一千七百元之多，但相差无几。迨至9月份以后，每月收入数目逐渐减低"，每月不敷达到一百八十余元。究其原因，"近数月来，省会居民防空疏散者日渐加多，而粮价过昂，资产消耗殆尽，不合纳费资格者亦逐渐增加，以致无法经收。"更何况"现在施行有计划之疏散，此后保甲经费，若仍向住户征收，恐更难挹注"。②针对上述问题，甘肃省公安局认为："省会人员稠密之区，往来人口颇甚复杂，省会保甲自1938年改组后，较前稍见严密，而应行推进举办事件日渐增加，虽有以前曾经举办者，但相隔日久，急待重新整顿，如考查各保甲长之勤惰、壮丁学童之调查、组织保甲、劝导居民、疏散队以及组织保甲劝募献金队，此系轻而易举者。至于刻下省会居民因防空疏散，迁徙不定，恐有奸宄混迹其间，以故重新整顿保甲户口之调查，举办联保连坐切结，各户重新编订门牌，此外，测绘各联保区域总分图，在在均关紧要。然往往以无准备金之故，至今延缓举办。"因此，省会公安局要求民政厅"设法

---

① 《省会公安第二分局第一保起第四十九保止保长公呈》，甘肃省档案馆藏，档案号：15-16-198。
② 《谨将省会保甲整理之经过并经费收支以及保甲行政推进情形分别于左呈请》，甘肃省档案馆藏，档案号：15-14-520。

筹措准备金，以便迅速整理未办各事，如此则省会保甲行政愈见完备也。"①然而，此时甘肃省厅财政亦捉襟见肘，筹措准备金之事一拖再拖，甘肃省政府试图重振省会保甲的计划在经费的制约下已难以取得进展。

综上所述，基于对社会环境、人口密度、人际关系等诸多因素的考虑，20世纪30年代初南京国民政府决心将保甲制度在各省省会推行之初，即受到人们的质疑，因为城市已有较为严密的警察制度，"历来城市办理警卫，素极认真，并很完善，平日对于居民稽查防范，备极严密，城市病态已经大为之解除，且有日趋安全之势，若再举办保甲，未免多此一举"。②但国民党在鄂豫皖等中共苏区推行保甲制度的"成功"案例，激发了国民政府试图借助保甲制度来改革中国基层政制、加强对基层社会控制的决心。民国保甲制度推行于全国各省，即使各省省会城市亦未能幸免。的确，民国保甲制度在西方文明的影响下已有逾越传统保甲之趋势，而保甲制度与地方自治一定程度的融合，亦使20世纪三四十年代的保甲制度初具民主色彩。但民国保甲制度毕竟缘起于军事"围剿"，发展于战争年代，社会的动荡、战争的苛责、经费的拮据、人才的匮乏等，都制约着国民政府改革基层政制的理想。而透过上述各层因素，拮据的省厅财政、困窘的保甲经费，以及当时中国社会的整体性贫穷，无疑是国民政府推行保甲制度的致命障碍。甘肃省政府虽于1934年推行保甲制度之时，即对各县保甲经费详加规定，但单纯的法律文本既未能解决保甲经费的困竭，亦未能约束乡镇保长的就地摊派，就地摊派仍是20世纪三四十年代甘肃乡村保甲经费的主要来源。③相较而言，兰州城市保甲经费的征收，其透明程度亦远非农村可比，城市保甲经费看似征收数额较大，实则捉襟见肘。这种经费困窘的状况，在和平年代尚可维持，但自抗战爆发以来，随着兰州居民防空疏散者日渐增多、粮价上涨，不合纳费资格者日渐增加，保甲经费的征收数额更是日形减少。虽然甘肃省政府一度要求重振兰州保甲，但拮据的省厅财政和城市保甲的从属作用，最终使重振保甲之计划一拖

---

① 《省会保甲经费拟请统筹办理案》，甘肃省档案馆藏，档案号：15-14-520。
② 唐鸿烈：《城市保甲问题》，《浙江民政》第5卷第2期，1935年，第36页。
③ 柳德军：《民国时期甘肃乡镇保甲经费问题研究（1934~1949）》，《史学集刊》2017年第6期。

再拖,兰州保甲在抗战年代的艰难岁月中,在各级部门的消极漠视中日陷消沉。

　　　　　作者:柳德军,山西大学近代中国研究所

　　　　　　　　　　　(编辑:张利民)

1946~1948年国民政府在天津征兵研究

郑 帅

内容提要：1946年6月内战爆发，天津作为华北重镇，动员市民入伍参军，是国民政府在天津的重要工作。为了有效征兵，国民政府一方面在兵役制度和机构上做了重新设置，另一方面也采取了干部训练、宣传、优待等措施，但天津征兵过程却异常艰难。除市民自身不愿当兵外，还有其客观因素，如抗战胜利后国民政府发动内战于"情理"不通，国民政府在士兵优待上大打折扣，保甲制没有及时完善，城市人口流动性大，国民政府基层社会控制力虚弱。频繁征兵加剧了政府与市民之间的矛盾，为中共解放、接管天津奠定了基础。

关键词：国共内战　国民政府　天津　兵役制度

战争，首先要考虑兵和粮，所以征兵、征粮是战争期间的两项必备工作。在战争期间，政府、基层和市民三者间利益博弈的过程一直存在，而且"这种博弈在兵役推行过程中又尤为明显"。[1] 目前有关国民政府兵役的研究成果，多侧重在农村，集中在抗战时期，探讨兵役制度、具体实施等，有学者已经做过详细梳理，[2] 但少有对抗战胜利后国民政府在城市征

---

[1] 陈廷湘：《战时特殊空间中的国家、基层和市民——从抗日战争时期兵役推行侧面切入》，《河南大学学报》（社会科学版）2012年第5期。

[2] 相关成果参见蔡海林《抗战时期国民政府兵役制度研究综述》，《军事历史研究》2008年第1期；龚喜林：《抗战时期国民政府兵役制度研究之回顾及展望》，《军事历史研究》2012年第3期。2012年以后相关成果有：隆鸿昊《抗战时期湖南兵役初探》，《抗日战争研究》2013年第3期；龚喜林：《抗战时期国民政府兵役法制建设述论》，《历史教学》（下半月刊）2015年第3期；马秀敏：《国民政府时期的兵役制度——以绥远地区为中心的考察（1937-1949）》，硕士学位论文，内蒙古大学，2018；柳德军：《进退无据：20世纪三四十年代甘肃壮丁问题研究》，《安徽史学》2018年第5期；等等。

兵的研究。国外学者对这一问题有所关注，日本学者笹川裕史对战后国民政府在上海征兵进行了考察，其文章主要是利用征兵检讨会议记录的文件，分析战后上海由于都市社会的流动性、市民大量逃役，以及基层干部腐败，并未形成良好的战时秩序。[1] 本文根据天津市档案馆的档案，从1946～1948年国民政府在天津征兵切入，梳理内战时国民政府在天津的征兵措施和成效，分析在天津基层社会中征兵的制约性因素，以期深化对该问题的研究。

一 兵役制度和机构的设置

1945年9月，国民政府宣布全国兵役缓征一年。在缓征期间，国民政府在旧兵役法基础上，根据抗战期间办理兵役的经验，参考各国兵役制度，于1946年10月颁布了新的兵役法，确立了抗战胜利后新的兵役制度。

除将兵役法重新修订以外，国民政府对中央和地方军事机构也做了调整。1946年6月，国防部在南京成立，隶属于行政院，下设新闻局、民事局、兵役局等部门，"国防部为全国兵役行政主管机关，内政部为全国兵役行政协管机关"，[2] 其中兵役局主要负责兵员补充、征召、除退及后备官兵的储备管理，职责划分明确。

在地方上，由于1945年以后"中共力量的壮大和控制范围扩展，使国民党统辖区域与抗战前均有不小的差异"，[3] 故对各地方的军管区做了重新规划，以往省设军管区，省以下设师管区、团管区，其管区的管辖范围，与地方行政区域一致，导致军额支配重复，管区权力在省主席兼管区司令的手中，所以取消了军管区，改以人口为标准，将全国划分为若干个师管区、团管区。[4]

1946年10月，在天津市设立冀北师管区司令部，下辖北平、天津、

---

[1] 〔日〕笹川裕史：《兵役负担と都市社会—战后内战期の上海、征兵制导入の冲击》，笹川裕史主编《战时秩序に巢喰う"声"——日中战争・国共内战・朝鲜战争と中国社会》，创土社，2017。
[2] 陈桢国等合编《兵役法规》，大东书局，1947，第3页。
[3] 夏静：《国民党政府兵役制度研究》，硕士学位论文，山东师范大学，2009，第75页。
[4] 管区，即征兵及训练新兵机构。

唐山、昌黎、沧县五个团管区，其中天津团管区在1946年10月成立，下辖一个特别市（天津市）和八个县。① 其中团管区为征集单位，县市为兵额配赋单位，乡镇为征兵调查单位。师、团管区司令部，受当地军事高级机关指导监督，办理区内兵役及有关事务，完全是属于委派办理的任务，省政府主席与辖市市长，虽然是兵役监督，但仅负协助之责，不兼任师管区司令，这样做可以"维持独立的兵役制度，少受地方政府的牵肘，事权集中"。②

其实，战时军管区只是负责辖区兵役的统筹工作，而具体征兵事务则主要是由天津市的军事科、区公所和基层保甲，以及社会、警察两局配合完成的。随着征兵具体情况变化，天津市也成立了具体的基层机构。1946年，天津市政府准予各区成立募兵募款委员会。1947年4月底，天津市根据国防部命令成立军事科，人员由退役军官和在乡军人充任。1947年，天津市依照规定，在各区成立兵役协会，配合地方上的各方作为补助力量，兵役协会委员由各区学校校长、在乡军人、战时军人家属、当地公正士绅代表组成，负责协助办理兵役宣传、兵役改进建议、协助征兵调查、监督征兵环节等工作。

二 兵役动员的具体开展

（一）干部训练、奖惩

在天津市的征兵过程中，基层干部是直接的执行者，若不严格训练，许多征兵的具体任务就无法完成。而且天津市是抗战胜利后首次推行征兵制，市民对兵役缺乏深切认识，恐惧心理严重，基层兵役干部也缺乏办理经验，所以干部的培训、分工则尤为重要。

1947年4月，天津市民政局成立军事科，对各项准备工作加紧筹备，积极推行，兵役会议对兵役干部讲解兵役法令。1947年，天津团管区在军士招考足额后，对所有中下级干部逐条讲解李宗仁的"十大戒条"，希望使其"对上信仰对下信任，和自信的决心，然后能做到不贪污不舞弊，不

---

① 八个县，分别为三河、宁河、蓟县、平谷、武清、宝坻、香河及天津县。
② 储子润：《新兵役法的特色》，《冀北役政》1947年9月1日，第9版。

买放壮丁，不虐待士兵，不克扣士兵，及对士兵保育之重视"。①冀北师管区司令李兆锳呼吁干部"要尽量发挥干部作用，你们要多想，多说，多做，多看，人人要争取主动，千万不要成为被动"。②

干部分工也是组织动员的重要工作。1946年，天津市成立临时征兵征募指导处，隶属于天津市政府，由社会局局长兼任处长，警察局局长兼任副处长，负责新兵募集之指导事项，分工详细。天津各区成立以区长为征兵官，下设总务组、征募组、监察组、宣传组的役政机构，各组下面有总干事一人、干事若干名，相比于市一级分工更加具体。

为提高征集效率，对兵役干部考核、奖惩是必不可少的。国民政府针对县一级干部的考核，规定："凡征兵区域本年度之县长考绩，其征兵部份之考绩应占其总考绩三分之一。"③这样高的比重，显示征兵在当时是各区政府非常重要的工作。

考核主要包括征集是否合理、新兵安家费发放、超（欠）兵额等内容，对于成绩优良者，给予一定奖励。互助小组组长工作成绩优良的，可以"免缴新兵安家费及新兵生活补助费"。④就是说，如果组长本人是役龄男子，可以缓召。奖励办法主要分奖状、奖章、奖金及传令嘉奖等，⑤完成时间越早，招募兵额越多，物质奖励越高。对工作给予奖励，既可以对优秀者给予鼓励，也能提高兵役干部工作的积极性。

在办理兵役过程中有违法乱纪行为，《妨害兵役治罪条例》规定："如有违法舞弊人员，应依条例严办"⑥"乡镇人员，非持有县府正式印信之征集票，不能强拉捕捉，倘有违法舞弊情事，定予彻查严惩。"⑦天津市第八

---

① 良初：《天津团管区一年来之回顾》，《冀北役政》1947年10月16日，第19页。
② 李兆锳：《几项重要工作》，《冀北役政》1947年9月1日，第11页。
③ 《为紧急补充征兵额事给天津市政府张市长代电（附临时征兵实施纲要各一份）》（1946年8月6日），天津市档案馆藏，档案号：J0002-2-000503-001。
④ 《为征兵优良工作者奖励事致市府的呈》（1948年11月17日），天津市档案馆藏，档案号：J0002-2-000598-039。
⑤ 《为拟具办理征兵奖惩办法致杜市长的呈（附拟具征兵奖征办法）》（1948年2月13日），天津市档案馆藏，档案号：J0002-3-008252-007。
⑥ 《关于严禁强拉顶替买卖壮丁冀征兵舞弊案致天津市政府的代电》（1947年2月4日），天津市档案馆藏，档案号：J0002-2-000714-014。
⑦ 《关于遵照征兵处理规则办理征兵事宜致天津市政府杜市长的代电》（1948年3月18日），天津市档案馆藏，档案号：J0002-3-007807-007。

区将各保分为若干责任区,每责任区配置委员长一名,负责督导兵源稽查收支等情况,① 如未如期完成征兵配额,除了追究保甲长责任,还要派员催办。冀北师管区司令部派督查团督查各地兵役实施情况,为避免熟人关系,出现舞弊、包庇等情况,经常轮调其督征地点。

对违法行为,鼓励市民检举揭发,1947年7月,天津市召开兵役会议,强调如有敲诈、勒索等情形,市民尽可向民政处检举,② 民政局军事科专门有人管理此项告密信件。天津团管区在征兵期间"就各地普设密告箱,奖励地方机关及人民对于接兵部队及办理兵役人员违法舞弊之检举告密",③ "经手人殊有中饱之嫌一节,应请检举以凭查办,一经查实,即行送由法院以贪污论罪"。④

(二) 兵役法令宣传

抗战胜利后,天津刚结束数年的沦陷区生活,市民尚在憧憬新生活的喜悦氛围中,他们很难理解征兵打仗的行为,纷纷抱怨"待到现在,胜利实现了,却也带来了无尽的失望"。⑤ 面对这种情况,国民政府不得不先在情理上说服市民。

在宣传内容上,一是强调"服兵役是应尽的国民义务",如"应征当兵,捍卫国家,是国民应尽的义务,也是现代国民光荣的责任",⑥ 这样的内容,在兵役宣传中特别普遍;二是抹黑中共,编造中共恶劣行径,将市民自身的苦难强加在中共头上,鼓吹共产党是内战的挑起者,编造共产党残暴不仁的行为;⑦ 三是宣扬英雄故事,将抗战名将的照片、简介刊登在报刊上,介绍他们的英雄事迹,尤其是在抗战中英勇杀敌的故事,也有描

---

① 《为派专人负责督导兵源事给第三十六保保长训令》(1948年11月30日),天津市档案馆藏,档案号:J0025-3-004997-063。
② 《津昨举行兵役会议》,《益世报》1947年7月15日,第4版。
③ 《为检送征兵应注意事项致天津市政府杜市长的代电(附注意事项)》(1948年10月29日),天津市档案馆藏,档案号:J0002-3-007942-015。
④ 《为派员调查各区征兵费事致市政府呈》(1948年8月16日),天津市档案馆藏,档案号:J0002-3-009600-003。
⑤ 《我们人民的控诉》,《大公报》1946年8月21日,第2版。
⑥ 《为征兵告河北平津父老兄弟书事致天津市政府的代电》(1947年8月31日),天津市档案馆藏,档案号:J0002-2-000599-010。
⑦ 陈桢国等合编《兵役法规》,第87页。

写古代英雄人物保家卫国的英勇事迹。

在方式方法上，街头化装讲演，着重于演说，如化装为难民或敌兵。广播演说主要是讲解兵役法令，阐述兵役理论。歌舞剧也是重要的宣传手段，"要表演从军故事，模仿当地风俗习惯"，① 或者将当地的歌谣改编为兵役宣传的歌词，依照原来的曲谱教唱，比如《当好兵》《兵役歌》等。天津兵役协会还利用"文字、电台及其他诸种方式向全市市民宣导征兵之意义，办理兵役问题解答"。② 定期还要举办座谈，讲解兵役法令条文。1947年8月，天津团管区司令张庆炎邀请县级干部、新闻记者、各乡镇保长一同召开座谈会，解释兵役办法，并就征兵交换意见。但要想在组织、宣传动员上产生效果，这不仅需要合理的理由、巧妙的技术手段，更需要让市民得到实际的好处。

（三）优待士兵、征属

1946年，国民政府宣布："按新兵每名发给征集费五千元、安家费二万元。"③ 天津各区奉令开始征兵时，征募到的新兵数额过少，所以为了早日能完成征兵任务，天津市规定每位士兵的安家费不能超过15万元。1947年以后，由于物价飞涨，壮丁对安家费要求也水涨船高，各区保征募工作遭遇严重困难，原规定每名安家费不超过15万元的原则早被打破，甚至突破百万元。1947年1月时，"最低者为十五万元，高者百五十万元，普通在六、七、八十万元左右"；④ 1948年1月，天津市第五区"提高生活辅助费，每名为一千万元，介绍费五十万元"⑤，同年天津市又将生活补助费提高至一千万元。

另外，优待士兵、征属。优待内容有"减免地方捐款，子女免费入学，家属患病减免医药费，家属遭受意外事变得予救济，新兵入营服役期

---

① 陈桢国等合编《兵役法规》，第88页。
② 《为报征兵配额工作情形致国民政府的呈》（1947年6月30日），天津市档案馆藏，档案号：J0002-3-008245-002。
③ 《为紧急补充征兵额事给天津市政府张市长代电（附临时征兵实施纲要各一份）》（1946年8月6日），天津市档案馆藏，档案号：J0002-2-000503-001。
④ 《去年下半年社会局施政》，《益世报》1947年1月31日，第4版。
⑤ 《为拨募兵及生活辅助费事致冯局长签呈》（1948年4月2日），天津市档案馆藏，档案号：J0026-2-000172-047。

间其婚姻应予保障等"。① 对中签壮丁赠送喜报或匾联,并协同地方人士作热烈庆贺;新兵集合入营时,应联合当地人士举行盛大欢迎会;"家属婚丧大事,或生子女,优待委员会应协同地方人士吊丧或庆祝"。② 接收新兵后,各级官长应"善加诱导,对其日常生活,尤应特别关切,须视同手足",③ 使新兵不发生思想变动。对待新兵要"尊重他们的人格,耐心的开导说服,使其视军营如学校,视军营如家庭,视军营如乐园"。④ 比如,1947年7月新兵入营,天津团管区召开新兵入营大会,规定"每名新兵肥皂5块,纸烟8盒,火柴4盒,牙粉一袋"。⑤ 还可以免费洗浴,请新兵到指定影院观看影剧节目。

(四) 处罚逃役行为

1947年颁布的《妨害兵役治罪条例》规定:"伪造、变造、毁弃、损坏,或隐匿关于兵役的文书;捏造免役、禁役、缓征、缓召等原因;雇人顶替,或顶替他人等情况,处三年以上,五年以下有期徒刑。"⑥ 凡现役及龄男子有隐藏逃避等行为,或者指定新兵到达县(市)征集所的报到日期而有故意迟延不到者,可以强行征集;如有延误,区乡(镇)保甲长应按刑事诉讼法的有关规定,向"当地管辖法院(或其他司法机关)告发,请予提起公诉,依法办理"。⑦

对于顶替兵役、未入营前被发现的士兵,由司法机关审判;已入营,均应视同军人顶替兵役,在入营后被发现,应"视同军人,归军法机关审判"。⑧ 对逃避兵役的壮丁,依据《戡乱役政互助小组编组实施细则》规

---

① 《为津市警备旅兵源补充办法事致市府的呈(附办法一份)》(1948年5月25日),天津市档案馆藏,档案号:J0002-3-009614-042。
② 陈桢国等合编《兵役法规》,第100页。
③ 《为检送征兵应注意事项致天津市政府杜市长的代电(附注意事项)》(1948年10月29日),天津市档案馆藏,档案号:J0002-3-007942-015。
④ 李兆锁:《几项重要工作》,《冀北役政》1947年9月1日,第11页。
⑤ 《津新兵入营大会》,《益世报》1947年8月12日,第4版。
⑥ 陈桢国等合编《兵役法规》,第123页。
⑦ 《为逃避兵役男子处理事给第三区公所训令》(1947年8月28日),天津市档案馆藏,档案号:J0032-1-000189-068。
⑧ 《为查禁潜兵卖兵逃兵应送回原部队法办等事给本区第十二保办的训令》(1947年10月11日),天津市档案馆藏,档案号:J0038-1-000052-049。

定,"如系住户,应传讯其户长或家属负责交出,如系商号店员,应追究铺掌或保证人员负责交出"。① 各县市征送各部队新兵,如有逃亡经各部队报告补征时,应由原保甲限期补征,并同时将逃亡壮丁严密缉捕解送法办。② 频繁征兵,导致市民大量逃亡,故1947年元旦实施大赦令,对逃兵予以赦免,其罪刑取消,不再追究,仍按普通壮丁征集。1947年10月,由于公布现役及龄男子名单以后争相逃避,为防止此类情事发生,国民政府规定,"及龄壮丁在征时期内,予以严格之管制",③"现役及龄男子在征兵期间,应予管制禁止出境,并严定惩罚"。④

(五)天津各区兵额分配

天津市在区、保两级采用数额摊派方法,将国民政府分配给天津市的兵额摊派至各区、保。按照各区壮丁数目、财富情况分配,两者各占50%,其中壮丁数目是依据天津市户籍登记的人口计算得来,而财富情况则是依照"各区地方建设费,营业税及特种营业税征收数字比例算出百分比,其中地方建设费占百分之三十五,营业税占百分之四十五,特种营业税占百分之二十。"天津市民政局局长曹钟麟认为,如果强行按照这个数目,不能算是十分准确,但"惟舍此标准外,更无其他可靠数字足为依据"。⑤ 从第四区1948年征兵各保配额看,天津市保一级依然是按各保壮丁数及财富分配,两者各占50%(见表1)。

---

① 《为壮丁逃避如何处置事给第四区公所训令》(1948年12月21日),天津市档案馆藏,档案号:J0033-1-000088-007。
② 《为遇逃兵由部队补正事给第六保办公处的训令》(1947年2月1日),天津市档案馆藏,档案号:J0034-1-000505-183。
③ 《关于现役及龄男子在征兵期间限制问题致天津市政府市长代电》(1947年10月20日),天津市档案馆藏,档案号:J0002-3-002126-012。
④ 《关于现役及龄男子在征兵期间限制问题致天津市政府市长代电》(1947年10月20日),天津市档案馆藏,档案号:J0002-3-002126-012。
⑤ 《关于本届征兵配额致市政府呈》(1948年12月12日),天津市档案馆藏,档案号:J0002-3-007960-036。

表1 天津市第四区1948年度征兵各保配额

单位:%

保别	役男比例 役男占比	（50%）	财富比例 财富占比	（50%）	以上两项 合计100%	应配 兵额
1	2.54	1.270	9.74	4.87	6.140	31
2	2.61	1.305	11.24	5.62	6.925	35
3	2.78	1.390	8.70	4.35	5.740	29
4	3.10	1.550	2.44	1.22	2.770	14
5	2.73	1.365	4.38	2.19	3.555	18

注：笔者只摘录了天津市第四区前五保兵额摊派情况。
资料来源：《本区民国三十七年度征兵各保配额表》（1948年11月5日），天津市档案馆藏，档案号：J0025-3-004975-035。

1948年下半年天津市征兵总额为10000人，第四区配额为505人。由表1可知，天津市规定役男与财富比例两项各占50%，分配给各保。役男比例根据各保户籍身家调查统计，而各保的财富依据屡次兵款、口款及马料费等各项标准参考制定。1946年，天津市社会局干部调查了第七、八、九区三区的征募情况，兵额分配办法大致分为三类：第七区是每保十一人，第八区则是由区统筹，第九区是根据各保的贫富分配兵额。[①] 由此可见，天津市虽然对各区、各保兵额分配办法做了统一规定，但各区、保分配办法也各有不同。

三 征兵效果及制约因素

从理论上讲，当参军成为每个役龄男子的义务时，面对各级政府、基层保甲的广泛动员，征兵难度应该不大，就连天津市社会局局长胡梦华也说："起初规定每保募兵额数时，保长等早悉位数嫌多，惟因兵役本属义务，又兼给费，优待良多，谅必争先恐后，一往顺利。"[②] 但真实情况是征兵难度非常大。

---

① 《为在第七致第九区公所调查征兵实况的报告》（1946年9月27日），天津市档案馆藏，档案号：J0025-2-002805-020。
② 《为核减募兵数额事致天津市第三区公所的指令（附第三区公所呈）》（1946年10月15日），天津市档案馆藏，档案号：J0025-3-004882-037。

表2 1946年8月至1948年底天津市征兵情况统计

单位：人

时间	数额	补充军种	截止日期	完成日期
1946年8月	3263	陆军		1947年1月
1947年7月	1500	陆军	10月初	
1948年1月	7500	天津警备旅	1948年2月	7月底，尚欠873人
1948年4月	300	海军		
1948年8月	1000	伞兵	10月底	
1948年9月	8000	保安旅		12月
1948年11月	10000	陆军	12月底	

资料来源：《为民国三十五年度临时征兵一案致市张市长的呈（附草案一份配额表一份）》（1946年9月17日），天津市档案馆藏，档案号：J0002-2-000547-004；《为请依限完成征兵任务致际平市长的函》（1948年11月20日），天津市档案馆藏，档案号：J0002-3-002595-012；《征兵命令已到津》，《大公报》1947年6月23日，第5版；《团管区已奉到征兵令》，《大公报》1947年12月30日，第5版；《海军招兵》，《大公报》1948年4月30日，第5版；《征兵》，《大公报》1948年7月8日，第5版；天津市地方志编修委员会编《天津通志·政权志·政府卷》，天津社会科学院出版社，1996。

从表2中可以看出，1946年8月至1948年底，规模较大的征兵有5次，总人数达到30263人；从时间上看，每次都是上次征兵还欠兵额，下次征兵命令已到。1948年，因战事逼近天津郊区，各部队时有借口逃兵，迫令区保征补抵额，"有勒令保甲长具结赔偿，各区保深感难于应付"。① 不仅基层干部、保甲长压力大，天津市民也抱怨：每次区、保甲长"不是征兵，就是要人，或收捐抽税"，闹得"人心惶惶"，"人心不安"。②

战时社会，参军意愿低，这是可以理解的，所谓"好男不当兵，好铁不打钉"是自古以来在老百姓口中所流传的俗语，被深深印在了民众的脑海里，而且从军入伍，就意味着"离开家乡、伤残死亡，还有家庭经济下降，以及会导致婚姻不稳定"。③ 天津市民自身不愿当兵是重要原因，但战

---

① 《对逃兵保甲不负责任》，《益世报》1948年12月29日，第2版。
② 《去年下半年社会局施政》，《益世报》1947年1月31日，第4版。
③ 李金铮：《"理"、"利"、"力"：农民参军与中共土地改革之关系考（1946~1949）——以冀中、北岳、冀南三个地区为例》，《中央研究院近代史研究所集刊》总第93期，2016年，第110页。

时的抗征行为"是其生存压力与理性选择共同作用的结果"。[①]

影响天津征兵的制约因素如下。

(一) 基层保甲不完善

保甲长是推行征兵最基层的"兵役干部",他们发挥着关键作用。抗战胜利后,天津市保甲长选举是先由当地国民党党部制定候选名单,然后将该名单交给区长,再由区长下达给各个指定的保长,但"这些有选举资格的保长,十人中有六七人是敌伪时期的保长或中小汉奸"[②],许多保甲长仍是沦陷时期的保长。在天津沦陷时期,他们就借助敌伪势力,利用种种手段"吞扣人民的配给粮,并且强力压迫市民向敌伪献铜、献铁、献金",[③] 除去献给敌伪一部分外,剩下的则全都落入自己囊中。

从当时资料来看,市民的担忧是有道理的。这些所谓"选举"来的保甲长"不管市民生活实际情形如何,强意勒索"[④],"从中舞弊,不但维护私人利益,而手段毒辣"。[⑤] 他们甚至对兵役法缓征的规定一无所知,比如"只知保甲长之子弟、亲戚,概可免抽,至若一般市民虽系独子或负家庭责任者,均不能免",[⑥]"保长的儿子全没抽上。天津市南大街一带的商家,抽中的都是厨房大师,柜上学生意的人一个也没有"。[⑦] 对贫困人家,不管其家庭境况如何,强迫其入伍参军。国民政府没有及时完善基层保甲制,用素质低劣的保甲人员去执行现代的征兵制,为征兵制推行艰难埋下了伏笔。

(二) 户籍调查混乱

准确掌握户籍资料,是推行征兵制的重要条件。天津市在1946年到

[①] 龚喜林:《抗战时期国民政府征兵过程中农民的生存与反抗》,《历史教学》第22期,2012年,第48页。
[②] 不甘:《天津的"民生"》,《消息》第12期,1946年4月,第181页。
[③] 《须提高保甲长素质》,《大公报》1946年10月20日,第4版。
[④] 《须提高保甲长素质》,《大公报》1946年10月20日,第4版。
[⑤] 《关于依法办理征兵致市政府的代电》(1947年1月11日),天津市档案馆藏,档案号:J0002-2-000713-051。
[⑥] 《征兵应恪遵兵役法》,《大公报》1946年10月23日,第4版。
[⑦] 《征兵惹起议论》,《大公报》1946年10月24日,第4版。

1948年底期间，曾多次组织户籍调查工作，但调查非常混乱，有些区的户口"在警察局调查后，又经区保调查，结果得出两个数目"①，所以有人质疑：户口调查应归区保还是归警察局？权责混乱，导致户籍整理不清，征兵制也很难顺利推行。

城市社会本身有高度的人口流动性，这对户口调查非常不利。1947年以后，由于天津周边战事不断扩大，外省市来津谋生的，以及逃亡来津的难民很多，仅1948年城市人口就比1947年猛增20万人，②致使户籍整理工作更加困难。除了登记户口混乱，利用职权随意更改年龄也是常见问题。1947年6月，天津市第八区规定："申请户口异动、更改年龄须保甲长盖章，各警察派出所凭以办理。"③但这给保甲长为亲友随意更改年龄提供了便利的机会，"他人及龄男子之户口不准更动，但有的保甲长甚至其亲友之户口，却能任意变动"。④在很大程度上，干巴巴的政策条文并不能有效约束保甲长等基层干部的乱纪行为。

（三）士兵优待无法兑现

1947年以后，物价疯涨，生活成本急速增加，征兵所需的生活补助费、介绍费等也水涨船高，由1946年的2万元、15万元，涨到1947年1月的20万元、130万元，再涨到1948年的1000万元，如此庞大的征兵费用，几乎全由地方自筹，地方政府不仅要出兵，还要出钱。由于多次征兵、募款，天津市民看见保甲长就害怕，甚至躲起来，同样保甲长也感到精疲力竭，"现本保所筹之款，计以两亿有余，多系保长分向各方挪借，至今尚无善后办法，实感精疲力尽"。⑤虽规定了补助费数额，但因为经费不足，很多也都大打折扣，还出现"先当兵后补助"的情况，最后都不了了之。侵吞壮丁安家费现象也常有发生，有的被新兵家属告官。新兵安家费被各级层层搜刮，真正到新兵手里的少之又少。在优待和安家费方面，

---

① 《去年下半年社会局施政》，《益世报》1947年1月31日，第4版。
② 罗澍伟主编《近代天津城市史》，中国社会科学出版社，1993，第770页。
③ 《为防范征兵逃避事给第十七保训令》（1947年6月11日），天津市档案馆藏，档案号：J0037-1-000700-131。
④ 《对本市役政的几点建议》，《益世报》1948年11月26日，第4版。
⑤ 《为第十一区第三十三保请停止招募兵额事给该区公所训令附该区公所呈》（1948年5月17日），天津市档案馆藏，档案号：J0026-2-000174-016。

不能使其有效兑现，这使本就生活困难的市民，对参军更加望而生畏。

（四）各区竞争，恶性循环

征兵配额是按照各区的役龄男子和财富情况分配，天津市有些富裕的区，为了尽早完成征兵任务，提高士兵安家费（补助费），但天津市各区经济发展不平衡，第一、二、七、八、十等五个区为商业聚集之地，市民比较富庶，而第三、四、五、六、九等五个区，多为工厂区域，市民多属贫困家庭。各富庶区破坏原先议定的十五万元安家费，"初以二三十万安家费相号召，继则八九十万，最后竟有超过百万元者。各富庶区虽已百万巨价相号召，在其本区内亦无应募之人。结果竟揭竿结队前往贫困的四区招募"。① 富裕区在第四区以高价招募，而第四区相当贫困，无法像其他区一样以高价招募。如果富裕区随意提高安家费，相对贫困的区会非常被动，贫困区想要完成征兵配额，也必须提高费用，但根本没有财力，所以贫困的区"当此内忧外患煎迫中，殊感点金之术无米成炊之憾"。②

除了以上因素外，抗战胜利后，大多数天津市民渴望和平生活，1946年6月国民政府发动内战后，市民多有不满，当时的《大公报》评论说："收复区的市民在抗战中间受苦，更加上现在的想不到说不出的各形各色的苦，还又加上战祸的蹂躏。"③ 在国民党下级军官中，部分人对打内战也有诸多困惑："自家人残杀自家兄弟，流出自己的血，究竟是为了谁？"④

四　结语

1945年10月国民政府接管天津后，由于天津的经济地位和战略位置极为重要，所以在天津范围内是否能处理好城市与兵员的关系，不仅关系到国民政府能否在天津有效补充兵员，更关系到国民政府在整个北方地区

---

① 《为募兵弊端及改进意见事致天津市政府杜市长呈》（1946年11月5日），天津市档案馆藏，档案号：J0002-2-000502-059。
② 《为陈述募兵困难事致天津市政府张市长呈》（1946年10月15日），天津市档案馆藏，档案号：J0002-2-000502-006。
③ 《我们人民的控诉》，《大公报》1946年8月21日，第2版。
④ 李涤生等：《国民党下级军官的日记——从江南到东北1946~1948》，华文出版社，2012，第46页。

的战略布局。抗战后，为在天津市迅速恢复征兵秩序，国民政府做了许多努力，但在接管天津初期，天津工商业不能及时复工，严重影响了天津经济发展和市民生活。且天津市民厌战情绪强烈，国民政府在"情理"上无法说服市民。在优待方面，对士兵、征属的承诺无法兑现，政府在"利益"方面不能满足市民生活要求；在对城市基层动员方面，天津市基层兵役干部敷衍塞责，违法行为层出不穷，执法部门监督弱化，国民政府的基层保甲组织"力量"疲软。

扩充兵员是战争中的一个关键问题，而征兵需要一个相对稳定的内部环境。1946年内战爆发后，国民政府没有及时稳定天津市场和物价，反而一切工作都为战争服务。国民政府对天津基层社会控制力虚弱，无法满足战争所带来的兵额短缺问题。频繁征兵也带来了严重后果，给天津市的经济和社会造成了严重破坏，导致天津基层社会矛盾尖锐激化。抗战后国民政府为解决在天津征兵所面临的困难而采取的许多措施，都无法有效动员天津市民从军，反而给天津社会带来了种种困境，最终使民众对国民政府丧失信心，加速了国民党政权在天津的瓦解，也为中共解放和管理天津准备了条件。

作者：郑帅，南开大学马克思主义学院

（编辑：任吉东）

·城市经济·

无声的抗议：近代胶州地区华商走私初探（1899～1912）*

马斗成　张欣羽

内容提要：1899～1912年，青岛的自由贸易政策经历了从建立到调整的转变过程，来自全世界的货物不断地涌入胶州地区，青岛开始成为世界市场的一部分。1899年，德国制订并强迫中国接受《会订青岛设关征税办法》，之后又出台了若干对华商不利的条款，使得华商所依托的传统贸易受到严重冲击，一小部分华商开始从事走私活动。1905年，德国颁布了《会订青岛设关征税修改办法》，规定对华船进行严格稽查，加上洋船所享有的优惠政策以及相对低廉的运输成本，迫使华商开始进行大规模的商品走私活动，商品种类更加丰富。当时的德国殖民政府鼓励华商进入青岛进行交易，其对于走私活动的态度一直"暧昧不清"，致使近代胶州华商走私纠缠在错综复杂的网络当中。

关键词：胶州　华商走私　征税办法

胶澳地区交通便利，为古来形胜之地，不仅在陆，尤胜在海，其位于黄海中心，可直达南北洋以及毗邻的东亚沿海各国，作为黄海门户，是北方重要港口之一，"澳广水深，堪泊远航之巨舟，在我国之港湾可供国际航线应用者"。[①] 开埠之前，各地华商以帆船为主要的运输工具，利用胶澳地区的地理优势从事各种贸易活动，"青岛未开埠之前，胶州湾与沿海口

---

* 本文为青岛市社科规划项目"近代青岛自由港研究"的阶段性成果。
① 民国《胶澳志》卷6《交通志》，《中国方志丛书·华北地方》第62号，台北，成文出版社，1968年影印版，第955页。

无声的抗议：近代胶州地区华商走私初探（1899～1912）

岸往来贸易专恃帆船"。① 开埠之后，德国殖民政府宣布青岛为自由港，此后出台的一系列政策使华商所依托的传统贸易受到冲击。伴随着外籍轮船侵入中国，洋商开始替代华商，为了生存出现了一定规模的华商走私活动，其中缘由及过程、特征与影响，前人关注较少，今依据相关新开发档案文献，稍做探讨，以就教于方家。

一 华商走私缘由

康熙年间弛禁政策的推行，私人贸易开始兴盛，来自中国各地的商人为了开展海上贸易逐渐进入中国各沿海港口，胶州湾沿岸是华商较为活跃的区域之一。胶澳地区的华商主要分为两部分，其一是江浙闽粤商人，其二是本地商人。明中叶，山东商人便开始活跃在环黄渤海湾各港口的贸易活动中。这两部分商人逐渐集中在胶州湾沿岸，成为开埠前胶澳地区从事贸易活动的主体。1897年11月，德国以"巨野教案"为借口强占胶州湾。1898年，青岛被宣布为自由港，华商在贸易活动中的主体地位开始受到冲击。1899年4月，德国驻中国公使海靖和中国海关税务司赫德签订了《会订青岛设关征税办法》，规定货物不是在进入海港时由大进口商缴税，而是在离开租借地时由中国的零售商缴税。由于税负大部分由华商负担，不利于华商在内地开展贸易活动，因此华商和一部分从事山东内地贸易业务的德国公司强烈要求修改关税，与此同时部分华商开始从事走私活动。

华商从事走私的主要原因是成本的提高，大致包括以下几项。

第一，货物运输方式改变带来的成本增加。青岛自由港制度的实施，与之相辅相成的是一系列现代化设施的建设，如海港、防波堤、货物装卸机械、仓库以及铁路运输等，费用都比较高，华商无力负担其成本，仍使用原有运输方式。"凡是不需要铁路快速运输的商品，都继续通过'旧有的运输道路和运输工具'来运输。"② 青岛自由港的开放虽然打开了青岛与世界的市场，便利了青岛与世界各地进行贸易往来，但是昂贵的交通成本令华商望而却步。

---

① 民国《胶澳志》卷6《交通志》，《中国方志丛书·华北地方》第62号，第977页。
② 〔德〕余凯思：《在"模范殖民地"胶州湾的统治与抵抗——1897～1914年中国与德国的相互作用》，孙立新译，山东大学出版社，2005，第177页。

第二，关税负担加重。当地华商传统经营方式是依托于内地市场，以经营进口贸易为主。开埠后，胶海关与青岛自由港制度几乎同时建立，不论是零售商将货物从租借地运进内地，还是将内地货物通过租借地出口，所形成的关税都由胶海关负责征收，免税货物也需要由胶海关颁发免税手续才能通行。起初，胶海关在租借地的边界设立了许多关卡，给在青岛经商的商人造成了不便。由于税收手续繁杂且关卡繁多，许多商人被迫铤而走险，选择走私的方式将货物经由青岛口岸输入中国内地。德国殖民者在青岛实行的所谓自由港制度，主要目的是倾销本国产品，企图让青岛成为"东亚最大的贸易港和中心市场"。[①] 除了德国外，其他国家也同样享受自由港制度的利益，而青岛与其腹地的贸易却被排除在"优惠政策"之外，这引起了华商的严重不满。

第三，华、洋从事内地贸易成本差距过大，这是华商最大的顾虑。

首先，华洋船只的税收标准在一开始就是有差别的，在1899年4月29日总税务司致总理衙门的申文中提到："再，胶州新关设在青岛，既经定妥，并已定日开办，前派查办事宜之阿理文，现可补授该处税务司之任。至洋船纳税各事，自有通商则可守。惟华船照旧纳税一节，应请由贵衙门行知该管官，将华船税则速发数份，预交阿税务司查收，以便届期遵办为要。"[②] 并在之后的总理衙门致总税务司的札文中提到："若由洋式船只装运，应按通商税则完纳税项；若华式船只，应按向遵之中国税则办理。"[③] 此后颁布的《会订青岛设关征税办法》中，进一步确定了对华洋船只税收的区别对待。关于通商税则，在《江宁条约》中有所提及，虽没有规定明确的税率，但其税饷较鸦片战争前已经低得多；而在1858年签订的中英《天津条约》中，英国强行塞进洋商进出口货税"值百抽五"的规定。《天津条约》还规定洋商进出口货物，只要"综算货价为率，每百两征银二两五钱的子口税，便得遍运天下，不再重征"。只要照章缴纳一次进出口税5%，再加上2.5%的子口税，共缴纳7.5%的关税，就可以在全国范围内运输货物，不再需要缴纳其他税厘，但是华商所运货物还须缴纳各路关税。

[①] 谢开勋：《二十二年来之胶州湾》，中华书局，1920，第7页。
[②] 青岛市档案馆编《帝国主义与胶海关》，档案出版社，1986，第12页。
[③] 《帝国主义与胶海关》，第11页。

无声的抗议：近代胶州地区华商走私初探（1899～1912）

其次，子口税和三联单的设立更加方便了洋商进入内地倾销货物，胶州地区的商权进一步落在了洋商的手中。在1899年所颁布的《胶州新关试行章程》中载："洋、土各货若领有准照，或由胶州德界运往内地或由内地运进德界，应纳进出口各税者，亦须征收子口税。"① "近年以政局不宁，华商观望不前，而洋商则持三联单之利器与领事之护符得以深入内地采办土货，又或自向内地推销洋货及在通商口岸出厂之货，其敏捷与便利或优于华商，彼仅于出口时多交一半子口半税，即足以替代税率倍蓰之各项征收，且免除沿途之险阻刁难。"②

最后，在洋商自由进入内地贸易的规定中，进一步提出将唯一可以限制洋商进入内地贸易的洋行裁撤，中英《五口贸易章程：海关税则》载："凡现经议定，英商卸货后自投商贾，无论与何人交易，听从其便。"③ 中美《五口贸易章程：海关税则》更明确规定："各国通商旧例，归广州官设洋行经理。现经议定将洋行名目裁撤，所有合众国民人贩货进口、出口，均准其自与中国商民任意交易，不加限制，以杜包揽把持之弊。"④ 洋行的裁撤是新的贸易方式建立的先决条件，如果洋商贸易仍在行商管束之下，不能直接与华商贸易，那么便无法自由发展。因此，强迫清政府废行官设洋行制度，对于洋商是十分必要的。早在德国占领青岛之前，就已经废除了洋行制度，洋商与华商进入内地贸易享受同等便利，在自由港制度实施之后洋商进入内地贸易更加便利。通商税则的一再修订使得中国成了当时世界上关税最低的国家，加上青岛自由港制度的实施，加剧了洋商与华商在内地市场的竞争，迫使华商开始较大规模地进行走私活动。

《会订青岛设关征税办法》实施后，当时的通商税则一律照旧，同时还颁布了多项免税条款。自由港制度的设立并不是谋求中国的经济发展，而是服务于德国。身为帝国海军部国务秘书的国务要员蒂尔皮茨在帝国国会中更是一再表示，"胶澳租借地目标明确的经济发展本身并不是目的"，"这样一个商业中心可以使德国的国民经济并借此使'德国所有阶层直接

---

① 《帝国主义与胶海关》，第5页。
② 民国《胶澳志》卷5《食货志》，《中国方志丛书·华北地方》第62号，第833页。
③ 王铁崖编《中外旧约章汇编》第1册，三联书店，1957，第40页。
④ 王铁崖编《中外旧约章汇编》第1册，第53～54页。

或间接地获取好处'"。① 之后德国殖民当局所出台的一系列征税办法也都是有利于德国的，对华商并没有实际的优惠政策。在自由港制度推行之下，看似开放繁荣的青岛港背后，实则暗暗滋生着大量的走私活动，变相体现出华商对不公平规则的反抗。

二 华商走私主要方式

在档案资料中，可以窥见当时走私的主要方式。已经整理出版的《胶海关档案史料选编·清折卷（一）》②［以下简称《清折卷（一）》］中记录了从1899年到1912年大量的走私案件，主要集中于第一编罚款案由清折中。在这些走私案中，华商走私占到了95%以上，从字面上看，华商在这一时期进行着高频率的走私活动。在1899~1912年，青岛市档案馆藏的胶海关档案中所记载的走私案件一共469件，以1905年征税办法的修订为节点，前后两个时期走私活动发生了一个重大转变，即走私交通工具由民船向洋船转变，但走私主体一直是华商。据统计，1899~1904年走私案件一共185件，1905~1912年284件。

由胶海关税务司阿理文呈报的从1899年开始到1904年的185件走私案件中，原因多为"未领准单私运内地、利用假船票、进出口舱口单假报、未曾报关即行进出口"，占据这一时期走私案件数量的90%以上。为何华商走私在这一时期都是将所有货物直接偷运内地？中德双方政府在1899年起草的胶州海关协议书中，提到"目的是要制定一项能够符合两国利益的海关工作程序，将中国商人吸引到这里营业，使得这块租借地的贸易获得发展"。③ 起初德国殖民当局建立自由港是为吸引华商来此进行贸易，使华商享受自由港制度的优惠政策，但是事实与设想是存在偏差的。"商人抱怨的是，来自内地的、为了买几千银元的货来到这里的这些小商人，不仅因完税要耗去许多时间，而且他们要支付的关税与付出的辛劳、

---

① 〔德〕余凯思：《在"模范殖民地"胶州湾的统治与抵抗——1897~1914年中国与德国的相互作用》，第154页。
② 青岛市档案馆、青岛大学历史学院编纂《胶海关档案史料选编·清折卷（一）》，青岛出版社，2018。
③ 《帝国主义与胶海关》，第105页。

无声的抗议：近代胶州地区华商走私初探（1899~1912）

烦恼和他们长时间呆在青岛的花费不成比例。按他们的观点，通过不对少数留在保护区的货物完税得到的利益，不足以抵偿这些烦恼和时间的损失，目前的手续必然是既损失时间又对进口贸易的发展造成障碍。"① 事实证明，自由港制度实施之后洋商作为供货商，华商则作为批发零售商而存在，是关税的主要负担者。税收负担过重，手续办理过程烦琐且严格，导致华商逐渐从事走私贸易。走私贸易最初是符合德国殖民者的利益的，"将优秀的中国商人吸引到这里，似乎是繁荣青岛经济的一个很重要的前提条件。正像所有其他沿海口岸充分证明的那样，如果没有中国商人，贸易的持续繁荣是不可想象的；把他们吸引到我们这个年轻的贸易口岸来并使他们长期待下去，也是符合德国商人利益的"。② 因此，胶海关对于华商的走私行为并没有实行严厉的打压政策。

由胶海关所记录的第一例"未领准单私运内地"案件如下："光绪二十六年闰八月十九日，在本关女姑分卡边界。查有华商正义、永聚和、王文兴等，将应税之东洋棉纱1248斤、原布10匹、红色布5匹未领准单，迹近私运内地，被本关查拿。于二十七日罚缴关平银10两。"③ 诸如此类的案件，在罚款案由中较多见。在自由港建立初期，走私所使用的交通工具都是由华商本人承担，且走私方式也选择直接偷运货物，这种走私方式较为简单且利于实施。据《清折卷（一）》中的罚款案由所记载的走私缘由，货物"未领准单"被查处的案件占据半数，所谓"准单"即据《胶州新关试行章程》中所载"凡船进口，若载有应运内地之货物，须将该货缮具清单一纸，呈关查验"。④ 说明货物经由青岛进入中国内地必须上交清单，海关人员将清单与商人所运货物进行一一对比，确认无误后才能准予放行，"其舱单必须详细核实报明，若海关再欲加细探询，以便造册之处，该船主自应详细陈明"。⑤ 在海关要求货主出示准单时，若货主无法出示准单，货物即刻被海关扣押，需缴纳关平银方可将货物赎回，说明准单是缴

① 青岛市档案馆编《胶澳租借地经济与社会发展——1897~1914年档案史料选编》，中国文史出版社，2004，第78页。
② 青岛市档案馆编《青岛开埠十七年——〈胶澳发展备忘录〉全译》，中国档案出版社，2007，第36页。
③ 《胶海关档案史料选编·清折卷（一）》，第5页。
④ 《帝国主义与胶海关》，第6页。
⑤ 《帝国主义与胶海关》，第6页。

纳关税的重要凭据。沉重的赋税压在了华商的身上，而洋商只是作为大供货商，便可坐收渔利。为了逃避关税，减低成本，华商选择不缴纳关税直接将货物私运内地或运出港口。

1905年之后，华商走私方式发生了显著变化，大量轮船走私活动开始出现。随着侵略进程的加快，外籍轮船开始在中国争夺航运权，据《清折卷（一）》中走私案件的记载，从1905年到1912年共记录284起走私案件，涉及轮船走私的高达147件，其中被查处的轮船主要有德国大臣轮船、德国塘沽轮船、德国北河轮船、德国提督轮船、日本北宸丸轮船、日本生田丸轮船、英国淡水轮船、英国昌升轮船、英国德升轮船等，"以其船籍言之，在1910年以前，德船占百分之五十以上。嗣以英日之船锐增，德船退占百分之四十三，英船占百分之三十，日本船占百分之十七。英船因在我国沿海口岸素有根据，日本则北据大连、东通神户，以此与德船相颉颃"。① 可窥见1905年到1912年轮船走私船籍多以德国、英国和日本为主，轮船是各国洋商从事贸易活动的主要交通工具。

究其原因，一方面轮船运输有其优势。华商在青岛开埠之前多利用帆船进行贸易交往，帆船载货量巨大，在当时备受商人的喜爱。但是帆船多利用自然风力为动力在海上航行，海上环境变幻莫测，一旦天气骤变，动力就会变为阻力，不可能时时刻刻顺风顺水；而轮船的动力来自涡轮机和蒸汽机，不受恶劣天气的影响，可畅通无阻直达目的地，并且轮船的速度在当时也比传统帆船快出三分之一，这些优势都被当时的华商考虑在内。另一方面，青岛自由贸易政策的调整也是华商将轮船作为走私工具的重要原因。1905年颁布的《会订青岛设关征税修改办法》规定："除稽查华式船只各卡以外，自毋庸设立关卡。至嗣后应否设立之处，暂行缓议。"② 可见，自1905年修改办法颁布之后，对于华船的稽查更加严苛，相反，洋船进入内地的贸易可谓是一路绿灯。自此，华商与内地的贸易更是寸步难行，不得不与外商联手从而"轻装"进入内地市场交易，所以出现了被查处的船只虽然系属外国船只，但是走私者实为华商的现象。1908年之后大量的外国轮船直接通航来青，"1908年太平洋轮船公司亦开始有船到青，

---

① 民国《胶澳志》卷6《交通志》，《中国方志丛书·华北地方》第62号，第956页。
② 《帝国主义与胶海关》，第16页。

次年其他大的轮船接着来青通航"。① 轮船贸易开始在青岛港口兴起,"因为那里有参加世界航运会议的远洋航轮,运费比较低廉,足够补偿货物从青岛到上海转船出口的一切运输费用"。② 洋船所享有的优惠政策以及相对低廉的运输成本是华商在 1905 年之后开始选择轮船进行走私贸易的主要原因。

三 走私主要物品

依据胶海关档案所记录的"走私"案件,可以一窥华商在这一时期对内地走私物品的情况。

据《清折卷(一)》中 1899～1912 年关于罚款案由的记述,走私物品主要包括七大类,分别是军火违禁品、各式棉布、食物、原料、生活用品以及鸦片、铜元。其中,各式布匹不管是在种类还是在数量上都是占据最大比重的走私货物,包括东洋棉纱、东洋半丝棉布、印度棉纱、美国原布、美国斜纹布、美国粗布、棉法兰呢、洋标布、意大利棉布、意大利花棉布、意大利色布、英国斜纹布、日本缎子、红色布、色布、黑羽布、印花羽绸、袈裟布、土布、白色原布等 50 余种布匹;另一类占据较大比重的走私物品是燃料,主要有东洋煤、东洋自来火、美国火油、石灰、洋灰、土碱、洋碱、苏门答腊煤油、美国煤油等,其次就是花生、黄豆、苘麻、小麦、豌豆、糖类以及吃、穿、住、行的生活用品,军火违禁品和鸦片在德占初期走私数量较少。铜元是这一时期走私数量巨大的货物,从 1905 年开始走私铜元的案件突增,一直持续到 1907 年,高达 50 件。总而言之,走私进口物品品种多样、数量巨大,以洋布、外国燃料为大宗,其次为洋日用品和来自中国其他口岸的粮食作物。

青岛之所以出现这样的走私商品结构,是由市场需求所决定的。从 1899 年到 1912 年,据胶海关 1912 年贸易论略所记,由外洋迳运进口及通商口岸转运进口者,棉布一项,计增 30% 或 50% 不等。③ 从走私物品数量来看,丝织品以及各式布匹为大宗。棉布为国民之必需品,"历年棉类由

---

① 《帝国主义与胶海关》,第 112 页。
② 《帝国主义与胶海关》,第 112 页。
③ 《帝国主义与胶海关》,第 252 页。

外洋进口（包括棉花、棉纱、棉布之类），恒值二亿五千万两，实为一大漏卮，而我国之土纱、土布销路既被侵占殆尽"。洋纱洋布自鸦片战争以后大量涌入中国，洋布价格低廉且花样繁多，受到中国人的喜爱，使得中国的土布市场被严重削减。"亦为生计日减之原因，即以本埠而论洋纱洋布两项，合计恒值千余万两，而本省所产数百万担之棉花往往舍其一部以供外人之用。"① "1908年本省巡抚从美国引进一批美棉种子试行种植，但没有获得成功"，② 由于美棉种子的种植失败，美国棉布在山东地区变成一个紧俏却无法自产自销的商品，华商发现这个商机，便利用走私来满足当地人对于美国棉布的需求。"过去的事实是要从上海每年进口原棉三万到五万担，到了1910年和1911年却能分别从青岛或铁路出口一万五千担和四万担以上"，③ 棉布的销量在1910年之前产量不足，难以支撑本地区民众的使用需求，使得中国本地所产土布受到排挤并开始大量走私棉布进口，走私贸易在棉布贸易方面也可以作为一种补充贸易（见表1）。

表1　1899~1912年胶海关稽查华商走私进口洋布数量

年份	东洋棉纱	印度棉纱	美国布匹	意大利布匹	日本其他布匹	英国布匹
1899						
1900	1312斤					
1901	6543斤	1280斤	74匹	28匹		
1902	5449斤	953斤	99匹	80匹		3匹
1903	2490斤					
1904	4375斤	600斤				
1905	220担722斤					
1906						
1907						
1908					60匹	
1909						

① 民国《胶澳志》卷5《食货志》，《中国方志丛书·华北地方》第62号，第848页。
② 《帝国主义与胶海关》，第124页。
③ 《帝国主义与胶海关》，第124页。

续表

年份	东洋棉纱	印度棉纱	美国布匹	意大利布匹	日本其他布匹	英国布匹
1910						
1911						
1912					62 担 77 斤	

资料来源：《胶海关档案史料选编·清折卷（一）》，第 5~88 页。

胶海关所记录的 50 余种布匹，主要分布于日本、欧美和东南亚等地区。从表 1 可知，东洋棉纱是走私最为严重的进口物品。日本棉纱和棉制品的"大量进口"主要是迎合了山东民众消费水平较低的特点。① 1902 年，日本输入青岛的东洋货值为上年的 3.98 倍，棉货值占总值的 94.58%，其中输入青岛的棉纱为上一年的 4 倍多。② 由表 1 可知，东洋棉纱走私案件发生的时间集中在 1900~1905 年，之后相关的走私记录较少出现。其中 1905 年走私东洋棉纱数量可根据罚款来推算，"光绪二十七年七月十九日，在本关红石崖分口查有华客王洪方将应税之东洋棉纱 48 斤未领准单迹近私运内地，被本关查拿。于八月十六日罚充入官变价，得关平银 8 两"。③ 当时走私 48 斤东洋棉纱一般罚款 8 两关平银，每走私 6 斤东洋棉纱罚款 1 两关平银。在罚款案由第 178 结中的第 198 案中记载："光绪三十一年正月初七日，在青岛火车站本关验货厂查有华商东兴公将应税之东洋棉纱 220 担 10 斤私运内地，被本关查出。于正月十二日罚缴关平银 2000 两。"④ 220 担 10 斤的罚款数额为 2000 两，走私数量巨大。

1904 年胶济铁路已经全面竣工，这时商人开始使用铁路运输货物，铁路承载量巨大且运输成本低廉，前面所述此案件的发生地是青岛火车站，"青岛当时有二处车站：一个总站设在外人居住区内；另一处车站设在海港码头附近华人居住区内"。⑤ 可见商人用铁路进行东洋棉纱走私活动是十分便利的，铁路为东洋棉纱的走私提供了自由便利的交易场所。但是 1905

---

① 《胶澳租借地经济与社会发展——1897~1914 年档案史料选编》，第 179 页。
② 中国第二历史档案馆、中国海关总署办公厅编《中国旧海关史料（1859~1948）》第 36 册，京华出版社，2001，第 131 页。
③ 《胶海关档案史料选编·清折卷（一）》，第 11 页。
④ 《胶海关档案史料选编·清折卷（一）》，第 38 页。
⑤ 《帝国主义与胶海关》，第 131 页。

年日俄战争结束后，德国为防范日本对青岛的觊觎，采取了禁止日货进口的措施，1905年后输往青岛的东洋棉纱一度减少，从表1可见1905年之后日本布匹的走私数量极低，主要是由于当时德国采取了严格的"抵制日货"措施。总而言之，东洋棉纱在当时的中国市场是十分受欢迎的物品，根据市场的需求，商贩适时地贩运此类物品来迎合顾客的喜好，其开始秘密进行印度洋纱的走私活动也是顺应了当时市场和青岛民众的需求。从档案资料中可见欧美布匹集中走私于前期，日本东洋棉纱走私集中于1900~1905年，在1908年又开始猖獗。在1912年胶海关的贸易论略中记述："约而言之，凡质粗价廉之日本布匹，几莫不有锐进之状况……日本棉纱，涨率更输历年所未有。"① 可见日本在之后成为进口洋布的大宗国。

进口走私铜元案在1905年暴增。1905年以前山东省没有自己铸造的硬币，它沿用过去长期流通的铜质硬币（即铜钱）和其他省份铸造的十文铜币，即走私案件中频繁出现的"铜元"。1905年济南造币厂成立，每年铸造的铜币数量，只要适合市面流通的需要，它就能获得30%的利润。② 1905年山东省已经建立了自己的铸币厂，不再需要外省铜元，但是为获取30%的高额利润，华商铤而走险继续走私大量的外省铜元。据统计，铜元走私集中于1904~1907年，共计1633489个铜元。根据罚款案由记录，在前期对铜元走私的处罚是以五成发还原主，五成罚充入官解交山东巡抚，以五成十分之一发回本关充赏；1905年12月1日之后，对于铜元走私案件实行七成五发还原主，二成五罚充入官，一半解交山东巡抚，一半送交德署；在1907年对铜元走私案的罚款规定为全部上交不再发还，一半解交山东巡抚，一半送交德署。③ 严厉的惩罚措施，使得铜元走私得以减少。1907年5月后，新铸铜元供过于求，生产过剩，其他省份的铜元又以各种各样的方式流入山东省，民众反对使用新铜元，造币厂在收回旧铜元的同时没有新铸对应的铜元来补充，导致铜元与银元的兑换比例下降，由原来的100枚铜元兑换1元银元跌至132枚铜元兑换1元银元，华商走私铜元的利润大跌。为了改变这种局面，1907年政府采取了一项对策，即"禁止

---

① 《帝国主义与胶海关》，第252页。
② 《帝国主义与胶海关》，第116页。
③ 《胶海关档案史料选编·清折卷（一）》，第50页。

他省新铸铜元入本省,并实行没收的办法",[1] 华商走私铜元变得异常艰难,自此走私铜元案件开始锐减。

其他走私进口物品还有燃料以及本地出产的一些经济作物和洋货日用品。胶州地区于20世纪初棉织产业发达,[2] 进口原料、机器等项需求殷繁,因而滋生出大量进口燃料的走私案件,主要以东洋煤、东洋自来火、苏门答腊煤油、美国煤油、美国火油为主。关于食品类走私物品,1904年"在本关赵村分卡边界查有华客李洪魁将应税之生梨10000斤未领准单私运内地,被本关查出。于初八日罚缴关平银4两"。[3] "农民之副业,以栽培果木为最盛","果木以梨为主","梨每年输出一千万斤内外,计值七八万元(按此属依据昔年市价推算今则数倍于此),十之八九运贩于青口海州盐城东台及上海等处,一部分运往诸城胶州海参崴大连"。[4] 可见梨是当时山东盛产的经济作物,并开始大量输往中国各地,且有一部分需要输往胶州,华商走私生梨是为了迎合胶州市场的需要来谋取利益。各种西洋日用品也是华商走私的物品之一,例如洋纽扣、洋盘子、洋针、照相器具、东洋自鸣灯等。外来侵略者打开了国门,外来的文化以及新奇的舶来品也随侵略者进入中国民众的视野。

走私出口物品主要有青铜器、土药、草鞭、白草辫、草帽缏、窑货、白菜、花生仁、花生油、狗皮、乳猪鬃、牛油、牛骨、牛皮、土绸、中国粉丝、中国药材、鸡毛、孔雀毛、黑枣、核桃、山东茧绸、黄丝、烟丝、食盐、牡丹花、老鹿茸等。可见,走私种类以土特产为主,其中以花生油、花生和白菜为大宗,种类单一。山东省素来盛产花生,"嘉庆初年,小粒花生传入山东种植;19世纪末,又传入大粒花生"。[5] 山东省土壤多带沙质,适宜种植花生,花生栽培几遍全省,胶东半岛是山东花生的主要产区之一。由于出油率较高,山东出产的花生在国内享有盛誉。种植花生主要是作榨油之用,是本省的大宗出口产品。自1908年以后,山东省花生

---

[1] 《帝国主义与胶海关》,第116页。
[2] 清朝建立后,山东推行垦荒政策,不仅粮食产量提高,而且棉花、烟草等经济作物也开始大量种植,逐渐占有较大比重,棉花、花生的扩种尤快。参见唐致卿《山东粮食经济研究》,人民出版社,2017,第203页。
[3] 《胶海关档案史料选编·清折卷(一)》,第34页。
[4] 民国《胶澳志》卷5《食货志》,《中国方志丛书·华北地方》第62号,第692页。
[5] 唐致卿:《山东粮食经济研究》,第203页。

的出口去向主要是法国港口马赛。每年山东花生的产量，估计在 400 万担左右，而胶州地区花生出口走私始于宣统元年（1909）之后。[①] 据统计，花生在 1912 年走私数量高达 161 担 84 斤，这与当年的花生收成情况相关，当时东部地区及东北地区花生的收成为七成五，而北部地区及西北地区仅为六成五，西部地区及西南地区为七成，邻近区域及南方地区为七成，与中国其他地区相比山东地区收成最佳，所以导致大量花生出口转销，也为走私活动提供了市场。其他土特产如草帽缏和山东茧绸等物品走私时间集中于 1912 年及之后。总体来讲，从胶海关所稽查的走私案件中可以窥见，出口走私活动出现的时间较晚，在数量上也明显少于进口走私。

四 结论

1899～1912 年对于青岛来说是一个特殊的时期，德国对外宣布青岛成为自由港，大量洋货开始不断地涌入胶州地区，华商依赖的传统贸易受到了前所未有的冲击。货品输入量的暴涨以及区别对待华洋商人的征税办法的出台，滋生了以华商为主体的走私活动。在罚款案由所记录的将近 500 件走私案件中，华商作为走私主体贯穿于 1899～1912 年的整个时间段，1899～1904 年，华商选择民船进行直接走私，即将走私货物直接由港口运往内地或经由港口运往其他通商口岸，一直到 1905 年走私方式发生了重大转变，由于《会订青岛设关征税修改办法》中规定裁撤稽查洋船的关卡以及轮船运费低廉等，华商选择轮船进行大规模的走私活动。这一时期华商走私分为进口走私和出口走私，且以进口走私为主。进口走私物品以洋布、外国原料为大宗，其次为黄豆、山楂、虾皮、食盐、糖以及洋货日用品；出口走私物品以山东省所产的土产品以及胶州特产为主，且出口走私出现的时间明显滞后于进口走私的时间。洋货疯狂地输入中国内地，而土货却停滞在内地，出路难寻，华商与洋商的利润差距进一步增大，并且当时德国殖民政府鼓励商人进入青岛进行交易，幻想将青岛建成"德国的香港"，吸引华商在此进行商业活动，所以殖民政府对于走私活动的态度没有过于强硬。虽然之后出台了一系列有关稽查走私活动的条约，但也只是

---

① 《胶海关档案史料选编·清折卷（一）》，第 64 页。

为了维护德国的殖民利益，华商的走私活动正是在这种复杂的外部环境中进行。

单从市场规则看，走私活动必然会导致市场的混乱，但是另一方面走私活动确实带动了胶州地区的经济发展，挽回了部分青岛开埠以来华商所受到的经济损失，一定程度上削弱了洋商的主体地位。在胶州地区以往的传统贸易活动中，华商一直是胶州地区贸易活动的主体，但是青岛开埠之后，洋商进入内地贸易一路畅通，《会讯章程》的出台使得洋商在中国进行贸易活动可以不受中国司法制度的制约，华商与洋商在贸易活动中的地位发生了变化。华商所进行的走私活动一方面反映了其对于在贸易活动中地位下降的一种无声抗议，另一方面也显示出胶州华商在外压下的坚强生命力。胶州华商的走私活动从侧面表明帝国主义的压迫使华商不得不以暗中走私的"畸形"方式来维护自身的利益，更加说明德国的殖民主义必将受到民众的反抗而退出历史的舞台。

作者：马斗成，青岛大学历史学院
　　　张欣羽，青岛大学历史学院

（编辑：龚宁）

晚清民国时期的烟台抽纱花边业*

唐家路　崔研因

内容提要：位于山东半岛东北部的烟台，是清代以来山东第一个开埠口岸，也是中国抽纱花边业诞生最早的地方。该手工业的兴起，与基督教传教士的活动密不可分，它始于晚清，20世纪30年代进入全盛时期，产销量达到历史高峰，当地赖以为生者至少有数万人，是该地区支柱产业之一。民国初年，烟台因此也成为中国花边业出口第一大港，出口额连续数年占全国出口总额的90%以上。抽纱花边作为一种舶来品，在烟台的大规模生产，是欧美国家产业转移的结果，同时在一定程度上改善了当地民众生计，对于中国产品开拓海外市场也起到了一定作用。

关键词：晚清　民国　烟台　抽纱花边技艺　手工业

烟台位于山东半岛东北部，是山东第一个被迫开埠口岸。与此相随，烟台是中国抽纱花边业最早诞生的地方,[①] 也是中国乃至世界抽纱花边的重要产地，在20世纪后中国抽纱花边出口中占有重要地位。20世纪80年代以来，学术界特别是城市史学界对于近代烟台的研究，主要集中于城市空间、城市形态、社会变迁及其与内地的商业关系等方面,[②] 而对于其经

---
* 本文为国家社科基金重大项目"中国传统工艺的当代价值研究"（17ZD05）、山东省社会科学规划研究项目"山东沿海地区近现代抽纱花边工艺研究"（17CCYJ33）的阶段性成果。

① 国内著名的抽纱花边产地还有上海、广东潮汕地区、浙江萧山、山东青州等地，大部分为沿海地区。

② 参见支军《开埠后烟台城市空间演变研究》，齐鲁书社，2011；刘惠琴、陈海涛编译《近代化进程中的微澜——传教士与开埠烟台》，山东人民出版社，2017；赵慧峰、李美玉《河海之间的社会变迁与城市发展——以近代烟台为例》，《鲁东大学学报》（哲学社会科学版）2017年第5期；庄维民《论近代山东沿海城市与内地商业的关系——以烟台、青岛与内地商业的关系为例》，《中国经济史研究》1987年第2期。

济领域某一行业的研究则相对较少，对抽纱花边业的专门研究更是缺乏。

抽纱花边手工业在烟台的兴起，与外国传教士的活动密不可分。初期，其原材料、技术、工艺完全来自欧美地区，消费市场亦在国外。中国传统工艺中原有的"花绦"、"绦子"或"络子"产品，在产品类型和工艺形式上与抽纱花边有某些相似之处，但二者并无直接关系。

抽纱花边技艺起源于欧洲，最常见的是以棉纱或麻纱为原材料，用棒槌、梭子、钩针、绣针等工具手工编结织绣而成的产品；此外，还有将棉、麻布的经线或纬线剪断抽去从而构成图案纹样的产品。花纹镂空是抽纱花边最主要的特征，这种产品被广泛用于各种衣物的镶边，以及台布、桌布、手帕、床罩、杯盘碗盏垫等日用品的装饰，是一种费工费时的手工艺品。烟台抽纱花边主要是由烟台及其周边青岛、威海、潍坊等地的农村妇女制作，产品素以花样美观、制作细致精良而闻名，是清末以来中国出口的主要工艺品之一，也是烟台的支柱产业,[①] 至今仍然作为烟台的特色产业出口国外，在国际市场上享有盛誉。

一 烟台抽纱花边业的起源

烟台的抽纱花边业始自19世纪90年代。该手工业的制作工艺于1893年前后由美国基督教传教士海尔济夫妇引入烟台，中国传教士刘寿山夫妇传承，之后又经英国传教士马茂兰夫妇发扬光大。

烟台的基督教和天主教出现于19世纪60年代开埠前后。天主教会规模较小，基督教则有来自不同国家的多个教会。其中，法国和美国圣公会的基督教传教士是1860年随侵略军到烟台，两年后因霍乱流行而撤离；美国浸信会传教士曾在烟台大马路建有浸信会堂，开办过卫灵女校等；还有一些传教士仅仅是传教，并没有设立教会。烟台基督教会中影响最大者当属美国长老会，传教士倪维思、梅理士分别于1861年和1862年至登州（今蓬莱市）；郭显德于1863年从美国来华，先至上海，后转登州，1864年再转烟台，1866年起成为烟台美国长老会领导者，其长女郭梵尼之夫海

[①] 烟台开埠后最初以缫丝业一家独大，民国后棉织、面粉、罐头、钟表、酿酒等工业兴起，手工业中以花边、发网、丝织、榨油等行业最为发达，在省内乃至全国居领先水平。参见王守中、郭大松《近代山东城市变迁史》，山东教育出版社，1999，第529~552页。

尔济最早将抽纱花边制作技艺引入烟台。①

海尔济②是美国人,1888年到登州传教,1890年迁芝罘。他为振兴教会和解决教会学校中出身贫寒学生的生计,在芝罘毓璜顶一带买了几十亩地,令学生在课余时间从事耕种和手工劳作,按日计酬发放工资;后又在西圩外买一片沟地种植果树,在其岳父郭显德住宅附近买了一片坡地,兴建生产果酱罐头工厂,是烟台乃至山东省最早生产罐头的企业。1893年夏天,海尔济夫妇在烟台举办讲习班,向教会学校的中国学生传授抽纱花边制作技术,学员共有17人,教师由郭梵尼担任。③郭梵尼的花边技术则是师承于时任美国驻烟台副领事福莱的女儿傅小姐,④她经其父郭显德引荐跟随傅小姐学习,学成后又将这些技术传授给教会学校的中国学生,其中数名技术较为出众的女学生被称为"织花边之能手"。⑤随后海尔济又在西圩外西楼群房内设抽纱花边工厂,与果园相邻。

海尔济兴办实业的行为引起了教会内保守势力的不满,他们依据教义中关于"贪财是万恶之源"的训示攻击海尔济,形成了以刘寿山为首的赞成派和以丁锡镐为首的反对派,经过激烈的争辩,其结果是反对派胜利,海尔济失去了教会的支持,被迫抛下亲手创办的抽纱花边业愤而携夫人回国,此后再没到过烟台。

刘寿山是烟台美国长老会实业派之一,同时也是海尔济最坚定的支持者。现有文献资料中涉及烟台抽纱花边的讨论,几乎不提刘寿山,以致其被长期忽视和湮没。事实上,海尔济夫妇的花边制作技艺经由刘寿山夫妇才得以传承,因而刘寿山应是烟台抽纱花边业承前启后的关键人物,也是

---

① 参见曲拯民《美国长老会和山东自立会》,山东省政协文史资料委员会编《山东文史集萃·民族宗教卷》,山东人民出版社,1993,第137~157页。作者为美籍华人,早年系烟台美国长老会教徒。
② 海尔济,外文曾拼写为"Hayes""Hages",一些著作中译为"赫士""海斯";而连警斋的《郭显德牧师行传全集》(广学会,1940)中将其拼写为"Hays",中文名为"海尔济"。鉴于连警斋系郭显德弟子,也是该教会成员,应为准确之译名。
③ 参见侯孝坤《烟台基督教长老会与郭显德》,烟台市芝罘区政协文史资料委员会编印《芝罘文史资料》第4辑,1989,第199~227页。
④ 参见连警斋《郭显德牧师行传全集》,第277页。原文为"美国领事馆从领事官之女公子傅小姐"。通过查阅相关文献,当时美国驻烟台领事职位空缺,副领事主持工作,名福莱,"傅""福"同音,与"从领事官"和"姓傅"等描述相符。
⑤ 连警斋:《郭显德牧师行传全集》,第277页。

盛极一时的花边业商人。刘寿山原籍文登东关，出身小富之家，因父辈多人沾染鸦片，致家道中落，1870年前后全家流落芝罘，靠其母王氏帮佣的微薄收入维持生计。两年后，刘寿山经烟台海关英籍职员慕某引荐，入美国长老会，为郭显德弟子。1880年考入登州文会馆，① 1883年与文会馆在校生莱阳人刘梅卿结婚，1884年毕业留校任教。

海尔济在烟台办实业之时，刘寿山夫妇向其进言，应为教会学校女生寻一出路。海尔济之妻郭梵尼传授中国学生花边技艺时，刘梅卿也一同学习，并成为其中技术最为杰出者。"（刘）师母聪明过人，一面自海师母习学，一面独出心裁，自己编出许多花样，为西人所不及。"② 海尔济回国后，遗留的花边存货交由刘梅卿负责销售，因刘梅卿与众多外商相熟，很快就将库存销售一空，甚至还不断有人上门求购，以致供不应求。刘梅卿见有利可图，便模仿海尔济夫妇开办花边培训班。烟台附近不少年轻女性曾在培训班学习，学成后又将技术传播到周边的城乡。据文献记载，刘梅卿至少教会了几十个学生。③ 刘梅卿1898年去世，其丈夫刘寿山于1901年变卖烟台所有产业，举家迁往青岛。

相较于海尔济和刘寿山，马茂兰在烟台抽纱业的名气更大，以至于很多文献将其视为烟台抽纱花边业的首创者。确实，马茂兰对烟台花边业所起的作用显著，尤其是20世纪上半叶抽纱花边业的大繁荣，马茂兰夫妇及其创办的仁德洋行起到了至关重要的作用。

马茂兰1860年出生于英国北爱尔兰，1884年来华，是英国内地会牧师，最初在江苏、四川等地传教，1890年迁烟台。因其口才不佳，拙于演讲和唱诗，不宜继续从事传教，索性于1893年辞去职位脱离内地会，专心投入商业。他所创办的商号英文名称为"James & McMullan Co., Ltd.",④

---

① 登州文会馆由美国长老会传教士狄考文于1864年在登州创办，最初为小学，1873年起增加中学课程，1881年扩建为大学。1904年登州文会馆与青州广德书院合并为广文学堂，系齐鲁大学之前身。
② 连警斋：《郭显德牧师行传全集》，第498页。
③ 连警斋：《郭显德牧师行传全集》，第276页。王春梅之名亦曾出现在郭梵尼的学生名录中。合理推测的话，此人应是在海尔济夫妇回国之后，又跟随刘梅卿继续学习过一段时间。
④ 即"詹姆士·马茂兰有限公司"。参见〔英〕阿美德《图说烟台（1935~1936）》，陈海涛、刘惠琴译注，齐鲁书社，2007，第52页。

最初经营的是进口的毛刷铁器之类商品，由于销路不畅，入不敷出。因与郭显德等人交好，得美国长老会教众出手相助，才不致破产。1894年海尔济回国，其工厂所产一批果酱罐头由马茂兰盘下转卖，经营进口杂货的"顺泰号"也让其代销部分商品。马茂兰借此转机，遂为自己的商号取中文名"仁德洋行"，主营抽纱花边、丝绸、外文图书等进出口业务。

当时烟台抽纱花边产品出口企业中有三家规模较大，即马茂兰的仁德洋行、英国内地会传教士林春荣的洋行、德国的哈利洋行。其中哈利洋行资本最为雄厚，收购价格最高，作为生产商的刘梅卿本来希望将产品交由哈利洋行出口，但是被刘寿山以其为非教会企业且所获利润皆存放在外国银行为由而阻止。在刘寿山的坚持下，刘氏夫妇选择与仁德洋行建立了稳定的合作关系，[1] 也促进了仁德洋行的发展。

马氏夫妇于1895年在烟台奇山所东庄开办了一所女子学校，[2] 学生半工半读，半日读书，半日学习抽纱花边技艺。教员除马茂兰夫人外，还有刘马桂芝和连索兰卿等人，"所出之花边千奇百怪，人多购之，其后买卖渐旺"。[3] 在马茂兰的影响下，烟台周边的栖霞、宁海、福山、海阳等十余个县的广大地区，农村妇女多以此为业，每人每年收入可高达百元至数百元。

抽纱花边非中国原产，国人也向无使用花边的习惯。中国特别是烟台能够成为花边重要产地，主要源于欧美国家的产业转移。19世纪末20世纪初，欧美主要国家已完成两次工业革命进入了机器化大生产时代。抽纱花边制作这类对他们而言的落后手工产业，必须向人力成本更低的国家转移。中国被迫开埠通商后，外国传教士和商人随之而来，也由此成为密集型产业转移的目的地之一，广东潮汕地区、浙江萧山、江苏常熟等都曾经是抽纱花边业的主要产地。烟台作为开埠口岸，便利的海上运输使其拥有较早进入国际市场的条件，产业转移往往也是先从这些地区进入，然后逐

---

[1] 促使刘寿山做此决定的原因可能与当时列强在烟台的商业竞争有关。哈利洋行是德商，林春荣是英籍，马茂兰虽是英籍却早已退出英国教会且与美国长老会关系密切。刘氏作为美国长老会信徒，自然会倾向与马茂兰合作。

[2] 该校1916年后废置花边课程，改名为"培真女校"。参见《烟台的教会小学（1866~1948）》，烟台市芝罘区政协文史资料委员会编印《芝罘文史资料》第9辑《教育专辑》，1997，第336~338页。

[3] 连警斋：《郭显德牧师行传全集》，第287页。

渐向内地扩散。烟台周边地区人口稠密，众多农村妇女在农闲时无固定的副业，因而人力资源较为丰富，劳动力素质较高，适合抽纱花边这样的劳动密集型产业入驻。因此，当海尔济把花边制作技术引入烟台之后，该产业短时间内就迎来了快速的增长。

二 20世纪上半叶烟台抽纱花边业的由盛转衰

烟台是山东省最早开埠的通商口岸，一度几乎独占了省内的对外贸易。1898年青岛开埠，打破了烟台一港独大的局面。青岛港口的天然条件和人工建设等都优于烟台，又有1904年开通的胶济铁路，于是烟台的对外贸易地位被青岛彻底取代，城市发展速度也相对减缓。虽然大多数原先经由烟台出口的商品改为从青岛出口，但是抽纱花边由于有专业产地的支撑仍然是烟台的主要出口商品。自1916年青岛港有花边出口统计起，直到太平洋战争爆发前，其花边产品的出口十分有限，最多的1919年不过10467海关两。[①] 而烟台港不仅将本地及周边各县的抽纱花边产品发往世界各地，而且省内包括青岛[②]在内其他地方的产品也集中到烟台出口。

20世纪上半叶，抽纱花边产业是烟台重要的支柱产业之一。1919年《农商公报》的文章称，"花边为吾国近年之重要出品，就中产出于山东方面者，居全数十分之九，以芝罘、烟台一带为其产地"。也有文章总结，"自民二至民十一，为烟台、栖霞、招远一带花边事业最盛时代，每年出口货量，值三百五十余万两左右"。[③] 花边的出口也在一定程度上提高了烟台在海外的城市知名度。《今世中国实业通志》中提到："（烟台花边）制作精巧，欧美妇人咸乐购之。"[④] 笔者曾见到一册制作于20世纪初的英文

---

① 参见交通部烟台港务管理局编《近代山东沿海通商口岸贸易统计资料（1859~1949）》，对外贸易教育出版社，1986，第195页，"表93 花边出口（1911~1941）"。
② 青岛周边地区也是抽纱花边的重要产地之一，其特色产品如即墨花边等在民国时同样享有盛誉。
③ 《芝罘花边业之近状》，《农商公报》第65期，1919年；《鲁省花边业状况》，《工商半月刊》第6卷第24号，1934年，转引自彭泽益编《中国近代手工业史资料（1840~1949）》第2卷，三联书店，1957，第703页。
④ 吴承洛编《今世中国实业通志》下册，商务印书馆，1929，第169页。

的花边样本，其封面和内页均注明"Chefoo"[①]字样，且扉页的广告词中还不厌其烦地一再保证"产品是在中国手工制作"以及"代表烟台最高质量标准"云云。以此印证，当时烟台作为优质花边产地的声望已经在欧美各国颇为深入人心。

抽纱花边自烟台起源后，很快辐射到周边地区，带动了当地的产业发展。"吾国今日之花边，多产于山东旧登、莱、青三府。"[②] 由此可见，彼时山东省东部的大部分地区已成为抽纱花边产区，并形成了烟台和青州两个产业核心城市。青州抽纱花边虽然体系相对独立，并非直接来源于烟台，产品风格也与烟台有一定区别，但是受到烟台花边业的巨大影响而兴起的，[③] 而且青州及其周边地区生产的产品几乎全部从烟台出口。

抽纱花边产业为烟台及其周边地区缓解了生计问题。自近代以来，洋棉布的大量进口，对农村家庭手工棉纺织业产生了巨大冲击，抽纱花边业的适时兴起，为农村妇女找到了新的生计。[④] 关于烟台地区从事抽纱花边生产制作的女工总数，未有可靠的统计数据。通常花边庄和农村手工业工人之间是直接发生联系的，一个花边庄往往可以控制数百上千名工人。如30年代初，栖霞有78家花边庄7.3万名工人，招远有50家花边庄5.3万名工人。[⑤] 以每县5万~7万人的规模估算，烟台及其周边各县花边工人数量在最盛时当有不下数十万之众。

20世纪上半叶烟台抽纱花边的主要品种除最初由海尔济夫妇传入的棒槌花边外，还陆续增加了网扣花边、梭子花边、手拿花边、钩针花边等新的工艺品种。这些新品种亦是由传教士或各大洋行从国外引进，一直延续至今。产品从纹样形式上可以大致分为二方连续和单独纹样两类。二方连续用于布料和衣物镶边，因其以码为单位计价，故也被称为"码花边"；

[①] "Chefoo"是烟台的邮政式拼音地名，来源于"芝罘"之发音，晚清民国时期欧美国家多以此名称指代烟台。
[②] 吴承洛编《今世中国实业通志》下册，第169页。
[③] 青州抽纱花边体系中包含青州府花边大套、临淄花边等产品。1900年青州英国浸礼会传教士库寿宁为躲避义和团追杀，在烟台流亡1年之久。流亡期间，库氏目睹了烟台抽纱花边产业的繁荣，返回青州后从意大利引进图样和原料，在当地开设企业生产花边。关于这段历史，笔者有专文进行考证，将另行刊发。
[④] 参见王守中、郭大松《近代山东城市变迁史》，第647~648页。
[⑤]《工商半月刊》第6卷第24号，1934年，转引自从翰香主编《近代冀鲁豫乡村》，中国社会科学出版社，1995，第412页。

单独纹样则多是作为独立装饰或者镶拼元件使用。

抽纱花边使用的原材料主要为棉线，也有一部分麻线。烟台最初多用英国生产的六股车线，后来日本仿制出价格更为低廉的花边三股捆线，遂很快成为主流。

棒槌花边是工艺最为复杂的抽纱产品，自然单位价格也最贵，主要产于烟台的栖霞和宁海。制作时要先把画好的图样付印于纸上，然后将纸平放在板架之上，按照编织顺序在纸的不同部位用大头针固定。制作者双手持缠有棉线的木质棒槌，牵引棉线在大头针之间来回缠绕勾拉，从而形成预先设定的图案纹样。网扣花边的生产以烟台招远为最多。先用棉线制作方形的网格片，然后再以网片为基础，用针在其上绣各种图案纹样。网扣花边制作工艺相对较为自由，其精细程度由网片的目数决定，从每英寸3~5目到12目，目数越高产品越精细。梭子花边为烟台蓬莱特色产品，其制作工具为专用的金属或角质梭子，制作者一手牵住线头，一手操纵梭子，通过来回穿插、圈结、扣锁等技法，编织成各种图案纹样。手拿花边产自烟台荣成，与青岛市的即墨花边以及浙江萧山花边等工艺相近，是中国产地分布最广的花边品种，其特点是用绣针穿棉线按照图样标示在布料上织绣。钩针花边流行于烟台海阳、乳山、黄县一带，因其源自爱尔兰，在国外也被称为"爱尔兰花边"，其特点是制作者使用一种顶端带有倒钩的特制棒针，通过缠绕勾拉等技法，将棉线编织成预定的图案纹样。钩针花边工艺简单，容易上手，生产效率也相对较高。

抽纱花边主要有图样设计、刺样刷样、编织制作、清洗熨整、挂签打包等工序。在这些工序中，只有图样设计等少数环节技术含量较高，其余环节如编织制作等初学者经过简单培训即可上手，且无须使用大型设备，是适合农村妇女的家庭手工业。

烟台抽纱花边业的运行模式由出口商、花边庄、放线人、编织户4个层级构成。出口商位于产业结构顶端，一般为资本雄厚的洋行或公司等，从各国延揽大宗订单并购买纱线等原材料，将订单和原材料拆分转包给花边庄。出口商驻地大多集中在烟台城区，便于洽谈业务和组织批量装船发货。花边庄位于产业结构次级，负责图样设计、刺样刷样以及清洗熨整等工序，散布在烟台城区、周边县城和产业较为密集的乡镇。花边庄从出口商处购买或自购原料纱线和获取拆分后的小额订单，按订单要求设计制作图样，然后将原料和图样通过放线人发放到编织户手中。花边庄拥有花边设计人员，有的虽名为"某某工厂"，实则员工往往只有寥寥数人至十几人。放线人在花边庄与编织户之间起纽带作用，相当于专业的经纪人，常由腿脚麻利、能说会道的男性充当。他们不参与生产，而是游走于城乡之间，从花边庄处领取纱线与图样，走村串户分发给各家编织户，按工作量多少约定薪酬和工期；上门收取成品、验货并计发工资，然后将产品送往花边庄领取货款。编织户位于产业结构末端，数量庞大，居住分散。他们只需自备简易的工具，无须垫付原料成本，也不用考虑产品销路，按照图样进行生产即可。烟台抽纱花边行业的经营模式流程如图1所示。

图1 烟台抽纱花边行业的产业模式流程

需要说明的是，某些情况下出口商与花边庄之间的界限并非泾渭分明，有的出口商本身也兼图样设计和安排生产，有时一些大型花边庄也会自行与外国客户联系出口事宜，因而很多文献上将所有经营抽纱花边业务的概以"庄号"或"商号"称之。

另外，抽纱花边制作技艺的培训与传承也很大程度上是通过出口商和花边庄来完成。前文提到，海尔济、刘寿山、马茂兰等都曾开办培训班或学校，一边传授技艺，一边开展花边生产。事实上，各处小型花边庄自行组织的技艺培训更为普遍，并将学习者纳入自己的编织户。据介绍，花边收购商"皆由各庄延聘女师，分派附近各乡，凡妇女有愿行此业者，女师朝夕教授，不取分文。惟学成后由某庄女师教授者，即为某庄做工"。[①] 因此，花边庄则身兼技术培训、图案设计和组织生产等多重身份。

在20世纪上半叶烟台从事抽纱花边经营的企业中，首推马茂兰家族的仁德洋行，该商号长期以来占据行业龙头位置。1903年仁德洋行的资金积累已达5万海关两，跃居山东省进出口贸易之首。之后的近40年里，它始终在抽纱花边业保持领先地位。仁德洋行为烟台培养了许多抽纱花边设

---

① 《农商公报》第3卷第7期，1917年，转引自张利民等《近代环渤海地区经济与社会研究》，天津社会科学院出版社，2002，第258页。

计、监制和对外贸易的人才，有的在该洋行就职 6～12 年之久，有的离职后开创新的庄号。①马茂兰于 1916 年病故，仁德洋行的经营由其夫人主持，夫人去世后又由其长子经营。20 世纪 20 年代，仁德洋行除了是烟台最大的外资企业之外，还依旧占据着山东进出口贸易榜首的位置，在青岛、济南都设有分公司，在青岛、威海、上海等地有派出人员，并且在香港进行了注册。此外，他们在中国另一大抽纱花边产地广东汕头也设立了代表机构，参与出口业务。②仁德洋行在马茂兰长子罗拔·马茂兰任总经理期间，得到了进一步发展，业务范围从花边和茧绸贸易拓展到发网、刺绣、印刷等行业，还代理美国福特汽车的业务，拥有烟台最大最先进的印刷厂，主办了烟台唯一的外文报纸《芝罘日报》；罗拔·马茂兰本人当选为烟台外国商人公会主席，另外还兼任路透社驻烟台记者。当时旗下共有职员 200 余人，生产工人 300 余人，公司分为花边、茧绸、发网、进出口、印刷等 5 个部门。③仁德洋行在太平洋战争期间被日军查封侵占，罗拔·马茂兰被拘捕杀害，战后没有恢复营业。马茂兰长女名为格拉蒂丝，中文名为慕马快乐，任教于烟台的教会学校，丈夫道格拉斯任职于仁德洋行。在太平洋战争期间，全家被日军拘捕送入山东潍县乐道院集中营关押，④日本投降后定居英国，20 世纪 70 年代著有自传《我的一生》⑤，记载了马茂兰家族创办仁德洋行以及经营抽纱花边的过程，是研究烟台抽纱花边业早期历史的重要资料之一。

除仁德洋行以外，烟台尚有许多其他企业亦从事抽纱花边经营业务。1934 年出版的《中国实业志·山东省》（辛）中统计了当时山东省内花边庄的数据和名单，其中烟台 110 家、栖霞 19 家、招远 6 家、海阳 4 家、荣

---

① 参见文史组《烟台早期工艺品出口贸易的缘起与发展》，烟台市民建会工商联史料工作委员会编《烟台工商史料》第 1 辑，1986，第 8～23 页。
② 参见陈卓凡《潮汕抽纱业的起源及其概略》，中国人民政治协商会议广东省委员会文史资料研究委员会编《广东文史资料》第 20 辑，广东人民出版社，1965，第 63～75 页。文中提到，仁德洋行通过买办杨道成在汕头开展业务，并且成为当地最有代表性的 37 家抽纱洋行之一。
③ 参见宋玉娥《英商仁德洋行》，烟台市政协文史资料研究委员会编印《烟台市文史资料》第 1 辑，1982，第 31～41 页。
④ 笔者在潍县乐道院集中营旧址纪念雕塑底座上的关押人员名单中找到了慕马快乐夫妇及其 4 个子女的名字，其中慕马快乐按照正式译名写作"莫瑞·G. E. 夫人"。
⑤ 这一自传由美籍华人曲拯民译为中文，于 1988 年分两期发表在《山东文献》杂志上。

成1家，①合计139家，总资本259045元，职员822人。②《烟台早期工艺品出口贸易的缘起与发展》一文附有七七事变前后烟台工艺品出口商名录，共有中外出口商68家。③ 由此可以推测，在抽纱花边业全盛的20世纪30年代，烟台以及附近涉足该项业务的庄号至少有100余家，甚至可能接近200家。

在这些企业中，比较著名的有道孚洋行、万丰洋行、永兴洋行、敦和洋行、远东洋行、信丰公司、亿中公司等，其中信丰、亿中是华商中最大的两家抽纱花边企业。信丰公司成立于1908年，英文名称为"Shantung Silk & Lace Co., Ltd."，④ 是烟台第一家直接从事对外贸易的中资企业，主要经营工艺品出口，创办人李虹轩早年曾在仁德洋行任职，熟悉抽纱花边业务，离职后与其兄合伙创业。烟台中国总商会会长崔葆生也是该公司的股东之一，对公司发展起了重要作用。公司有职员近100人，在北平、上海、天津等地设有分公司，海外分公司设在阿根廷的布宜诺斯艾利斯。信丰公司的经营范围除抽纱花边外，还包括草帽缏、茧绸、刺绣、发网、地毯等烟台本地产品，以及全国各地生产的各类工艺品等。亿中公司是刘滋堂1914年创办的，英文名称为"The Chefoo Hair Net Co., Ltd."，⑤ 是当时烟台最大的中资对外贸易企业。该公司是烟台最早发明人发漂染技术并应用到发网制作中的企业，主营业务为发网，后来逐步扩大到抽纱花边、茧绸、刺绣等领域。第一次世界大战期间，发网销量骤减，公司业绩大幅下滑，亏损严重，刘滋堂请辞，由孙伯峨接管，在上海和澳大利亚设有分公司，在埃及开罗和德国柏林设分销机构，烟台总公司在太平洋战争爆发之前迁往内地西安。⑥

民国时期，抽纱花边产品"均以出口为唯一销路，最大市场为美国，

---

① 栖霞、招远、海阳、荣成当时亦为烟台属县。
② 参见实业部国际贸易局编印《中国实业志·山东省》（辛），1934，第136~145页。
③ 参见文史组《烟台早期工艺品出口贸易的缘起与发展》，《烟台工商史料》第1辑，1986，第8~23页。
④ 即"山东丝绸花边有限公司"。参见〔英〕阿美德《图说烟台（1935~1936）》，第64页。
⑤ 即"烟台发网公司"，参见〔英〕阿美德《图说烟台（1935~1936）》，第43页。
⑥ 该公司1936年与国民政府实业部、金陵大学等机构合作拍摄工业纪录片《烟台花边》，记录了抽纱花边的制作、包装、销售等。参见杨力、高广元、朱建中《中国科教电影发展史》，复旦大学出版社，2010，第13页；史兴庆《民国教育电影研究——以孙明经为个案》，中国传媒大学出版社，2014，第207页。

次为英国、加拿大、德国、澳洲及南洋群岛一带，均由烟台出口"，① 只有日本和俄国基本不进口烟台花边产品。②

由于抽纱花边基本是专为出口生产的商品，其出口额可以视作行业兴衰的晴雨表，能够很好地反映其发展状况。从1911年至1941年烟台港的花边出口价值总额的统计可以了解到，第一次世界大战期间，其他各国的抽纱花边生产因战争而导致产量大幅下降，烟台的花边产品迅速占据空出的部分市场份额，刺激了当地花边业的发展。一战爆发的1914年，烟台港花边出口额只有143639海关两。次年欧战的影响开始显现，使这一数字达到293030海关两，增长幅度超过100%。至战争结束的1918年，烟台港花边出口额更是达到惊人的943674海关两，相当于1914年的657%。1919年第一次世界大战结束后，虽然海外市场对花边产品的需求量激增，但同时上海及其周边地区的抽纱花边业开始异军突起，③ 对烟台生产的同类商品产生了较大的冲击，导致烟台花边出口额骤跌。该年度烟台港花边出口额为493281海关两，只相当于1918年的52%。1920年起，烟台抽纱花边出口开始逐渐回暖，特别是1921年烟台港东、西防波堤工程竣工之后，在烟台港内形成一个人工港池，使港口航运能力有了极大提升，④ 对花边产品出口也起到了明显的促进作用。1922年，烟台港花边出口额为1438810海关两，创历史新高。但是，美国政府"采用保护关税政策，提高花边入口税，自百抽六十，增至百抽九十"，⑤ 烟台东海关也于次年对原本免税的花边、发网等出口土产商品开征关税，⑥ 使得1923年花边出口额只有666526海关两。此后一直到20世纪30年代中期，烟台的花边出口比较平稳，大抵维持在50万~80万海关两。1936~1938年，烟台抽纱花边业又迎来了井喷式增长，出口额较前期有较大的提高。1936年烟台港花边出口

---

① 《中国实业志·山东省》（辛），第146页。
② 参见〔英〕阿美德《图说烟台（1935~1936）》，第97页。
③ 1912年上海的抽纱花边出口额仅有398海关两，占全国总值的0.04%，但1919年突然增至163.48万海关两，占全国总值的78.57%。参见上海社会科学院经济研究所、上海市国际贸易学会学术委员会编《上海对外贸易（1840~1949）》上册，上海社会科学院出版社，1989，第328~329页。
④ 参见丁抒明主编《烟台港史》，人民交通出版社，1988，第139~143页。
⑤ 《中国实业志·山东省》（辛），第135页。
⑥ 参见张河清《东海关史料札记》，《烟台市文史资料》第1辑，第20页。

额达1236573元，比1935年增长了94%。1937年与1938年的花边出口额分别为1726562元和1564900国币元，继续维持高位运行。日军1938年侵占烟台后，当地抽纱花边业开始迅速衰退，1939年出口额只有905734元，相当于上一年的58%，以后出口额更是一降再降，1941年仅为183992元。[1]

由于烟台及其附近地区是花边业的主要产区，所以烟台是中国花边出口第一大港，在中国花边出口中占有较大的比重。在1914年至1918年，烟台的出口额占全国花边出口总值的90%以上，最高达98%。1919年起，烟台失去了绝对垄断地位，常年徘徊在20%左右，但仍位居全国次席，这应该与江浙地区花边业的崛起有关。随着1938年日军入侵导致花边业衰退，烟台也很快退出了该产品重要产地的行列，出口数量和价值微乎其微。

如果从花边出口与烟台出口商品总额进行分析，则可以理解该行业在烟台城市经济发展中的位置。1911年至1918年，花边出口额占烟台出口商品总额的比重呈逐年上升趋势，1918年达到历史峰值，约占20%强。1919年至1935年期间，抽纱花边产品所占比重上下波动，最低为1921年的6.2%，最高为1930年的12.4%。1936年至1938年，在抽纱花边产品出口量处于高峰的同时，其在烟台海关出口总值的比重也连续3年占到10%以上，1937年更是达到14%。1939年至1941年，在烟台海关出口总值未出现明显下降的前提下，抽纱花边产品出口单方面迅速下滑，衰退态势显著。在烟台海关重要出口货物种类之中，抽纱花边长期居第5位上下。自1917年起，位列茧绸、草帽缏、粉丝、乱丝头之后，位居第5。1921年起超越乱丝头，居第4位。20世纪20年代中，出口量超越草帽缏，但又陆续被发网、带壳花生、花生仁等商品超过，居第6位上下。1933年起超越花生仁，1935年起被刺绣超过，1936年起再超越发网，仍在第5位上下。1939年起，出口量急剧下降，已经不再是重要出口商品。[2]

---

[1] 本段所使用数据引自《近代山东沿海通商口岸贸易统计资料（1859~1949）》，第22~24页，"表9 烟台直接对外贸易额（1863~1942）"；第195页，"表93 花边出口（1911~1941）"。

[2] 参见《近代山东沿海通商口岸贸易统计资料（1859~1949）》，第147~154页，"表72~75 烟台重要原货出口分期统计"。

三 结语

烟台的抽纱花边业始于晚清,盛于民国。抽纱花边作为一种舶来品,在烟台的大规模生产,是欧美国家产业转移的结果,也成为烟台的支柱产业之一。中华人民共和国成立后,也曾作为重要的出口创汇商品。进入 21 世纪,抽纱花边制作在烟台业已式微,开始向人力成本更低的国家转移。

作者:唐家路,山东工艺美术学院
崔研因,潍坊职业学院

(编辑:张利民)

近代城市发展与银行区位决策

——一项基于上海的研究

伍伶飞

内容提要：银行选址是银行业发展布局的重要内容之一，现有对近代上海银行业的研究在银行内部治理和银行业管理制度变迁方面已取得丰富成果，但对银行发展过程中区位决策的分析尚存一定探索空间。本文以相关档案、行名录和报刊资料为基础，从宏观和微观两个层面对上海的银行区位决策的特点及其影响因素进行分析。银行选址在宏观上明显考虑到上海城市的贸易对象、产业特征、人口结构等，而银行在城市内部聚集则受城市功能分区调整以及土地价格变化等条件的约束。在内部治理和外部管理制度之外，区位决策对银行经营成败有重要影响。

关键词：上海　银行业　区位条件　公共租界

金融业在中国有着悠久的历史，但近代中国的金融业则是鸦片战争之后随着西方势力的进入，由西方金融机构与中国传统金融机构混合的产物。上海是近代中国首先对外开放、与西方产生直接交往的城市之一，金融业特别是银行业的繁荣，是奠定近代上海经济中心地位的关键要素，也是上海作为近代中国乃至东亚经济中心的基本特征之一。

近代上海金融业主要由银行、钱庄、证券、保险、信托等部分构成，对近代上海金融业的学术研究相关成果十分丰富。将近代上海金融业作为一个整体进行研究的成果出现较早，民国时期徐寄庼对 20 世纪二三十年代上海金融业的各个方面做了较为全面的概括，[①] 上海银行周报社所编《上

---

① 徐寄庼编辑《最近上海金融史》，上海书店出版社，1992。

海金融市场论》则对上海金融业的组织和沿革有详细论述。[①] 当代对近代上海金融业整体情况的研究不少，但更多地集中于金融业内各个细分行业的研究，特别是对银行业[②]的研究是金融研究的最重要的组成部分。早在20世纪80年代，汪敬虞就已展开对在上海成立的中国通商银行背景和历史的考察，[③] 江绍贞则对作为上海银行创始人的陈光甫在该行创办和管理中所发挥的作用进行分析；[④] 20世纪90年代后期，何益忠对上海的钱庄和华资银行从传统到现代的制度变迁进行了梳理。[⑤] 前述论著中偏重于银行相关管理和制度变迁研究的分析方法与研究范式，对此后的研究产生了不可忽视的影响。自2000年以来，关于近代上海银行业的研究成果大量出现，这些研究往往对某一家银行、相关机构或某一制度侧面进行分析，[⑥] 进一步推动了上海银行业研究的深入发展；而对上海银行的研究，比较有代表性的还包括复旦大学吴景平带领的研究团队对银行内部治理和外部管理制度以及银行与政府或其他产业关系的研究，这对近代上海金融史和城市史研究有十分重要的借鉴意义。此外，樊如森和伍伶飞对上海银行业的数量增长和空间变迁进行了分阶段讨论。[⑦] 由此可见，在银行内部治理和外部管理制度等方面已有丰富且深入的研究成果，而在银行业的空间分布

---

① 上海银行周报社编《上海金融市场论》，大象出版社，2009。
② 本文所指银行主要是指总行位于上海的银行，同时包括外埠银行的上海分行或上海办事处，后两类机构与总行位于上海的银行一般都是营业与管理功能兼具，在选址策略上具有明显的共同特征。
③ 汪敬虞：《略论中国通商银行成立的历史条件及其在对外关系方面的特征》，《中国经济史研究》1988年第3期。
④ 江绍贞：《略论陈光甫对上海银行的经营管理》，《近代史研究》1988年第5期。
⑤ 何益忠：《变革社会中的传统与现代——1897~1937年的上海钱庄与华资银行》，《复旦学报》（社会科学版）1998年第3期。
⑥ 陈文彬：《社会信用与近代上海银行业的发展——以上海商业储蓄银行为中心》，《学术月刊》2002年第11期；何品：《上海中外银钱业联合会筹建述论（1921~1929）》，《史学月刊》2004年第6期；宋钻友：《粤资金融机构与旅沪粤商商贸活动之关系——以国华、广东银行为中心》，《社会科学》2007年第9期；郑成林：《近代上海银行联合准备制度述略》，《华中师范大学学报》（人文社会科学版）2008年第5期；姚会元：《银行业推动近代上海市场经济发展》，《中国社会经济史研究》2009年第2期；缪德刚：《中国20世纪30年代的农村信用合作社贷款——以上海商业储蓄银行的相关业务为例》，《上海经济研究》2016年第7期。
⑦ 樊如森、伍伶飞：《1926~1948年上海银行的时空变迁及其动力机制》，《南通大学学报》（社会科学版）2012年第1期。

特别是在银行选址策略问题上,尚存一定的讨论空间。

以1847年英国丽如银行的进入为起点,上海在此后数十年间构建起了较为完善的近代金融业体系。这些银行在近代上海城市发展中扮演着重要角色,而各个银行的区位选择则关系到银行经营的成败。本文将以上海银行业发展最快的20世纪20~40年代为限,从宏观和微观两个层面对上海的银行选址策略进行分析,讨论城市发展中的哪些因素对银行的区位决策起到了关键作用,由此从上海的个案研究中获得对银行业与城市互动关系特点更为清晰的认识。

一 影响银行区位决策的宏观因素

从19世纪中期开始,近代上海的银行业经历了一个从萌芽到快速发展的时期,到1921年,上海已经成了一个拥有79家银行机构(包括总行在上海的银行,也包括设分行、办事处上海的银行),同时,有14家总行或分行正在筹备中。[①] 上海的银行业在20世纪20年代发展尤为迅速,究其深远的原因有三条:"(一)上海一隅,为全国商务之云集地,中外商人,罔不视为流通金融之要点;(二)各列强以中国为商战之场者,久恃上海所设立之银行,为其根据物;(三)自辛亥革命以还,上海富家翁,日增一日,非银行不足以储蓄。"[②] 从随后上海银行业的发展可以发现,这一阶段的成长是近代上海银行业发展的一个重要阶段,但其发展还远远没有达到顶峰。在此后的20多年里,上海银行业的发展经历了一个发展更为明显、银行数量迅速增长的膨胀期。

许多银行的选址基于其所具有的资本、产业背景,以及目标城市所具有的经济发展和产业格局特点而做出决定。上海是近代中国的经济中心,具备若干贸易和产业优势,选址上海的银行往往是根据上海的这些优势做出的决定。从资本背景来看,尽管上海的银行拥有来自全国乃至全世界的资本,但江浙资本仍是其最重要的构成部分。正是基于这样的背景和特点,在相关银行选址上海的决策过程中,常常会表现出其对特定国家、特

---

① 《上海各银行之现势》,《上海总商会月报》第6期,1921年。
② 《去年上海银行业之概况》,《上海总商会月报》第5期,1922年。

定行业或特定群体的关注,以下分别就这三种情况对银行特别是总行设立和选址进行分析。

1. 中外贸易关系调整产生的需求变化

外国银行或中外合办银行往往是认识到上海在中国经济中的关键地位,故选择将总行设于上海或设立分行时优先选择上海,以更好地发展该国对华贸易。如挪威首都的一个银行联合会拟在上海办一家银行,业务重点是"专注意有增进中国及司更狄那维半岛国(瑞典瑙威丹麦)之关系";① 上海远东银行则对中俄之间的茶叶贸易影响巨大,故"自南方与苏俄绝交后,上海远东银行即停止营业,双方贸易,顿生极大之影响"。② 面对五卅惨案之中和之后所表现出的中国受制于外国的情形,一些人士试图谋求自立,故筹集资本在上海附近"创设淞沪商埠建业银行,专以流通金融、辅佐国内殷商及各市政机关、建设淞沪商埠事业为主旨";③ 上海闸北商业银行是缘于"闸北地方辽阔,商业繁盛,惟缺少一金融机关",④ 故设立该行以谋求商业发展。另有一些总行设于其他城市的银行则将上海作为设立分行的首选,如中意银行在北京设立总行之后,意识到"惟上海为通商首埠,亟宜设立分行",⑤ 因此派意大利负责人到上海推进筹备事宜。金融流通与贸易发展关系密切,中外贸易的盛或衰、顺畅或阻滞都对银行业在上海这类贸易中心的布局与发展有着重要影响。

2. 特定产业兴起和发展带来的需求

有一部分总行设在上海或外埠银行设立上海分行时,明确其目的是支持和发展某一特定产业,但这类专业银行的设立也往往是因为上海是这一产业的生产或贸易中心。上海南市董家渡苏州分银行"注重纱布押款及特奖储蓄";⑥ 惠工银行则"以扶植国内中小工业为前提";⑦ 通过设立中国棉业银行,"上海与汉口、通州等产棉之处,输运便捷,棉业发达,年盛

---

① 《上海将开办瑙威银行》,《银行周报》第24期,1920年。
② 《上海远东银行继续营业》,《经济科学》第4期,1928年。
③ 《上海筹设淞沪建业银行》,《银行月刊》第7期,1925年。
④ 《上海闸北商业银行之筹备》,《银行周报》第4期,1927年。
⑤ 《中意银行在沪设分行》,《银行周报》第6期,1920年。
⑥ 《上海煤业银行开幕》,《银行月刊》第9期,1921年。
⑦ 《上海银行界近况》,《银行月刊》第6期,1921年。

一年";[1] 还有行址位于四川路、广东路口丝茧交易所房屋内的上海丝茧银行,"营业专营丝茧押贷,以谋同业金融之流通";[2] 上海航业公会在其大会上"当场议决,迅速筹备设航业银行",[3] 以推进航运事业的发展,并得到交通部的极力赞成。上海的绸缎行业"素称发达,同业庄号不下数千家,但向无专业银行之设立",[4] 故设立绸缎银行也就成了合理的选择。而上海浦东银行的上海行址之所以设立在爱多亚路的纱布交易所内,则是因为"该行因与纱花业有特殊关系"。[5] 冰鲜渔业同业公会为了与日本脱离关系,则"另组渔业银行,从事开发渔业",[6] 该银行成立之后,确实也投入促进渔区和渔业发展的事业中,"本市中国渔业银行,为旅沪渔业巨子黄振世等所发起组织,以扶植渔民生产,调剂渔业金融,促进渔区繁荣为主要业务"。[7] 在上海商业储蓄银行的放款构成中,纱厂的放款占据了最大比例,[8] 该银行对纱业发展的重要意义不言而喻。中国农民银行总行的设立,则主要是为解决农业和农村的发展问题,"实业部为便利农民借贷,借资发展我国农业,救济农村破产"。[9] 而最初设立在汉口的中国农民银行总行自迁到上海后,"对于农业投资,更为积极。除将原有之农业部业务范围加以扩充外;并派员分头调查各地农贷情形,农产品收获程度,借以草订救济农业具体办法。又关于土地抵押放款",[10] 其对于农村和农业发展的重要意义可见一斑。江苏省农民银行的创设目的与中国农民银行亦相当一致,而其上海分行的设立则是认识到"上海为资本集中地点,且为金融枢纽,有设立分行之必要,借以使农村金融与都市金融,互相调剂"。[11] 上海及其邻近区域是近代中国的产业中心,以产业为对象的银行选址与特定产业的布局和发展紧密关联。

---

[1]《上海最近开幕之三银行》,《银行月刊》第10期,1921年。
[2]《上海丝茧银行之发起》,《银行月刊》第1期,1923年。
[3]《上海航业公会议决创设航业银行》,《东三省官银号经济月刊》第11期,1930年。
[4]《上海绸缎业筹组银行》,《银行周报》第15期,1931年。
[5]《上海浦东银行将迁新屋》,《银行周报》第34期,1931年。
[6]《上海将有渔业银行出现》,《渔况》第28期,1931年。
[7]《中国渔业银行发展渔区业务明》,《银行周报》第15~16期,1942年。
[8]《上海银行放款纱厂最多》,《纺织时报》第888期,1932年。
[9]《实部筹设农民银行,资本定三百万元总行设上海》,《银行周报》第8期,1934年。
[10]《农贷实况》,《礼拜六》第691期,1937年。
[11]《江苏省农民银行筹备上海分行(申报二三年五月十一日)》,《农行月刊》第2期,1934年。

3. 城市新兴阶层发育产生的需求

有一些银行是针对特定群体而设立,如上宝农工银行就是针对工农群体而成立,其认为"上海之银行以商业及储蓄性质为多,对于工人方面,尚无辅助之机关,普通小本工业上之金融仍时有不活动之现象",[①] 故设立该行以推动工人储蓄和小企业的发展。在一份谋求创设上海特别市市立银行的建议中,可以窥见该银行对于上海特别市市政府的意义,"如急欲完成整理市财政之工作,使市经济得收左右逢源之乐利,市行政得获事半功倍之效能,则设立市有金融机关,以补助市财政之进行与市金融之流通,亦诚急要之图。广州市设立市立银行之用意,殆即在此"。[②] 而上海日夜银行的设立则是注意到已有银行"皆日间营业,而无日夜兼营者",[③] 故针对一些夜间需要进行交易的人群设立该行;同时,上海日夜银行还针对一些商店伙计、小学教员等小客户推出小额放款业务。[④] 上海生大银行又专为女性群体设立女子储蓄部,认为尽管上海银行很多,但"惟储蓄而专为妇女设想者,尚未之有,南京路生大银行,现颇注意此点,特设女子储蓄部",[⑤] 对女性办理业务者有特别优惠。更有专为女性群体设立的上海女子银行,目的是"提倡女子职业,及鼓励女界储蓄"。[⑥] 随着近代上海城市发展,特定产业或行业从业者形成一定的群体规模,不同人群也会形成一定的聚居区,这些也都为精确针对特定人群而开设专门银行有了存在的可能。

实际上,在对银行设立背景的描述中常常都会体现出一种宏大的关怀,如怀华实业银行为"南洋华侨泗水巨富梁立功等,以时事多艰,民不聊生,亟思为祖国振兴实业,以维持平民生计",[⑦] 故而在上海筹备设立;上海国民合作储蓄银行之创立者认为,"合作银行是解决平民经济唯一的金融机关,它直接解放平民经济上的束缚,间接打破资本家金融的垄断"。[⑧] 尽管这种民族危难的时代背景会对银行的决策者产生一定的影响,

---

① 《上海银行之发达》,《银行月刊》第5期,1921年。
② 《设上海特别市市立银行之建议》,《银行周报》第47期,1927年。
③ 《上海之日夜银行》,《银行月刊》第8期,1921年。
④ 《上海日夜银行之特别小放款》,《银行月刊》第11期,1921年。
⑤ 《上海国民商业银行开幕志盛》,《银行月刊》第11期,1922年。
⑥ 《上海将设女子银行》,《银行月刊》第1期,1924年。
⑦ 《上海组织中之新银行》,《银行月刊》第5期,1923年。
⑧ 《上海国民合作储蓄银行记要》,《商学期刊》创刊号,1929年。

但上海是近代中国最重要的经济中心，其所拥有的贸易优势、产业优势、人口结构等宏观因素是银行将上海作为选址目标的关键原因。总的来看，近代上海的银行选址往往都考虑了中外关系变化、产业发展需要和新兴阶层需求等一个或多个方面，这些宏观层面的因素在银行区位决策中发挥着重要作用。

二 影响银行区位决策的微观因素

从1926年到二战结束之前，近代上海银行特别是总行的数量变化趋势是在增加，且增长态势比较明显。银行数量最主要的增长期发生在全面抗战爆发以后；与此相对，从1926~1936年的总行数量变化来看，其增长趋势并不明显。这与20世纪30年代发生的多起重大事件密切相关，如投资公债失败、白银风潮、政府政策调整以及世界性经济危机等国内外因素，导致众多银行受到影响乃至破产倒闭，特别是那些资金较少、规模不足的银行。与此形成鲜明对照的是，部分资金实力充足、适时调整经营策略的银行反而在各种动荡与危机中取得长足进步。以上海商业储蓄银行为例，截至1935年，"上海内国银行本埠分支机构分设得最多的是上海商业储蓄银行，共有十家，几占全埠分支机构总数十分之一"，[①] 但1926年的时候其分行仅有两家而已。从整个时段来看，银行业规模增长在第二次世界大战末期达到鼎盛；到了1944年前后，由于战争局势的变化和政府政策的调整，上海的银行数量开始减少。

对于近代上海银行业的发展和分布，部分学者认为其主要分布在东到外滩、南到广东路、西到河南路、北到北京路的区域内，变化不大。杨荫溥指出，宁波路和天津路聚集着上海最大规模的钱庄群体；宁波路、北京路等区域的本国银行较多，而外滩和九江路则主要是外国银行。[②] 席涤尘有相似描述，在公共租界外滩及其以西区域内的六条道路上分布着超过180家钱庄和中外银行等金融机构，超过上海金融机构总数的60%。[③] 其实，上海的银行分支机构分布很广，上海商业储蓄银行即拥有分别位于静

[①] 郭建：《上海内国银行的本埠分支行》，上海通社编《上海研究资料》，上海书店出版社，1984，第283页。
[②] 杨荫溥：《上海金融组织概要》，大象出版社，2009，第48页。
[③] 席涤尘：《上海的华尔街》，《上海研究资料》，第245页。

安寺路、同孚路、霞飞路、北四川路等遍布全市的 10 家分支机构,[①] 故可以相信,杨荫溥和席涤尘所指,主要是分布于公共租界中区外滩及其以西的银行,特别是银行总行。本文通过选取 20 世纪 20～40 年代四个重大历史事件发生的代表性年份进行深入分析发现,[②] 以公共租界外滩及其以西区域内的银行空间分布来看,情况要比杨荫溥和席涤尘所描述的更为复杂。

以 1926 年而论,上海的银行总行数量超过三分之一的机构位于外滩[③]及其以西约 100 米内,包括各类外资银行在内的大量银行设立在外滩与四川路之间的狭长区域,远未达到杨荫溥等人所指出的广阔分布范围。此时宁波路和天津路的金融机构还是以钱庄为主,银行数量较少;公共租界中区面积广阔,但区域内银行分布密度远远低于外滩及其以西 100 米以内。

到了 1936 年,分布于外滩向西 100 米区域内的总行数量减少了一半,与前一个时期相差甚远。通过对 1937 年初出版的《上海工商业汇编》和上海市银行商业同业公会 1932 年的会员名单[④]所提供的道路和门牌进行对比发现,在这十年间形成了一种迁离外滩区域的趋势,有近 20 家银行发生了内迁;故外滩以西的公共租界中区乃至北区的北京路、四川路等多条道路附近区域的银行数量得到大幅提升。

到 1944 年,在战争的影响下,外滩的银行陆续经历了一系列停闭、转让、撤离,数量进一步下降,公共租界外滩仅剩 8 家华资银行,且几乎都是新成立的,其中包括梁鸿志"维新政府"成立的华兴商业银行和汪精卫"国民政府"的中央储蓄银行上海分行。相对地,以北京路、九江路、四川路、山西路围成的小区域的地位在 1936 年以来十年发展的基础上进一步得到巩固,银行总数达到 118 家,银行空间聚集达到顶峰。

---

① 《上海银行业工会补送各银行上海市分行名单呈上海市社会局(民国二十四年十月二十九日)》(1935 年),上海市档案馆藏上海市银行商业同业公会档案,档案号:S173 - 1 - 246 - 3。
② 这四个年份的资料来源:《上海工商业汇编》,上海总商会月报部,1927;《上海工商业汇编》,中国征信所,1937;《上海工商名录》,上海申报社,1945;《上海市银行、钱庄、信托商业同业公会会员总分支机构一览表》(1948 年),上海市档案馆藏上海市银行商业同业公会档案,档案号:S173 - 1 - 164。其中,1926 年为北伐战争之前和刚刚发生时,1936 年为抗日战争全面爆发之前,1944 年是二战结束之前,1948 年则是解放战争结束之前。
③ 本文所称外滩,若不做特殊说明的,即指公共租界外滩。
④ 《民国二十一年上海市银行商业同业公会会员名册》(1932 年),上海市档案馆藏上海市银行商业同业公会档案,档案号:S173 - 1 - 76。

1948年保持二战期间的态势，尽管以北京路、九江路、四川路、山西路围成的小区域总行数量占总行总数比例已降为56%，但其优势地位仍然无可撼动。在总行数量总体减少的情况下，伴随着上述核心区总行比例的下降，如中正东路、外滩分布比例有所上升。随着战争结束后一段时间的平稳发展，外商银行回归和华资银行复员，外滩重新繁荣，一定程度上恢复了战争前的勃勃生机，到1948年，这一区域的银行总数才又恢复到了20家。外滩与北京路、九江路、四川路、山西路围成的小区域相比，银行的空间聚集仍然处于较低水平。

由此可见，银行总行在20世纪20~40年代的发展，主要是由1926年之前以外滩为中心开始，转变成以北京路、九江路、四川路、山西路围成的小区域为中心。1944年之前，总行的聚集程度在不断提高，此后至1948年，总行的聚集程度方有所降低，但总体上以前述小区域为中心的特征没有改变。

这种情形的产生，一方面是因为在影响银行区位决策的因素中，市场因素占有关键地位。城市内部有特定的功能分区，银行一般会选择中心商业区[1]，因为离开了中心商业区，它将丧失竞争力。武巍等从金融地理学角度对金融中心的影响因素进行分析后，认为存在影响金融中心产生的向心因素，[2] 包括规模经济、信息溢出效应、市场的流动性，这几个因素对银行在一定区域内的空间聚集起着重要作用。所以，银行聚集在中心商业区反映的是上述向心因素在起作用。另一方面，公共租界中区作为上海最重要的商业中心，其地价远高于周边地区；[3] 而在公共租界中区内部，外滩一带的地价又明显高于北京路、九江路、四川路、山西路围成的小区域。故尽管银行普遍分布在公共租界中区，但前述两个地带的银行总行在规模和实力上也存在明显差异。一系列的经济危机、货币危机和战争破坏导致银行的规模、实力和市场需求发生变化，进而促成银行入驻、迁移或撤离，特别是在外滩一带和北京路、九江路、四川路、山西路围成的小区域之间流动。

---

[1] 即城市中由最繁华的街区和道路组成的区域，居于城市商业网络的最高一级，本文所研究的上海北京路、四川路、九江路、山西路围成的区域即属于这种类型。

[2] 武巍、刘卫东、刘毅：《西方金融地理学研究进展及其启示》，《地理科学进展》2005年第4期。

[3] 曾声威：《近代上海公共租界城市地价空间研究（1899~1930）》，硕士学位论文，复旦大学，2013，第49页。

三　小结

通过上述分析，可以得到以下两方面的认识。

一是从微观上看，上海的银行的发展，其空间格局并非如部分已有研究所指出的那样固定，而是有一个明显的空间迁移过程。上海的银行总行分布的中心地带呈现出由外滩沿线向北京路、九江路、四川路、山西路所围成的新区域转移的趋势，尽管这一趋势在20世纪40年代有所放缓。部分银行选择迁移或撤离，而另有大量银行成立或从外国、外埠进入上海，各个银行的策略选择差异巨大，反映的是由于不同银行的所属国别不同、实力强弱不同、业务侧重的领域不同，受到战争波及、政治影响，在金融危机中被打击的程度也各不相同。故尽管上海的银行总行普遍分布在公共租界中区的狭小范围内，但在不同历史事件中、不同时期、不同发展阶段，各个银行的选址、迁移、撤离都存在明显差异。

二是从宏观上看，近代上海是近代中国金融中心、中外贸易中心、产业集散中心，这样的特征也使得上海成为一个新兴阶层聚集的中心。上海在近代中外贸易、产业发展方面拥有无可替代的作用，银行的设立方能满足不同贸易国家、不同产业发展和不同社会群体对货币流通的需求，故有必要设立综合性的大银行，也有必要设立不同细分行业的银行。各种体量不等、功能各异的银行在上海设立，是对外贸易、产业发展和新兴阶层生活的需求；作为中外贸易中心、产业集散中心和新兴阶层聚集的中心的上海，由此支撑起了众多细分行业银行的生存和发展。

通过上述对上海银行业选址的分析可知，银行区位决策在宏观层面上必须结合城市的贸易发展、产业布局和人口结构特点，在微观层面上必须充分考虑城市内部的功能分区、土地价格等因素。在内部治理和外部管理制度之外，选址策略是否科学合理直接影响银行经营状况的好坏，关系着银行发展的成败。

作者：伍伶飞，厦门大学历史系

（编辑：熊亚平）

营业时间与近代天津社会变迁[*]

成淑君

内容提要：近代以来，天津的商店、饭馆、电影院等各类休闲娱乐场所的营业时间发生了巨大的变化，具体表现为日营业时间向深夜延伸与星期日休息的出现。娱乐休闲场所营业时间变化的背后，是相关联的一系列的社会变动。公共照明等城市基础设施的建设和发展、晚睡晚起的生活习惯及夜生活的活跃直接推动了天津夜晚营业的兴盛。天津租界和华界在营业时间方面表现出一定的差异性。营业时间的延长也带来了店员工作时间过长的问题，引起社会关注。围绕营业时间问题，官方与商家也存在着管控与抗争的矛盾，展开博弈，商会在其中发挥了不可或缺的作用。

关键词：营业时间　近代　天津

本文中的营业时间，主要是指近代特别是20世纪前期天津各类休闲娱乐场所的日常经营时间，具体包括两方面：一是日营业时间，即每天从开门营业到关门打烊的经营时段；二是年营业时间，即以年为单位所表现出的常年性营业时间的规律和特点。近代以来，特别是进入20世纪以后，天津的商店、商场、百货公司、旅馆以及饭馆、电影院、戏院、舞场、澡堂等休闲娱乐场所的日常营业时间发生了巨大的变化。近代天津休闲娱乐场所营业时间的变化及其相关问题，涉及面广泛，映照和串联出当时发生在天津乃至全国的一系列的社会变动和重要历史事件，是探察近代天津社会变迁的一个很好的样本。

---

[*] 本文系天津社会科学院重大研究（招标）课题"天津历史丛书"子项目"天津历史九讲"（项目批准号:15YZDZB-02）阶段性成果。

从汉代至唐前期，城市里基本都实行严格的坊市制和夜禁制度，商业活动的营业时间和地点都有特定的限制。通常日中开市，日落后散市。商人们除了每年过年休息几日外，多常年营业。随着城市和商业的发展，坊市制和夜禁制日趋废弛，营业时间逐渐加长。唐中后期，城市空间布局中分离且封闭的坊市格局开始日渐被开放的街市格局所取代，不少城市都出现了夜间商业活动，突出表现在夜市方面。相关研究表明，唐中后期尤其是宋中期以后，很多城市都出现了夜市。夜市通常由酒楼、饭馆、茶肆、妓院、各类商铺和流动摊位组成，往往营业至深夜。但总体来看，这些城市一般都属于京城所在地或者水陆交通发达的商业城市，且主要分布在江南地区。而且夜市多集中在城市中的一处或几处地方，特别是城市的商业中心，并非全城性的。①

一 主要变化：日营业时间普遍延长至深夜与星期日休息的出现

天津在开埠之前，未见有关夜市的记载。不过，从"市楼次第明灯上"②和"灯火楼台一望开，放杯那惜倒金罍"③等记载来看，夜晚显然也存在商业活动。综合各种资料可知，通常只有杠房、客栈、饭馆、妓院、小班和戏园等在晚间营业。天津的风俗，人快去世的时候，家里人就会通知附近杠房把床板（俗称板儿）送去，以便停尸。因为不论早晚，都有可能有人需要板儿，所以杠房里无论白天还是黑夜都有人伺候。④杠房夜晚营业无疑是其特殊的营业性质所致，饭馆、妓院、小班和戏园等则完全是为了满足人们休闲娱乐的需要。天津举人杨一崑写于18世纪末的著名

---

① 参见杨联陞《帝制时代中国的作息时间表》，《食货月刊》1973年第3期；葛兆光《严昏晓之节——古代中国关于白天与夜晚观念的思想史分析》，《台大历史学报》第32期，2003年；许芳滋《宋代夜市研究》，硕士学位论文，中兴大学，2009；张金花、王茂华《中国古代夜市研究综述》，《河北大学学报》（哲学社会科学版）2013年第5期。
② （清）汪沆：《津门杂事诗》，（清）华鼎元辑《梓里联珠集》，张仲点校，天津古籍出版社，1986，第58页。
③ （清）杨暎昶：《津门绝句》，（清）梅成栋纂《津门诗钞》（下）卷29，天津古籍出版社，1987，第965页。
④ 《杠房》，刘炎臣：《津门杂谈》，三友美术社，1943，第32页。

的《皇会论》和《天津论》，就记载有时人夜晚下饭馆和逛妓院、小班的情形。① 晚清时期，有戏剧演出的茶馆通常被称作"戏园"，园中建有专门的戏台，观众可以边喝茶边看戏。天津的茶馆虽然自古就有，但很可能直到19世纪初才开始效仿北京在茶馆里演戏，② 并已出现了"影戏夜迟迟"③ 的现象。而此时的北京戏园里还没有夜戏，演剧时间"大抵午后开场，至酉而散"，④ 在晚7点前就结束了。

天津开埠之后，随着城市发展和西方文化的影响，大量新兴行业和休闲娱乐场所纷纷涌现，如电影院、台球社、舞厅、咖啡馆、酒吧间、百货商店和商场等。与此同时，公共照明也从无到有，特别是20世纪二三十年代电灯照明日渐普及，城市夜晚开始变得亮如白昼。再加上这一时期城市经济、社会文化、市政建设等各方面的发展以及夜生活的活跃等原因，天津商业各行业的日营业时间普遍延长到深夜12点左右，甚至出现了夜晚营业胜过白天的现象。这在夏季表现得尤为明显，"津埠商业习惯，每届夏季，夜间营业，较昼间繁盛"。⑤ 因此当时有人认为："'晨昏颠覆'，又是天津这大商业的一个缩影。"⑥

天津经营各类商品买卖的旧式商店的日营业时间并无明确和一致的规定，开埠前通常都是仅白天营业。直到清末民初，一些商铺的营业时间可能还是从上午8点到下午6点左右。⑦ 不过，此时已初步形成了延长至深夜的趋势。如北海楼劝工场自光绪三十三年（1907）计划设立之初，就将

---

① （清）张焘：《津门杂记》卷中《天后宫（皇会论）》，天津古籍出版社，1986，第78页；卷下《天津论》，第103~104页。
② 樊彬的竹枝词"津门好，生业仿京城，剧演新班茶社敞"［见樊彬《津门小令》，（清）华鼎元辑《梓里联珠集》，第110页］，反映了天津茶馆仿照北京在茶馆里演戏的现象。《津门小令》刊刻于嘉庆二十三年（1818），由此可见茶馆演戏应在此之前。又据成书于道光四年（1824）的《津门百咏》记载，当时天津的戏园相当兴盛，"戏园七处赛京城"，并称"戏园，起于近年"［见崔旭《津门百咏》，（清）华鼎元辑《梓里联珠集》第156页］。综上所述，天津茶馆演戏大概在19世纪初。
③ （清）樊彬：《津门小令》，（清）华鼎元辑《梓里联珠集》，第123页。
④ （清）徐珂：《清稗类钞·戏剧类》，转引自邓云佳编《中国戏曲广记》（下），四川大学出版社，2005，第1414页。
⑤ 《戒严加紧》，《大公报》1927年7月23日。
⑥ 兆鹏：《认识了天津（二）》，《大公报》1930年9月26日。
⑦ 《敦庆隆绸缎大减价广告》，《大公报》1912年3月24日。

营业时间确定为从早8点到晚11点。① 1912年重新修整开业后，基本保持了原来的营业时间，仅将开门时间提早了1小时。② 同年，为取缔摊贩和便利道路交通，天津巡警道曾有在围城四条马路设立夜市之计划，夜市的营业时间定为晚6点至12点。③ 由此可见，当时营业至深夜已为社会各方所认同，说明这一现象应具有相当的普遍性。到20世纪20年代初，天津各类旧式商店营业至晚12点左右已成为业内常态。④

天津开埠通商以后，洋行的出现将近代西方的商业模式引进天津，传统零售商业开始发生变革。随着与世界的接轨及组织形式和经营管理模式等的改变，新型的商业组织如商店、公司、商场和百货公司等在天津纷纷落地开花，日益发展壮大。这些新兴的商业组织在营业时间方面往往都有明确的规定，较旧式商店而言，日营业时间普遍要短一些，通常多在晚10点前就结束营业。外国公司和洋行甚至更早，如位于英租界的惠罗公司和利威洋行，就分别在傍晚6点（早期营业结束时间为下午五点半）和6点半截止营业。⑤ 此外，个别公司和洋行开始打破传统全天营业的习惯，在中午关门休业一两个小时。⑥

开埠后，天津的饭馆、客栈、戏园和妓院延续了以往已有夜晚营业的惯例，到19世纪末，其晚间营业时间已常超过晚12点。为此，光绪二十八年（1902）天津警察机关成立后，就先后颁布了《巡警条规》、《管理戏园及各游览所章程》和《乐户规则》等一系列法令法规，明确规定酒馆和

---

① 《商民韩抱陆周学彬为广聚大小工商开设北海楼劝工场事禀津商会文及清折》，天津市档案馆等编《天津商会档案汇编（1903~1911）》（上），天津人民出版社，1989，第832页。
② 《为北海楼商场开业注册等事呈天津商务总会请议书》，天津市档案馆藏，档案号：J0128-2-002051。
③ 《摆摊规则》，《大公报》1912年12月8日；《天津阖邑村正副黑国钧等三十三名禀恳警察厅收回取缔摊贩成命及杨以德驳斥文》（1914年12月17日至27日），《天津商会档案汇编（1903~1911）》（上），第848~851页。
④ 1924年，天津商会会董宋则久鉴于各类商店均营业至晚12点左右，认为营业时间太晚有弊而无利，因此提请商会公议晚间营业时间一律到9点结束。见《会董宋则久提议公订夜晚营业九时截止并酌添常识补习文并附刘豫生驳正函》，天津市档案馆等编《天津商会档案汇编（1912~1928）》，天津人民出版社，1992，第1922~1923页。
⑤ 惠罗公司广告，《大公报》1919年4月16日、1934年7月8日；利威洋行广告，《大公报》1934年7月1日。
⑥ 中国无线电业公司广告，《大公报》1931年10月19日；利威洋行广告，《大公报》1934年7月1日。

戏园等游乐场所的营业时间不得超过晚12点，妓院在晚12点之前也必须落灯关门。① 20世纪以来，为适应社会上的需求，天津的不少小饭馆、酒馆都通宵营业，也有不少着重做夜晚生意的"宵夜馆"。②

20世纪以后，新兴的电影院、咖啡馆、游艺场、酒吧和舞场等将天津的夜晚营业时间进一步推向了高潮。电影院晚场的营业时间一般在晚11点左右。从20世纪30年代初开始，不少电影院在旧历除夕晚还会在12点以后加演"迎春场"，往往通宵放映电影，直至天明。③ 而酒吧和舞场的营业结束时间普遍更晚。二者多在傍晚甚至是夜里11点多以后才开始营业，至凌晨两三点乃至"天明始打烊"。④ 回力球场和游艺场等也基本都是晚间才开始营业。⑤

综上所述，开埠后特别是20世纪以来，天津各类休闲娱乐场所的日营业时间普遍已延长至深夜12点左右，酒吧、舞场和饭馆等则多营业至翌日凌晨或通宵达旦营业，侧重做夜晚生意的也不在少数。这其中，除新旧商业组织在日营业时间方面有所区别外，天津华界和租界也表现出了微妙的不同。与租界电影院相比，天津华界的电影院晚场电影往往要提早将近1小时放映；⑥ 华界的商场开始营业和结束营业的时间也比租界商场大约提前2小时。⑦

与此同时，在常年性营业时间方面也出现了一些变化。开埠之前，天津的商铺和饭馆等各类娱乐休闲场所，一般于旧历新年休业4天左右外，⑧

---

① 《巡警条规》，《大公报》1902年8月23日；石小川编辑《天津指南》卷2《地方行政》，1911年铅印本；涂小元：《试论清末天津警察制度的创办及其对城市管理的作用》，《城市史研究》第23辑，天津社会科学院出版社，2005。
② 《天津市的小饭馆（六）》，《大公报》1933年11月19日；《天津市的小饭馆（八）》，《大公报》1933年11月21日。
③ 熊剑侠：《津门影戏院杂谈》，《礼拜六》第133期，1921年；弓羽：《关于除夕的迎春场》，《新天津画报》第2卷第19期，1942年。
④ 丽都酒吧间广告，《大公报》1936年8月19日；《长夜乐未央》，《大公报》1929年11月27日；小开：《天津舞场最近实况》，《跳舞世界》第1卷第12期，1936。
⑤ 回力球场广告，《大公报》1936年7月25日；《露香园特别启事》，《大公报》1917年9月13日。
⑥ 《娱乐之一斑（十五）》，《益世报》1931年2月23日。
⑦ 宋蕴璞辑《天津志略·商场》，天津市地方志编修委员会编著《天津通志·旧志点校卷》（下），南开大学出版社，2001，第282页。
⑧ 《阴历年关商店旧习》，《大公报》1929年2月9日。

通常是全年无休。开埠之后，由于受到西人七日一休息的熏染，以及20世纪初星期日休息制度在行政机构和教育机构广泛推行的影响，天津少量的商业休闲场所也开始在星期日休息半天或一天。每逢星期日，不仅一些外国洋行和公司等"工歇艺事，商停贸易"，① 个别"欧化"的中国人创办的商业休闲场所也在此日关门歇业。② 如天津的国货售品所和中欧贸易公司便在星期日上午休息，下午照常营业。③ 总体来看，星期日休息似乎只限于一部分商业休闲场所，娱乐场所中不见有星期日休息的记载。电影院、商场等一些新型娱乐场所，新年也并不休息。

二 管控与抗争：围绕营业时间官方与商家的博弈

近代以来，天津各类休闲娱乐场所日营业时间向深夜的延伸，一方面证明了休闲娱乐行业本身的快速发展，另一方面也带动和装点了城市及其夜晚的繁荣，被认为是"繁荣城市的象征，为繁荣的城市特有的点缀"。④ 同时，公共娱乐对于消解工作疲劳、陶冶情操、移风易俗、预防犯罪、维护社会稳定以及政治宣传等方面的作用日益受到官方重视，⑤ 因此"公共娱乐场所之设置，为市政之重要建设之一"⑥ 的论调也得到越来越多的认同。不过，由于各类休闲娱乐场所人员聚集，三教九流无所不有，且人员流动性大，又加上深夜营业，因此存在一定的安全隐患，一直为官方所忌惮，素来是治安防控的重点。

在上述背景下，近代以来天津有关当局对各类休闲娱乐场所就表现出一种矛盾性的态度，突出表现在战时或社会局势不稳定时。显然，各类休闲娱乐场所的正常营业和发展，对方便和充实民众生活、发展城市经济、繁荣市面以及保证税收等具有非常重要的作用，在这个立场上来说，官方

---

① （清）张焘：《津门杂记》卷下《礼拜》，第134页。
② 《该怎样利用星期日》，《大公报》1937年4月18日。
③ 《奉安休假》，《大公报》1929年5月31日；中欧贸易公司广告，《大公报》1929年1月14日。
④ 《天津市公共娱乐之检查问题》，《公安月刊》第7~9期合刊，1931年。
⑤ 《社会局注意民众娱乐》，《大公报》1930年2月26日；《天津市公共娱乐之检查问题》，《公安月刊》第7~9期合刊，1931年。
⑥ 唐性天：《论汉口市公共娱乐之建设》，《社会》第3期，1929年。

对其无疑是持保护和扶持态度的。而当治安防控成为首要任务时，官方往往会毫不犹豫对其营业时间进行限制，以此来达到维护社会秩序和自身政权的目的。此外，南京国民政府时期官方还通过干预其营业时间，借以实现强化政治认同和推行社会改革的最终目标。而作为被管理的一方，各类休闲娱乐场所并不是完全被动的，有时会通过暂时关门停业或联合罢市的举动，来维护自身的利益或达到政治上的诉求。

由于西方城市建设和管理制度的影响及租界地区的示范效应等，近代以来天津的城市管理制度逐渐建立和完善起来。对华界各类休闲娱乐场所尤其是公共娱乐场所的管控越来越细化，专门制定了相关的管理法规，举凡税收、卫生、消防和建筑安全等问题都有相应的规定，如有违反，往往会令其停业整顿，或接受处罚。[1] 这其中出于治安考虑，对公共娱乐场所的营业时间多有明确限制。如前所述，光绪二十八年天津警察机关成立后，就先后颁布了《管理戏园及各游览所章程》和《乐户规则》等一系列法令法规，明确规定酒馆、戏园和妓院等场所的营业时间不得超过晚12点。在《巡警条规》中又再次强调："夜间十二点钟，茶园、妓院、酒馆、客店、铺户居民，均须关闭门户。"[2] 此后数十年，基本延续了这一时间规定。1935年，天津市公安局重新修订的《天津市公安局管理公共娱乐场所规则》，同样规定各公共娱乐场所的营业时间不能超过晚12点。[3] 不同的是，后来适应社会发展的需要，对各类商店和旅店的营业时间基本已不再作统一的规定。

虽然对公共娱乐场所的晚间营业结束时间有统一的规定，但实际似乎并没有得到严格执行。所以，1944年伪天津市政府在重新制定《天津市饮食店及娱乐场所营业时间之限制》时称："查本市各饮食店及各娱乐场所营业时间向无规定，往往通宵达旦，似此漫无限制，非特影响地方治安，亦且违反自肃节约之本旨。"[4] 此次与之前规定稍有不同，电影院、旧剧院、球社和妓院等各娱乐场所仍然在晚12点之前停止营业，饭馆、咖啡馆

---

[1] 《各戏园房屋公安局饬属查勘》，《大公报》1931年7月8日。
[2] 转引自赵志飞主编《中国晚清警事大辑》第1辑，武汉出版社，2014，第124页。
[3] 天津市地方志编修委员会编著《天津通志·公安志》，天津人民出版社，2001，第154页。
[4] 《饭店宾馆业公会请变通营业时间限制办法函并市政府批复》，天津市档案馆等编《天津商会档案汇编（1937~1945）》第4辑，天津人民出版社，1997，第1493~1495页。

等各种饮食店则须提前1小时结束营业。而此次营业时间限制办法引起最大反对的是对旅馆在晚12点打烊的规定。此限制办法一经出台，天津市饭店宾馆业公会就向商会反映难以执行。因晚12点后乘火车来津需要投宿的旅客众多，闭门不纳既有悖人情，又于旅馆业营业大有损失，请商会转请有关当局对营业时间限制办法进行改善。伪天津市政府无奈只得稍作变通，规定无饮食设备和妓女的旅店在晚12点后，可以接待有家眷和携带行李的旅客，其余仍不准通融。

天津自开埠后，屡遭战乱波及。八国联军入侵和"壬子兵变"都对天津商业和城市发展造成了很大的破坏。1922~1928年短短几年间，天津更是先后经历了二次直奉战争、国民军反奉战争、直鲁联军与国民军的战争以及国民革命军的北伐。此后至1937年被日军侵占前才有一个相对稳定的时期。战争时期，为了维持社会治安，防止发生意外，天津华界经常实行戒严。"疑是金吾名复旧，夜来处处禁行人"，① 这首竹枝词恰是当时情况的写照。戒严多在晚12点至次日早晨5点之间，有时甚至可能提早到晚9点左右。② 因戒严期间禁止通行，各休闲娱乐场所均需提前结束营业，营业因此大受打击。当时南市地区就深受其害，"各街市马路商号均提早闭门，其一种冷清之状，为从来所未有。虽盛称繁华之南市，亦转为冷落"。③

在一些具有特殊意义的纪念日，如九一八国难纪念日和孙中山奉安大典举行期间，南京国民政府和天津市政府还通过禁止公共娱乐场所营业的举措，试图以此来激发和培育民众的爱国情怀，并强化其政治认同感。④ 1928年后，南京国民政府发起了依靠行政命令废除旧历、推行国历的运动。为了让社会上包括一般商家在内的普通民众尽快接受国历而废用旧历，特别规定将以往旧历新年的假期与各种习俗移用到国历新年。⑤ 在此情形下，天津市党部发文给天津商会令通知各商户，1931年国历新年各界

---

① 冯文洵：《丙寅天津竹枝词》，雷梦水、潘超等编《中华竹枝词》，北京古籍出版社，1997，第469页。
② 《本埠情况紧张》，《大公报》1928年6月9日。
③ 《南市黯淡情形 各商号提前闭门》，《益世报》1928年6月8日。
④ 《九一八二周年纪念》，《大公报》1933年9月19日；《景星影院来函》，《大公报》1929年5月29日。
⑤ 参见左玉河《从"改正朔"到"废旧历"——阳历及其节日在民国时期的演变》，《民间文化论坛》2005年第2期。

休假5天，旧历新年商店等一律不准休业。① 不过，从实际效果看，很少有商家照此规定实行，② 这一规定后来也不了了之。

为了实现延长营业时间的需求，天津各休闲娱乐场所往往会通过商会向有关当局转达自己的要求，如1926年除夕晚申请解严就是一个很好的例子。天津商业习惯，除夕晚通宵营业以互相清理欠账。1926年旧历除夕，恰逢戒严期间，凌晨1点以后即禁止行人来往。天津商会为此特出面向相关当局申请除夕夜整夜不戒严，结果皆大欢喜。③ "张罗年事商民喜，共道今宵不戒严"，这首竹枝词生动反映了民众和商户当时的欣喜心情。④ 个别商户会以增加营业捐为条件与有关方面直接进行协商。如特别一区的各舞场，原规定营业时间为晚11点至翌日凌晨2点，在承诺将营业捐增加至原来近2倍的情况下，被准许将营业时间延长至6点。⑤

另外，各休闲娱乐场所也经常以暂停营业和联合罢市的方法来维护自身利益或表达政治上的诉求。天津商户鉴于"壬子兵变"等被抢的惨痛教训，每逢战乱或社会局势不稳的情况下，为避免财物受到重大损失，往往一有风吹草动，即关门停业，或迁往租界，晚间更是早早关门。而休闲娱乐场所通常被视为社会稳定和市面繁荣的晴雨表，因此一旦普遍关门停业，很容易招致社会恐慌。在这种情况下，有关当局常不得不出面劝令其开门营业。⑥ 面对军阀统治时期的各种苛捐杂税和变相勒索等，各商户也常以停业或集体罢市相抗争。⑦ 1919年五四运动期间，天津商人在商会的组织下进行了罢市，对促成五四运动初期罢免曹汝霖、张宗祥和陆宗舆及保护学生等目标的基本实现发挥了不可忽视的作用。⑧

---

① 《废历元旦概不休业》，《大公报》1931年2月15日；《废历年关问题》，《大公报》1931年1月28日。
② 《废历元旦之光景》，《大公报》1931年2月18日。
③ 《总商会请当局除夕开放夜禁》，《大公报》1927年1月27日。
④ 冯文洵：《丙寅天津竹枝词》，雷梦水、潘超等编《中华竹枝词》，第475页。
⑤ 《逸乐的捐额》，《大公报》1930年12月22日。
⑥ 《张之江总指挥维持治安》，《益世报》1925年12月27日；《津埠商业萧条原因》，《大公报》1926年10月25日；《昨晨华界之虚惊》，《大公报》1928年5月15日。
⑦ 《特种捐惹起大风潮》，《大公报》1927年4月12日；《铜元券与省钞》，《大公报》1927年7月19日。
⑧ 杨兴隆：《天津地区五四运动再研究：民间社会视角的考察》，硕士学位论文，天津师范大学，2016，第14页。

三 改善店员生活与营业：宋则久提议晚9时停止营业案及其争议

近代以来，由于天津各休闲娱乐场所的日营业时间普遍都延长至深夜12点甚至更晚，因此旧式商店里从业人员特别是学徒每日的工作时间都在十六七个小时以上。夏天开门时间早，有5点即开门者，则工作时间更长。①据记载，华贞女子商店女店员每天的工作时间，是从上午8点到次日凌晨1点，这被认为是"中国商店的通例"。②

每日长时间的工作，全年又几乎没有节假日休息，这给从业店员的身体、心理和生活所造成的压力和伤害显而易见。据泰康商场里百岁公司的女店员称，她们每天早上9点开始工作，到晚上12点才能入睡。没有星期，没有放假，"一年到头，等于坐长监。这里空气又不好，一到晚上，市场里的游人众多，空气秽浊，几乎使人气都透不出"。③因此生活基本谈不上快乐，一天到晚没有空闲，身体也日渐衰弱。近代以来，天津的妇女职业有了很大发展，不过旧式商店超长的工作时间让很多人"视为畏途"，一定程度上限制了妇女在这方面的就业。据说华贞女子商店的女学徒，有些"练习了不到几天，便逃回家中"。这让社会上一部分人对妇女产生了一定的偏见，认为商店对于学徒的待遇固有改良之必要，而女子的不能耐劳，亦由此可见一斑。④

"1920年代之后国内劳工运动的勃兴和左翼思潮的兴起，使得关注劳工成为一种新的政治话语和实践。"⑤因此星期日休息和八小时工作制在社会上形成了一定的舆论基础。在这种大环境下，不少人开始关注旧式商店店员工作时间过长的问题，开始提倡缩短营业时间，晚上提早打烊，"盖一人之精力有限，若令终日操作，则身体易致疲惫而不能成健全之商人矣。无健全之商人即无强盛之商店，此则不可讳言者也。故无论大小商店

---

① 《新旧店员的生活》，《大公报》1933年12月26日。
② 《女子商店调查之三：华贞商店（上）》，《大公报》1928年9月7日。
③ 《津市职业的妇女生活十六续——女子商店的店员》，《大公报》1930年3月13日。
④ 《女子商店调查之三：华贞商店（上）》，《大公报》1928年9月7日。
⑤ 湛晓白：《从礼拜到星期：城市日常休闲、民族主义与现代性》，《史林》2007年第2期。

皆宜限制营业时间，使商店与伙友两得其益也"。① 还有一种主张认为，商店的营业发达与否，与商店和店员的关系紧密相关。若缩短营业时间，体恤店员，则店员对工作必然尽心尽力，对营业自然大有帮助。② 总而言之，主张缩短营业时间者一致认为，提前打烊，"对于各业业务以及职工生活定有大大的改善"。③

1924年9月，时任国货售品所经理的天津总商会董事宋则久向总商会提交提议书，请总商会提议召集各商家公决，"均一律于每晚九时停止营业"。在停止营业后，可组织店员补习商业知识。之所以提议缩短营业时间，是认为天津各商号夜晚营业时间过晚，导致商人睡眠不足，不但有损精神，且妨碍营业，"如能一致提前闭门，于商人及商业，均有利益"。而且，"知识为商业发达之要素"，天津商人普遍缺乏商业常识，缩短营业时间可令其有时间补习商业知识。④

此议案后来分别提交天津总商会评议会和行董会议讨论，但几乎没有表示响应和支持者，仅有张荫棠和刘秉纯二人发表了意见。张荫棠认为此提议有利于工商界，不过建议改在晚10点停止营业；而刘秉纯则主张采用轮班的办法。⑤ 因事没有参加讨论会议的天津总商会董事刘豫生则专门写信到总商会表示反对意见，认为由于各行业营业不同，根本难以做到统一营业截止时间。目前各地城市里普遍都营业至深夜，只有乡村铺户打烊较早，"何我津郡通商巨埠与乡村比列乎？"另外，晚9点停止营业，对于9点后到津的过往客商也极为不便。⑥

---

① 张咸焕：《商店与伙友之关系》，《申报》1921年10月24日。
② 嵩：《新新公司星期日完全休息感想》，《申报》1926年1月31日。
③ 依存：《营业时间问题》，《职业生活》第2卷第5期，1939年。
④ 《会董宋则久提议公订夜晚营业九时截止并酌添常识补习文并附刘豫生驳正函》，《天津商会档案汇编（1912~1928）》，第1922页；《纪总商会行董会议》，《大公报》1925年3月3日。
⑤ 《纪总商会评议会》，《大公报》1925年2月22日；《纪总商会行董会议》，《大公报》1925年3月3日。
⑥ 《会董宋则久提议公订夜晚营业九时截止并酌添常识补习文并附刘豫生驳正函》，《天津商会档案汇编（1912~1928）》，第1923页。

四 城市基础设施建设与夜生活的活跃：夜晚营业的两大重要推手

天津自古以来就是北方一个重要的商业城市。1860年开埠以后，在短短几十年的时间迅速发展成为全国第二大工商业和港口贸易城市。由于政治、军事地位的提升，经济的发展，以及西方思想文化的冲击和影响等，天津在这一时期也完成了从传统城市向近代城市的转变。城市包括公共照明、道路等基础设施的建设以及近代公共交通系统的形成，不仅极大促进了商业的发展，而且也使其在夜晚营业成为可能。

开埠之前的天津，因无路灯照明，夜晚室外几乎完全笼罩在黑暗之中，"非皓月当空，对面则不见人"。[①] 天津开埠之后，租界地区最先引入西方市政管理经验，最早实施了路灯照明。19世纪80年代就呈现出"路灯列若繁星""车驴轿马，辄（彻）夜不休"的前所未有的夜间景观。[②] 路灯最初是用煤油灯，90年代开始改用煤气灯。庚子之变后，都统衙门统治天津，"挨户谕令燃灯"，[③] 华界开始普遍有路灯照明。此后公共照明被纳入市政建设范围之内，经过长期努力，1931年，天津华界路灯总数达到了6043盏。[④] 20世纪二三十年代，随着电灯照明的日益普遍，天津的夜晚开始变得明亮起来，所以乡下人进城，就有"城里全是白天"的感觉。[⑤] 路灯的装设，使夜晚的城市变得更加安全，也大大方便了民众出行。同时，它又在很大程度上改变了夜晚城市单调的样貌，与建筑物的灯光、霓虹灯等一起赋予了城市特有的"灯光连市，一派富丽"的动人景致。[⑥]

开埠前，天津的道路多狭窄且崎岖不平，行走非常困难。[⑦] 天津开埠

[①]《刘主事丐烛读书》，（清）戴愚庵：《沽水旧闻》，张宪春点校，天津古籍出版社，1986，第69页。
[②]（清）张焘：《津门杂记》卷下《外国租界》，第123页。
[③]《续天津阖郡电灯公司章程》，《北洋官报》第175期，1903年。
[④]《函复北平市公务局津市马路长度及路灯种类数目文》，《天津市工务月刊》第1期，1931年。
[⑤]《光明下的群众》，《大公报》1929年1月6日。
[⑥] 兆鹏：《认识了天津（二）》，《大公报》1930年9月26日。
[⑦]《津门琐志》，《益闻录》第239期，1883年；《津门杂志》，《益闻录》第404期，1884年。

后，租界当局首先在界内采用近代技术修筑道路，最初多为土路或炉灰路，后来改修碎石路和沥青路。截止到1937年7月，各国租界前后共修建道路200多条。① 光绪九年（1883），天津地方政府成立工程局，仿照租界模式修建和管理城市道路。20世纪初，随着城市里汽车越来越多，为便于机动车行驶，开始将部分土路改为碎石路，并对很多道路进行了拓宽。1921年，天津市政当局还规定，筑路必须设置人行道。②

随着现代化道路的修筑，以电车为中心的近代化的公共交通系统也在天津形成。③ 电车和人力车成为天津民众最常用的交通工具，极大地扩大了人们的活动范围，使居住地与休闲娱乐场所在空间上的分离成为可能。而且，当时电车和人力车的运营时间也保证了人们在深夜的出行。据记载，20世纪前期，天津电车通常早晨不到6点就开始出车，直到次日凌晨1点左右才收车；④ 而人力车夫也常常拉客到凌晨一两点才休息。⑤

近代天津活跃的夜生活无疑直接带动了休闲娱乐场所营业时间向深夜延伸。1900年天津城墙的拆除，使天津的夜晚在空间上得以完整和开放起来。随着城市的发展，传统日出而作、日落而息的生活方式和观念逐渐被打破，城市里形成了晚睡晚起的习惯和风气。⑥ 白天劳作、夜晚外出休闲娱乐日渐成为生活常态，其结果就是，"夜的都市里，灯光耀煌着，人拥拥挤挤的比白日还多，车马的杂音也比白日来得响亮"。⑦ 各休闲娱乐场所自然不会放过这样的商机，于是营业时间随之延长。人员的聚集也造成晚间营业更为兴盛的现象。⑧ 时人已察觉到这两者间的关系，所以指出："目下因为人全睡的晚，所以门市买卖铺，门亦关的晚。"⑨ 前述华界电影院和

---

① 天津市地方志编修委员会编《天津通志·城乡建设志》（上），天津社会科学院出版社，1996，第263页。
② 《天津通志·城乡建设志》（上），第264页。
③ 刘海岩：《电车、公共交通与近代天津城市发展》，《史林》2006年第3期。
④ 晓光：《天津的晚市与鱼市》，《大公报》1933年3月26日；《戒严时间缩短后，各界均感便利》，《大公报》1928年3月29日。
⑤ 《天津的人力车夫》，《大公报》1933年3月28日。
⑥ 《日光与灯光》，宋则久：《宋则久论著》第4卷，天津国货售品所，1933，第292页。
⑦ 韩弓：《天津市之夜景》，《星华》第11期，1937年。
⑧ 如电影院和戏院一般晚上上座率最高。南市营业时间最活跃的时间段为下午4时至晚11时。见《为缩短戒严时间以利交通救商民困苦等事禀商务总会诸位大人请议书》，天津市档案馆藏，档案号：J0128-3-002627。
⑨ 《这个风俗亦是改改好》，宋则久：《宋则久论著》第4卷，第289页。

商场与租界营业时间上差别的原因也证明了这一点。正是因为"华界居民多半早睡",[①]所以营业开始和结束的时间都不得不比租界里的提前一两个小时。

五 余论

通过考察天津休闲娱乐场所营业时间的相关问题可见,近代天津城市基础设施建设有了很大发展,公共照明、道路修建和公共交通系统的形成,极大地推动了城市夜生活的活跃和营业时间向深夜延伸。城市里开始形成晚睡晚起的习惯,夜晚外出休闲娱乐成为生活常态。各休闲娱乐场所的营业因此也表现出以晚间最为活跃的现象。华界由于多为一般劳动大众,所以睡眠较早,从而形成了营业时间与租界的差别。

近代天津的城市管理制度日趋完善,公共娱乐场所成为治安防控的重点。不过,随着城市生活的发展,对旅馆等营业时间的限制已不现实。天津商会在商家和官方之间发挥了上传下达以及一定程度"制衡国家的功能与作用"。[②]近代天津旧式商店店员的工作时间过长,在某种程度上限制了妇女在这方面的就业。工作时间过长问题也开始引起关注。

作者:成淑君,天津社会科学院历史研究所

(编辑:张弛)

[①]《娱乐之一斑(十五)》,《益世报》1931年2月23日。
[②]朱英:《转型时期的社会与国家——以近代中国商会为主体的历史透视》,华中师范大学出版社,1997,第494页。

·思想观念与文化·

从天津法律学校看明清法律与社会的关系[*]

王 静

内容提要：明清时期，天津曾先后出现过涌泉寺、天津中西学堂以及北洋法政学堂三个官方法律教育"学校"。通过对以上三所学校"建筑空间"及其"文化－符号"意义的剖析，可以发现从代表神圣等级秩序的"涌泉寺"，到试图融通中西法律文化的"中西学堂"，再到强调礼法结合的"北洋法政学堂"，明清时期天津的法律教育发展经历了鲜明的阶段性变迁，而这一变迁始终与明清社会发展趋势相契合，从"个案"与"地方"观察中体现了"整体"的历史变迁。

关键词：明清 天津 法律学校教育

在中西文化碰撞下的晚清社会，伴随着中国社会进程的巨变，各种力量背后的个体、群体常常利用各种政治、文化和社会资源，通过日常生活实践以维护和重建自己在社会秩序中的地位。[①] 这一变化，在开埠城市表现得尤为明显。关于影响中国近代城市发展的因素，国内学者或是强调外力对城市化的启动和推动作用，[②] 或是从城乡关系的角度来探讨近代城市的发展，[③] 或是

---

[*] 本文系天津社会科学院重大研究（招标）课题"天津历史九讲"（项目批准号：15YZDZB－027）阶段性成果。

[①] 〔美〕戴维·斯沃茨：《文化与权力：布尔迪厄的社会学》，陶东风译，上海译文出版社，2006，第157页。

[②] 何一民认为外力对近代城市的发展起着重要的作用，经济成为城市发展的主要动力，经济中心城市优先发展效应显著。涂文学也强调，近代中国社会内部由于不具备"工业化"这种原动力，导致近代中国城市经济、社会、市政、文化殖民化半殖民化以及城市分布格局和城市功能畸形变态等，出现了"被城市化"特征。何一民：《农业·工业·信息：中国城市历史的三个分期》，《学术月刊》2009年10月；涂文学：《外力推引与近代中国"被城市化"》，《江汉论坛》2018年10月。

[③] 张利民认为，近代以来城乡对立的关系不仅没有得到缓解，反而出现城乡发展脱节、城乡差距迅速扩大趋势。没有了乡村的支持，再加上城市自身发展动力不足，近代中国城市整体发展滞后。张利民：《城市史视域中的城乡关系》，《学术月刊》2009年10月。

从大众日常生活中寻找近代城市发展的动力,① 或是借助"空间"概念探索中国城市演化的规律,② 等等。基于以上学术观点的支撑,本文以法律"学校"为研究对象,通过分析法律教育的国家与社会职能,探讨明清法律与社会的关系。

明清天津城市史中,先后出现了三所在时间上有相继关系,在空间上互为独立关系的法律、法政"学校"。③ 它们在不同时期承担了符合时代要求的培育法律人才的任务,但又在各自培育目的上有着较大差异。这种变化,也折射在这三所学校的外部环境、建筑空间特征以及对空间的使用上。可以说,这三所前后相继的法律学校,是三个具有典型意义的"空间""场所",从中可以观察明清社会发展中"法律教育"所承担的国家与社会职能。笔者不揣冒昧,试利用"文化-符号"学的方法,对此做一个历时性观察,并祈方家指正。

一 建筑、文化与符号

意大利符号学家安伯托·艾柯(Umberto Eco)认为:"假设所有文化现象实际上都是符号系统,或者文化可以被理解为交流——那么它无疑会发现自己面临最大挑战的领域之一是建筑。"为什么艾柯将建筑视作符号学的特殊挑战呢?主要是因为日常生活中人们所见到的大多数建筑对象,主要不是出于"交流"的目的,而是履行一定的使用功能。例如,没有人会怀疑屋顶遮蔽风雨、玻璃杯可以喝水的作用。因而,人们很容易忽视"建筑"作为一种空间符号所具有的"交流"(即传递"意义")功能。为此,艾柯从"物质"和"文化"两个层面,区分了"建筑"的符号意义:

---

① 黎志刚:《从日常生活研究理论和方法探讨近代中国城市发展》,《北京论坛(2017)文明的和谐与共同繁荣——变化中的价值与秩序:历史和全球视野中的社会转型论文与摘要集》,2017年11月2~5日。
② 陈蕴茜认为近代以来,中国社会从传统向现代全方位转型,城市也随之转型,其外在空间形式变化最为剧烈,并引发社会结构的变化。因此,通过"空间"既能发现近代城市的肌理,也能映射出近代城市的转型过程。陈蕴茜:《空间维度下的中国城市史研究》,《学术月刊》2009年10月。
③ 三所"学校"分别是明代的涌泉寺、晚清的天津中西学堂和法政学堂。其中,明代的涌泉寺虽是官方进行法律教育的场所,但并不属于真正意义上的法律学校。

"物质"上,建筑能够履行一定功用,这是其主要功能;同时在文化上,"建筑"作为符号对象也传递文化意义。[1]

艾柯将"建筑"视作"符号"来分析,显然是受到西方学术界20世纪60年代后"文化/符号"转向的强烈影响。如克利福德·格尔茨(Clifford Geertz)认为,"文化"不是一个包罗万象的宽泛概念,而是一个符号[2]学概念,是人们"使用各种符号来表达的一套世代相传的概念,人们凭借这些符号可以交流、延续并发展他们有关生活的知识和对待生活的态度"。[3] 他的文化-符号观有三个特征:其一,解释符号的意义是理解社会秩序的必要条件,因此对文化的分析并不寻求科学规律,而只是寻求"解释";其二,"意义之网"并非社会实在,而是学者强加的"建构",是对事物的"再现";其三,通过文化-符号及其相互连接所建立的意义之网,可以解释人类社会和社会秩序中具有规范意义的社会关系,可以观察不同的社会。

对格尔茨这种后现代的、完全忽视历史实在而只重视历史解释的文化-符号观,詹姆斯·克利福德(James Clifford)和乔治·马库斯(George E. Marcus)表达了相反的观点。在他们看来,"意义之网"不仅存在于文本中,也存在于被研究的社会中,文化是一个行为、权力关系、斗争、矛盾和变化贯穿其中的实践活动领域,[4] 他们将注意力集中在了人们如何生产文化-符号上。总之,学者们普遍认可文化是人们理解世界并据此采取行动的象征意义系统。[5] 人类学者的文化研究,是运用"深描"的叙事方式对一整套象征性的文化符号进行解释和重构,以解释意义、符号

---

[1] Neil Leach, *Rethinking Architecture: A Reader in Cultural Theory* (Psychology Press, 1997), pp. 173 – 175.

[2] 符号(symbols)是人类学的一个重要概念。当人们一致同意某一词语、图画或手势代表一种观念(比如一个人,像飞行员)、一个物体(如箱子)或者一种情感(像轻视)时,符号就产生了。只有当这一过程完成后,一个传达共享观念的符号才会被产生出来。〔英〕阿雷恩·鲍尔德温等:《文化研究导论(修订版)》,贺玉高译,高等教育出版社,2004,第4页。

[3] Raymond Williams, *Keywords: A Vocabulary of Culture and Society* (London: Oxford University Press, 1983), p. 87.

[4] William H. Sewell Jr., "The Concept (s) of Culture," *Practicing History* (Routledge, 2004), pp. 35 – 61.

[5] John R. Hall, "Cultural Meanings and Cultural Structures in Historical Explanation," *History and Theory*, Vol. 39 (2000): 331 – 347.

与行为的关系,并揭示新文化模式的出现。文化人类学家则主张文本分析和文本实践,关注对事物表面文化符号的解释与重构,强调的是一种主观与任意,强调社会能动者对符号、话语本身意义的作用。本文更倾向于第二种看法。

基于以上的理论方法思考,笔者认为,明清天津建立的三所法律学校,从功能上来讲,显然具有"实用"功能;但在这些法律学校的规划、布局、建设和使用中,又反映了当时人的思想与意图,又具有第二层"文化-符号"的意义:其在天津城区的地理位置、建筑外形、功能划分、空间环境等方面隐藏着丰富的文化含义,借助"符号""叙事"等文化分析工具,可以解释、重构与"法律学校"有关的社会群体或个人的思想、信仰、习俗以及仪式等文化因素的意义。当然,作为不同时期的产物,其所折射的文化是社会结构和社会变革的重要组成部分,意义的建构应放置于社会结构、社会行为和文化体系的历史变革之中。

在下文中,笔者即以明清天津三所法律学校为主线,从实际功能与文化意义两个层面,通过对三个"场所"功能与符号象征的替换、修改、保留的阐释,进一步揭示明清以来天津法律文化转型和社会变革的相互过程。

二 涌泉寺:"摄法归礼"与传统社会的法律教育

根据传统君权理论,律令是界定君臣等级秩序,维护君权统治和社会秩序的有效工具。《史记·儒林列传》称律令"明天人分际";《唐律·名例律》也谓"王者居宸极之至尊,奉上天之宝命,同二仪之覆载,作兆庶之父母。为子为臣,惟忠惟孝"。《大明律》《大清律例》甚至专门制定"讲读律令"条文要求臣民遵守行为规范或道德训诫,以维君、民间礼法之序。律令经由统治者的制定与颁行获得了合法权威性,地方官员通过对宣讲场所、仪式、宣讲人、宣讲内容等符号的意义解释或转喻使之神圣化,被加以尊崇,并使这种神圣化的秩序得以永久化和自然化。

明代,卫学虽然是天津官办学校教育,以教授礼、乐、射、御、书及数等六科为主，但位于天津城内的涌泉寺①却是官方讲读律令、平息乡民之讼的主要场所。涌泉寺是官方所建，除宗教信仰外，还承担着为皇帝祝寿、为国家祈福等功能。明成祖曾在此祈福，后明宣宗征乐安州时也曾驻跸于此，并赐金幡两座。正统年间，曾经修缮。至明弘治三年（1491），进士甲科刘福以按察副使身份奉玺置司天津，重新对涌泉寺进行了较大规模的整修。

刘福整修涌泉寺有三个背景。其一，天津三卫自"都北以来，兵备加严，地重事殷，无所责成"。② 其二，卫城行政因"三卫势均，纷无统纪"，导致"卫既武置，无州县，承平之余，故习未改，则肆为强戾"。同时，"讼狱繁起，越诉京师者治无虚月；往来舟楫夫役之费不统于一，上下病之"。③ 其三，"习仪之所"涌泉寺"止旧堂十有二楹，卑陋弗称，且其前地狭"，致使"讲肆礼文多不能如式"。④ 礼制的缺失，导致涌泉寺失去了与统治者相匹配的威严以及君权神授的印记。

为重建制度和秩序，完善礼仪与法度，整修涌泉寺势在必行。涌泉寺作为礼制的体现者，甚至参与其中的人都可以成为文化的象征符号，有着"器以藏礼"和"以器显礼"的重大使命。所以整修涌泉寺这一"清寂之境"及强调其所衍生的文化可以进一步定社会之序。

扩寺址，以"修礼乐之容、明上下之等"，强化"君权神授"的崇高地位。涌泉寺位于卫城南，地势低洼且有大水坑在旁，整个寺庙空间狭小，不但"讲肆礼文多不能如式"，就连"入觐者，前期及此或拜于舟中展敬而已，莫可致力"。于是，刘福"募工鸠材拓地若干步"以扩大涌泉寺规模，同时下令停止其他寺庙的一切修葺工程，"撤而用之涌泉"。整修后的涌泉寺，前殿和华丽的伽蓝殿是习仪之地，后殿则设有专门为皇帝更

---

① 最初天津有三处涌泉寺，分别位于城南门内、大直沽和小直沽。后南门内的涌泉寺成为官方祈福的主要场所，香火日渐旺盛，最后取代了大、小直沽的涌泉寺。《涌泉寺》，《重修天津府志》卷25，天津市地方志编修委员会编著《天津通志·旧志点校卷》（上），南开大学出版社，1999，第1003页。
② 程敏政：《重修涌泉寺记》，《天津卫志》卷4，《天津通志·旧志点校卷》（上），第74页。
③ 李东阳：《修造卫城旧记》，《天津卫志》卷4，《天津通志·旧志点校卷》（上），第72页。
④ 程敏政：《重修涌泉寺记》，《天津卫志》卷4，《天津通志·旧志点校卷》（上），第74页。

衣的具服殿，僧舍则"听筑于垣外"。一时间，"圣旦、令节及元会、长至四大礼"皆习于涌泉寺，且"习仪之际，陛墀高广，宫宇靓深，仪卫具陈，冠裳就列，俨乎若六龙当御，八佾在县，典谒者有所藉……观者啧啧，知礼之当肃也若此"。①

涌泉寺是官方讲读律令、教化诸民之所。与汉魏至唐宋时期不同，明清不仅撤销了专门培养法律人才的学校——律学馆以及主管律学的"律博士"，也取消了"明法科"的开科取士，代以督促官吏学习法律的讲读律令制度。虽不设律学专科，但明清政府要求中央和地方官学以及私学、书院须设法律课程，教授生员学习律令；约正等"耆老李章"每隔半月须集合本里人宣讲圣谕，调处纠纷；而民间百姓如能通晓律令，也可享受减免刑罚的待遇。涌泉寺既为"祝厘之所"，②每月朔望，地方官员自然就会推举出有年有德的乡耆在涌泉寺讲明条谕，平息乡民之讼。③

秩序的生成与维系需要依赖某种制度设置，而这一设置的功能取决于具体的文化背景与具体场域资源配置情况。④ 传统君权社会，"摄法归礼"是社会等级秩序的重要体现。法作为保障"礼"维持社会秩序的手段，不论是制定还是实施，都是基于维护礼制社会秩序的前提。整修后的涌泉寺不仅是祈福之所，也是"每年圣旦、令节及元会、长至四大礼"的习仪之所，更承担着"有如韩子之说，可化其徒使归于中国圣人之教者"⑤的教化使命。将涌泉寺作为律令讲读和平讼教化之所，不仅体现了明代社会等级秩序，也反映了明代天津城"摄法归礼"的法律文化传统，并且这种法律文化传统一直延续至清朝。

三 中西学堂："摄公法归礼"与洋务时期的法律教育

鸦片战争后，基于"摄法归礼"文化形成的传统社会秩序受到了来自

---

① 《涌泉寺》，《重修天津府志》卷25，《天津通志·旧志点校卷》（上），第1003页。
② 《寺观宫庙》，《天津卫志》卷3，《天津通志·旧志点校卷》（上），第67页。
③ 《利弊》，《天津卫志》卷2，《天津通志·旧志点校卷》（上），第27页。
④ 麻勇恒：《法、习惯法与国家法——法律人类学研究综述》，《贵州师范大学学报》2015年第6期。
⑤ 《涌泉寺》，《重修天津府志》卷25，《天津通志·旧志点校卷》（上），第1003页。

西方法律文化的威胁。此前,"摄法归礼"之"礼"为"人群社会相交相处所共遵",①"法"自然维护的是"以中央为核心,众星拱北辰,四方环中国的'天地差序格局'的价值本原"。② 随着西方以"万国公法"为原则的"条约"法律文化的侵入,传统社会所奉行的"律依附于儒"的格局被打破。且相较于儒学,清代律学处于一种"国无专科,群相鄙弃"③的局面,律学只不过是"近世之吏,上下其手……不过供其舞文弄法已耳"④的工具。显然,当清廷与西方列强进行外交、商事对话时,原有的法律条例和背后的法律文化均无力与西方抗衡。

直至甲午战败,种族存亡自觉弥漫全国,光绪下《定国是诏》以求自强之策。时任天津海关道的洋务派盛宣怀认为自强之道,以作育人才为本,求才之道,以设立学堂为先。⑤ 建议在北方洋务中心、中西文明交汇之地天津创建西式学堂,即"天津中西学堂",学习西方文化和西方法律,培养交涉人才。1895年10月2日,天津中西学堂成立。

借博文书院⑥基址,改书院为学堂。传统书院一般坐北朝南,呈四合院式布局,如问津书院"其地高阜而面阳,形家以为利建学,位其中为讲堂,堂三间,前为门,后为山长书室;而环之以学舍,凡六十有四间",⑦规范中见谨严。而中西学堂采取了西式学堂建筑,建筑外形为德式风格,"全部校舍为四合式大楼和相连的楼房、平房";⑧ 同时为满足学堂分科授课且学生数量欲招百余名,所需房屋必须宽大⑨等需求,学堂建筑用地达110余亩,地上高一尺五寸,平屋高十七尺,楼高十五尺。⑩ 基址之宏敞,

---

① 钱穆:《论语新解》,九州出版社,2011,第51页。
② 葛兆光:《中国思想史》第1卷,复旦大学出版社,1998,第130页。
③ 赵中颉主编《中国古代法学文选》,四川人民出版社,1992,第300页。
④ (清)王韬:《变法》(中),陈恒、方银儿评注《弢园文录外编》,中州古籍出版社,1998,第55页。
⑤ 《奏设天津中西学堂章程》,《时务报》第8期,1896年,第8~10页。
⑥ 博文书院是时任直隶总督李鸿章为"教授西学培植人才以为国家之用"而委托津海关税务司德璀琳创建。因二人"意见不合,筹款维艰",书院建成后蹉跎十年未能开班授课。
⑦ 陈谷嘉、邓洪波主编《中国书院史资料》中册,浙江教育出版社,1998,第917页。
⑧ 中国人民政治协商会议天津市河西区委员会文史资料委员会编《河西文史资料选辑》第5辑,中国文史出版社,2004,第147页。
⑨ 《奏设天津中西学堂章程(续)》,《时务报》第11期,1896年,第6~9页。
⑩ 《天津纪实》,《申报》1887年8月8日,第3张。

工程之巩固，房屋轩敞，气象崇闳，不仅是紫竹林洋楼之冠，① 在津郡华洋各屋宇中也是首屈一指。②

聘洋人总教习，改科举培养为专业人才培养。传统天津书院专课制艺试帖，并以"预修文章策略"和"试卷纸字数俱与廷试无异"见长，天津士子也因"习之有素"而"春榜入词林者络绎不绝"。③ 与书院不同，中西学堂提出"入专门之学，不能躐等"④ 的教学目标，在总教习美国人丁家立的策划下，中西学堂的培养方式呈现两个主要特点。其一，兼具本科和预科，以研习西学为主，而非"尽量贴近中国传统的儒学学府"。⑤ 分为头等和二等学堂，分别相当于大学本科和预科，修业年限各四年，循序渐进，避免了以往"学无次序，浅尝辄止"的情况。其二，初级教育以中文为教学语言，高级阶段则以英文授课为主。⑥ 课程设置上，聘请洋教习围绕西方语言文字、自然科学和社会科学等内容，分别教授几何学、三角勾股学、格物学、笔绘学、各国史鉴、作英文论、翻译英文等普通学以及法律、土木工、采矿、冶金和机械工等专门学课程。其中法律一门，从第一届学员王宠惠的毕业证书看，涉及通商约章、法律通论、罗马律例、英国合同论、英国罪犯律、万国公法、商务律例、民间诉讼律（即民事诉讼法）、英国宪章、田产易主律例、船政律例（即海商法）、听讼法（即刑事诉讼法）等科目。⑦

如果说中西学堂的培养体系，反映了洋务派在教育体系上与西学的融合，反映了从"摄法归礼"到求"弥合融通"的转变；那么学堂在教学内容上对万国公法等法律课程的传授，则反映了晚清中国人试图在新的国际关系中构建一种融通秩序，以谋求与列强进行交涉对话。

---

① 《津沽秋汛》，《申报》1888 年 9 月 24 日，第 2 张。
② 《培植人才》，《申报》1889 年 2 月 20 日，第 1 张。
③ 《志余随笔》，《天津通志·旧志点校卷》（下），第 732 页。
④ 《奏设天津中西学堂章程》，求是斋校辑《皇朝经世文编五集》，上海宜今石印本，清光绪二十八年，第 126 页。
⑤ 张世轶：《清末传统教育视阈下的西学教育——从丁家立和中国第一所大学堂规划书谈起》，《教育史研究》2017 年第 1 辑。
⑥ 《中国教育之改革》，〔美〕谢念林、〔美〕王晓燕、〔美〕叶鼎编译《丁家立档案》，广西师范大学出版社，2015，第 184 页。
⑦ 张生主编、邹亚莎副主编《中国法律近代化论集》第 3 卷《法律任务专辑》，中国政法大学出版社，2016，第 158 页。

中西学堂采用的《万国公法》课本，是由美国传教士丁韪良汉译美国学者惠顿《国际法原理》一书而成。按照丁韪良的说法，他认为《国际法原理》是欧洲公认的一部全面公正的著作，尤其在英国，该书是外交官考试的教科书。[①] 问题的关键是，中西学堂为什么能够接受"万国公法"作为律例学的主要课程。

《万国公法》是不是西方引入中国的"特洛伊木马"，不论是西方还是清廷都质疑。西方人认为，《万国公法》引进中国后，会提升中国法律水准，进而使其"逐步意识到，他们与西方国家签署的条约，（尤其是治外法权）其实是篡改了西方和欧洲国家之间通行的惯例"。[②] 清廷部分官员认为引进《万国公法》，是"转强中国以必行之礼"。[③] 然而，翻译刊印《万国公法》得到了恭亲王奕䜣的大力支持，他专拨500两白银交付崇实印书馆刻印，总理衙门留300部，各通商口岸1部，天津自然也不例外。奕䜣之所以着力推广《万国公法》，可以从其奏折中看出端倪。他认为此书"其中亦间有可采之处，"且"大清律例，中国并未强外国以必行，岂有外国之书，转强中国以必行之礼？"[④] 按照奕䜣的逻辑，《万国公法》所制定的国际法准则是建立在中国与西方对等的国际地位上的。[⑤] 与奕䜣强调《万国公法》的"可采之处"不同，时任直隶总督李鸿章则将《万国公法》视为"中国之义理。其事弥纶于性，始条贯于经"。[⑥] 认为丁韪良所翻译的《万国公法》，一是遵循自然法之规则，即"性法"，"将诸国交接之事，揆之于情，度之于理，深察公义之大道，便可得其渊源矣"；二是遵循国际对等原则，即"治法"，"权行于外者，即本国自主，不听命于他国

[①] 丁韪良：《万国公法》，崇实印书馆，1864，序言，第3页。
[②] 转引自刘禾《帝国的话语政治：从近代中西冲突看现代世界秩序的形成》，杨立华等译，生活·读书·新知三联书店，2009，第165页。
[③] 《总理各国事务恭亲王等奏》，蒋廷黻编著《近代中国外交史资料辑要》上册，东方出版社，2014，第328页。
[④] 《总理各国事务恭亲王等奏》，蒋廷黻编著《近代中国外交史资料辑要》上册，第328页。
[⑤] 1864年普丹战争期间，普鲁士公使乘坐军舰来华，在天津大沽口海面无视中国主权，擅自扣留三艘丹麦商船。奕䜣利用《万国公法》有关条文提出抗议，指出该水域为中国"内洋"，按照公法原则，应归中国管辖。并称如果普方不释放被捕商船人员，中国将不予接待。最后，普方被迫归还了两艘丹麦船只，并赔偿第三商船1500英镑。
[⑥] 李鸿章：《公法新编序》，转引自刘禾《帝国的话语政治：从近代中西冲突看现代世界秩序的形成》，第185页。

也。各国平战、交际,皆凭此权";① 三是符合中国礼家之天下大同理想秩序,即"国际法",认为其中所论公法权利及调处免战各事,皆以仁心为质,可绝列辟忿懥之源,而广生民之福,颇合中国礼家之言。②

晚清中国引进近代西方国际法,使西方法律观念与传统儒家法律观念相遇,这既是国际法在近代国际新秩序构建过程中的一个案例,也是洋务时期人们基于传统礼制和王道政治原则,赋予《万国公法》"普遍正义性"的反映。③

天津中西学堂试图通过在西学与儒学中间寻找一种内在的契合,以达到自强之目的。这固然与洋务派将西方法律视为一种工具性知识有关,像李鸿章虽然采取更为开明的态度,但也只看到订立和遵守条约在交涉过程中的作用。不可否认,《万国公法》等法律书籍的翻译也有比附中学之意,这使得洋务时期大多数思想家只看重"大同",希望将此等法律作为中外谈判解决矛盾、防止战争的有效手段,而忽略了对传统文化的自我反省,对内政的积极变革。④

四 北洋法政学堂:"法政并举"与清末新政时期的法律教育

1900年,面临"国权侵削、民利亏损、国威不振、几难自立"的"庚子巨创"危局,清廷欲恢宏治道,伸自主之权,进文明之治,甚至"举他族而纳于大同",只有变通内政,改定律例,进行司法制度层面的改革。那么,以"教授法律、政治、理财专门学术""造就完全政法通材"为宗旨的法政学堂自然成为"他日创制之本原"。⑤

---

① 赖骏楠编著《宪制道路与中国命运:中国近代宪法文献选编(1840~1949)》上卷,中央编译出版社,2017,第29页。
② 李鸿章:《公法新编序》,转引自刘禾《帝国的话语政治:从近代中西冲突看现代世界秩序的形成》,第185页。
③ 王中江:《世界秩序中国际法的道德性与权力身影——"万国公法"在晚清中国的正当化及其依据》,《天津社会科学》2014年第3期。
④ 关于洋务派对《万国公法》的态度,参见范广欣《从三代之礼到万国公法:试析郭嵩焘接受国际法的心路历程》,《天府新论》2016年第4期。
⑤ 《隆平县设立公议局警务研究所禀请核示文并批(续)》,天津《大公报》1906年7月21日,第3版。

1907年，位于天津河北堤头村新开河河坝下（现河北区志成道33号）的北洋法政专门学堂建校。该学堂占地4200平方米，采用当时天津新式学堂的普遍建筑风格，校舍为中西合璧砖木结构两层建筑，豆青色条石奠基，墙面是伊奥克尼古典柱式，校门用拱券式，房檐部有栏杆式女儿墙。[①]

以"法政"为名，易"天下服德"之意为"法律与政治"，强调法律与政治人才的结合。北洋法政学堂是中国历史上第一所法政类专科学校，该学堂以"法政"而非"法律"命名，源于晚清官方对西方法律的认识，是从工具性向制度本源性转变的结果。首先，从"法政"的词义考虑，传统社会语境下，"法政"不仅有"法政独出于主，则天下服德"[②]之意，即法律与政令；也有"法政而德不衰，故曰王也"[③]之礼俗与道德含义。近代以后，"法政"一词发生转义，逐渐由传统社会的多重含义，简化为单指与法律和政治有关的各种学问的统称，如《丁未年法政学报发刊词》将"法政思想"解释为政治思想和法律思想。[④]其次，除了"法政"本身已包含有法律的含义外，晚清政府对通达权变政治人才的需求也提升了政治学的地位。以法政为名，既是适应"世界日新，世变日亟"的国际形势，也是造就研精中外法律、各具政治知识、足资应用的吏治人才，[⑤]并解决"中国政治之不修，实缘官吏之不学……于国家政令条教与夫当世之务皆素所未谙"[⑥]的重要途径。而且，作为晚清新政试点，北洋法政学堂也是袁世凯在天津推行新政、培养新式法政人才的起点。

聘日本法律专家，改国人传统政治观。如前所述，中西学堂对西方法律的引介主要还是停留在"西艺"层面，并未从观念上真正意识到国家盛衰与法律之关系，这与中国传统"法在礼下"之政治观不无关系。然而1905年日俄战争后，社会上普遍形成了以日本为师，通过立宪实现富国强

---

① 侯欣一：《天津近代法学教育之北洋法政学堂》，张士宝主编《法学家茶座》第25辑，山东人民出版社，2009，第88页。
② 黎翔凤：《管子校注》（下），中华书局，2004，第1212页。
③ （清）王聘珍：《大戴礼记解诂》，中华书局，2011，第148页。
④ 《丁未年法政学报发刊词》，《北洋法政学报》第17期，1907年，第1~3页。
⑤ 《修律大臣订定法律学堂章程》，潘懋元、刘海峰编《中国近代教育史资料汇编·高等教育》，上海教育出版社，2007，第133页。
⑥ 欧阳弁元：《酌拟课吏馆改设法政学堂章程禀（并批）》，潘懋元、刘海峰编《中国近代教育史资料汇编·高等教育》，第132页。

民的理想，"故夫法律者，国家所恃以存立……惟我中国向以人治，不以法治……以无法之国之民立于天演之界，岂不危哉?"[1] 北洋法政学堂亦围绕此目标，聘请日本法律专家来津讲学。比如时任学堂总教习今井嘉幸曾言："西人得行其裁判权于东方，则东方又何以不得行其裁判权于西方?""领事裁判权乃强国挟以凌弱国者，所谓强者之权也。"[2] 日本因学习西方政治经济制度，实现了修改不平等条约、废除领事裁判权的目的，因此他极力推动法政学堂诸生"研究法学，宜预为之备"。[3] 体现在课程内容上，侧重应用类型，如警察法、监狱法、现行租界会审制度、诉讼实习等。

培养士绅近代法政知识，以适应天津地方司法体制改革。现代性的制度建构并不意味着与传统体制的完全割裂，反而遵循着改旧为新的渐进性程式。[4] 将士绅作为法政学堂的主要培养对象，主要是考虑到"中国向来积弊……不惟官与民隔，绅亦与民隔，城绅与乡绅犹隔，往往城关之绅耳闻时法而不能知乡情，乡村之绅心只吝财而不能知事变"。因此为推动新政改革，"必先使绅与绅通，而有以联之，官欲民信，必先使绅为民信而有以导之"。[5] 为此，法政学堂拣选之士绅，品学兼符，乡望素著，且年在45岁以下。同时，学堂不仅在培养目标方面向传统士绅倾斜，如学制设计以速成与专门并重。其中速成科分职班和绅班，学制一年。绅班专收直隶士绅，以造就直隶通晓法政官吏为目的；职班则招收外籍有职人员，以培养律师及谳局人员为主。而且在制度上也优先安排，"入堂毕业后分别奏留，以供任使。至本省士绅各署幕僚，皆有佐治之责，亦分别筹设学堂，兼营并进"。[6]

从三个不同阶段的法律学堂来看，无论是在学堂的实用功能层面，还是在学堂的文化意义层面，都经历了鲜明的阶段性变迁。

---

[1] 《振兴中国何者为当务之急》，天津《大公报》1905年4月22日，第1版。
[2] 中共河北省委党史研究室、唐山市李大钊研究会编《李大钊人格风范》，红旗出版社，1999，第156页。
[3] 《〈中华国际法论〉译叙》，朱文通等整理编辑《李大钊全集》第2卷，河北教育出版社，1999，第3页。
[4] 王先明：《袁世凯与晚清地方司法体制的转型》，《社会科学研究》2005年第3期。
[5] 《隆平县设立公议局警务研究所禀请核示文并批》，天津《大公报》1906年7月20日，第3版。
[6] 《隆平县设立公议局警务研究所禀请核示文并批（续）》，天津《大公报》1906年7月21日，第3版。

明代所谓的"法律学校",建筑属性上是中式传统"寺院"(涌泉寺);建筑功能上,涌泉寺既是寺院也是祈福之所;文化-符号层面上,其最重要的意义在于彰显帝王之圣明威仪,由此变成法度礼制之严明、秩序之井然、人民幸福安乐的威权与首善并重的教化之所;表现在社会功能上,则体现了"法在礼下"以及附庸于儒学的"律学",是如何被利用于改造释道,又是如何通过讲读律令和平息民讼的方式,达到维护统治的意图。因此,当将涌泉寺放在"壮观巍然"[①]的天津卫城中观察时,传递出的是君、臣、民神圣等级秩序的"意义之网"。[②]

天津中西学堂是在19世纪以来清政府逐渐丧失主权,被迫重新加入现代世界秩序的背景下成立的。建筑属性上,是鲜明的西式哥特式建筑空间;建筑功能上,则是为了实现交涉人才的培养以及西学的推广;表现在社会功能方面,中西学堂是清廷为方便与列强交涉,急需培养熟知国际法的人才,不得不放弃天朝大国、唯我独尊的心态,表示愿意在"中外体制不能无异"的前提下进行调整,以作为解决"精英内部有限范围冲突的一种设计"。[③] 中西学堂开设法律门,则是晚清洋务思想家试图通过一种融通中西法律文化的方式,以寻找解决国际争端的途径和人才。

需要指出的是,虽然天津士风在地方政府的推动下,出现了"西学胜人"的趋势,一些传统书院,如集贤书院,除制艺、试帖外,顺应时局增设了经文、策论及天文、算学、时务等科目。人们对那些"鄙八股不屑下场"的士子,也开始"羡其高尚"。[④] 然而,尽管中西学堂以优厚待遇和光明前途吸引优秀才子,但天津本地士子入学者仍寥寥无几,学堂生源多为岭南英秀。[⑤] 因为在科举未废的情况下,以科举谋出身,以士取大夫身份仍为正途。这让中西学堂无形中具有一种"外来者"的殖民属性。

进入20世纪后,基于"外有国际竞争之剧烈,知非立宪而谋国民之发达,则不足以图存,盖大势所趋,终难久抗"[⑥] 建立的北洋法政学堂,

---

[①] 康熙《天津卫志》卷首《图说》,《天津通志·旧志点校卷》(上),第7页。
[②] 张小劲、景跃进主编《理解政治:全球视野与中国关怀——清华政治学系建系九十周年志庆》,中央编译出版社,2016,第65页。
[③] 林林:《法文化建构穿越比较与社会的表象》,西南师范大学出版社,2013,第191页。
[④] 《戏与策论秀才书》,天津《大公报》1903年8月22日,第5版。
[⑤] 《学堂试事(下)》,《申报》1897年4月27日,第1版。
[⑥] 故宫博物院明清档案部编《清末筹备立宪档案史料》上册,中华书局,1979,第31页。

在建筑属性上是中西合璧风格，颇符合晚清政府"节取欧美日本诸邦之成"，"博考外国，参酌变通，择其宜者用之"之意；在社会功能上，反映了晚清新政从单纯强调法律向"法政"的转变，因为"法政"一词由"法"之制度、"礼"之规范到法律与政治的合称，契合了近代以来国人学习西方宪制文明的心态。而法政学堂与天津城的外部连接，是因天津作为北洋缔毂之区、京师门户以及直隶巡道所在地，"法政学堂"成为新政改革的试点之一，其中北洋法政学堂以培养通晓法律与政治的吏治人才而闻名。

总体来看，三所法律学校在建筑"实用功能"与"文化–符号"上的意义，折射了天津地方史之一局部与天津地方史、中国近代历史之整体的关系，体现了个案与地方观察中的整体历史变迁。

作者：王静，天津社会科学院历史研究所暨天津历史文化研究中心

（编辑：熊亚平）

消费的现代性：20世纪初的西式餐饮与都市生活*

田 涛 尹斯洋

内容提要：20世纪初，西式餐饮作为都市生活的新元素，代表着趋新与时尚的社会风气。西式饭店与西餐馆不仅是都市现代景观的构成部分，也是现代生活方式的象征。西餐与都市上层社会成员的身份认同相联系，使西式餐饮消费成为都市精英标榜其社会身份的一个方式。与此同时，西餐与文明、卫生等现代观念建立了潜在的关联，折射出清末都市物质生活的现代性演变趋向。

关键词：西餐文化 现代卫生观念 清末

20世纪初，随着西方文明的输入和中国社会自身的变革，沿海都市不仅因为城市面貌的变化而具有了越来越明显的现代色彩，生活方式也呈现现代性的变动趋向。作为城市生活的基本内容，包括衣食住行在内的日常消费行为是都市生活方式的重要象征，由此，新兴的西式餐饮业成为观察都市生活现代性演变的指标之一。在近年有关近代西式餐饮的研究中，除了将西餐视为饮食生活变迁的一部分，从习俗变迁角度对其在近代中国的传播和影响进行考察外，其也逐渐进入社会文化史的视野，成为揭示近代都市文化变迁的一个视角。[①] 本文结合20世纪初西餐在中国城市的发展面

---

* 本文系天津师范大学2018年博士研究生学术新人资助项目（项目号：2018BSXR007）阶段性成果。

① 如夏晓虹《晚清的西餐食谱及其文化意涵》，《学术研究》2008年第10期；邹振环：《西餐引入与近代上海城市文化空间的开拓》，《史林》2007年第4期；江文君：《从咖啡馆看近代上海的公共空间与都市现代性》，《史林》2017年第5期；陈元朋：《清末民初的上海西餐馆——以"区分"、"认同"、"空间"及"失礼"为主的初步讨论》，《东华人文学报》第15期，2009年；等等。

貌，重点考察西式餐饮在都市社会场域中，如何成为一项具有现代性意义的消费，及其与都市日常生活的关联，从这一角度对清末都市生活变迁进行了解和认知。

一 趋新与时尚：都市生活的新元素

在1840年前的中西交流史上，西方饮食习俗已被零星介绍到中国。鸦片战争后，上海、天津等近代沿海城市兴起，中外贸易的发展、华洋交错的人群，使这些城市成为西方物质文明登陆中国的首站，也渐次成为西式饮食的集中之地。19世纪中叶，上海、天津、广州等地西式餐馆与饭店开始增多。到20世纪初，随着城市的进一步繁荣，西式餐饮得到了快速发展，在都市生活中已占有一席之地。有记述称："国人食西式之饭，曰西餐，一曰大餐，一曰番菜，一曰大菜。席具刀叉瓢三事，不设箸。光绪朝，都会商埠已有之。至宣统时，尤为盛行。"[1]

与传统的中式餐饮业不同，晚清西餐馆往往开设于租界及城市的贸易繁盛之区、西式园林等处，并以其西洋式的建筑形貌成为城市现代景观的构成部分。上海是晚清最大的通商口岸，早在19世纪40年代，随着传教士、商人、外交官等各色西人的到来，西餐就开始出现。"我国之设肆售西餐者，始于上海福州路之一品香，其价每人大餐一元，坐茶七角，小食五角。外加堂彩、烟酒之费。其后渐有趋之者，于是有海天春、一家春、江南春、万长春、吉祥春等继起，且分室设座焉。"[2] 福州路俗称"四马路"，是上海租界一条主要街道，开辟于19世纪60年代。这里是上海当时最繁盛的区域，也是西式餐饮业的聚集地。此外，法租界的霞飞路以及虹口等处，也是西餐业集中的地区，如著名的礼查饭店就位于虹口。

在天津，中国北方的第一家西餐馆位于英租界，即1886年改造后的利顺德大饭店，独特的英式风貌使其成为早期英租界的标志性建筑。1908年德国人阿尔伯特·起士林创立的"起士林面包点心铺"，则位于繁华的天津法租界中街；1914年，起士林与弗里德里希·巴德在德租界威廉街开设

---

[1] 熊月之主编《稀见上海史志资料丛书》（1），上海书店出版社，2012，第647页。
[2] 徐珂：《清稗类钞》（13），"饮食类·西餐"，中华书局，1986，第6271页。

了"起士林·巴德餐厅"。其他一些专门提供餐饮服务的西餐馆，如1895年设立的裕泰番菜馆、1897年的第一楼、1900年的鸿春楼、1902年的德义楼等，也都位于租界区。

北京的西式餐饮最早出现在外国人聚居的东交民巷等地。1900年八国联军侵占北京，数万联军聚集在东交民巷和西什库一带，为其提供日常消费的场所也相应而兴。由新瑞和洋行设计的六国饭店于1902年在东交民巷路南、御河东岸建成，是北京中外人士活动的中心，也以西餐著称。同一时期，法国人邦札和佩拉创办的北京饭店也设于此处，后来迁往王府井。

大致而言，都市西餐馆所处的位置，或为租界等西方元素集中呈现的地区，如上海四马路周边就是洋行、银行、报馆、宾馆林立之地；或为中西荟萃、商业繁盛之地，如上海开埠后最早形成的一条商业街——南京路；或为仿照西洋设立的新式园林等处，如上海之张园。外国人开设的西式饭店如上海之礼查饭店，天津的利顺德、起士林，北京的六国饭店等是西洋建筑，为身处异国他乡的各色人等提供一个怀旧思乡的景观环境，并以西餐满足其生活上的需求。在中国人开设的番菜馆中，也有不少属于西式建筑风格，如燕春园作为"北京的番菜馆创设之始"，[①] 开设于北京万牲园，位于万牲园内西北部，是一幢欧式风格的三层小楼，陈设皆为西洋样式，楼东西两翼有长廊。这些西式餐馆的外洋式建筑，布局新鲜气派，陈设精致豪华，一些西餐馆在其广告中也经常以西式建筑进行标榜。它们与其他西洋式建筑一起，共同构成了清末中国城市现代式的外在景观。

当然，西餐作为城市现代生活的象征，更在于其消费的西方元素与时尚特征。20世纪初，在清政府新政改革的背景下，社会趋洋趋新风气盛行，并直接浸透到城市人群的生活方式之中。1908年《申报》刊文称："方今朝廷以西政为方针，士夫以西学为圭臬，宴集以西餐为时趋，生理以西医为互订，朝野上下无不参用乎西例西法。"[②] 在一定意义上，西式餐饮已成为清末都市消费的新时尚，并与现代生活方式建立了直接联系。在西餐消费迅速兴起的背后，是都市生活以趋新为特征的现代性演变。在社

---

① 解豸：《食谱》，《风雅报》第238期，1907年，第6页。
② 《说西》，《申报》1908年11月9日，第3版。

会趋新风气的带动下，西餐消费颇见流行。1910年上海《图画日报》报道说："沪上菜馆林立，而比年以来，尤尚番菜。福州路一品香、一枝香、海天邨、富贵春、万家春、一家春、三台阁，及湖北路之金谷香等，每至夕阳徐下，电火初明，即有宴客其间。"① 在北京，1903年《大公报》报道称："北京自庚子乱后，城外即有玉楼春洋饭店之设，后又有清华楼，近日大纱帽胡同又有海晏楼洋饭馆于六月十七日开张。盖近年北京人于西学西艺虽不知讲求，而染洋习者正复不少，于此可见一斑矣！"② 北京达官贵人云集，加以各国外交人员，西餐消费市场本来就十分可观，而国人对"洋习"的沾染更为西式餐饮业的发展提供了助力。同年《大公报》还报道称："北京乱后开设番菜馆日多一日，如前门外琉璃厂土地祠内之玉楼春、韩家潭新开之清华楼、城内东单牌楼南之华东旅馆、灯市口之德昌饭店，华人前往宴乐者颇多。东单牌楼二条之外洋办馆，船板胡同之仁海楼，东四牌楼驴市胡同新开之日清堂等处，皆客座常满，惟不谙语言者，诸多不便。"③ 尽管存在言语上的障碍，但出入番菜馆成了趋新与时尚的消费行为，西式餐馆客座常满的景况，正说明了都市上层人士生活中追求现代与时尚的消费观念。在天津，20世纪初外国人经营的西餐馆、洋点心铺也迅速增加。天津竹枝词有称："宫灯华丽縿飘扬，小饮端宜小食堂。独有松亭饶兴趣，酒香不醉醉花香。"词后作者注曰："近来开设小食堂甚多，中西两餐俱备，灯彩华丽，亦一时风尚也。"④ 其他如广州、长沙、宁波、青岛等城市，情形也颇类似。商业发达的广州，在一口通商时期就有西餐馆，供在此经营进出口贸易的洋人和达官贵人消费；开埠以后西餐馆增多，既有本地人开设，也有洋人经营者，时常营业到半夜，一些酒店也设有番菜馆。长沙1904年开埠后，出现了万祥春、上海番菜馆的分店四海春等西餐馆，清末出版的《长沙日报》中常有西菜馆的广告宣传。宁波1844年开埠后，江北岸成为中国最早的租界之一，1900年开业的蓬莱春番菜馆就设于此处。该馆装潢精致，大菜西点齐全，招徕了很多顾客。被德

---

① 《上海曲院之现象（二十）》，《图画日报》1910年4月30日，第7页。
② 《群尚洋习》，《大公报》1903年8月10日，第2版。
③ 《办馆日增》，《大公报》1903年3月25日，第2版。
④ 冯文洵：《丙寅天津竹枝词》，《中华竹枝词》第1册，北京古籍出版社，1997，第495页。

国占据的青岛，20世纪初也出现了众多西餐店、咖啡馆。整体来看，清末沿海城市和新兴商埠的西式餐饮业都有一定程度的发展，呈现普及之势。在通商大埠，西式糖果糕点、罐头、调味品等十分常见，并逐渐由番菜馆流向上层家庭的厨房。随同西餐传入中国的咖啡、啤酒及其他洋酒、汽水（荷兰水）等西式饮品，开始为都市社会所接受。如咖啡馆，"欧美有咖啡店，略似我国之茶馆。天津、上海亦有之，华人所仿设者也，兼售糖果以佐饮"。① 此类情形，表明西式餐饮作为时尚性消费，与都市生活的现代化演变保持着同步。

都市发展迅速，人口聚集，财富的积累和商业的繁盛带动了各色人等对西餐这种现代消费的追求，促使其市场规模不断扩大，从报纸上西餐馆的广告中可见一斑。1902年，上海"金隆英国番菜"在《申报》刊登广告称："本行向在上海开设已久，今因华客喜食番菜多，故又添设大菜间数处。"② 该店扩大规模，即缘于中国人对西餐的热衷。设于天津紫竹林租界的德义楼番菜馆在当地很有名气，1902年曾连续在《大公报》刊登广告，声称"专办英法大菜，罐头果品、各样大小洋式点心、面包黄油、牛奶洋酒等项，均可随意小吃，所有侍候人等格外周到，凡中外士商赐顾者请认招牌为记"。③ 1905年天津同宴楼饭店开张时，在《大公报》刊登广告称："专做包办英法大菜，西式点心，各国驰名洋酒、汽水等，诸品罐头食物俱全。"④ 其时，报刊中还出现招募西餐厨师的广告："今欲雇佣上等西餐司务及房间侍者人等，如有愿作者速来面议。"⑤ 西餐厨师和侍者成为一项需要广告招徕的职业，可见西式餐饮已有相当的市场规模。

西式餐饮作为都市生活中的现代元素，其流行与都市消费活动中趋新趋洋风气互为因果。宣统年间，上海的一首竹枝词写道："番菜争推一品香，西洋风味睹先尝。刀叉耀眼盆盘洁，我爱香槟酒一觞。"⑥ 1911年有

---

① 徐珂：《清稗类钞》（13），"饮食类·饮咖啡"，第6304页。
② 《金隆英国番菜馆》，《申报》1902年9月15日，第8版。
③ 《德义楼番菜馆广告》，《大公报》1902年7月22日，第4版。
④ 《新开同宴楼洋饭店》，《大公报》1905年5月25日，第3版。
⑤ 《招雇厨夫侍者》，《大公报》1902年9月28日，第3版。
⑥ 海昌太憨生：《淞滨竹枝词》，顾炳权：《上海风俗古迹考》，华东师范大学出版社，1993，第412页。

人仿《陋室铭》作《番菜馆铭》："菜不在佳，是番则名。食不在饥，是馆则灵。斯是馆子，大餐所馨。枙花巾衬白，竹叶酒浮青。来往有伬人，烹调忙庖丁。可以打洋琴，翻食经。得英法之口味，尽哺啜之神形，此真炊蜡厨，非是不羹亭。主人云，何贵之有？"① 在部分人看来，西餐的流行意味着都市生活的奢靡化。1904年，《申报》有文章批评说，今之所谓"口文明而貌通达者"，衣食住行无不以靡俗为尚，"目炫欧风，心仪欧化，变本加厉，不能自禁"，"一宴会也……今则必曰以番菜，以大餐"。② 1910年，该报还发表了安徽一位下层官员的上书，批评官场"陈设必仿西式，宴会必用西餐"的风气，要求戒除靡俗。③ 尽管对西餐消费者来说，他们的体验很多时候更像是上海一首竹枝词所描述的："大菜先来一味汤，中间肴馔辨难详。补丁代饭休嫌少，吃过咖啡即散场。"④ 但这种不谙西餐、囫囵吞枣的表现，却可见都市人士对西餐趋之若鹜的态度。从另一个角度看，西式餐饮作为新的都市生活元素，其初步流行展现出都市生活现代化的演变方向，是都市物质生活现代性变迁的内容之一。

二 身份认同：西式餐饮的消费者

对20世纪初的都市人士而言，西式餐饮消费不仅具有体验时尚与现代生活的意义，同时也是其社会身份与地位的象征。西餐消费有档次差别，诸如上海礼查饭店、天津利顺德、北京六国饭店这样的场所，一般面向在华洋人与中国达官贵人，而数量更多的番菜馆则以城市上层人士为对象。从番菜馆在报纸上的广告来看，其时西餐的消费水平不低。如上海的番菜馆，价格每位1元者居多。1902年，一品香广告中标明的价目是："每人大餐一元，坐茶七角，小食五角。外加堂彩、烟酒之费。"⑤ 另一处金隆英国番菜馆也是"每位计洋一元"。⑥ 密采里西餐馆情形类似："每客每餐洋

---

① 《番菜馆铭》，《申报》1911年11月9日，第1版。
② 《箴靡俗》，《申报》1904年12月9日，第1版。
③ 《休宁县丞周颂年上皖省大吏理财意见书》，《申报》1910年6月23日，第1版。
④ 朱文炳：《海上竹枝词》，顾炳权：《上海洋场竹枝词》，上海书店出版社，1996，第190页。
⑤ 徐珂：《清稗类钞》（13），"饮食类·西餐"，第6271页。
⑥ 《金隆英国番菜馆》，《申报》1902年9月15日，第8版。

一元，每晚七点钟至九点钟晚餐，每餐每客洋一元五角，酒账另加。"① 如此价格，显然不是普通市民可以消费的场所。其时，都市中面向普通市民的中餐馆，消费水平要低很多。徐珂在《清稗类钞》中记称："若饭馆，若粥店，若面馆，若糕团铺，若茶食店，若熟食店，若腌腊店，果挟百钱以往，即可择而啖之。"具体来说，"以饭馆言，饭每碗售钱二十文，盐肉每碗售四十文。以粥店言，粥每碗售十文，盐菜每碟不及十文。以面馆言，肉面、鱼面每碗售四十五文。以糕铺言，糕团每件售五文、七文。以茶食店言，饼饵糖食有可以十文、五文购之者。以熟食店言，团酱肉五十文可购，酱鸭三十文可购，火腿百文可购。以腌腊店言，猪头肉每件售七文，盐鸭卵每枚售十五文"。② 大体而言，都市的西餐消费人群除了在华洋人外，大都属于官员、商人和士大夫阶层，故而番菜馆常自称"凡官绅巨商请客极其相宜"。③ 作为新兴的消费空间，西餐馆事实上为消费者设定了身份要求。进入西餐馆这一消费空间，也就意味着与一般城市人群进行了"区隔"，具有展示其尊贵身份的意义。

在都市的西餐消费人群中，达官贵人是常客。"海外珍奇费客猜，西洋风味一家开。外朋座上无多少，红顶花翎日日来。"④ 宣统年间的这首竹枝词描述的是北京六国饭店的场景，可见官场人士对西餐的热衷。类似六国饭店这样的消费场所，当然不是一般民众可以进入的，如天津最著名的西式饭店利顺德，事实上是中外官员交集的重要场所。从其时报纸报道看，西餐经常出现在中外官方议事、宴请等活动中。如1904年《大公报》有消息称："日前有比利时国武员数人，乘兴至江汉关署，拜会关道桑观察延入花厅，款以西餐，第所谈要公，外人无从详悉也。"⑤ 又如1905年奕劻、瞿鸿禨、袁世凯等人与日本政府代表小村寿太郎等在北京会议东三省事宜期间，"京中王公大臣分期邀请日本议约全权大臣小村钦使及驻京内田钦使，于府第及西餐馆燕饮"。⑥ 不仅仅是王公大臣，皇帝和太后也以

---

① 《密采里西餐馆告白》，《申报》1906年5月28日，第7版。
② 徐珂：《清稗类钞》（13），"饮食类·沪丐之饮食"，第6240页。
③ 《密采里西餐馆告白》，《申报》1906年5月28日，第7版。
④ 吾庐孺：《京华慷慨竹枝词》，《清代北京竹枝词（十三种）》，北京古籍出版社，1982，第145页。
⑤ 《比员莅汉》，《大公报》1904年12月28日，第5版。
⑥ 《满约会期补志》，《大公报》1905年12月14日，第7版。

西菜宴请外人。1905年《大公报》有消息称:"十二日为皇上赐宴各国公使之期,次日为皇太后赐宴公使夫人之期,两日燕饮俱由燕春园番菜馆之庖人前往筹办,两日共用上等番菜二百余份,至十四日始由颐和园回京。"① 1908年4月14日,外交部曹汝霖、农工商部吴振麟邀请日使林男爵及使馆各员在六国饭店公宴。②当年10月18日晚,日本锅岛、细川两侯爵等"邀请中日两国官绅淑媛于六国饭店公宴"。③ 在这种场合出现的西餐,实际上被赋予了"尊重""正式"的意味。

除了官场头面人物外,缺乏权势的普通官员,也成为西餐馆的常客。晚清长期担任宫廷史官的恽毓鼎,其《澄斋日记》中常有光顾西餐馆的记述。如光绪二十四年(1898)三月初九日,恽毓鼎至天津,住在紫竹林春元栈楼上,"作字招钱绍云同年及家寄生侄。傍晚,寄生来栈,邀第一楼番餐。归寓绍云亦来,久谈乃去"。恽氏日记中也有在上海出入番菜馆的记录,如光绪二十五年(1899)五月十一日:"羲民邀至一品香吃番菜,同至嘉伦绸缎庄买纱罗数种。"光绪二十八年(1902)九月二十九日:"易马车至青阳地,在青云阁茶憩,万家春番菜,叔元兄、重光均来。重作东。"居京期间,恽毓鼎也会光顾北京的番菜馆,如光绪三十四年(1908)二月初一日:"饭店(真番菜)赴任觐枫约,同座为肃亲王、喀喇沁亲王、朗贝勒。"十一月二十七日:"饭后答访裴实甫。申刻偕次寅至大观楼西餐,任翼臣作主人。"④ 这里提及的大观楼,开办于1902年,仿照外洋博物厂规模,集中外客商,精选奇珍异品,其开业广告称:"珠翠古玩、华洋杂货陈列在内,相互出售,绅商赐顾,至期驾临是幸。谨择于九月初十日,各行同日开张大栅栏西首。"⑤ 宣统二年(1910)六月十七日:"先乘舟至豳风堂啜茗观荷,一点钟至来远楼燕春园西餐午饭。"1911年,恽毓鼎乘京汉快车南行,夜半十二点渡黄河之时,佐餐还伴着红酒:"余初虑车行震撼不得眠,乃夜梦甚酣。车中西餐亦佳,余佐以红酒一杯。"⑥ 恽毓

---

① 《赐宴公使纪闻》,《大公报》1905年5月19日,第1版。
② 《宴请日本公使》,《顺天时报》1908年5月13日,第7页。
③ 《日爵宴请中日官绅续志》,《顺天时报》1908年11月13日,第7页。
④ 《恽毓鼎澄斋日记》,浙江古籍出版社,2004,第142、195、202、370、416页。
⑤ 《请游北京大观楼》,《大公报》1902年9月28日,第3版。
⑥ 《恽毓鼎澄斋日记》,第479、521页。

189

鼎的例子，表明西餐已经获得不少官场人士的认可。

在清末政治和社会变革的背景下，官员也有改变自身对外、对内形象的需要，出入西餐馆，以西餐飨宴交接，有助于官员树立开通、文明的新形象。但与此同时，官场的西餐消费，又使西餐与权力、财富建立了联系，番菜宴客因此变成了达官贵人的新排场。徐珂在《清稗类钞》中记载，光绪季年一位京师的侍郎所雇厨师中西兼备，既有擅长中菜的苏扬名厨，又有擅长西餐的欧美名厨，早晚三餐，中西各肴列于左右，侍郎坐在其中，椅可随意旋转，选择自己中意之物。京师如果有贵人欲宴外宾或者外省入觐的大吏，也借他家的厨师，使中西肴并列，每席费用甚至达到二百金。① 1909 年，《大公报》在报道中曾批评官场荒淫无度的情形："某大臣日携所属司官酣饮于六国饭店，叫妓侑酒，豪兴非常。"② 此类讲排场、慕洋风之举成为舆论的批评对象，但其背后仍可见西餐消费与社会身份之间的联系。

除官场人士之外，都市名流与文人也是西餐的消费者。西餐馆是文人宴请、相聚的场所，情形往往可见于其日记的记述。上海著名西餐馆一品香之名，在 19 世纪末 20 世纪初江南文人日记中常可见到。光绪十六年（1890）进士、翰林院编修江苏常熟人徐兆玮在 1898 年多次光顾一品香，如："娄江姚柳屏、陆桐士诸君邀饮一品香，桐士告假回籍，柳屏由籍来。""晨，于啸仙来，谈至三下钟始去。夜，啸仙招饮一品香。"③《老残游记》的作者刘鹗于 1902 年 4 月 7 日赴天津，买数本小说之余不忘吃番菜："到报馆吃点心后，同赴印字馆，观其刀焉。买漆盘数具，小说数种。值徐麟臣在坐，同往吃番菜以归。" 1905 年在沪期间，刘鹗也应朋友之邀宴饮于一品香："申刻至秋月楼，史君至也。晚应沈仲礼之约一品香，而瑶月阁，而朱素云，而归。" 又有："访王丽薇，遇之，知王小斋已在沪也……晚应付贡禹一品香之招，刘鉴明倚玉楼之会。"④ 可见西餐消费已经成为这些名流士大夫日常生活的一部分。

在清末热衷西餐的文人名流中，孙宝瑄颇有代表性。据学者统计，孙

---

① 徐珂：《清稗类钞》（7），"豪奢类·某侍郎之饮馔"，第 3295 页。
② 《缩短国会期限之难望》，《大公报》1909 年 12 月 21 日，第 2 版。
③ 《徐兆玮日记》，黄山书社，2013，第 12、86 页。
④ 《刘鹗集》上册，吉林文史出版社，2007，第 686、722~723 页。

在上海时经常出入西餐馆,1897年、1898年、1901~1903年,"日记中记载的他和朋友们消费过的主要西餐厅统计,到一品香33次,江南春9次,聚丰园4次,万年春3次"。① 从孙氏日记中可见,其时一品香是文人学士经常聚会宴饮之处,孙氏出入该处颇频繁,或系友人招饮,或为孙氏请他人客。如辛丑年(1901)三月七日:"是晚,经甫招饮于一品香,复至丹桂观优。"二十六日:"日中,宴莹谷于一品香,陵斋作陪,纵谈。"五月八日:"晚,仲巽招饮于一品香。"六月九日:"质斋招饮于一品香。坐有刘、何二伶。"七月二日:"晡,至江南春,李伯渊招饮。"九月短短十多天时间里,孙宝瑄就四次出入上海的西餐馆。一日:"诣张让三谭。让三约饮一品香。"三日:"晚,石愚招饮一品香。"四日:"蛰仙招饮江南春。"十二日:"晚,襄孙约饮于一品香。"壬寅年(1902)正月下旬的十天里,也三次到西餐馆。二十一日:"晚,季英招饮于一品香。"两天后的二十三日:"向午,蛰仙招饮一品香,叔雅、彦复、让三诸人皆在座。又有汪子渊者,嘉兴人,在盛杏孙侍郎处掌译外国语,余始与晤谈。"三十日:"晚,襄孙招饮于一品香。"当年十月二十六日:"晚,渭东招饮一品香。"二十八日:"晡,汇东设宴于江南村,余与益斋皆在坐。"二十九日:"晚,大宴宾友于一品香。"② 等等。孙氏如此频繁地涉足西餐馆,可见西式餐饮已经是上海文人名士的日常消费。《孙宝瑄日记》中,还留下了其在北京、天津等地光顾西餐馆的记录。从中可见,像孙氏这样具有开明观念的士大夫,是都市西式餐饮消费的常客。

与官员和士大夫等消费人群相比,更值得注意的是,在20世纪初社会变动背景下,不断成长的商人、留学生、教师、报人等分布于政治、经济、文化领域的新都市精英,也经常以西餐馆作为宴客、集会的场所。20世纪初的报刊上,此类报道为数不少。如1908年3月《申报》有消息称,政闻社马相伯等人在上海万家春番菜馆"邀请学界诸君宴饮,来宾到者约三十余人"。③ 寰球中国学生会是清末中国留学生的全国性组织,由留美学

---

① 郭立珍:《近代天津居民饮食消费变动及影响探究——以英敛之日记为中心》,《历史教学》2011年第3期。
② 中华书局编辑部编、童杨校订《孙宝瑄日记》,中华书局,2015,第356、367、387、400、410、437、439、443、513、514、517、642、643页。
③ 《政闻社宴客纪事》,《申报》1908年3月4日,第1版。

生李登辉等人于1905年7月在上海成立,该会也经常以西餐馆作为集会和活动场所。如1910年2月17日寰球中国学生会设立五周年之际,即在上海曹家花园召开第五周新年大会,"特备西餐,邀请名流赴会,以为纪念"。① 天津基督教青年会是清末国内第一个城市基督教青年会,1905年成立后定期举办各种活动,如茶话会、新年宴会等,定例都是在西式饭店举办。1908年1月18日,该会假座天津法租界裕中饭店内举办第七次新年宴会,公请该会友人及中西官绅。1909年该会第八次新年大聚会也在裕中饭店举办,"特请中西名家莅会演说,并备有电光影戏,演放环球各青年会之成绩,以助雅兴"。② 1909年,该会特设交际部以友结友,"每月有茶话一次,专请会友彼此畅谈以敦交谊","年终复有一宴会,系在会友人公请赞成诸公莅会,或假座洋饭店,会食之余宣布年中会务"。③ 1910年1月18日晚,该会继续在裕中饭店内举办第九次新年大聚会,并请"中西各名家演说,并备电影音乐以助雅兴"。④ 1910年3月,中国基督教青年会在上海举行成立十年纪念会,也特备西餐宴会,"佐以西乐,一时颇为热闹"。⑤ 报纸上常见的这类报道,表明西餐消费空间与城市新精英之间的紧密关系。

清末报纸对西餐消费活动的报道,表明西餐馆成为新的城市交往空间,参与其中的主要是那些以"西式"为尚的官员、商人和不同领域的都市精英。在传统社会,宴饮是一项重要的社会交往方式,这一方式显然为清末都市新精英人群所继承。对他们而言,西式餐饮消费不仅是追求现代生活的象征,而且也是标榜自我身份的方式。换言之,西餐是都市上层社会成员的消费行为,是其新生活方式的一部分;西餐消费行为与消费者身份之间的关系,使进出西餐馆的行为具有了标示社会身份的意义。就西餐馆而言,这些人也被设定为目标客户。20世纪初报纸上的西餐业广告,无论是对就餐环境与设施的标榜、对餐馆附设娱乐活动的介绍,还是对菜品精细和服务周到的炫耀,事实上都包含了对消费者身份的潜在暗示。1903

---

① 《寰球学生会开五周大会》,《申报》1910年2月25日,第3版。
② 《开会纪闻》,《大公报》1909年1月2日,第2版。
③ 《青年会之办法(续昨稿)》,《大公报》1909年10月17日,第6版。
④ 《开会纪闻》,《大公报》1910年1月18日,第3版。
⑤ 《青年会十年纪念》,《申报》1910年3月18日,第3版。

年7月天津德义楼番菜馆迁往新址重新改造后，连续数月刊登广告："本馆迁于紫竹林西马家口日本租界中街鸿宝公司后，新造西洋时式楼房一所，格外宽大清凉素雅，包办英法大菜，大小点心，各样洋酒汽水一应俱全，另有打球房一处随意欢乐。"[①] 该馆还在报纸上特白：现在本楼食用各物精益求精，"专备中国达官巨商男女贵客等赐顾"。[②] 1907年，上海新开四海邨番菜馆，"不惜巨资在四马路大新街口定造西洋房，装潢华丽，房间清洁，并装电灯电话电扇以供贵客之用"。[③] 当地兼营西餐的同庆和绍酒栈也有广告宣传："精心结选，竭力改良，座位之宽畅，应酬之周到，赐顾者一试便知，毋庸本栈自诩。"[④] 不少西式饭店和西菜馆还兼营西洋游戏，发售西洋物品，成为西式生活方式和消费品的展示场所。1910年开张的天津新亚饭店，是集餐饮、娱乐于一体的综合性饭店，该店在告白中自称："花费巨资，就奥界满春楼旧址大加修饰，特行扩张，广招名手，专做英法大菜，并备寓客房间，床帐陈设雅洁无伦，既几净而窗明，更神怡而心旷。楼下设有新式球案，风晨月夕可随意流连。各国洋酒、罐头食品并干鲜果品、什锦点心等，无不应有尽有。"[⑤] 再如宁波江北岸的蓬莱春番菜馆，"精制各国大菜、西式茶点，并设弹子台，兼售泰西各种花露水香水香皂等物，名目繁多不及细载"。[⑥] 这些推广和促销广告，在向社会传达消费时尚的同时，将西餐与都市现代生活方式建立了联系，实现了西式餐饮消费与都市精英身份认同的结合。在此类广告的引导下，通过西餐的品位来标示自我身份，就成为都市精英进入西餐消费场所的一个重要目的。在出入西餐馆的背后，暗含了上层社会成员对其作为现代精英的身份的认同，由此也成为20世纪初都市生活现代性演变的表征之一。西餐馆在成为都市精英时尚消费场所的同时，也是其展示自身和扩大社会交往、建立经济与社会联系的平台。

---

① 《德义楼番菜馆》，《大公报》1903年8月28日，第3版。
② 《德义楼番菜馆特白》，《大公报》1902年8月5日，第4版。
③ 《新开四海邨番菜馆》，《申报》1907年9月7日，第23版。
④ 《同庆和绍酒栈改良广告》，《申报》1910年11月8日，第5版。
⑤ 《新亚饭店广告》，《大公报》1910年10月8日，第1版。
⑥ 《蓬莱春番菜馆》，《申报》1900年4月19日，第3版。

三 文明与卫生：现代生活观念的浸染

尽管西餐在中国不可避免地会遇到在地化改良，以适应中国人的口味，但各种西餐馆、番菜馆仍然是西方生活方式与文化的融合空间，为都市人士提供了感受西方文化的日常窗口。与传统的中式餐饮不同，西餐进食时有一定的礼仪，如衣着、进餐顺序、刀叉用法等。19世纪后半叶，张焘在《津门杂记》中称："中国人尚左；西国人尚右。中国人于肆筵设席每先茶点而后饭；西人则先饭而后茶点。中国人请酒男女分席，不交一言，视女如仆；西国人请酒男女同席共相笑语，待女如男。"[1] 西餐餐桌上男女平等的礼仪在20世纪初虽然还没有为国人接受，"普通西餐之宴会，女主人之入席者百不一睹"，[2] 但诸如致颂词、相让而饮、不能咀嚼出声亦不能剔牙、鞠躬致谢等，与优雅、文明相联系，仍然与中餐的饮食文化形成鲜明的对比，形成了与中餐迥然不同的文化感受与体验。

对都市西餐消费者而言，西餐的饮食体验意味着一种文明的生活方式。西餐讲究环境优雅、烹饪程序精细、卫生条件良好以及食材的雅洁，这些都给都市上层人士留下了深刻的印象。如以就餐环境而论，不少西餐馆广告中都以安静雅洁相标榜，其目的显然是要区别于中式餐饮场所的喧闹，促使消费者对西餐馆形成与中餐不同的观感和印象，进而影响其对中餐和西餐的价值判断。孙宝瑄就是一例。1897年，孙宝瑄在日记中写道："西人居室取足养生，故通风避湿，不厌详密，非徒美富已也。其于饮食亦然。中国居室悦目而已，饮食悦口而已，去禽兽几希！"[3] 在他看来，西式饮食注重养生和不厌详密的做法，已非中餐仅仅"悦口"可以相比，中餐与西餐已经有高下之分。由此，与这一时期社会领域的诸多变动一样，西餐颠覆了国人对传统餐饮模式的认知，转化为一种文明与现代生活方式的载体。

20世纪初是中国社会心理发生显著变动的一个时期。在经历了甲午战争失败和八国联军侵华战争后，在不少知识分子看来，中国从原来的华夏

---

[1] 张焘：《津门杂记》，天津古籍出版社，1986，第299页。
[2] 徐珂：《清稗类钞》（13），"饮食类·西餐"，第6270页。
[3] 中华书局编辑部编、童杨校订《孙宝瑄日记》，第160页。

变成了蛮夷，而西方国家则从原先的夷狄一变而为文明的榜样。在这一情形下，源于西方的西式餐饮也成为西式文明的体现。在西式餐饮的广告宣传中，借标榜其西方身份来抬高身价是常见的做法。如天津恒丰泰号所售之香槟，就以正宗法国货自居，一再声明"此酒在法国久已驰名，凡宾朋往来，无不以此香槟为上品"。① 无论是标榜其餐品的丰富、烹调的精致，还是环境的雅洁、制作的卫生，都直接或间接地与都市生活文明化联系在一起，体现出都市社会观念的新趋向。在西餐流行的背后，可见"文明"这一价值观对20世纪初都市社会生活的浸染。

与此同时，西餐也与"卫生"建立了直接的联系。20世纪初，在民族危机下，从强国必先强种的认识出发，身体之强健是受到社会普遍关注的议题，讲求卫生成为社会各界人士呼吁的内容。知识精英积极宣传和介绍卫生相关知识，赴日本学医归国的丁福保，在1909年出版的《实验卫生学讲本》书序中写道："吾谓卫生学之关系强种保国，超出于各学科之上。"② 以讲求卫生为强种保国的首要条件，表明卫生在时人眼中的地位。在此情形下，以"卫生"相标榜，不仅是西餐业自我形象塑造的一个重要方面，也成为西餐业具有现代性意蕴的一个标签，为都市消费者所接受和认同。

与传统的中式餐饮相比，西餐在制作过程中更注重饮食的卫生。1866年出版的晚清第一本西餐图书《造洋饭书》开篇便是《厨房条例》，介绍饮食卫生的重要性及对西餐厨师的要求，如各器具摆好不可乱放、器具刷洗干净放回原处、所用手巾分明且洗净等。事实上，清末人士对西餐与中餐食用方式的认识，就已经受到现代卫生观念的左右。徐珂介绍西餐的食用方式时称："欧美各国及日本之会食也，不论常餐盛宴，一切食品，人各一器。我国则大众杂坐，置食品于案之中央，争以箸就而攫之，夹涎入馔，不洁已甚。"③ 西餐业的广告也对此进行迎合，强调番菜馆的卫生性。1903年，开设在紫竹林法界的天津品升楼中西大菜馆刊登广告称：

---

① 《香槟酒恒丰泰》，《大公报》1910年1月17日，第7版。
② 丁福保：《实验卫生学讲本》，《医学指南》，上海医药书局，1912，序言。
③ 徐珂：《清稗类钞》（13），"饮食类·每人每"，第6268页。

本馆开设在紫竹林法界北洋医院对面新马路，已于三月间由外国购来机器药料，并请巧工自熬甑水，打造各式甜水，复请法大医生梅君化验领出保据，并蒙法领事批准发卖在案。兹又不惜资本修葺楼面，已于十八日启市，专办中西大菜、随意小酌，各式西洋点心、罐头食物一概俱全。内有雅座十分宽广干洁清朗，陈设妥当，可令客人逍遥自在。且请得巧手外国厨房精调西菜口味，兼备中国厨房专造南式酒席，所有招呼人役一切无不周到，仕商光顾格外从廉。①

在广告中，品升楼中西大菜馆除了说明其环境优雅、制作精细外，特地声明其菜品经过法国医生化验，意在表明其卫生条件优良，实则暗示其与中式餐馆的区别，以提升自身的品位和形象。通过广告向社会传达现代卫生理念，不仅有助于其获得都市人士的认可，也使"卫生"成为西餐业现代性的标志之一。在此类广告陈述的背后，是社会精英人士对现代卫生观念的接受。类似这样的西餐业广告，在20世纪初十分常见。它们共同参与了西餐形象的构建，使之成为都市现代生活的一个象征性符号。

餐饮作为都市社会的一项基本消费活动，虽然日常且细微，但体现着物质生活方式的演变趋向。晚清以来兴起的沿海都市，大致可以视为模仿西方样式建立起来的现代城市。这些城市是西式文明的展示之地，也提供了包括西式餐饮在内的新式消费空间，在20世纪初趋新趋洋的社会心态下，它们与城市生活的现代性演变建立了直接的联系，可以看作后者的一个象征性内容。尽管西式餐饮往往也被看作都市奢靡化的表现，进而成为批判的对象，如《大公报》讽刺说，国人学习西法徒具其表，"除却食番菜、乘脚车外，竟无一所取于彼"。② 在国家危亡之际，热衷于"办西餐""设洋屋"，不过是"矜奇炫异""遂其征逐之欲愿而已"，可谓"商女不知亡国恨，隔江犹唱后庭花"。③ 但从物质生活变迁的角度看，西式餐饮业迅速发展的背后，则是清末以时尚和趋新为标志的现代都市生活方式的初步形成。官绅士大夫特别是不同领域都市新精英的西餐消费行为，也是其

---

① 《品升楼中西大菜馆》，《大公报》1903年1月1日，第3版。
② 《可怪说》，《大公报》1903年12月13日，第1版。
③ 《亡国奴隶》，《大公报》1906年7月9日，第1版。

实现自我身份认同、进行社会身份标榜的方式。在20世纪初社会文化心理变动的背景下，西式餐饮也与文明、卫生等时代话语建立了潜在的联系，引导着都市生活的文明化进程与现代化的演变趋向。

  作者：田涛，天津师范大学历史文化学院
     尹斯洋，天津师范大学历史文化学院

（编辑：张利民）

20世纪二三十年代天津女性的时尚消费

王萌萌

内容提要：20世纪二三十年代，天津女性掀起了一股时尚消费的热潮。女性的时尚消费，冲击了固有的社会风气，凸显了日益加剧的性别冲突，并由此招致广泛的社会批判与政府规制。然而，由于女性时尚消费与近代天津社会经济发展以及女性解放等关联密切，女性时尚消费之风难以遏制。

关键词：天津　女性　时尚消费

20世纪二三十年代"是中国近代史上女性职业发展最为迅速的时期"。[①]"女性职业的发展，不仅是妇女运动推动的结果，还与女性本身素质的提高、社会经济的发展、社会环境的改善等诸多因素直接相关。"[②] 女性职业的发展推动了女性的经济独立，从而为女性消费创造了条件。在此背景下，天津女性掀起了一股时尚消费的热潮。女性的时尚消费是天津城市史和日常生活史研究的重要内容，而学界的相关研究较为薄弱。[③] 有鉴于此，笔者不揣浅陋，尝试以社会性别为视角，考察时尚消费的概况和社

[①] 郑永福、吕美颐：《中国妇女通史·民国卷》，杭州出版社，2010，第147页。

[②] 参见郑永福、吕美颐《中国妇女通史·民国卷》，第155~158页。

[③] 学界关于女性时尚消费的研究，极为薄弱，既有的相关研究大多从社会风尚的角度探讨女性时尚兴起的原因、内容以及作用等，鲜见有学者将时尚与消费结合起来，将其置于社会性别和社会经济的层面进行研究。参见邓如冰《晚清女性服饰改革：女性身体与国家、细节和时尚——从废缠足谈起》，《妇女研究论丛》2006年第5期；周俊旗：《试论二三十年代北京、天津的女性时尚》，《城市史研究》第21~22辑，天津社会科学院出版社，2002，第353~372页；高岛航：《1920年代中国女性剪发——舆论·时尚·革命》，《当代日本中国研究》第1辑，社会科学文献出版社，2013，第61~94页；周石峰：《民族主义与女性时尚：1934年"妇女国货年"运动新论》，《妇女研究论丛》2009年第4期。

会反响，以求教于方家。

一　女性时尚消费扫描

关于天津女性的时尚消费，1929 年《大公报》上曾如是谈论道："穿一件衣裳吧，定要安上些金的或宝石的纽扣，另外还今日一个花样，明天又一花样，以至一天几次改变；用起化妆品来，除开应需要的而外，更喷满了周身以浓郁的香剂，随时随地的要用小镜子照着……在革命后的今日，妇女界的危机似乎较前更甚，匪［非］惟是饱暖阶级走到求奢侈的道上去，小康阶级的妇女也往求奢侈竞华丽的道上走，甚至连那食难常饱衣难常暖的贫困阶级女同胞，也节衣省食办这一份开消［销］！"① 随着女性时尚消费热潮的出现，天津本地出刊的《北洋画报》特辟专栏，"刊载新装画稿以及有关系之各种文字"。② 该刊始终保持宣扬女性时尚的风格，每期的封面大多刊载闺秀名媛的时装照。可以说，《北洋画报》见证了 20 世纪二三十年代天津女性的时尚消费。

在这场时尚消费热潮中，一些男青年也参与进来，表达了他们的时尚观：时尚不仅是穿着时髦，还包括能说英语、会跳舞滑冰。而少女们则认为："衣服穿得时髦，头发烫得卷曲，眉毛剃了再画，嘴唇搽得煊红，在学校里当选皇后，出了学校荣膺交际明星，那便算是摩登女郎。"③ 尽管时人对时尚的认识不尽相同，但对于女性而言，她们追逐时尚的行为集中体现于穿着、修饰打扮及娱乐休闲方面。

在着装上，"中国妇女的装束，多半是以上海的式样为标准，就像西洋妇女把巴黎式当作时髦一样的观念"。1930 年，上海的女性在长旗袍外套上一件绒绳织的小背心，"前襟缺上一大斜块，两边做上两只手袋，普通都缀上三颗大的纽子，但是解而不扣"。此种着装时尚很快就传到了天津。④

此外，20 世纪二三十年代的天津，租界林立，它无疑是中西文化和商

---

① 祚：《实施妇女补习职业教育》，《大公报》1929 年 7 月 18 日，第 13 版。
② 《编辑者言》，《北洋画报》第 44 期，1926 年 12 月 8 日。
③ 木屯：《开场印子》，《大公报》1930 年 11 月 30 日，第 9 版。
④ 镁水：《介绍上海的新装束》，《大公报》1930 年 4 月 25 日，第 9 版。

业交会的重要国际性城市，国外女性的着装时尚也影响着天津女性。① 再者，随着天津电影业的发展，电影明星之服饰风格也成为天津女性时尚着装的来源。②

在追逐时尚中，天津女性的表现是狂热的，体现于她们"削足适履"的行为上。如面对高跟鞋风行的时尚，一些"没有健全而自然的脚"的女性，为了穿高跟鞋，"把鞋头里塞上三分之一的棉花，走起路来，完全着力在脚后跟上"，这使得她们"穿上了高跟鞋，一步一拖地走，简直是活受罪"。事实上，女性穿高跟鞋的目的是"想在走路的时候增加出窈窕的姿态"。但对裹脚的女性而言，"无论穿什么鞋都不会好看"。③由此可见，在时尚消费中，一些女性并不能保持清醒和理智。换言之，天津女性的时尚消费具有盲从的特点。如有人指出："现在小姐们的装饰，还是喜欢仿效别人，看见人都穿长旗袍，不管自己是身材甚长而也穿起长旗袍来了（身材过长的绝不宜穿长旗袍）。"④ 对此，时人提出："讲究服装应当以自身为标准，而不应当盲从时装。"⑤ 如何做到以自身为标准？有人认为："衣料颜色的深浅、花样的大小、腰身的宽窄、尺寸的长短，与每个人的年龄、肤色、高矮、肥瘦都有密切的关系。这全靠自己能认识自己，去挑选一种适合于自身的式样。"⑥ 另外，还须注意时节，"什么季候，怎样配色，都要因人因时而制宜的"。⑦ 基于此，时尚女性形成了一套审美规范，其对于从头到脚的穿着、衣饰颜色的选择都有极为细致的要求。⑧

---

① 除了生活在租界中的外国女性之现实影响外，天津的一些报刊时常推介国外女性的着装时尚，进而影响天津女性。参见《日本之摩登妇女》，《益世报》1934年5月31日，第3版；《欧美新装饰》，《益世报》1934年3月8日，第14版；《今天在新新开演"歌女怀春"中之歌女"瑙门塔文"女士》，《庸报》1928年2月24日，第9版；《欧西摩登女士》，《天津商报画刊》第10卷第3期，1933年，第2页。
② 参见鸟瞰《银艺漫谈》，《天津商报》1931年9月4日，第9版；嘉睐：《妇女最新式的发饰》，《庸报》1928年1月1日，第13版。
③ 侣寒：《妇女装饰漫谈》，《大公报》1930年9月17日，第7版。
④ 《妇女的装饰》，《益世报》1933年2月11日，第8版。
⑤ 雯：《妇女与时装》，《益世报》1933年11月16日，第11版。
⑥ 侣寒：《妇女装饰漫谈》，《大公报》1930年9月15日，第7版。
⑦ 《妇女的春装应该怎样配色》，《益世报》1934年3月27日，第14版。
⑧ 参见侣寒《妇女装饰漫谈》，《大公报》1930年9月17日，第7版；侣寒：《妇女装饰漫谈》，《大公报》1930年9月15日，第7版；侣寒：《妇女装饰漫谈》，《大公报》1930年9月16日，第7版；《妇女的春装应该怎样配色》，《益世报》1934年3月27日，第14版。

这些要求不仅是追赶时尚潮流所需要的,也是由时尚消费的经验累积而成的。

细致而严苛的审美规范契合了女性追逐时尚的目的:凸显自己的独具一格。如1930年"天津社会上不论少女或老妇,大家都喜欢戴的便是缎制的铜盆帽,圆顶带阔边,在帽边里面有铁丝圈箍"。对于这种帽子,时尚女性则认为它"可以连发髻都罩在里面,形式上当然很大,自然不好看了"。至于"有些帽店为讨好起见,故意盘上些花,或是在旁边附上孔雀翎",时尚女性则认为"脱不了俗气,倒还是简单些的来得大方"。而时尚女性所推崇的是"用黑绒制成,稍微缀上水钻的线条"的帽子,这种帽子显然是与众不同的。①

在修饰打扮上,天津女性也不遗余力:"画眼角、涂口唇、烫头发……"一切人工修饰,皆为她们所趋。② 在天津,时常可见到"浓擦艳抹的太太小姐们"。③ 对此,时人感叹道:我国妇女"擦白粉擦口红,绝不后于法国人"。④ 天津女性对修饰打扮的热衷集中体现在她们对化妆品的青睐上。1930年,《大公报》的记者指出,由于妇女爱装饰,化妆品已从奢侈品变成女性生活的必需品,"无论穷乡僻壤,通都大邑,都有这种需要,不过乡间的妇女,买些香粉和桂花油,已很知足。间有买些雪花膏花露水的并不多见。至于在天津这个地方,因为环境的关系,无论是什么东西都要讲求。化妆品更必须的点缀,所以每年消耗很多。据最近调查,各种舶来化妆品,较金价未猛涨前,增价由七八成以至一倍之多"。⑤ 20世纪二三十年代,"司丹康美法霜""茉莉雪花""明星花露香水"等化妆品为天津女性所常用,因而也出现于天津各大报刊的广告中。⑥

另,天津女性的时尚消费还包含修剪头发、购置饰品等。如在修剪头发方面,天津女性常常追赶潮流,"短发,于是皆短发了。长发,于是又

---

① 侣寒:《妇女装饰漫谈》,《大公报》1930年9月17日,第7版。
② 参见山女《人工的修饰》,《大公报》1929年9月19日,第13版。
③ 鲁:《旧节的废止与妇女》,《益世报》1933年10月5日,第10版。
④ 《英法美三国妇女的面面观》,《益世报》1933年2月24日,第8版。
⑤ 《金价暴涨以后》,《大公报》1930年7月3日,第7版。
⑥ 参见《庸报》1928年2月19日,第6版;《天津商报》1931年9月10日,第11版;《大公报》1930年3月1日,第9版;《益世报》1937年1月9日。

皆长发了。烫发，于是也跟着烫了发"。① 1936年，针对烫发的盛行，天津省立女子师范学院通令各生严禁烫发，违者将受处罚。② 在佩戴饰品方面，天津女性更是踊跃，下层妇女也不例外。如总统夫人家的女仆董妈，耳上戴着翡翠环子，指上套着翡翠戒指和变石戒指，臂上还佩有绞丝包金镯子。③ 在温饱线上挣扎的51岁的缝穷妇也戴着白色银耳环。④

在娱乐休闲方面，天津女性极为活跃。尤其是20世纪30年代后，由于社会的相对稳定、经济的发展和劳动时间的缩短，人们有了较多的闲暇时间，"即使是社会下层的工人家庭，每年用于教育与娱乐的费用，也能占到全部生活支出的2.9%~3.9%"。⑤ 30年代初，天津市的电影院、戏院等各类娱乐休闲场所已非常多，仅华界地区就有102处。⑥

为迎合市民旺盛的娱乐需求，一些消费场所也提供多样的娱乐服务。如大华饭店购置留声机，播放音乐；福禄林大饭店开设跳舞大会，特邀女士光临；利顺德西饭店也开办音乐跳舞大会等。⑦ 此外，这一时期，天津的各大报刊纷纷开设娱乐活动的专栏，传递最新的娱乐资讯、开展娱乐话题讨论等，在此过程中，还培育了众多消费者。⑧ 鉴于天津娱乐消费的繁盛，国内外的一些艺界人士也纷纷来津献艺，如坤伶云飘香女士、戏剧界的名角尚小云和程砚秋等、舞后王小妹、俄国著名舞女华罗碧莩女士等。⑨

---

① 鸟瞰：《银艺漫谈》，《天津商报》1931年9月4日，第9版。
② 《女师学生严禁烫发》，《天津午报》1936年9月24日，第2张，本市版。
③ 蒋逸霄：《津市职业的妇女生活（续）》，《大公报》1930年2月9日，第11版。
④ 参见蒋逸霄《津市职业的妇女生活》，《大公报》1930年2月8日，第11版。
⑤ 周俊旗主编《民国天津社会生活史》，天津社会科学院出版社，2004，第254页。
⑥ 吴瓯主编《天津市社会局统计汇刊》（杂项），天津市社会局，1931。
⑦ 《大华饭店之新式留声器》，《庸报》1928年2月1日，第9版；《福禄林大饭店特别启事》，《庸报》1928年2月2日，第10版；《今夜利顺德有跳舞会》，《庸报》1928年2月11日，第9版。
⑧ 如《大公报》自1928年1月3日、1月4日起开设电影、戏剧专栏。《天津商报》也设有游艺场、电影院专栏。《庸报》也曾开设"谁家电影好"专栏。《益世报》也设有"游艺"栏。参见《大公报》1928年1月3日，第9版；《大公报》1928年1月4日，第9版；《天津商报》1932年4月30日，第9版；《天津商报》1931年9月5日，第9版；《庸报》1928年1月1日，第13版；《益世报》1931年5月6日，第10版。
⑨ 玉：《盛极津门之云飘香》，《庸报》1928年2月18日，第9版；《盛极一时之津剧场》，《庸报》1928年3月8日，第9版；弗老：《舞后王小妹来津之前前后后》，《天津商报》1937年4月17日，第8版；《俄国著名舞女华罗碧莩女士本月九十两日在平安奏技》，《庸报》1928年2月6日，第9版。

诸多的休闲场所和娱乐服务、媒介的宣传、艺界名流的汇聚等,推动了女性的娱乐消费。逛公园、看电影、跳舞、听戏、欣赏说书和杂耍等成为天津女性时尚消费的重要内容。例如,市党部职员胡强女士"娱乐的时间,平均每星期一次",主要是看电影。① 市教育局职员孙雅平女士,周日时常去看电影,逛公园。② 银行职员宋世冠女士,她的日常娱乐活动包含唱歌、跳舞、弹琴、玩牌、看电影、逛公园等,其花销占其收入的三分之一。③

二 社会反响

女性的时尚消费产生了较大的社会影响。首先,时尚是不断更新的,为追逐时尚,女性需要不断消费。因此,女性的时尚消费无疑会拉动经济发展。如女性对于化妆品的消费,推动了天津胰皂化妆品行业的发展。1935年1月26日,天津市胰皂化妆品业同业公会成立,其会员有41家。④ 至1938年,该同业公会已发展到54家,资产为131360元。⑤ 此外,女性的时尚消费也使女性货品所占经济比重增大。据统计,1929年女性购买货品已占日货输入中国消费品的43%。⑥ 随着女性货品比重的增加,女性对经济发展的影响力也获得提升,1934年"妇女国货年"的出现,即是证明。其次,女性时尚消费冲击了固有的社会风气。这集中表现为:一方面,时尚消费造成了"时装女子、娼妓、平民少妇、学校女生,几无以辨",⑦ 从而打破了女性固有的社会身份区隔;另一方面,女性热衷于时尚

---

① 蒋逸霄:《津市职业的妇女生活(八续)》,《大公报》1930年2月26日,第12版。
② 蒋逸霄:《津市的职业妇女生活(三十六续)》,《大公报》1930年5月3日,第9版。
③ 蒋逸霄:《津市的职业妇女生活(三十八续)》,《大公报》1930年5月8日,第9版。
④ 《天津市各行业同业公会成立组织及备案情况表》,天津市档案馆等编《天津商会档案汇编(1928~1937上)》,天津人民出版社,1996,第270~272页;《关于天津市胰皂化妆品业同业公会组织概况》,天津市档案馆藏,档案号:J0128-2-001824-029。关于天津市胰皂化妆品业同业公会的简章和名册,参见《本会简章及名册等》,天津市档案馆藏,档案号:J0128-2-001273-001;《本会会员名册职员登记表等》,天津市档案馆藏,档案号:J0128-2-001274-018。
⑤ 参见李洛之、聂汤谷编著《天津的经济地位》,南开大学出版社,1994,第105页。
⑥ 参见燮理《提倡国货与妇女之责任》,《妇女共鸣》第2卷第7期,1933年,第43页。
⑦ 《妓女与良家妇装饰相同泾渭莫辨》,《大公报》1929年9月15日,第9版。

消费的行为，是女性个人主义发展的一种体现，与女性固有的以牺牲自我为核心的"贤妻良母"之形象相背离，以至于引发了以"摩登妇女与贤妻良母"为主题的社会大讨论。①

由于上述影响，女性的时尚消费备受关注。然而，支持的声音极为罕见。支持者以爱美是人类的天赋为立足点，认为："对于这天赋的审美，应当尽量的来发展的……衣服是一件必需品，倘在费用上不是额外的耗费，为什么我们不可以再加上一些审美的力量，把一件衣服做得美观一点呢！"② 然而，绝大多数人对其持批判态度。

天津女性的时尚消费招致广泛的社会批判。其观点大致有五种。第一，危机论。较为夸张的说法是：在街上行走的时髦女性多着肉色袜，她们吸引了路人的注视，容易引起交通事故。③ 此外，危机论中较现实的说法是："有些所谓摩登妇女，自顶至踵，无一不洋，一万农民的生产，不够一个阔太太或者阔小姐的消费！这种现象，若不扑灭，中国最后总是要大破产了。"④ "四万万国民，妇女要占去一半，要是人人只能耗财，不能作事，全国之中，没有一处好家庭，还能够有好社会吗。"⑤ 第二，玩物论。持此论者认为女子对于时尚的追逐实则是把自己当作玩物。他们指出："女性的装饰既为引起男性的爱慕喜欢，自然是甘心要做男性的玩物，不然，为什么一个人要擦上粉抹上胭脂来供男性瞧看，请问做人玩物是否堕落？"⑥ 第三，破坏性别平等论。该论者认为，女性追逐时尚是心理不健全的表现，影响女性独立人格的形成以及男女平等目标的实现。他们指出："就法律上言，女子已获得完全胜利。如最近已取得的权利有财产平等继承、婚姻自由、夫妻平等、政治上教育上无性别的限制。事实又怎样，大多数的妇女，仍不改爱装饰、慕虚荣、嗜娱乐等等不健全的心理，

---

① 参见冉子《摩登妇女与贤妻良母》，《大公报》1931年7月29日，第11版；志成：《我对于"摩登妇女与贤妻良母"的意见》，《大公报》1931年7月31日，第11版；诗钟：《读冉子志成两君"论摩登妇女"的感想》，《大公报》1931年8月4日，第11版；《女性爱美与堕落》，《益世报》1934年10月3日，第9版；爱鲁：《摩登女子应有摩登家庭》，《益世报》1933年9月28日，第10版。
② 雯：《妇女与时装》，《益世报》1933年11月16日，第11版。
③ 雲心：《女青年露腿新装》，《北洋画报》第521期，1930年9月6日。
④ 《女子怎样救国？》，《大公报》1933年11月26日，第11版。
⑤ 郁青：《提倡节俭应自妇女始》，《益世报》1928年12月20日，第14版。
⑥ 《女性爱美与堕落》，《益世报》1934年10月3日，第9版。

不能养成独立平等的能力，法律上所给的一切权利，不啻有等于无。"① 第四，皮毛论。认为追逐物质的时尚只是摩登的皮毛，而真正的摩登则是追求精神层面的自由与解放。该论者首先罗列了人们所熟知的摩登观，"所谓摩登的妇女，那［哪］一个不是粉面红颊！那［哪］一个不赤唇卷发？她们都穿着舞女式的衣裳，踏着欧美式的高履，远望着，似乎云霓里的嫦娥下界，轻飘，窈窕，和娇美的姿态"，接着指出这些只是摩登皮毛，追求"自由""解放""社会公开""女子继承"才是摩登的真意。在此基础上，该论者提出了他们的希冀："我希望现代皮毛摩登的妇女们，早日醒悟舍去'摩登'的形体，实践'摩登'的精神，就可免去'金玉其外败絮其中'的讥讽了。"② 第五，不实用论。该种观点认为，女性过度追求时尚会妨碍进行正常的活动。如在跑马场上，那些一改从前"衣短及膝的那种装束"，而穿着长得拖地的衣服的女性，"假使跌一跤时，不容易爬起来是一定的，而跌下去时恐怕还会把衣服绷开一个大裂缝"；③女子着高跟鞋，会造成"步履不便"。④

总体来看，持上述观点者多为男性。尽管观点各异，但他们的出发点是一致的，即反对女性的时尚消费。究其原因，大致有二。其一，女性的时尚消费冲击了传统的社会性别制度。与男性相比，女性更热衷于时尚消费，这已为时人所认识。⑤ 对于这种现象，德国社会学家西美尔指出，在历史发展中，女性总是处于弱势地位，她们常常顺从男性所裁制的各种社会规范，"在跟随惯例、一般化、平均化的同时，女性强烈地寻求一切相关的个性化与可能的非凡性。时尚为她们最大限度地提供了这二者的兼顾"。⑥ 不管女性热衷时尚的缘由是否如此，女性的时尚消费确实推动了女性个人主义的发展。因为在时尚消费中，无论是追求着装的独具一格，还

---

① 田泉：《1931年各国的摩登妇女（续）》，《大公报》1931年7月27日，第2版；同样的观点可见于郁青《提倡节俭应自妇女始》，《益世报》1928年12月20日，第14版。
② 《摩登的妇女》，《天津基督教女青年会会务季刊》第12期，1931年，第9页。类似的看法可见于《怎样才算一个摩登的女子》，《益世报》1934年3月21日，第9版。
③ 心冷：《在马场中》，《大公报》1929年9月19日，第15版。
④ 若谷：《摩登女子之装跷》，《天津商报画刊》第7卷第37期，1933年，第1页。
⑤ 参见钧天《女子服装之宜戒奢华》，《益世报》1926年8月18日，第14版；郁青：《提倡节俭应自妇女始》，《益世报》1928年12月20日，第14版。
⑥ ［德］齐奥尔特·西美尔：《时尚的哲学》，费勇等译，文化艺术出版社，2001，第81页。

是重视自我修饰，抑或是追求休闲享乐等，均是女性关注自我的表现，也是女性个人主义的显现。随着时尚消费的发展，女性的个人主义日益滋长，这背离了以牺牲自我为中心的传统"贤妻良母"的价值观，即"否定了女性面对家庭而不是自我的生活方式"，[1] 进而挑战了传统的社会性别制度。在当时，这不仅体现为男性质疑摩登女性的持家能力，[2] 也体现为天津女性开始对"贤妻良母"进行反思和批判，她们认为："贤妻良母不是现在女人们所憧憬所理想的最高的目标，而是过去的，陈旧的，被踏毁了的男子们的美梦。"[3] 其二，女性的时尚消费对男性的经济利益构成一种潜在的威胁。20世纪二三十年代，女性职业的迅速发展使得部分女性实现了经济独立，这是女性时尚消费风潮形成的重要原因。但当时未能实现经济独立的女性，她们的时尚消费费用则多由男性承担。因此，出于经济利益的考量，男性也反对女性追逐时尚。如《大公报》记者所言："我国女子大半不能经济独立，一切都须仰仗着男子供给。所以化妆品的消耗费，便成了男子的一个重大负担。"[4]

女性是时尚消费的主体。对于时尚消费，女性的评论是这样的。有的女性认为："女子的爱好修饰与其说是爱美的天性，无宁说是出于迎合男子的需求。"[5] 这显然是为女性的时尚消费进行辩解，将责任推给男性。有的女性则从维护女性整体的声誉入手，对时尚消费进行了批判，指出，女性有时尚消费的自由，但"奇巧装饰，乖张的举动，早就受了人们的轻视、讥笑、批评，并且把那些能够实行维新真义的妇女们，也受了她们的影响，遭些不白的冤枉，真是可叹！"[6] 从现有史料来看，女性关于时尚消费的发声较少。因而，笔者难以对女性的态度进行总体评判，但有一点是明确的：女性已经有了女性整体的观念，体现在关于时尚消费行为上，无论是辩解还是批判，女性的出发点都在于维护女性的整体利益。这是女性自我觉醒的一种体现，也是两性冲突加剧的一种显现。

---

[1] 〔法〕吉尔·里波韦兹基：《第三类女性：女性地位的不变性与可变性》，田常晖等译，湖南文艺出版社，2000，第201页。
[2] 参见爱鲁《摩登女子应有摩登家庭》，《益世报》1933年9月28日，第10版。
[3] 灵：《贤妻良母》，《南开女中校刊》第6卷第1期，1936年。
[4] 《金价暴涨以后》，《大公报》1930年7月3日，第7版。
[5] 玉梅女士：《妇女的三个时代》，《大公报》1929年8月22日，第13版。
[6] 少梅：《对新妇女的希望》，《大公报》1929年11月14日，第13版。

此外，如前文所述，女性追逐时尚之风潮冲击了固有的社会风气。为维持风化，政府颁布了一系列条令。如1927年天津警察厅发布如下公告："近查有一般妇女，好异炫奇、装束诡异、袒臂裸胸、自命时髦。标新者倡之于先，无识者继之于后，习染所趋，风俗日坏。本厅长绾领警篆，有维风化之责。亟应重申禁令，以挽敝俗，俾正风化。除分行各区署一体查禁外，合行布告，仰阖邑人等，一体知悉。家庭之间，务当互相告诫，勿再效尤。倘敢故违，一经查觉，即由各该管区带案送惩。绝不宽贷。"①1930年，天津市政府颁布了女职员管理规则。其中对女招待的着装进行了明确的规定，指出："须着布制长袍、或短衫素裙、不得华服艳装。"②1934年政府推行的新生活运动也明确禁止"奇装异服"。③尽管上述条令的本意是维持风化，但其内容与女性着装打扮相关，而女性的着装打扮是女性时尚风潮中的重要内容。因此，在一定程度上，政府此举也对女性的时尚消费进行了规制。

广泛的社会批判，抑或是政府的介入，都未能阻止女性的时尚消费。相反，时尚之风愈演愈烈。一些商店以摩登命名，并开展摩登主题的商品展览。④ 各大影剧院经常放映《三个摩登女性》《摩登夫人》《摩登时代》之类的影片。⑤ "摩登妇女，为增加己身之美丽，遂不惜宝贵的光阴，竭力修饰；什么扑粉啦，香水啦，康司泰啦，唇膏啦……一切一切地都在供不应求。"⑥

三 余论

由上所述，女性时尚消费之风显然是难以遏制的。其原因涉及多个方面。

---

① 《警厅禁止妇女时髦装束》，《大公报》1927年8月5日，第7版。
② 《为送管理各商店雇用女职员暂行规则等事致市总商会函》，天津市档案馆藏，档案号：J0128-2-002515-001。
③ 参见忠敏《夏日妇女的足下问题》，《益世报》1934年7月19日，第11版。
④ 《大公报》1932年7月9日，第12版。
⑤ 参见《大公报》1933年1月4日，第11版；《北洋画报》第1356期，1936年2月4日；《大公报》1932年10月27日，第12版。
⑥ 王炎：《健康美容术》，《大公报》1933年10月1日，第11版。

首先，女性的时尚消费既是社会经济发展的结果，同时又推动了社会经济的发展，因而具有旺盛的生命力。20世纪二三十年代，随着天津城市的发展，商场、舞场、电影院等新的消费场域不断出现，这为女性时尚消费创造了条件。同时，天津市的媒体行业也日渐发达，尤其是将商品与欲望相勾连的广告业的发展，培育了众多消费者。在此基础上，消费就被制造出来了。诚如英国社会学家迈克·费瑟斯通所言，在消费社会中，"建构新的市场、通过广告及其他媒介宣传来把大众'培养'成为消费者，就成了极为必要的事情"，[1] 因为消费是可以生产的。女性时尚消费的出现，加速了商品交换，进而拉动了社会经济发展。为谋取利益，商人和媒介联手，乐此不疲地进行市场营销，助长了时尚消费之风。

其次，女性时尚消费的出现，与近代女性的职业发展密切相关，同时又进一步推动了女性的解放，顺应了历史发展的趋势。20世纪二三十年代，女性职业的发展推动了女性的经济独立，使其获得了一定的消费资本。[2] 同时，职业的发展使女性从封闭的家庭走向开放的社会，由此，她们更容易感受并追随时尚潮流。[3] 这也是女性时尚消费风潮出现的重要原因。[4] 在时尚消费的过程中，消费文化之影响不容小觑。消费文化"秉持的是个人本位价值观，凸现的是个性和自由，个体在生活方式选择上拥有'绝对'的自主权。消费什么，如何消费，不仅体现了个体的生活态度、精神

---

[1] 〔英〕迈克·费瑟斯通：《消费文化与后现代主义》，刘精明译，译林出版社，2000，第19页。
[2] 如一些职业女性凭借工资收入满足其各项消费，甚至，她们还能负担其家庭或亲人的消费。参见蒋逸霄《津市的职业妇女生活（三十八续）》，《大公报》1930年5月8日，第9版；蒋逸霄：《津市职业的妇女生活（八续）》，《大公报》1930年2月26日，第12版；蒋逸霄：《津市的职业妇女生活（三十六续）》，《大公报》1930年5月3日，第9版；蒋逸霄：《津市职业的妇女生活（九续）》，《大公报》1930年3月1日，第12版；蒋逸霄：《宝成纱厂女工生活概况》，《大公报》1929年8月8日，第13版。
[3] 前文所论天津女性的时尚消费具有盲从性，以及容易受电影明星之影响等，均属此例。再者，从家庭中走出来、在总统夫人家做女仆的董妈，因其工作环境的关系，她注重自己的修饰打扮，其穿着像一位普通家里的太太，这亦属此例。参见蒋逸霄《津市职业的妇女生活（续）》，《大公报》1930年2月9日，第11版。
[4] 女性职业的发展，为其消费提供了一定的资本，也拓展了她们的生活空间，因而推动了女性消费。但女性职业发展只是女性消费得以发展的因素之一，并非全部。女性消费的发展，还与其他因素有关，如商家多样化的营销策略等。参见《三友实业社自由布大廉价》，《大公报》1930年3月20日，第9版；《为举行秋季大减价事致天津总商会的函》，天津市档案馆藏，档案号：J0128-3-008803-029。

气质、文化修养等,也反映了个体的创造力"。① 随着女性时尚消费的发展,消费文化所蕴含的个人主义日益深入人心。个人主义的发展,为女性摆脱封建伦理关系的束缚注入了强大力量,进而推动了女性的解放与发展。

再者,女性的时尚消费行为,属于个人生活的喜好和自由,因而很难被干涉。如1926年至1927年,政府一再禁止女性剪发,但女性剪发之事始终存在。② 对此,法国人吉尔·里波韦兹基的见解或许会深化我们对这一问题的认识,他说:"反对直接涉及日常生活及男女地位的力量要远远强于涉及政治生活的力量。"③

作者:王萌萌,湖南大学马克思主义学院

(编辑:成淑君)

---

① 杨淑萍:《消费文化背景下青少年价值观研究》,中央编译出版社,2015,第23页。
② 参见《省当局禁止妇女剪发》,《益世报》1926年10月1日,第10版;《警厅再禁妇女剪发》,《益世报》1927年5月31日,第11版;絮絮:《应当建设女子理发馆之我见》,《大公报》1927年7月26日,第8版。
③ 〔法〕吉尔·里波韦兹基:《第三类女性:女性地位的不变性与可变性》,田常晖等译,湖南文艺出版社,2000,第204页。

由报及局：从《北洋官报》到北洋印刷局

杨莲霞

内容提要：清末新式官报之模板——《北洋官报》，在清王朝覆灭后易名为《北洋公报》，又在不足百日的时间内变更为《直隶公报》；而此系列刊物之主办机构北洋官报局先于《北洋官报》出版一年创办，至宣统年间，机构名称变更为北洋编印官局及北洋官报兼印刷局，民国时，相继变更为北洋公报兼印刷局、北洋印刷局及公报印刷局。此一脉络之变迁，反映了晚清民国时期作为近代北方出版中心的天津，汲取江南局集编辑、印刷、发行于一体的多功能出版机构的经验，力图建立与上海抗衡的出版机构。新政权建立后，《直隶公报》之编辑业务并入直隶都督府秘书厅，印刷、发行活动由北洋印刷局完成。

关键词：《北洋官报》 北洋官报局 北洋印刷局

直隶总督兼北洋大臣袁世凯于光绪二十八年十一月二十六日（1902 年 12 月 25 日）在天津创办的近代形态的报刊《北洋官报》[①]，是清末最具代表性、报龄最长、最有影响的地方政府官报，也是中国历史上第一份邮发报纸。近年来，随着人们对清末民初社会转型期科技、文化生活及科技史、出版史等交叉学科的关注，关于《北洋官报》研究的硕博士论文已有三篇，[②] 亦有学者对

---

* 本文系"天津市高校习近平新时代中国特色社会主义思想研究联盟"成果。
① 该出版物，1912 年 2 月 23 日至 5 月 22 日名称为《北洋公报》，1912 年 5 月 23 日至 11 月 20 日名称为《直隶公报》。
② 翟砚辉：《北洋官报与直隶新政》，硕士学位论文，河北师范大学，2012；杨莲霞：《清末官报出版研究——以〈北洋官报〉为中心》，博士学位论文，南开大学，2018；丁捷：《"官"、"报"之间——清末新政中的〈北洋官报〉研究》，博士学位论文，华中科技大学，2018。

《北洋官报》的历史进行了梳理,[①] 但研究者几乎都将研究视野聚焦于《北洋官报》本身之历史及官报之编辑、印刷、发行活动。而《北洋官报》及其主办机构——北洋官报局经历过怎样的变迁？中华民国成立后，原来的主办机构是否还扮演着集编辑、印刷、发行于一体的综合出版机构的角色？这些出版活动对近代天津产生了什么影响？人们很少给予关注，笔者不揣简陋，尝试梳理从《北洋官报》到北洋印刷局的历史脉络及形态变迁，以期收抛砖引玉之效。

一 作为政府机关报之《北洋官报》、《北洋公报》及《直隶公报》

19世纪末20世纪初，中国的内忧外患不断加剧。庚子事变后，慈禧太后仓促"西狩"，历经山河残破的最高统治集团，在困境与危机的双重压力下，开启了清末十年新政：光绪二十六年腊月初十（1901年1月29日），尚在逃亡途中的慈禧太后与光绪皇帝发布新政改革上谕。袁世凯、张之洞等地方大员，作为清末新政改革举措的先导者，率先将官报作为地方新政改革的重要手段，袁世凯遂创办了第一份地方政府行政官报——《北洋官报》。

（一）《北洋官报》之创刊及存刊时长

关于《北洋官报》的创办时间，当今学术界和新闻报刊界基本持三种看法。第一种说法是"光绪二十八年十二月初一日（1902年12月30日）"；第二种说法是"光绪二十八年十一月二十七日（1902年12月26日）"；第三种说法是"光绪二十二年十二月初一日（1902年12月25日按，此处原文应有误，应为光绪二十八年）"。那么，《北洋官报》究竟创办于哪一天呢？笔者通过系统梳理《北洋官报》的发刊规律，推断是光绪

[①] 李斯颐：《清末10年官报活动概况》，《新闻研究资料》1991年第3期；李斯颐：《清末的官报》，《百科知识》1995年第6期；李斯颐：《清政府与清末报业高潮》，《中国社会科学院院报》2003年第9期；李斯颐：《古代报刊的终结者》，《中华新闻报》2004年第1期；雷晓艳：《清末"新政"与新式官报》，《编辑之友》2013年第4期；张珊珊：《〈北洋官报〉史话》，《中国社会科学报》2011年2月22日。

二十八年十一月二十六日（1902年12月25日）。理由如下：

第一，即便《北洋官报》第1期、第2期的"封面告白"缺失，但《北洋官报》第3期订口处明文标注"大清光绪二十八年十一月三十日"。然据"《北洋官报》章程"中的"开办伊始，间日一出。嗣后酌量情形，或按日一出，以待日报之例"① 可推断出，第2期刊发时间为"大清光绪二十八年十一月二十八日"，第1期刊发时间为当年十一月二十六日。

第二，《北洋官报》第5期显要位置（"目录"栏下）"钦差大臣太子少保办理北洋通商事务直隶总督部堂表袁（世凯）条"言："天津官报局于十一月二十六日出报。"②

第三，《北洋官报》第4期显要位置（"目录"栏下）"铁路局递寄官报谕帖"云："自西十二月二十五日以后，凡《官报》发往车站之报，该站务当从速以火车递送，不得耽延。"③

至此可以确定，晚清官报的样板——《北洋官报》创办于光绪二十八年十一月二十六日（1902年12月25日）。

那么，《北洋官报》到底是什么时候停刊的呢？

遍查现存《北洋官报》及中华民国成立后之延续出版物，至第3053期（宣统三年十二月二十五日，即1912年2月12日）的报头仍为"北洋官报"，这一天正是清帝宣布逊位之日。按照晚清报刊的出版规律，"每天发行的报纸，应于发行前一天晚上12点之前，送达当地巡警官署或地方官署随时查验"④ 后方可印制，但每年之十二月二十六日至正月初六日为"因年假暂停"之期。遗憾的是，现存之报纸缺失第3054～3060期（宣统三年正月初六日至十二日，即1912年2月23日至29日），而从第3061期（即宣统三年正月十三日，1912年3月1日）起报刊名改为《北洋公报》。而年假后第一期报纸内容则要极力体现年假期间发生在中国历史上的翻天覆地的大事——改帝制为共和，我们可根据"自本年起，《（北洋）官报》改为《（北洋）公报》"⑤ 推知，1912年农历年假后第一日（第3054期，

---

① 《详定直隶官报局暂行试办章程》，《大公报》1902年9月26日，第2版。
② 《北洋官报》1903年1月2日，第1版，"本局广告"。
③ 《北洋官报》1902年12月31日，第1版，"铁路局递寄官报谕帖"。
④ 徐珠、沈琪：《清朝报纸怎样创办》，《中国档案报》2004年9月24日。
⑤ 《北洋公报》第3063期，1912年3月2日，第16版，"本局厘定报价及定报新章广告"。

宣统三年正月初六日，即1912年2月23日），《北洋官报》更名为《北洋公报》。

(二) 昙花一现之《北洋公报》

1912年2月23日《北洋官报》变更报刊名称为《北洋公报》（总第3054～3143期），由于89天后的1912年5月23日，《北洋公报》又更名为《直隶公报》。故此，《北洋公报》在中国报刊史上可谓昙花一现。但，《北洋公报》及《直隶公报》均是直隶省之机关报。该报1912年4月21日"封面告白"陈述了民国初建，经纬万端，新政进行日不暇给，以直隶公布发令之机关报为例，"洗旧日文书之繁重、迟滞，厘定《（北洋）官报》体裁"，因"倘不整顿公布机关，殊足为行政之障碍"，此后，都督命令及全省各署局应行公布文件，统由《北洋公报》登载。"如此，则本省公报为本省行政发表之机关，即为本省士民研究之资料，实于民政前途不无裨益。"[①]

《北洋公报》之版式、印刷及发行方式等都顺延了宣统二三年间《北洋官报》之模式，但在栏目设置上变化较大。如1912年2月12日《北洋官报》之栏目："宫门抄"、"谕旨"、"折奏"、"公牍"、"文告"、"畿辅近事"、"译电"、"告白"（广告）。1912年3月2日《北洋公报》栏目："要电""公呈""法令公布""公牍""文告""畿辅近事""译电""告白。"（见图1）最大的变化是取缔了传统官报时期宣扬皇权至上和维持清政府统治的宫门抄、谕折、辕门抄等栏目，[②] 而新增加的"要电""公呈"栏目，更多地呈现了当时的时政新闻。但是，"法令公布""公牍""文告""畿辅近事""译电""告白"等栏目，几乎顺延了自创刊以来《北洋官报》的编辑形式、稿件体例、排版模式等。

告白，在《北洋官报》中占有较多的幅数，最多时占到当期内容的1/4。[③]《北洋官报》等系列出版物之告白包括封面告白和正文后告白两部分。与宣统三年十二月二十三日（1912年2月10日）《北洋官报》封面告

---

① 《北洋公报》1912年4月21日，第1版，"本局详定改良《（北洋）官报》作为公布法令机关简章"条。
② 杨莲霞：《清末官报出版研究——以〈北洋官报〉为中心》，第83页。
③ 杨莲霞：《清末官报出版研究——以〈北洋官报〉为中心》，第93页。

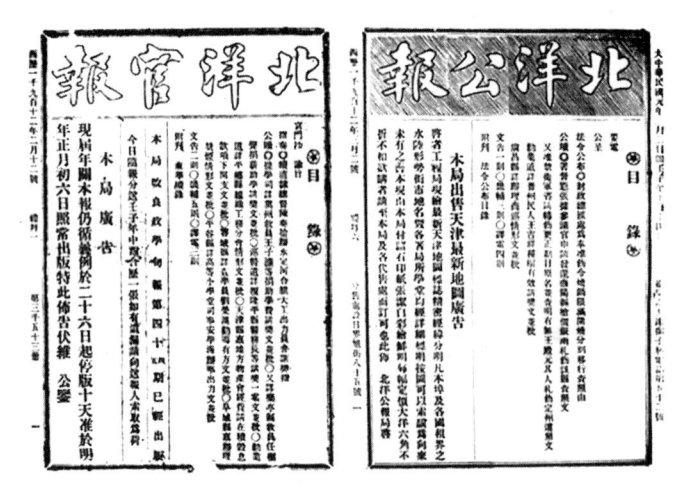

图1　1912年2月12日《北洋官报》之"封面告白"
与1912年3月2日《北洋公报》之"封面告白"

白之"本局出售天津最新地图广告"相比较，宣统三年正月十四日（1912年3月2日，第3062期）此条广告之唯一区别有且仅有一处——落款机构由"北洋官报局"变为"北洋公报局"。

（三）存刊时间至少长达16年之久的《直隶公报》

1912年5月23日《直隶公报》"法令公布"栏目总第184号"北洋印刷局为《北洋公报》改为《直隶公报》通告周知由"对报刊名称之变更做了详细记载："北洋印刷局为通告事，本年五月二十一日奉都督张札开……'北洋'字样仍属沿袭旧制，其范围嫌于宽泛，应即取消，改为《直隶公报》。"[1] 同年5月23日将《北洋公报》改为《直隶公报》，期号顺延《北洋官报》及《北洋公报》，即从第3144期开始。至于《直隶公报》什么时候退出历史舞台，因史料不足，目前还不能得出结论。但据国家图书馆藏《直隶公报》缩微胶卷，至少1928年5月29日（第8807期）《直隶公报》仍在"本省公布政令各机关"。[2]

将1912年2月10日《北洋官报》之"本局厘定报价及定报新章广

---

[1] 周振鹤：《国家图书馆藏〈北洋官报〉》，天津古籍出版社，2014，"前言"，第4页。
[2] 《直隶公报》第8807期，国家图书馆藏缩微胶卷。

告"与当年6月1日《直隶公报》之"本局厘定报价及定报新章广告"相比较（见表1）。

表1　《北洋官报》与《直隶公报》之"本局厘定报价及定报新章广告"对比

时间	1912年2月10日	1912年6月1日
内容	启者，本局禀定，自九月初一日起，报价改收银元*，业经公布在案，兹将本省、各省及本埠三项报价分列于左。一、本省并寄官学两报，每月全份收大洋一元三角，小洋贴水，邮费在内。一、各省分寄官报学报，每月每份收大洋七角，小洋贴水，邮费在内。一、本埠寄售官报学报，每月每份大洋六角，小洋贴水，不加邮费 一、凡外埠订购官学两报，应先惠报资，空函不寄。至少须先定半年，如正月订购者须先寄六个月报费；二月订购者，须先寄五个月报费，均以六月底截止，余可类推。嗣后即以半年为一届，以清界限。其原先交两届报资者听：一、报资须由邮汇或带现洋，不收邮票。一、前项报费寄到后，本局随寄收支处收单以为凭证。诸公如已寄费而未收到凭单，可随时函询本局，以免误寄，否则，概不任咎 一、各州县自治机关及学堂、局所，如欲迅速阅报，可将报费先寄本局直接定购，以免辗转积压 北洋官报局启	启者，本局禀定，自本年起，《官报》改为《公报》，其余报价仍一律照收银元，兹将本省、各省及本埠三项报价分列于左。一、本省并寄公学两报，每月全份收大洋一元三角，小洋贴水，邮费在内。一、各省分寄公报学报，每月每份收大洋七角，小洋贴水，邮费在内。一、本埠寄售公报学报，每月每份大洋六角，小洋贴水，不加邮费 一、凡外埠订购公学两报，应先惠报资，空函不寄。至少须先定半年，如正月订购者须先寄六个月报费；二月订购者，须先寄五个月报费，均以六月底截止，余可类推。嗣后即以半年为一届，以清界限。其原先交两届报资者听：一、报费须由邮汇或带现洋，不收邮票。一、前项报费寄到后，本局随寄收支处收单以为凭证。诸公如已寄费而未收到凭单，可随时函询本局，以免误寄。否则，概不任咎 一、各州县自治机关及学堂、局所，如欲迅速阅报，可将报费先寄本局直接定购，以免辗转积压 北洋印刷局启

资料来源：详见《北洋官报》1911年10月22日，第9版，"本局禀定自九月初一日起报价改为银元照章公布由"条。

两相比较，其主要不同点有以下三方面：其一，报刊名称之别，前者为《北洋官报》，后者为《直隶公报》；其二，落款单位之别，前者为北洋官报局，后者为北洋印刷局；其三，《北洋官报》记载自宣统三年九月初一日（1911年10月22日）起报价改收银元，《直隶公报》则强调"《官报》改为《公报》"，但"报价仍一律照收银元"。其创新性明显不足，"新瓶装老酒"的特征显现。

清末新政十年创办的以《北洋官报》为模板的百余种[①]新式官报，在政权更迭前后退出历史舞台。仅有《北洋官报》《安徽官报》等后变更为《北洋公报》《安徽公报》等，变成了主要刊载法律、法令、决议等官方文件的汇总平台。但其历史贡献和历史地位无法跟清末新政时期以《北洋官报》为模板的百余种官报相提并论。

二 北洋官报局、北洋官报兼印刷局、北洋公报兼印刷局及北洋印刷局

在传统出版时代，出版物之编辑、印刷、发行等都离不开人员、场所、机器设备等，且，这些都是先于出版物的必要条件。北洋官报局等亦如此。

（一）北洋官报局

袁世凯创办官报的主张获得光绪帝批准后，便着手进行官报局的创设工作，于1901年3月在保定西门大街筹备创办北洋官报局。"袁慰帅创设之官报即在保定省城开办。"[②] 光绪二十七年七月十二日（1901年8月15日），八国联军在天津的统治机构都统衙门撤销，直隶总督署恢复。同一日，袁世凯将直隶总督署由保定迁到天津，北洋官报局也随之迁移到天津河北区狮子林大街集贤书院内。

北洋官报局的创办，在确定场所之后，经费问题、机器问题得以解决时，《北洋官报》之编辑、印制才能付诸实践。"袁宫保特捐两万金以备开局首三月之津贴。惟印架铅字尚未齐集，故出报之期犹难预定。"[③] 从光绪二十八年六月二十九日（1902年8月3日）的《大公报》所刊内容可知，此时北洋官报局从上海购办了机器和纸张："官报局已从上海购办机器、

---

① 如果将每种官报的副产品都作为独立的官报来统计的话，则清末至少创办121种官报；如果将官报的副产品算作官报的附属品，则有116种；如果将易名前后的一种官报仅统计为一种的话，清末至少创办新式官报108种，详见杨莲霞《清末官报出版研究——以〈北洋官报〉为中心》，第82页。
② 《大公报》1902年6月23日，第2版，"纪官报"。
③ 《大公报》1902年7月28日，第2版，"官报续纪"。

纸张，闻七月前半月可以运到保定，想该报出版之期必不远矣。"① 与此同时，袁世凯也派人到日本选购印刷设备，聘请技术人才，又从广州、上海雇请熟谙石印、铅印技术的工匠，② 并在《大公报》上刊登招收艺徒广告："（北洋官报局）亟须招募各项艺徒专心肄习……凡良家子弟年在十五以上二十以下、质地聪颖、身无暗疾、略通字艺者，即为合格。"③ 不足半月时间，北洋官报局招满艺徒："本局所招艺徒兹已足额，报名诸人定于本月十六日午前十点钟到局，面写名籍年贯，以凭考验去留。"④

《〈直隶官报〉⑤ 序例》更是强调，官报的创设"使人人知新政、新学为今日立国必不可缓之务"，⑥ 表明了官报与新政相伴而生、互为依赖的关系。至十一月初，人才、设备到位，北洋官报总局机构设置（内设编纂处、翻译处、绘画处、印刷处、文案处、收支处六处）完成后的十一月二十六日（12月25日），第1期《北洋官报》登上历史舞台。

至此，袁世凯完成了北洋官报局的筹建和《北洋官报》创刊号的出版。

伴随着清末新政和预备立宪、报刊出版业的发展以及直隶督抚和北洋官报局内部结构、人员等进行了新的调整、补充，北洋编印官局应运而生。

（二）北洋编印官局

"中国风气未开，北洋又经费支绌，筹办之始，自当从简易入手，徐图扩充，当经职道等会商本司等悉心筹酌，窃以为职局向办官、学两报兼印书事宜数载，经营规模粗具，今宜将官纸归并办理，而正其名曰'北洋编印官局'，概沿用'刷印'二字不足以赅官报也。"⑦ 1910年2月，针对

---

① 《大公报》1902年8月3日，第2版，"纪官报"。
② 天津市河北区地方志编修委员会编著《河北区志》，天津社会科学院出版社，2003，第47页。
③ 《大公报》1902年11月28日，第3版，"北洋官报总局广告"。
④ 《大公报》1902年12月13日，第4版，"北洋官报总局广告"。
⑤ 即《北洋官报》。
⑥ 《大公报》1902年10月31日，第2版，"直隶官报序例"。
⑦ 《北洋官报》1910年2月15日，第14期，栏目"本局会同藩运两司详遵札核议官纸印刷归并官报大概办法文并批（清折另附报后）"条；《北洋官报总局会同藩运两司详遵札核议官纸印刷归并官报大概办法文并批》，甘厚慈辑，罗澍伟点校《北洋公牍类纂正续编》，天津古籍出版社，2013，第1898页。

《北洋官报》出版及北洋官报局的编辑、印制及发行业务展开的调整即为将官报局与官纸厂合并,将北洋官报局改为北洋编印官局。在突出其"印"的特点的同时,也预示着北洋官报局工作重心的调整。将原来两个机构的职能予以整合,下设四科(见表2):

表2 北洋编印官局各部门及具体业务

部门	业务
编辑科	专司编辑官学两报及图书、册籍等事
印刷科	专司印刷纸品、书报暨经营料物等事
文书科	专司撰拟公牍、编拟表册暨收发誊缮等事
会计科	专司收支款目核算、报销暨采买庶务等事

资料来源:《北洋官报》1910年2月15日,第14版,"本局会同藩运两司详遵札核议官纸印刷归并官报大概办法文并批(清折另附报后)"条。

"处于权威危机中的统治者往往会迅速的变成真诚的改革者,他对改革的真诚,来源于他对保住权力的真诚。"① 做此调整,精简了机构,强化了其印刷功能。除对名称及分工进行规定外,还有如下具体措施。

其一,调整后的北洋编印官局人员没有什么变化。"职务均派旧有员司量才兼任,以资撙节而专责成,其职掌繁重者,酌加津贴,俾资鼓励,另设售品所,隶会计科,专司发行品物等事。"②

其二,关于添购印刷机器的预设。创办之初,北洋官报局即从东洋购买机器,至宣统年间,该机构有铅印机器、石印机器总计62架,理应添购新的机器。"欲求印刷精良自宜添购新机加工精制",但因经费困难而无法付诸实践——"惟现在经费支绌,筹款为难",只能等"将来营业发达再行添购逐渐扩充"。③

其三,关于生产场地的调整。创办之初的北洋官报局原设铅印、石

---

① 转引自萧功秦《中国的大转型:从发展政治学看中国变革》,新星出版社,2008,第63页。
② 《北洋官报》1910年2月15日,第14版,"本局会同藩运两司详遵札核议官纸印刷归并官报大概办法文并批(清折另附报后)"条。
③ 《北洋官报》1910年2月15日,第14版,"本局会同藩运两司详遵札核议官纸印刷归并官报大概办法文并批(清折另附报后)"条。

印、雕刻等厂，更名之后，兼筹并顾"划分厂屋以节经费……以撙节经费为入手，不易之办法，未便铺张"，对原有厂房酌量划分，妥为布置，俾官纸、官报分别刷印两不相妨，并期待"将来如不敷用，再行酌赁民房以免靡费"。①

其四，关于流动资金。流动资金是出版机构资金的重要组成部分，也是保障出版活动正常开展的基本条件，它贯穿于出版物生产的编辑、印制、发行各环节。流动资金周转顺畅，则出版机构运营良好，反之则陷入困境。清末的出版机构也同样受这种规律的制约，对产品结构和印制范围进行调整后的北洋编印官局"官纸归并职局办理，一切均从简易入手，力戒虚靡则无须开办，经费惟应需纸张、颜料、药水等项，为数颇巨，须先筹定款项，作为活本用资周转"。② 盘活资金，使出版活动顺利开展以期达到预设之功效。

其五，将纸品分为官用、民用、商用三类进行印售。首先，厘定官用纸品，具体包括藩属之有关粮税各项票簿等十二种。其次，依照程式印售民用纸品，从售卖范围、时效及诉讼保护上给予北洋官纸印刷局种种特权和优待。再次，扩大商用纸品的印售范围。

其六，外属宜择地分销以资利便。"印刷事业以行销为第一要义"，北洋编印官局印刷出版在津各署头、学堂及沿铁路各州县领购纸品、书籍较为方便，僻远各属交通不便，"领运为难，自宜择地分销，以资利便"。官纸印刷局决定于保定设立发行所，其余地区则"查度情形再行推广，分设俾便就近承接其原来津直接订购者"，但有一前提条件，则是"须先照缴纸费"，③ 不得拖欠，以免造成资金周转困难。

（三）北洋官报兼印刷局

北洋编印官局在接受顺直谘议局问责的同时，既强化其官报的功能，又积极拓展印刷业务，为此，更名为北洋官报兼印刷局。其内部机构设置

---

① 《北洋官报局会详稿》，《清代（未刊）上谕、奏疏、公牍、电文汇编》第39册，全国图书馆文献缩微复制中心，2009，第18517页。
② 甘厚慈辑，罗澍伟点校《北洋公牍类纂正续编》（四），第1900页。
③ 《北洋官报》1910年2月15日，第14版，"本局会同藩运两司详遵札核议官纸印刷归并官报大概办法文并批（清折另附报后）"条。

也有所调整：印刷处更名为石印处，足见石印技术的发达及主导地位；创办之初，工料纸张等采购等是收支处的职责，到宣统年间，则单独成立了材料处，负责一切工料纸张等出入库，部门分工略显明晰；另，与创办之初比，宣统年间，北洋官报兼印刷局增加了监工处，与当今的图书、报纸、期刊出版一样，其重视编校及印装质量。

宣统二年六月初一日（1910年7月7日），《北洋官报》记载了当年北洋官报兼印刷局供养人员的情况（见表3）：

表3 北洋官报兼印刷局供养人员一览

职务	职衔	姓名	字号	籍贯
总办	留直补用道	冯汝桓	果卿	河南
坐办	直隶补用道	苏品仁	静庵	云南
会办	直隶补用道	璧双	玉峰	满洲
会办	直隶补用道	丁惟鲁	奎野	山东
会办	直隶补用道	常锟	剑秋	满洲
提调	候补知县	杨而瓒	勉贻	江苏
官报编纂	候选训导	唐祖绳	莲荪	江苏
总编校兼文案	候选通判	杨毓辉	然青	广东
校对	候选知县	陈淦	兰坡	贵州
校对	候选训导	吕十龙	松麟	江苏
校对	候选教授	王鹤松	少民	贵州
文案兼稽核	试用知县	王镕之	伯陶	江苏
文案	候选主簿	蔡模	辅之	江苏
收发	候选府经历	潘世荣	卿云	广东
收支	江苏候补知州	汪肇绪	幼山	云南
监工兼翻译	日本毕业生	曾镛	和笙	浙江
监工	候选通判	陆长增	慎之	江苏
管库	候选县丞	丁其慎	勖庵	河南
英文翻译	同文馆毕业生	解家麒	仁甫	顺天
庶务	试用县丞	祝鼎彝	稚琴	河南

续表

职务	职衔	姓名	字号	籍贯
稽查	候补府经历	吴绍昌	绳武	河南
	候选县丞	刘成祥	云亭	顺天
管理抄报员	候补鉴大使	徐贤书	小舟	江苏
编纂	军机章京	华世奎	璧臣	直隶
	补用道	陈庆龢	公睦	广东
	候选知府	魏械	铁珊	浙江
	分省试用知府	费德保	芝云	江苏
访译	分部主事	蔡长陵	伯异	江西
	学部主事			
分办编辑	补用知县	吴嘉福	宾甫	安徽
编纂员		董绪澂	翰宸	山东
访事员		承恩		
		张其亮	晓苍	河南
		乔步霄	凌云	山西
文案处司事	候选县丞	郑燮康	新甫	直隶
	候选训导	许肇爵	锐岑	江苏
石印处司事		方钧	少五	直隶
材料处司事		吴钟发	少梅	江苏
监工处司事		马占儒	俊英	直隶
		包本治	志康	江苏
收支处司事		刘廷弼	兆寿	山西
发售处司事	候选县丞	洪作宾	善卿	河南
	候选县丞	王文翰	墨庄	直隶
		相国屏	子藩	江苏
		白崇仁	杏苏	顺天
		方庄	松岑	浙江
		刘达森	冠周	广东
		邱良璧	桂山	直隶
雕刻技长		下村孝先		日本
石印技师		若井信词		日本

表3中所列1910年北洋官报兼印刷局总计50人，其中，除2名日本人外，有籍贯者46人，涉及14个行政区划，其中江苏12人，河南、直隶两省各6人，浙江、顺天两地各3人，云南、满洲、山东、广东、贵州、山西、广东七省各2人，江西、安徽两地各1人。北洋官报兼印刷局人员最集中者在江苏，其次是河南、直隶。这与《北洋官报》创办人袁世凯系河南人，而发轫地在直隶不无关系。

（四）北洋公报兼印刷局

民国建立后，随着《北洋官报》变更为《北洋公报》，负责《北洋公报》印刷的机构也由北洋官报兼印刷局更名为北洋公报兼印刷局。就像《北洋公报》几乎顺延《北洋官报》及北洋官报兼印刷局时期的业务一样，该机构存在的时间甚至比《北洋公报》的存刊时间还要短。[①] 1912年5月4日的《北洋公报》还在刊登"本局出售最新天津地图广告"、"本局厘定报价及定报新章广告"及"本局广告"（事关《临时公报》与本局公报——《北洋公报》并封邮寄事宜），5月5日《北洋公报》摇身一变，开始刊发"北洋印刷局广告"了。该期报纸地脚处"天津狮子林北洋印刷局印行"，表明印刷与编辑分离。

1912年4月6日，吴慈培接任北洋公报兼印刷局总办[②]后，便请求直隶都督张锡銮，因"《（北洋）公报》即为公布机关，应属宪台幕员应办之一事"，故拟将《北洋公报》的编辑工作"并入本都督府秘书厅办理"，但其印刷、发行业务，由"职局原有机匠、员役仍旧承办"，并请求"北洋公报兼印刷局"改名为"北洋印刷局"，以"专办印刷"。因"印刷于辅助行政、发明科学俱有密切关系"，[③] 若隶于公报局之内反自碍，致使印刷事业终鲜发达，原因大致有二：其一，固有操术尚缺精研；其二，印刷之名迄未传播。1912年5月7日，"谨遵改名北洋印刷局，请另发关防一颗，以昭信守"，[④] 北洋印刷局正式成立。

[①] 1912年3月1日至5月4日，总计65天。
[②] 《北洋公报》1912年4月9日，第5版，"本局总办吴为到局视事日期咨行查照由"条。
[③] 《北洋公报》1912年4月29日，第6版，"本局详请将《（北洋）公报》归署督办理并改局名为'北洋印刷局'录批抄详分别咨行由"条。
[④] 《北洋公报》1912年5月8日，第1版，"北洋印刷局为启用关防日期移行查照由"条。

总办吴慈培"竭力招徕,几于逢人辄道,乃往往有以公报局能办一切印刷,为未之前闻者,是则印刷之名为公报掩没,而不彰影响于实际者尤巨,职局经费支绌达于极点,非扩充印刷断断不足以图存,扩充之条例甚繁。总办现正殚心探讨,要必以正名为始"。① 关于北洋印刷局之业务,吴慈培等有如下规划:

(1) 该机构原本就置办有铅印、石印等机器,且聘有外洋有名技师,所印造之纸币、书报等类,出品精美,历年驰名。

(2) 将"北洋公报兼印刷局"改为"北洋印刷局",专心从事印刷一门。扩充厂屋,添置各种新式机具,凡凹版、凸版、钢版、铜版、珂罗版等印制之件,无不精益求精。

(3) 在拓展业务上,在日本租界85号设分售处,保定院署东设立分局,"如有印刷之件,均可就近订定,以期便利"。

(4) 从管理理念上,将旧日官局习气痛加扫除,概照商业办理。②

因史料所限,关于北洋印刷局之业务及生产成果,能够梳理的较少,仅有以下两个层面:一为承印之业务,二为零星之印刷品。

其一,1923年11月29日"北洋印刷局广告",对北洋印刷局之机器、技师、模板、字号、承印业务等方面都做了简明扼要之介绍,并表明招揽生意之诚挚态度——前往接洽及价目之减让,依然"概照商业办理"。③

其二,北洋印刷局之产品。(1) 报刊类,除其拳头产品及副产品[4]之外,《敬业》学报第2期由北洋印刷局印刷,⑤ 直隶第一女子师范学校的校刊《直隶第一女子师范校友会会报》,"除第一期未注明印刷单位外,其余四期均为北洋印刷局印刷"。⑥ (2) 图书类,如《中华民国临时约法》(1916)、《阅微草堂砚谱》(1916)、《九十九砚斋砚谱》(1916)、《世说新语》(1917)、《世说新语补》(1917)、《新续高僧传四集》(1923)、《李

---

① 《北洋公报》1912年4月29日,第6版,"本局详请将《(北洋)公报》归署督办理并改局名为'北洋印刷局'录批抄译分别咨行由"条。
② 《大公报》1912年5月6日,第7版,"北洋印刷局广告"条。
③ 《北洋公报》1923年11月29日,第1版,"北洋印刷局广告"条。
④ 比如《直隶学报》《北洋学报》《直隶政学旬报》等。
⑤ 河北省地方志编纂委员会编《河北省志》第83卷《出版志》,河北人民出版社,1996,第191页。
⑥ 董振修:《青年邓颖超的道路》,天津社会科学院出版社,1992,第143页。

颂臣先生五十寿言》(1924)、《直隶河防辑要》(1924)等。(3)各项纸币、股票、表册、牌照等,以及报纸、各片大小仿单、五彩商标、精巧图画、法帖等。①

1935年6月,北洋印刷局改为公报印刷局,由省政府秘书处接管,印刷省政府公报。同年河北省政府迁保定,公报印刷局也随之搬迁。② 七七事变后,公报印刷局一度无人过问,由职工自行经营,后划归伪河北省公署秘书处管理。抗日战争胜利后,公报印刷局机器设备封存,保定解放后由人民政府接管。

三 报、局与天津之城市文化

《北洋官报》是应清末新政而生的新式政府官报,具有政府公报、学术期刊、新闻报纸三种属性,起到了"开风气之先"的作用;北洋官报局是集编辑、印刷、发行于一体的出版机构。二者在近代天津舆论引导及机构建设等方面发挥了举足轻重的作用。

(一)"报"之"开风气之先"

《北洋官报》主要发行范围在包括天津在内的顺直地区,其发行数高达7070份,③ 在通上下、通内外、"开通民智、普及教育"④ 等方面采取了积极的举措,也发挥了不小的作用。

首先,《北洋官报》兼具官方公报、新闻报纸与学术期刊三重角色。《北洋官报》"宫门抄""谕旨"及《北洋公报》之"法令公布"等传达政府意志;报纸通过大清邮局、民信局、学堂等,收"通上下"之实效;报刊之"各国新闻"、"各国近事"及"日俄战纪"等栏目向读者介绍国外情况,达"通内外"之功效。

---

① 《北洋公报》1923年11月29日,第1版,"北洋印刷局广告"条。
② 《河北省志》第83卷《出版志》,第419页。
③ 杨莲霞:《清末官报派销发行方式管窥——以〈北洋官报〉为中心的考察》,《中国经济史研究》2016年第6期。
④ 《北洋官报》第1911期,1908年11月27日,第8版,"高邑县倪令鉴禀本局设立阅报处情形文"条。

其次，《北洋官报》采取诸如强调阅报社的重要性、大量报道阅报社的成立和发展、为阅报社提供资料支持等措施支持阅报活动的开展。如此一来，不但可以将报纸读者、知识分子、官员阶层和识字无多的普通民众联系起来，形成有效的舆论宣传网络，而且又可为阅报社提供丰富的阅读材料，助益其持续发展。

再次，《北洋官报》成为宣讲的重要素材。宣讲作为一种有效的信息传播方式，自产生以来一直是政府舆论引导的重要手段之一，在每一次政治大变革大革新时期，政府借助宣讲来进行舆论引导的目的尤显迫切。清末十年，许多宣讲所章程就明言"不动公款并购选宗旨纯正教育新书及《北洋官报》……《北洋法政学报》《北洋法政官话报》《白话警务报》《商报》《大公报》《中外时报》《竹园报》《天津日日新闻报》《采新画报》《爱群画报》，共十数种"[1]为宣讲素材。

最后，《北洋官报》之"农事浅说""教务白话""地文学浅说"等栏目的白话文风格既扩大了知识传播的范围，又在一定程度上缩短了其与基层民众的距离，有效地实现了社会动员和民众启蒙。在其影响下，天津出现了多家白话报，分别为1905年创刊的《白话开通报》、1907年创刊的《竹园白话报》、1910年创刊的《天津白话报》《公民白话报》等。

清末十年，受《北洋官报》等影响，阅报、讲报、宣讲、劝学及以半日学堂为代表的其他民间教育组织推广和实践的诸多活动，在一定程度上给民众灌输了智识，也在一定层面上提高了国民意识。

（二）"局"与"局"之协调

首先，创办《北洋官报》之最初意愿，是为了抵御内忧外患。对近代北方出版中心的天津而言，是希冀汲取清末江南局集编辑、印刷、发行于一体的多功能出版机构的经验，创办与上海抗衡的出版机构。而民国建立后，《北洋公报》作为直隶机关报，其编辑业务并入本都督府秘书厅，印刷、发行活动由北洋印刷局完成，北洋印刷局"照商业办理"，其近代化企业属性愈发凸显。

---

[1]《北洋官报》第1973期，1909年2月7日，第4版，"静海县吴令增开办宣讲所阅报社文附章程并批"条。

其次，北洋官报局经与天津邮政总局多次商洽，开创邮政发行报刊业务之先河。自光绪二十九年六月初一日（1903年7月24日）起，"凡设有邮局之地，寄售报册一律免收邮资"，[1] 并约定邮政局如在《（北洋）官报》内登各项告白、示谕，亦不收费。设有邮局之地官员、学堂、绅商、个人购阅的《北洋官报》，一律被认定为是北洋官报分局代售，并告知读者群"本报所有章程已印发各分局查照，邮地购报诸君可往取报"。[2] 天津邮政总局负责北洋官报局各报的分送、转发和零售工作，并代收报费。官报局与邮政局相互借势，构成了近代天津北方新政试验田的要素之一。

《北洋官报》—《北洋公报》—《直隶公报》，北洋官报局—北洋编印官局—北洋官报兼印刷局——北洋公报兼印刷局—北洋印刷局，此出版物及其主办机构名称变更背后透视出，清末民初社会转型期，官报之官的属性，由最初之重点强化，到预备立宪后，《北洋官报》由中央政府公报变更为直隶地方政府官报，再到新政权建立后，成为直隶地方法令公布文献汇编性质的出版物，其报纸之"新闻"属性也逐渐削弱。从该出版机构名称之变更可窥知，创办者最初之构想为打造以《北洋官报》及其副产品之编辑、印刷、发行为龙头的包括书籍、图画、五彩商标、邮税印纸、银钱券约、月份牌、告示在内的集约印刷场地，随着政局之变迁，该机构在各种无暇顾及中"照商业办理"了20余年，直至1935年由河北省政府秘书处接管，其"官"的特色又得到部分程度之接续。北洋官报局也好，北洋印刷局也罢，都是清末至民国年间天津地区的"局"之一，与直隶工艺局、直隶禁烟局、顺直谘议局等共同构成了当时的"新局"之一。

作者：杨莲霞，天津理工大学马克思主义学院、天津市高校习近平新时代中国特色社会主义思想研究联盟

（编辑：任云兰）

---

[1] 《北洋官报》1903年8月2、4、6、8、12、14日（第106、107、108、109、111、112期），第2版，"本局要紧广告"条。
[2] 《北洋官报》1903年8月2、4、6、8、12、14日（第106、107、108、109、111、112期），第2版，"本局要紧广告"条。

·慈善与社会控制·

抗战胜利后上海尊师运动述论[*]

张秀丽　张吉玉

内容提要：抗日战争胜利后，上海市政府从提高教师薪金和补助救济两方面安定教师生活，但由于物价飞涨，教师生活依然困苦。1946 年 3 月，在民众团体呼吁与教师罢教的压力下，上海市教育局决定发起"尊师运动"，以募集捐款及实物，救济教师。与此同时，上海市学生团体联合会亦发起"敬师运动"，通过举办球赛、游艺、实物捐等活动筹集资金，救助贫困教师。但上海市教育局对"敬师运动"多有压制，且其"尊师运动"进展也不顺利。为突破困境，使社会各界广泛参与，教育局和学团联协商，决定联合起来，成立新的"尊师运动委员会"，尊师运动遂进入一个新的阶段。然从尊师运动的兴起、发展及其成效来看，以筹募尊师金来救助教师的尊师运动仅是安定教师生活、度过教育危机的安抚和治标之策，尊师运动并未完成预期目标，且其中存在诸多问题，治标成效也不尽如人意。

关键词：抗战胜利后　尊师运动　上海　尊师金

抗日战争胜利后，在全国教育善后复员会议上，蒋介石表示"建国时期，教育第一"。[①] 作为当时"第一大市"的上海，教师生活清苦，上海市教育局在实施"国民教育五年计划"[②] 的同时，也试图从提高薪金和实行补助两方面救助教师，但效果不佳，后在民众团体的呼吁与教师罢教的压

---

[*] 本文系国家社科基金重大项目（17ZDA203）、河南省哲学社会科学规划项目（2017BLS001）、河南省教育厅人文社会科学研究项目（2018 - ZDJH - 048）阶段性成果。

① 《建国时期　教育第一：主席召宴全国教育善后复员会议会员席上训词》，《教育部公报》第 17 卷第 9 期，1945 年，第 1 ~ 2 页。

② 《全国实施国民教育第二次五年计划》，《教育通讯》第 5 期，1946 年，第 25 ~ 26 页。

力下，于1946年3月23日发起向社会筹募"尊师金"的尊师运动。尊师运动是由国民政府主导、社会广泛参与的一项救助教师的运动，是国民政府发展教育事业的一个重要案例。目前学界关于尊师运动的研究，仅停留在"提及"层面，尚缺乏系统深入的分析。[1] 本文拟通过考察尊师运动在上海的兴起、发展，探究抗战胜利后国民政府对教师的救助及其"教育第一"理念在上海地区的践行情况，以期弥补现有研究之不足。

一 战后政府对教师的救助与尊师运动的兴起

教师是教育事业发展的核心力量，薪金则是教师安心工作的基础。抗战期间，由于交通阻隔，物资缺乏，物价飞涨，政府又"撙节经费移充军需"，上海多数教师不能维持最低限度的生活。[2] 抗战胜利后，教师还是食不饱、衣不暖，生活没有保障。[3] 在教师及关心教育事业的社会民众要求政府提高教师待遇的呼吁下，国民政府试图从提高薪金和实行补助两方面着手，以改善教师待遇，安定教师生活。

在提高薪金方面，市立学校依照公务员待遇，增加津贴及以米代金。[4] 公务员的收入虽经多次调整，但远不及物价上涨的程度，亦难以维持最低限度的生活。[5] 大部分私立学校教师待遇不及市立学校的一半。[6] 1946年1

---

[1] 如江文君《文人议政：近代上海大学教授职业团体之考察》，《史林》2015年第3期；施和柱《战后上海教育的重建（1945～1949）》，《史林》2016年第3期；王长生《抗战后的教育募捐运动》，《文史月刊》2005年第9期；共青团上海市委编著《上海学生运动史（1945～1949）》，上海人民出版社，1983；中共上海市委党史资料征集委员会主编《解放战争时期上海学生运动史》，上海翻译出版社，1991；胡恩泽主编《回忆第三次国内革命战争时期的上海学生运动》，上海人民出版社，1958；等等。

[2] 钟贵厰：《抗战期间的上海教师生活》，《平论半月刊》第7期，1945年，第13页；黄贵祥：《中学教师待遇改善的清算》，汉口《教育通讯》（复刊）第2卷第3期，1946年，第6～10、15页；卢冠六：《上海小学教师的生活》，《小学教师》第1卷第10期，1940年，第346页；《救救教师》，上海《大公报》1945年12月2日，第3版；《教授罢教与尊师运动》，上海《大公报》1946年5月3日，第2版。

[3] 《罢教·怠教与"敬师运动"》，《文汇周报》第120期，1946年，第372～373页。

[4] 《市小学校长举行谈话会　改善教师待遇》，《申报》1945年11月27日，第2版。

[5] 季：《调整公务员的待遇是时候了》，《公务员》第2期，1946年，第1页。

[6] 《救救教师》，上海《大公报》1945年12月2日，第3版；《救救小学教师》，上海《大公报》1945年12月17日，第3版。

月7日，上海市私立中小学校长举行联席会议，认为私立学校教师待遇以36000元为标准，①才能与公立学校教师待遇一致。然"公教待遇，几经改善"，甚至教育局承诺3月起生活津贴将增至5万元或6万元，薪金加成数将增200倍。②但教育局这一承诺并未落实，3月市府实际发放津贴仍为3万元，加上教育局筹垫的1万元，才4万元。③就上海3月19日的物价来看，中等白粳米每石（100斤）32500元，日用品固本皂一箱54000元。④在法币购买力低下、民众生活费指数攀升的情况下，月薪加津贴共有6万余元的大学教授亦不能维持一家生活，⑤中小学教师的生活更是捉襟见肘。

在补助救助方面，负责战后社会救助的机构是善后救济上海分署和善后救济委员会。成立于1945年10月11日的善后救济上海分署，⑥主要接受联合国善后救济总署拨给之首批救济物资，⑦虽将救济教育文化事业列入救济范围，但也仅救助自然科学、应用科学之仪器、图书及杂志；⑧救济对象主要为一般慈善团体、失业工人、各级学校清寒教师和学生、郊区赤贫人民、侨胞难民、儿童等。清寒教师每人可领面粉一包、奶粉两磅。⑨因此，善后救济上海分署对教师群体的救助比较微弱。1945年12月3日，上海市中小学教师以物价激增待遇如故，生活日益困难，拟联名呈请上海市救济委员会予以救济。⑩

以"抚慰市民、扶持失学及筹办慈善救济事业"⑪为宗旨的上海救济

---

① 《私立中小学校长商定　教师待遇以市校为标准》，上海《大公报》1946年1月7日，第3版。
② 《教局盼市中校长　劝导教师复教》，《申报》1946年3月23日，第2版。
③ 《罢教·怠教与"敬师运动"》，《文汇周报》第120期，1946年，第372～373页；《简报》，《申报》1946年3月1日，第2版；《市中学教员　今日起怠教》，上海《大公报》1946年3月22日，第3版。
④ 《市价一览（三月十九日）》，《申报》1946年3月20日，第4版。
⑤ 《大学教授　生活报告》，《申报》1946年3月23日，第2版。
⑥ 《上海分署正式成立：办公地点在福州路一二〇号》，《善后救济总署周报》第3期，1945年，第3页。
⑦ 罗元铮主编《中华民国实录》，吉林人民出版社，1998，第3335～3336页。
⑧ 《救济教育文化事业》，《申报》1945年12月29日，第4版。
⑨ 殷梦霞、李强选编《民国善后救济史料汇编》第14册，北京图书馆出版社，2008，第30～31页。
⑩ 《简报》，《申报》1945年12月3日，第2版。
⑪ 《法规汇录：上海市救济委员会组织规程》，《金融周报》第13卷第9期，1945年，第13～14页。

委员会，于 1945 年 11 月底成立后办理的第一件事就是组织冬令救济委员会，主要是施送和平粜粮食衣物、提供庇寒所、小本代金等，物资主要来自地方救济费和特种公集款、善后救济分署的补助以及社会上的捐募，主要救助未受其他救济的贫苦无依之老弱残废、难民、灾民，无法生活之赤贫市民。① 据某慈善团体调查统计，在上海市 400 万人中，有 5 万人非仰赖救济不能存活，以每日所需最低生活费计算，1 人救济 80 天，需法币 10 万元，5 万人就需 50 亿元。对于适值"工商业凋敝、百业不振"的上海，就算将救济费折半为 25 亿元，也不易募。② 所以假使救济对象包括教师，上海救济委员会对教师的救济仍然有限。③

在政府提高教师薪金和救助不足、教师生活仍旧困顿的情况下，1946 年 3 月 15 日，上海市中小学教师代表团、小学教职员联谊会向新闻界痛陈待遇之低，呼吁调整待遇，恢复战前教育经费。④ 21 日，教师代表团向教育局提出改善教师待遇的请求，市政当局未予重视。⑤ 教师代表团遂决定于 22 日起实行全面怠教。上海市大学教授会发表宣言，哀诉"有许多教了二十年以上的教授，到现在不能得到一饱"，⑥ 故不得不采用罢教的方式以渡难关。

为安抚教师，防止怠教，上海市教育局副局长李熙谋 21 日向报界宣布，教育局及地方人士准备发起尊师运动，募集捐款及实物，以救济生活困苦之教师。⑦ 3 月 22 日，上海市中等学校教职员再发宣言，痛斥市政当局对请求调整教师待遇的呼吁置若罔闻，这种敷衍策略，"于解救同人生活之尖刻困苦，实尤西江之水，以救涸辙之鲋"，迫于生计，决定自即日

---

① 《市救济委员会筹办冬赈》，《申报》1945 年 12 月 6 日，第 3 版；《上海市冬令救济委员会组织规程》，《申报》1945 年 12 月 27 日，第 4 版。
② 仰天：《冬令救济》，《上海特写》第 28 期，1946 年，第 3 页。
③ 《市小教员　不采怠教行动》《大学教授生活艰苦》，《申报》1946 年 3 月 23 日，第 2 版。
④ 《中小学教师向记者诉苦　提六点要求　请改善待遇》，上海《大公报》1946 年 3 月 16 日，第 3 版。
⑤ 《市立中学教职员　今日全面怠教　起因于要求改善待遇不得要领》，《申报》1946 年 3 月 22 日，第 4 版。
⑥ 《教授罢教与尊师运动》，上海《大公报》1946 年 4 月 30 日，第 2 版。
⑦ 上海市青运史研究会等编《上海学生运动史》，学林出版社，1995，第 221 页；共青团上海市委青年运动史研究室编著《上海学生运动大事记（1919～1949）》，学林出版社，1985，第 257 页。

起实施全面怠教。① 格致、幼稚师范等中学学生亦纷起响应，"同情怠教并宣言全力支援"。② 当日下午，教育局召集有关校长谈话，表示教育局正在积极推动尊师运动，一俟集有成数，当即礼献教师，希望校长能劝导教师复教，并决定于23日举行会议，商讨尊师运动的具体办法，预计两三个星期内募得捐款，届时每位教师可补助5万元至8万元。③ 23日，市中学教员仍坚持不复教，并推选代表与教育局商谈。④ 24日怠教代表与教育局副局长李熙谋及中等教育处处长陈选善谈判，双方在互相体念并顾及学生学业的前提下打开僵局，教师代表决定复课，并加紧补课，以免学生荒废光阴；教育局表示将决心促使尊师运动获得良好效果，以补助教师生活，且允月中发薪。⑤

当各学校渐次复教后，上海市政府的态度却有所改变。3月25日，上海市长钱大钧在市政府纪念周会议上指出，上海物价飞涨，各教师生活清苦，诚为事实，但公教人员之待遇，国家自有规定，不能独树一帜，日前市立学校教师怠教，"诚为本市之不幸，亦为本市之耻辱"。教育部次长杭立武对教师罢教一事表示"甚为遗憾"。⑥ 虽然政府对教师怠教行为甚为不满，但在财政不足、无力补发2月欠薪的情况下，⑦ 只能借"尊师运动"以平息怠教，安抚教师，稍解"沪市教育危机"。⑧

其实，在全面抗战期间，尊师运动就已出现。1940年8月16日，广东省指出"教师为民族社会之导师""国民教育计划之执行者""抗战建国之推动力"，呼吁社会各界形成尊师重道的风气，对生活困难的教师，

---

① 《市立中学教职员　今日全面怠教　起因于要求改善待遇不得要领》，《申报》1946年3月22日，第4版；《市中学教员　今日起怠教》，上海《大公报》1946年3月22日，第3版。
② 《市中教员怠教》，上海《大公报》1946年3月23日，第3版。
③ 《教局盼市中校长劝导教师复教》，《申报》1946年3月23日，第2版。
④ 《市中学教员怠教　昨僵持未复课》，上海《大公报》1946年3月24日，第3版。
⑤ 《市中学教员　今日复课》，上海《大公报》1946年3月25日，第3版。
⑥ 《市校教师怠教　本市之耻辱》，《申报》1946年3月26日，第3版；《上海学生运动史》，第221页。
⑦ 《同济附中　昨起怠教》，《申报》1946年4月17日，第4版；上海市临时参议会秘书处编印《上海市临时参议会第一次大会会刊（中华民国三十五年四月）》，1946，第22~23页。
⑧ 上海市尊师运动委员会主编《上海市尊师运动委员会征信录》，上海市图书馆藏，1947。

要通过"移拨公款""解囊倾助""竞献米粮"等方法予以救助。[1] 1940年11月，浙江战时教育文化事业委员会鉴于敬师为立国之根本，拟筹备发动全省大规模之敬师运动，并于1941年1月公布了运动计划纲领，决定通过举行尊敬教师典礼、学米制或轮流供膳、节日送礼、义务服务、学生与母校教师保持联系等方式，倡导尊敬教师的社会风尚，改善教师待遇。[2] 同年，四川大学毕业生罗元晖应涪陵中学学生及家长之请求，发起尊师运动，由全体学生负担教职员每月的伙食，使教师安心教学。桂林区中学教育研究会也决定提高教师待遇，实行尊师运动，"根绝侮辱教师举动"。[3] 从当时的资料来看，1941~1945年"敬师运动"出现的频率要高于"尊师运动"。但不论是敬师运动还是尊师运动，抗战时期对教师的救助较注重物质和精神双重层面。

1946年3月23日，上海市教育局举行第一次尊师运动会议，商讨进行步骤。[4] 4月6日[5]，各界人士发起的"尊师献金委员会"在教育局召集大中小学校长及社教机关负责人谈话，决定组织"尊师运动委员会"，聘教育局副局长李熙谋为尊师运动委员会总干事，陈鹤琴、蔡仁抱等为副总干事，杜月笙、王开先、奚玉书、陈鹤琴等120人为委员，杜月笙、奚玉书、顾毓琇、李熙谋等35人为常务委员，委员会下设总务、文书、宣传、会计、设计等组。尊师运动以"向各校学生家长劝募、向各业同业公会劝募、向一般人士劝募"为原则，目标为20亿元，献金数目分为1万元、2万元、5万元、10万元四种，由中国银行、交通银行等11家银行及《申报》《中央日报》等六家报馆代收献金。并拟定劝告家长书，号召家长分

---

[1] 黄麟书：《教师节倡议尊师运动告全省士绅教育界书》，《广东教育战时通讯》第26期，1940年，第1~2页。
[2] 《浙省发动敬师运动》，《申报》1941年1月6日，第9版；《浙省敬师运动计划》，《申报》1941年1月9日，第7版。
[3] 《罗元晖同学在涪中发起尊师运动》，《国立四川大学校刊》第10卷第11期，1941年，第6~7页；《桂林区教研会通过》，桂林《大公报》1941年12月15日，第3版。
[4] 《市小教职员 不采息教行动》，《申报》1946年3月23日，第2版；《市教局首次会议实行尊师运动》，《申报》1946年3月25日，第4版。
[5] 上海市尊师运动委员会主编《上海市尊师运动委员会征信录》认为，这次会议召开的时间是4月7日，钱市长在国际饭店举行茶话会的时间是4月9日，但结合《申报》中的相关记载及报纸的即时性，本文认为《上海市尊师运动委员会征信录》上记载的时间有误，遂采用报纸上的时间。

担责任。① 4月8日下午，市长钱大钧在国际饭店举行茶话会，对尊师运动深表赞许，鉴于募款需要时间，为应急起见，拟向银行先行借款2亿5500万元，分发各市立中小学教职员及社教机关工作人员，每人8万元，是为第一次紧急补助金，待5月中旬捐款集有成数，再续发第二次紧急补助金，每人8万元；将于6月22日复发私立中小学校教职员补助金。② 4月10日，尊师献金委员会改名为尊师运动委员会，开始宣传，着手募捐。③ 12日，尊师运动委员会向各银行、报馆分发盖有"尊师运动委员会"钤记的收据，开始收捐，并于同日下午举行茶话会，讨论此后宣传事宜。④ 17日发表告各界书，准备在两周内募款20亿元。⑤

二 敬师运动之发起及与尊师运动的联合

在上海市教育局筹办尊师运动的同时，各学校学生纷纷发起救助教师的活动。1946年3月31日上午，"临大"学生为帮助教师、保障教师生活举行晨会，除将晨会门券所得充作助教款项外，又拟在全市展开征募善款活动，称为"尊师助教运动"。⑥ 在此之前，崇实中学学生也曾发起直接给教师送礼物以帮助教师的"礼师运动"。⑦ 在临大、崇实等校学生发起敬师运动⑧的影响下，上海市学生团体联合会（简称"学团联"，由圣约翰大学学生黄振声、陈震中、张毓芬为学联共产党党组委员，黄振声为党组书记）决定，在政府增加教育经费未兑现之前，应暂由学生负起"济急"责

---

① 《上海市尊师运动委员会征信录》，第3~7页；《尊师运动总动员 各界组织委会发动献金 学总联合各校发起募捐》，《申报》1946年4月6日，第4版；《尊师献金》，《申报》1946年4月7日，第4版。
② 《上海市尊师运动委员会征信录》，第4页；《尊师运动积极推进》，《申报》1946年4月9日，第4版；《上海市尊师运动委员会告各界书》，《申报》1946年4月10日，第1版。
③ 《上海市尊师运动委员会告各界书》，《申报》1946年4月10日，第1版；《尊师运动昨开始宣传》，《申报》1946年4月11日，第4版。
④ 《尊师运动》，《申报》1946年4月12日，第4版。
⑤ 《上海学生运动史（1945~1949）》，第42页。
⑥ 《临大学生昨开晨会》，上海《大公报》1946年4月1日，第3版。
⑦ 《崇实中学罢课》，《申报》1946年4月1日，第4版。
⑧ "临大""崇实"等校救助教师的活动或称"尊师助教运动"，或称礼师运动，并未统一为"敬师运动"。爬梳资料可知，"敬师运动"是学团联对"临大""崇实"等校救助教师活动的统称。

任，募集救助教师的资金。31日下午，学团联召集各校学团在教诚小学开会，商讨推动大规模敬师运动的办法，决定成立"上海市学团联筹委会敬师运动委员会"，动员全市学生参加，以扩大敬师运动的规模，在物质上援助教师，在精神上安慰教师。为筹募1亿元至2亿元资金，学团联决定按"时间短、费力少、捐款多"的原则，集中力量出售敬师章，并协助各校举办球赛、游艺、实物捐等募捐活动。为在精神上安慰教师，学团联主张敬师运动要"敬"重于"助"，学生应较前更用功读书，注重礼貌，遵守纪律，"清扫过去藐视或不尊重师长现象"，形成敬师风气，改变不良学风。① 4月21日，学团联将上海市划分为27个片区，发动大中学生千余人分赴街头，贴标语，画壁报，演讲，唱歌，广泛开展敬师运动宣传。② 24~25日，学团联组织约大、之江等98校学生8000余人，分为920个小组，义卖敬师章，每枚200元。③ 敬师运动在上海市迅速展开。

与此同时，上海市教育局领导的尊师运动也在逐渐展开。尊师运动委员会除向善后救济上海分署接洽配给物资、发动学生赴街头义卖尊师章外，④ 还商请梅兰芳、周信芳各义演三日，著名声乐家郎毓秀、喻宜萱也为尊师运动举行演唱会，⑤ 筹募捐款。4月24日，尊师运动委员会在新生活俱乐部成立书画义卖筹备委员会，决定由尊师运动委员会聘请书画家若干人，组成书画义卖筹备委员会，采取展览、标卖、抽签的方式，售出书画之所得，提一部分作为尊师捐款。书画义卖活动得到全市的响应，许多著名书画家纷纷捐助作品，仅一日就收670件之多。⑥ 尊师运动委员会还组织球类义赛，如4月27日下午，逸园举行足球慈善赛，钱市长亲自参加，"为全市教师请命"，所获券资及中场休息时拍卖足球所得300万元，均作为尊师金。5月4日，继励志社发起之盛大乒乓球表演赛后，上海市

---

① 《学团联发起敬师运动》，上海《大公报》1946年4月1日，第3版；《敬师运动 后日要卖敬师章》，上海《大公报》1946年4月22日，第4版。
② 《简报》，《申报》1946年4月21日，第6版。
③ 《简报》，《申报》1946年4月24日、25日，第6版；《解放战争时期上海学生运动史》，第44页；《上海学生运动史（1945~1949）》，第44页。
④ 《尊师运动总动员》，《申报》1946年4月6日，第4版；《尊师运动》，《申报》1946年4月12日，第6版。
⑤ 《响应尊师运动》，上海《大公报》1946年4月13日，第3版。
⑥ 《尊师运动举行书画义卖》，《申报》1946年4月25日，第6版；《全市响应尊师运动》，《申报》1946年4月26日，第6版。

体育场篮球委员会亦于同日举行两场篮球友谊赛。不仅中国人积极参与其中，外国人也组成"西侨联队"，为尊师足球慈善赛助力。① 尊师运动还得到了开成文具公司、儿童书局等部分商业机构的响应。② 如上海市福州路儿童书局为响应尊师运动，将4月16～22日定为尊师运动周，在此期间图书一律九折，文具平价出售，凡教师盖印介绍的顾客，购买图书文具再打九折，并将这一周营业收入的一成作为尊师金，"以符尊师运动之宏旨"。③ 这一时期，上海出现了民间团体学团联组织的"敬师运动"与政府组织的"尊师运动"并存的局面。

敬师运动主张"敬"重于"助"，这与国民政府组织的尊师运动是契合的，是对全面抗战时期尊师运动精神救助与物资救助的分别继承。但国民政府把学团联组织的敬师运动视为"在野势力"与"在朝势力"的竞争、"反民主的斗争"，④ 对敬师运动进行破坏和压制。敬师运动的公告、标语、漫画、壁报等宣传品被破坏，务本女中的敬师章被扣留，晋元中学贴敬师标语的学生因破坏清洁、影响市容被逮捕，崇实中学发起敬师运动的学生被开除。⑤

教育局组织的尊师运动进展亦不顺利，学生家长多以借口缴纳二次学费，拒缴尊师金，尊师运动委员会的委员又对如何献金尚不清晰，多处于观望状态。⑥ 虽有冯晓楼捐出100亩田，交给尊师运动委员会进行标卖，所得款数全部作为尊师献金，鹤鸣鞋帽商店、开成文具公司等商业机构参

---

① 《钱市长　周末踢足球　为尊师募款》，上海《大公报》1946年4月24日，第4版；《尊师足球义赛　老爷秣马厉兵》，上海《大公报》1946年4月25日，第4版；《尊师足球赛》，上海《大公报》1946年4月28日，第4版；《足球义赛　尚有两场尊师之战》，上海《大公报》1946年4月29日，第4版；《尊师赛周末举行》，上海《大公报》1946年5月2日，第4版；《尊师足球　明赛两场》，上海《大公报》1946年5月11日，第4版。
② 《鼎牌蜡纸义卖响应尊师》，《申报》1946年5月6日，第4版；《上海市尊师运动委员会征信录》，第11页。
③ 《尊师运动周，今日举行》，《申报》1946年4月16日，第2版。
④ 《敬师与尊师》，《飘》第6期，1946年，第11页；《"尊师""敬师"双包案》，上海《消息》第5期，1946年，第69页。
⑤ 《上海学生运动史》，第222页；中共上海市委党史研究室、上海市档案局（馆）主编《日出东方——中国共产党诞生地的红色记忆》（下），上海锦绣文章出版社，2014，第162页。
⑥ 《尊师运动　全面展开差着成绩》，《申报》1946年4月23日，第6版。

与其中,① 但并未形成全社会普遍参与的局面,政府和民间社会协力共促尊师运动的局面仍处于表层。至 5 月 3 日,尊师运动仅募得三四千万元,距离 20 亿的目标尚远。② 且尊师运动与敬师运动不统一、各自活动的状态,导致社会上出现了"今日尊师运动捐,明日又有敬师运动捐"的情形,"次数一多,路人看见了头痛,有的竟爽直拒绝",③ 这对尊师运动不啻为一种严重打击。

学团联在总结敬师运动的经验教训、分析当时双方情况后认为,敬师运动虽有一定成绩,但因未能取得"合法地位",影响了运动的进一步开展;教育局组织的尊师运动由于得不到广大群众的支持而收效甚微,处于进退两难的境地。④ 鉴于大部分学生参与尊师运动是出于对教师的敬爱和同情,这些学生是共产党团结的对象,且尊师与敬师的宗旨都是救助教师,为使广大教师真正得益,也为动员群众,学团联决定放弃敬师运动的名义,与教育局合作,使尊师真正成为广大学生参加、社会广泛支持的运动。⑤ 为此,学团联党组委员陈震中(其父陈已生是陈鹤琴好友)及学生代表顾光顺通过陈秀煐(陈鹤琴之女,共产党员)引见,拜访了尊师运动委员会副总干事陈鹤琴,并向其提出了联合尊师的意见,同时共产党员陈一鸣又请其父陈鹤琴说服教育局长李熙谋同意与学团联合作。⑥ 在陈鹤琴的疏通下,教育局迫于尊师捐募进展不利的压力,接受了学团联的建议,

---

① 《尊师运动今日起开始收捐》,《申报》1946 年 4 月 12 日,第 4 版;《捐田百亩响应尊师运动》,上海《大公报》1946 年 4 月 13 日,第 3 版;《鹤鸣鞋帽商店响应尊师运动》,《申报》1946 年 4 月 15 日,第 3 版;《响应尊师运动 马连良决参加义演》,《申报》1946 年 5 月 4 日,第 6 版;《鼎牌蜡纸义卖响应尊师》,《申报》1946 年 5 月 6 日,第 4 版。
② 《尊师运动捐款仅及五分之一》,上海《大公报》1946 年 5 月 4 日,第 4 版。
③ 滇平:《尊师·敬师》,《海风(上海 1945)》第 24 期,1946 年,第 8 页。
④ 《日出东方——中国共产党诞生地的红色记忆》(下),第 162 页;《解放战争时期上海学生运动史》,第 44 页。
⑤ 《上海学生运动史》,第 222 ~ 223 页;共青团中央青运史工作指导委员会编《中国青年运动历史资料(1942 ~ 1946)》第 16 集,中国青年出版社,2002,第 549 页;《日出东方——中国共产党诞生地的红色记忆》(下),第 162 页;《上海学生运动史(1945 ~ 1949)》,第 44 页;中共上海市委党史研究室:《中国共产党上海史(1920 ~ 1949)》(下),上海人民出版社,1999,第 1478 页;《解放战争时期上海学生运动史》,第 44 页。
⑥ 陈一鸣:《我的心在高原·陈一鸣文集》,南京师范大学出版社,2014,第 307 ~ 309 页;陈秀云编《我所知道的陈鹤琴》,金城出版社,2012,第 267 页;《解放战争时期上海学生运动史》,第 44 页。

并于 5 月 13 日正式将尊师运动与敬师运动统一为上海市学生尊师运动。① 5 月 17 日，新的尊师运动委员会正式成立，李熙谋、陈鹤琴仍分别任正、副总干事，委员会的联络机构设在教育局，活动中心设在市幼稚师范学校，联络机构成员中新增了学团联的代表张毓芬、殷云芳等。② 学团联和教育局的"联合尊师"，使尊师运动进入一个新的阶段。

三 尊师运动的进一步发展

这一时期，尊师运动如火如荼，社会各界广泛参与其中。

（一）尊师义演义映义展义卖活动广泛开展

新成立的尊师运动委员会于 5 月 16～17 日在兰心大戏院举行音乐歌唱大会，请管夫人、喻宜萱独唱，还邀请姚水娟、筱丹桂等名伶于 6 月 3 日在建成电台举行全沪女子越剧播音大会，后又邀请女高音歌唱家郎毓秀于 6 月 5～7 日在兰心大戏院举行歌唱会，邀请梅兰芳、周信芳于 17～18 日在黄金戏院义演。③ 除组织义演外，尊师运动委员会还组织义展义卖，如 5 月 25～30 日在环龙路法国小学举行书画义展义卖，6 月 21～23 日顾毓琇、李熙谋在新生活俱乐部举行西画义卖等。④

联合尊师在社会上亦引起了一定反响，社会各界纷纷加入运动中来。除"信宜"等 65 家报馆继续协助刊登尊师广告进行捐募，开成文具公司与《中央日报》社继续举行尊师义卖外，社会各界竞相自主举办义演义

---

① 《尊师敬师 两单位合作》，上海《大公报》1946 年 5 月 13 日，第 4 版；金冲及：《第二条战线——论解放时期的学生运动》，生活·读书·新知三联书店，2016，第 211 页；《上海学生运动史（1945～1949）》，第 44 页；《尊师敬师两单位合作》，《解放战争时期上海学生运动史》，第 44 页；《中国青年运动历史资料（1942～1946）》第 16 集，第 549 页。

② 《上海学生运动史》，第 222～223 页；《党史资料丛刊（一九八二年第二辑）》，上海人民出版社，1982，第 33 页。

③ 《上海市尊师运动委员会征信录》，第 10～13 页；《管夫人今明尊师歌唱》，上海《大公报》1946 年 5 月 16 日，第 4 版；《上海鳞爪》，上海《大公报》1946 年 5 月 30 日，第 4 版；《郎毓秀歌唱会》，上海《大公报》1946 年 6 月 3 日，第 4 版；《尊师运动委员会主办女子越剧播音大会》，《申报》1946 年 6 月 4 日，第 5 版；《市立中小学教师各得尊师金十六万尊师联欢会后日举行》，上海《大公报》1946 年 6 月 14 日，第 5 版。

④ 《上海市尊师运动委员会征信录》，第 10～13 页。

映，如马连良为积极响应尊师运动，亦参加义务戏演出。① 晋元中学和励志中学学生分别于5月23日与6月2日在天蟾舞台、皇后大戏院举行名票名伶大会串义演。② 中纺公司纺织厂工友于5月19日举行话剧义演，募得65295元；上海市36家影院6月9～30日轮流举行义映，券资所入20529600元悉数充作尊师金。③ 圣约翰大学学生亦于6月20～23日举行话剧义演。除义演义映外，义展义卖亦热火朝天。如吴作人于6月16～23日举行义展，此次义展除开支外，净得266634元，均捐作尊师金；国际出版社于6月17日至7月24日举行文献丛书义卖，获得尊师金120500元；等等。④

（二）学生劝募活动达到高潮

自学团联与教育局合作以来，尊师运动深入推进到社会的最基层，劝募活动真正落实到每一位市民。⑤ 5月19日，上海市尊师运动委员会决定于21日分发劝募小队登记表，22～24日扩大对外宣传，25～26日由劝募小组向全市各商店、工厂等进行劝募，利用电台、电影院和街头横幅、漫画及壁报进行宣传。22日下午，尊师运动委员会决定将向工商界发起劝募的时间由星期六、星期日延长至星期二，以便展开向全市各厂商行号的劝募。学生是这一时期的主力军。24～25日，学生全体出动进行劝募。5月27～28日，学校放假两天，在学总、学联团的联合发动下，全市大中小学生2万人，编成4300余个小组，分布全市各马路，向商店劝募，许多商

---

① 《马连良台下唱黄鹤楼》，《上海特写》第7期，1946年，第10页；白驹：《马连良义演之余闻》，《海光（上海1945）》第24期，1946年，第4页；《又一平剧义演，全部名角登台》，《快活林》第15期，1946年，第3页；阿德：《马连良变了"探险家"》，《海燕（上海1946）》第9期，1946年，第6页。
② 《上海市尊师运动委员会征信录》，第10～13页；《晋元中学学生响应尊师运动》，《申报》1946年5月22日，第8版；《励志中学学生响应尊师运动》，《申报》1946年6月1日，第8版。
③ 《上海市尊师运动委员会征信录》，第10～13页；《影院片商尊师义映》，上海《大公报》1946年6月7日，第4版。
④ 《上海市尊师运动委员会征信录》，第10～13页。
⑤ 《上海市尊师运动委员会征信录》，第6页。

店、工厂经理主动填写捐款，共募得 2.54166 亿元。① 亦有民众自主捐献，如郑贞观为响应尊师运动，捐助 10 万元；某军人捐出 10 万元；上海市卷烟厂工业同业公会中有 3 户响应《中央日报》的尊师义卖，捐献 9 万元，57 户响应尊师运动，直接捐款共计 547.8 万元。②

在上海尊师运动的影响下，江苏、浙江、安徽、福建等地亦开始效仿，杭州为响应沪上，将由省会各界发起敬师运动。安徽当涂县亦发起尊师运动。③ 江苏省最具代表性，不仅推进到县一级，其下辖吴县、南通、泰州等均发起示尊师运动，而且得到了行政军政人员的支持。如南通党政军政各机关首长向各界呼吁发起尊师运动，并召开发起人会议，讨论尊师办法；④ 吴县在举行尊师运动时，驻军一四五师师长不仅支持并领导尊师运动，还专门召集各大中学学生，"训勉学生对老师要诚心诚意"；⑤ 泰州各小学教员因待遇微薄，且薪给不能按月领到，生活异常困难，一度向各方呼吁，并开始罢教，驻军第一〇〇军政治部主任不仅对教师进行慰勉，还允诺向县政府及各界呼吁支援，并促成尊师运动委员会的成立。⑥ 这一阶段，尊师成为社会各阶层广泛参与的救助运动。

四　尊师运动评议

在学团联与教育局的合作下，尊师运动扩大了群众基础，形成了政府

---

① 《上海市尊师运动委员会征信录》，第11页；《全市性尊师劝募举行在即》，《申报》1946年5月20日，第5版；《尊师运动委员会拟向工商界劝募》，《申报》1946年5月23日，第5版；《尊师劝导　明后两日全面发动》，《申报》1946年5月26日，第5版；《今明两日　尊师劝募》，《申报》1946年5月27日，第5版；《尊师劝募　昨日成绩尚佳》，《申报》1946年5月28日，第5版。
② 司马贤：《尊师运动捐款花絮》，《上海特写》第3期，1946年，第8页；《服务简报》，《申报》1946年5月21日，第5版；上海市卷烟厂工业同业公会秘书处编《上海市卷烟厂工业同业公会卅五年度工作总报告》，上海市卷烟厂工业同业公会秘书处，1947。
③ 《尊师运动全面展开　杭市将召集各界热烈响应》，《申报》1946年5月1日，第6版；《尊师运动募款一亿》，《申报》1946年5月2日，第2版；《当涂中小学生　发起尊师运动》，上海《大公报》1946年5月10日，第5版。
④ 《响应发起尊师运动》，《申报》1946年5月19日，第2版。
⑤ 《吴县尊师　成绩不错》，上海《大公报》1946年5月3日，第5版。
⑥ 《军人同情教师　泰县驻军发动尊师》，上海《大公报》1946年6月3日，第5版；《泰县驻军》，《申报》1946年6月4日，第5版。

和民间社会协力推进的局面。但不论是在物资救助层面，还是精神安慰层面，均不尽如人意。至 1946 年 6 月 30 日运动结束，所募得的尊师金也只有 10 亿元，并没有完成 20 亿元的预期目标，而且在人们心中产生了一种不良的影响。

由于运作不够规范，出现多次劝捐被拒等混乱现象。尊师运动与敬师运动合并后，广大学生纷纷加入尊师运动中，成为劝募的得力干将，但由于尊师运动委员会并没有对劝募地点进行分配，学生一窝蜂地冲出校门，像散兵游勇一般在街道、商店、酒馆中募捐，甚至出现多次劝捐的现象。[1] 如上海市吴市长在宴会上被尊师劝募的学生包围，捐了 1 万元，"不料后继者又至，吴乃婉言谢绝"。[2] 一般商家民众亦如此。冠生园老板专门写了已捐款的字条贴在门口，用作挡箭牌。一些饭店亦贴出"禁止募捐，妨碍营业，如擅入内，面责莫怪"的字条，谢绝捐献。民众也拿出旧的捐款纸以证明已捐，不愿再次捐献。[3] "四姊妹咖啡馆"的龚秋霞、陈琦等四姊妹为躲避劝募的学生，竟躲到马桶间或溜向外面。[4] 社会上避捐现象屡见不鲜，甚至还发生学生家长因学生被老师训斥而痛殴老师的情况。[5] 这无疑是对尊师运动成效的一种打击，也是对其社会效益的一种贬低。

在当时通货膨胀、市场萧条的背景下，部分商家参与尊师运动的方式亦限制了尊师金的筹募。一些商业机构为促进自身的发展，纷纷采取将捐献尊师金与营业额挂钩的"义卖"活动，以期在响应政府号召、为自己树立"尊师"的社会形象时，借机吸纳顾客，增加营业收入。这一做法在某种程度上可以说是商家对自身捐献尊师金任务的一种向外"分派"，甚至可能成为商家逃避捐献尊师金的推诿之法。如儿童书局规定，凡教师盖印介绍的顾客，购买图书文具再打九折，将教师纳入营业收入的影响因子中；又通过将一周营业收入总数的百分之十作为尊师金，将捐献尊师金的

---

[1] 鲁意：《尊师实录》，《民言》创刊号，1946 年，第 6 页。
[2] 洛神：《有的欢迎，有的谢绝：尊师募捐趣闻多》，《七日谈》第 25 期，1946 年，第 5 页。
[3] 司马贤：《东南西北，光怪陆离：尊师运动捐款花絮》，《上海特写》第 3 期，1946 年，第 8 页。
[4] 花如锦：《四姊妹逃避尊师运动！》，《海天》第 6 期，1946 年，第 1 页；
[5] 危言：《谈尊师运动》，上海《教育与文化》第 3 期，1946 年，第 2 页；王贯一：《尊师运动再接再厉，大中学生全体出动》，《时代儿童》第 1 卷第 8 期，1946 年，第 201 页。

数额与教师介绍的顾客数量挂钩，使教师成为捐献尊师金中的一环，弱化了商家自身在其中的作用，使捐献尊师金的任务潜在地被分派到顾客和教师的身上。这种商业性的尊师"义卖"，其实质是通过促进民众消费的方式来为尊师运动筹款。商家捐献尊师金以营业收入为前提，捐献数额以营业总收入为准绳，而营业收入与民众的消费紧密相关，部分商家可以借口无营业收入以逃避捐献尊师金，这无疑使尊师运动的募款大打折扣。同时，亦显示尊师运动委员会对各商业机构的参与缺乏引导，对商业团体募集尊师金的办法和标准缺乏规划和监管。

尊师金分配悬殊，亦引起部分教师的强烈不满。1946年6月30日，尊师运动结束，共募尊师金10亿元。[①] 然对于如何分配，尊师运动委员会并没有总的统筹规划，只是简单决定"各大学募得者，仍由尊师委员会分配与各大学"，以各大学学生参加劝募，收到捐款多寡为分配标准，每人最多不得超过16万元（两次紧急补助金各8万元），兼任教职员只能领取一份，不得兼领，公立中小学教师每人发16万元，私立中小学教师每人2万元。[②] 于是各私校教师纷纷鸣不平，要求尊师"应该尊到底"，公立、私立学校教师之间不能有厚薄高低的分野，须将尊师金公平地分配给每一位教师。[③] 而且至7月4日，上海县的几个小学教师仍未收到尊师金。[④]

尊师运动效果在其他地区也不尽如人意。如江苏省的尊师运动由于缺乏监管，不仅出现勒令学生缴纳尊师金，否则予以开除的强迫尊师现象，还出现了县长招待客人花掉捐款，教师分文未拿的情况。[⑤] 在当时的政治背景下，尊师运动亦不可避免地受到政治形势的影响。如在尊师运动初期，国民政府对学团联敬师运动的压制，削弱了尊师运动的力量，也消减了尊师运动的成绩。

---

① 《上海学生运动史（1945～1949）》，第45页。
② 《大学尊师捐款》，《之江校刊》第2期，1946年，第5~6页；《市立中小学教师 各得尊师金十六万》，上海《大公报》1946年6月14日，第5版；《尊师运动会 捐得五亿 本月底将告结束》，上海《大公报》1946年6月24日，第4版。
③ 怡红：《尊师运动之尾声》，《七日谈》第27期，1946年，第8页。
④ 《尊师金没有拿到》，上海《大公报》1946年7月11日，第5版。
⑤ 《强迫尊师 镇江一小学逼学生 每人捐一万元》，上海《大公报》1946年5月27日，第5版；《教师不及美人鱼 无锡尊师运动捐款仅获三百余万》，上海《大公报》1946年6月14日，第7版。

五　结语

　　战后上海的尊师运动本质上是一场为救济教师而发起的慈善性募捐运动，自1946年3月21日开始至6月30日结束，历时三个多月，以学团联与教育局"联合尊师"为时间节点分为前、后两个时期。前期，上海市教育局组织的"尊师运动"与学团联组织的"敬师运动"各自为政，尊师运动并未形成全市普遍参与的局面，政府和民间社会协力共促尊师运动局面处于表层；后期，政府和民间社会协力推进尊师运动向纵深发展。

　　从实际情况看，尊师运动只能救济一时之急，增加教育经费、提高教师待遇才是治本的尊师之道。时人强调，救助教师、改善教师生活是政府的责任，政府应有所作为，从速策划教育大计，调整公教人员待遇，提高教育经费，以彻底安定教师生活。[①] 然这一认识并未触及问题的核心。且当时通货膨胀，物价飞涨，教师待遇提高的幅度远远赶不上物价上涨的速度。因此，欲从根本上安定教师生活，须在经济上有所作为，遏制通货膨胀，平衡财政收支，构建良好的经济环境。但在国共内战一触即发的时代背景下，政府无力亦无心关注教师生活，上海市政府亦没有根本之法，而是继续采取治标之策，准备组织第二次尊师运动，这不仅是对战后国民政府"教育第一"大计的一种讽刺，也揭露了国民政府平抑物价的无能及"军事第一"的真相，更是对民心的一次丢弃。

作者：张秀丽，河南大学历史文化学院
张吉玉，河南大学历史文化学院

（编辑：任云兰）

[①] 惠敏：《尊师笑话》，《海光（上海1945）》第21期，1946年，第11页；曾思明：《听训挨骂，学生尊师：倒增加了不少认识》，《辛报周刊》第16期，1946年，第4页；危言：《谈尊师运动》，上海《教育与文化》第3期，1946年，第2页。

民国初年华北灾荒与京津艺界赈灾义演[*]

桑慧荣

内容提要：民国初年，华北地区灾害频繁，受灾民众困苦，社会动荡不安。在此严峻形势下，北京、天津上自政府部门，下至民间团体、艺界同人等，纷纷加入社会救助事业，义演成为一种重要的筹资助赈方式。梨园伶人、票友和戏园主人等作为义演参与主体，或主动、独立发起义演，或与其他社会组织合作展开活动，显示出北京和天津艺界同人的慈善公益之心。

关键词：民国初年　华北灾荒　京津艺界　赈灾义演

民国初年，社会环境十分恶劣，连年自然灾害造成了灾民困苦、生活无着的严酷局面，整个华北地区社会动荡不安。此时以"演剧赈灾"和"筹款演剧"等为名号的赈灾活动十分活跃。这些以艺界为主体的济贫活动成为民间赈灾的重要支撑。本文所谓"艺界"，指职业艺人、业余票友与演出场所戏园主人等。已有学人对义演问题做初步探索，[①] 讨论涉及艺界赈灾，但是针对性分析尚需进一步加强。

一　华北灾荒中的政府救济与社会救助

民国初年，由于特殊的自然地理环境，华北地区自然灾害频繁发生，

---

[*] 本文系国家社科基金重大项目"中国近代慈善义演珍稀文献整理与研究"（编号：17ZDA203）阶段性成果。

[①] 郭常英：《慈善义演：晚清以来社会史研究的新视角》，《清史研究》2018年第4期；郭常英：《慈善义演参与主体与中国近代都市文化》，《史学月刊》2018年第6期；岳鹏星、郭常英：《晚清都市空间的慈善、娱乐和社群认同》，《广东社会科学》2017年第5期；郭常英、岳鹏星：《寓善于乐：清末都市中的慈善义演》，《史学月刊》2015年第12期。

再加上晚清以来该地区战争不断,更加剧了灾害程度。1917年顺直大水灾和1920年华北五省旱灾,是该时期最为严重的两次灾害。

1917年夏秋之际,"直隶连降大雨,永定河、南运河、潮白河等河堤相继冲溃,洪水泛滥",① 被称为"二百年来未曾睹之洪水"。② 京兆尹辖区共20县,受灾"重者8县,轻者10县","无灾者不过2县"。直隶辖区共120县,受灾"重者32县,轻者54县"。③ 海河纵贯天津城区,天津城"地当九河津要,路通各省舟车,南运数百万之漕,悉道经于此"。④ 1917年8月初,永定河水"涨至二丈四五尺不等,与堤平,而上游山水仍续暴涨",⑤ 天津成为首先被灾之城。当时报纸文章称,天津"灾黎数十万人,灾地数十万里,数十年来大灾",⑥ "灾区太广,灾黎太众,抚绥苟不得宜,实为国家巨患"。⑦

1920年,华北直鲁豫晋陕五省发生严重旱灾,报纸称此为"四十年来未有之奇灾",⑧ 京兆区灾情"大概二十属内,除三河一县据报勘不成灾外,当以大兴、房山、涿县、固安、安次等五县为最重,昌平、通县、顺义、宛平、宝坻、蓟县、武清、香河、霸县等九县为次重,良乡、怀柔、密云、平谷、永清等五县为较轻。灾区过广,救济本有不及,加以邻省难民纷纷入境,或尚有意远行,或竟就食不去,沿途络绎,尤有应接不暇之势"。⑨ 华北被灾各县,以直隶所属最多,受灾也最严重。"成灾九十二县,被灾村庄较重者一万五千九百五十村,较轻者五千一百零一村……其灾民口数,现据报到六十五县,极贫计共三百四十三万一千三百零八口,次贫计共二百四十八万八千二百二十八口,将来报齐,极贫约当在五百万之

---

① 李文海等:《近代中国灾荒纪年》,湖南教育出版社,1990,第864页。
② 《天津大水灾续志》,《晨钟报》1917年9月27日,第2版。
③ 转引自赵新颖《熊希龄与1917年京直水灾救济》,硕士学位论文,河北大学,2013。
④ (清)张焘:《津门杂记》,天津古籍出版社,1986,第1页。
⑤ 《各省近事·直隶·近畿各河之水灾》,《益世报》1917年8月3日,第6版。
⑥ 《天津空前大水灾之惨状》,《晨钟报》1917年9月26日,第2版。
⑦ 《熊督办由津水灾办公处陈府院电文》,天津《大公报》1917年11月15日,第2张。
⑧ 《四十年来未有之奇灾》,天津《大公报》1920年9月13日,第2张。
⑨ 《署内务总长兼赈务处督办张志谭呈大总统:据情转呈京兆地方被灾及待赈情形,拟请于直鲁豫等省通筹办理文》,《政府公报》第1730号,1920年12月9日,第15~16页。

谱，次贫约当在四百万之谱。"①

1917年灾害发生后，北洋政府立即召开会议讨论救灾事宜，寓居天津的熊希龄接受政府任命，督办京畿水灾河工善后，并成立了督办京畿水灾河工善后事宜处，简称"督办处"。冯国璋针对灾害"著财政部先发帑银三十万元，交督办水灾河工善后事宜，熊希龄会同该省长遴派廉正官绅，分赴灾区赶办急赈，并速筹疏泄办法，不敷之款并由该部陆续筹济，所有工赈各事均责成该督办悉心筹画、妥速办理"。②督办处成立后，确立了以天津为中心的救助计划，制定一系列救灾措施。1920年华北五省发生严重旱灾，内务部提出设立办赈机关——赈务处，总理一切赈灾事宜。并且，北洋政府还公布了《赈务处暂行章程》，③颁发了筹赈办法大纲。④在灾害发生后，政府迅速组织灾后赈济，但因内部关系错综复杂，加之灾区面广、程度严重，很难实施有效的救助。

政府除成立督办处和赈务处进行紧张的灾难救助之外，警察厅也参与救灾并借助戏园、剧院等娱乐场所，演讲劝募，邀约戏剧界义演助赈。天津自1902年8月设立巡警总局以来，警察就在城市管理中发挥作用。⑤1917年，杨以德任直隶省警务处处长兼任天津警察厅厅长，他特别注意天津市的警政建设，水灾发生后，迅速采取了稳定灾后秩序、维护社会治安的措施，并约请官商富绅在警察厅成立水灾急赈会，且"每日会议，筹划赈济办法"，⑥到各戏园进行演说，劝导募捐。据称，"杨厅长最近以各剧园筹画义赈演唱义务，殊甚热心，故于昨晚九时，首到第一台演说，并将被灾难民之苦况均逐件报告"，"观剧者当场纷纷捐助洋元、铜子，颇巨"。⑦次日，杨厅长又到华乐戏园进行演说。还有，9月13日上午10时，警察厅水灾急赈会开急赈董事会议，"首由杨处长报告各戏园演唱义务戏，

---

① 中国第二历史档案馆编《中华民国史档案资料汇编》第3辑《农商》（1），江苏古籍出版社，1991，第388页。
② 段祺瑞、汤化龙、梁启超：《命令：大总统令：直隶督军兼省长曹锟电称本年夏秋以来淫雨连绵，近畿一带河流日涨……》，《政府公报》第614号，1917年9月30日，第1页。
③ 靳云鹏、张志潭：《命令：大总统令：教令第十九号：赈务处暂行章程》，《政府公报》第1677号，1920年10月17日，第3~4页。
④ 《内务部颁发筹赈办法大纲》，《申报》1920年10月4日，第3张第10版。
⑤ 丁芮：《清末天津警察与城市治安管理现代化》，《理论与现代化》2013年第5期。
⑥ 《补记水灾纪念会演说》，《益世报》1918年9月25日，第2张第7版。
⑦ 《关于水灾之近状》，天津《大公报》1917年8月17日，第2张。

刻捐助者颇踊跃，然仍宜筹画，期补不足……"① 除杨厅长外，其他警厅成员也积极参与募捐活动。如侦探长丁振芝及全体侦探员，"特邀集各名角在大舞台演唱义务戏三日，所得票资，尽购玉面，以便散放贫民云"。② 此次义务戏捐助者的范围较为广泛，募款收效也非常显著。1920年华北五省旱灾之际，难民辗转流徙，天津警务处训令所属各县警察派警调查灾民困苦状况，并按照极贫、次贫划分等级，以便核查，救助灾民。③ 并且警察厅还添派临时巡警进行巡逻，以保证社会治安。为筹措直隶义赈会救济灾民经费，天津警察厅杨敬林还约集京津戏界名角在日本租界大新舞台演夜戏七日。④ 由此可见，民初华北灾荒时期，警察成为救助灾民的一支重要力量，并且，警员还是当时主张义演助赈的主力。

民国初年，政府赈灾力有不逮，各类民间团体参与赈灾救济并成为有生力量，彼时中国红十字会已成为具有一定社会影响的社会机构。天津红十字分会于1911年9月20日成立，很快便开展活动。面对1917年顺直大水灾，天津红十字分会召开紧急会议，商议救灾办法：一面向上海红十字总会报告灾情，请求支援；一面采取各种措施，积极对灾民进行救助。天津红十字分会曾派员到灾区调查受灾情况，并选派刘兰轩、赵善卿等人携带大米等救灾物资到灾区发放。⑤ 为筹募救济资金，天津红十字分会、书画慈善会于9月12日劝募在津名人徐世昌等的书画，约集书画各方家20余人开会。联系书画家徐世光、闻雨山等作书画并在南市华楼出售，得款用于救济灾民。旅日华侨闻讯也参与了红十字会的募捐赈济活动。⑥ 这些活动涉及不同群体和社会阶层。1920年华北五省发生旱灾时，华北民间先后成立了北五省灾区协济会、华北救灾协会、国际统一救灾会等赈灾组织，这些救灾组织不断召开会议，讨论灾区协调救灾事宜，并且派代表分赴灾区进行救助。民国初年华北灾荒时期，民间社会团体在救灾助赈过程中发挥了非常重要的作用。

---

① 《急赈董事开会记》，天津《大公报》1917年9月14日，第2张。
② 《热心赈务》，天津《大公报》1919年1月4日，第2张。
③ 《关于救灾事务之汇志》，天津《大公报》1920年10月8日，第3张。
④ 《警厅招剧助赈》，天津《大公报》1920年11月19日，第3张。
⑤ 《天津大水灾近状》，天津《大公报》1917年8月12日，第2张。
⑥ 《红会谢赈》，天津《大公报》1917年12月23日，第2张。

除政府和民间团体救助灾民外,京津艺界在灾荒时期也多次举行赈灾义演筹款来救助灾民。京津艺界赈灾义演保证了救助灾民的善款,同时也彰显出京津艺界的公益之心。

二 京津艺界的赈灾义演

民国初期,北京、天津是华北地区政治、经济、文化中心,不仅有许多戏班、戏园,还有很多非同一般的票友及组织,加之戏剧文化氛围浓厚,因此京津艺界在华北地区具有特殊地位。在灾难时期,艺界梨园同人、票友、戏园等全力投入赈灾义演的情况较为常见。

(一) 伶人赈灾义演

民初京津伶人群体逐渐扩大,班社不断增多。艺界伶人、班社及其行业组织通过义务戏和赈灾演剧活动参与慈善公益事业,表达梨园艺人的慈爱之心。

1917年顺直大水灾,社会各界纷纷对灾区进行救助,"此次京直水灾,各处捐助颇具热诚",[①] "自京师各界发起急赈会,诸大慈善捐助银钱食物衣服者,逐日络绎不绝,内城外各戏园前后台人等亦异常热心,各拟定期演义务戏,以所入尽数助赈"。[②] 8月6日,北京军、警两机关,为筹办京兆各县赈灾,劝令男女名伶,演唱义务戏,日期定为"旧历七月初五、初六、初七等日",地点在第一舞台,"第一舞台演唱坤角两日,男角一日",且先期向各机关人员以及富商等售卖戏票。[③] 此三日义务戏,演出剧目达30多出,参加演出的名伶中,有余叔岩、陈德霖、杨小楼、梅兰芳等,[④]可谓规模宏大,盛况空前。因为此时义务戏演出独限于男伶,其他如女伶、童伶及票友都不参加,时人发文,"男、女、童三伶均是艺员,对于社会当尽之义务亦宜无何差异,即票友亦游于艺者,而其见义勇为之心,

---

① 《京畿水灾善后处近讯》,《晨钟报》1917年11月4日,第3版。
② 《关于天津水灾之报告及其善后方法》,《晨钟报》1917年10月4日,第2版。
③ 《义务戏之办法》,《顺天时报》1917年8月6日,第3版。
④ 《京兆水灾筹赈会义务夜戏(第一舞台)》,《顺天时报》1917年8月21日,第5版。

当亦不亚于他人"。① 8月30日，京兆尹便邀集坤角刘喜奎、鲜灵芝、金刚钻等于农历八月初一、初二两日，在第一舞台演唱义务夜戏。② 此次义务戏，"男伶演戏三夜，共得赈款一万二千余元，日前女伶演戏两夜，所得赈款约有七八千元之谱"。③ 可见，由京兆官员倡导的义务戏收获丰厚。

1920年，华北五省再遭严重灾荒，外地难民众多，虽有政府开设粥棚救助，但因财力有限无法持久，民间慈善团体及各界人士多有举动，艺界也不例外。针对难民困境，艺界最早由陈德霖、梅兰芳、王凤卿等在新明戏院演出义务戏筹款。他们的义举得到社会人士的积极评价，"实可谓见义勇为者矣"。④ 后来鲜灵芝随之，在文明园演唱夜戏，演唱"所得票价，悉数交由警厅代为赈济"。⑤ 在梅兰芳和鲜灵芝赈灾义演后，梨园界伶人接续进行赈灾义演，广德楼恩晓峰"定于十三日演唱"，中和园金刚钻"定于十四日演唱"，富连成社的童伶也加入赈灾义演队伍中。⑥ 这一阶段，梨园同人自发演戏助赈，除戏园前台及演出零散角色的少数开销外，所有登台演出名角纯粹尽义务，售票由华北救灾协会办理。时人记载，第一舞台义务戏的所有座位戏票，全部由各机关购买，尤以银行中人购票居多。⑦ 此次北省饥荒，艺界不但有诸多名伶参加赈灾义务戏，而且诸多戏园班社也参与其中，如新明戏院、城南游园、文明园、广德楼、中和园、广和楼富连成社、第一舞台等。对此有人感叹，"呜呼，剧界中人，见义勇为，义务演剧，以救同胞，颇堪佩服，世上暖衣饱食之徒，对此义举能不怅然惭死耶"。⑧

民初，京津两地的艺界行业公会——正乐育化会先后成立。北京正乐育化会由谭鑫培、田际云发起，以"提倡文艺，改良戏曲，发达社会教育，唤起公共道德"为宗旨，以"振乐部之精神，正晚近之风化，现身说

---

① 《关于筹赈义务戏要求发起诸君》，《顺天时报》1917年8月22日，第5版。
② 《坤角演剧筹赈》，《顺天时报》1917年8月30日，第7版。
③ 《义务戏所得款》，《顺天时报》1917年9月24日，第3版。
④ 《赈灾第一次之义务戏》，《顺天时报》1920年9月21日，第5版。
⑤ 《文明园将演义务戏》，《晨报》1920年10月6日，第6版。
⑥ 《伶人争演赈灾义务戏》，《顺天时报》1920年10月14日，第5版。
⑦ 《第一舞台梨园演剧助赈》，《京报》1920年10月18日，第2版。
⑧ 《伶人争演赈灾义务戏》，《顺天时报》1920年10月14日，第5版。

法，感人于无形"① 为目的。天津正乐育化会受北京正乐育化会的影响，由李吉瑞等倡议，后经天津警察厅批准成立。正乐育化会除进行正常经营性演出外，每年都为接济同业贫苦伶人，赈济灾民举办义务戏筹款。1917年因津沽水灾，天津正乐育化会发起人李吉瑞等，于"旧历九月初四、初五、初六、初七夜晚，假座河东特别区东天仙戏园演唱义务戏"，所收戏资，三成赈济正乐育化会梨园灾民，其余"尽数助赈"，并请红十字会经理款项。② 对于此次义务戏演出，正乐育化会艺员全体赞同，盛况空前。演出当场，还有南洋兄弟烟草公司售烟助赈。为赈济水灾，还有同义社艺员尚和玉、薛凤池等，集齐全体艺员，"借座荣业大街升平舞台，拟于（八）月之二十九日、三十日"，早晚登场演出，"所得戏资，分散灾民"。③ 富连成社是北京著名戏曲班社，经常受邀赴津参加义务演出。

作为艺界的行业组织，京津正乐育化会把艺界伶人、班社联合起来，不仅扩大了艺界团体的力量，而且在赈灾义演中形成合力，为济困救济发挥积极作用，实现了慈善救济的目的。

(二) 票界赈灾义演

票友是艺界的一类特殊群体，一般指"不靠唱戏挣钱吃饭、偏好粉墨登场"④ 的人，是非职业性的戏曲演员，然而其表演和欣赏水平却比较高。民国初年，票友群体不断扩大，其中包括清室贵族、官宦士绅，这些人爱好戏曲且技艺较高。票房是票友演出活动的场所，也是对同人组织的称呼。票友常以个人身份或依托于票房参与赈灾义演。

1917年，北京济贫会曾商请北京著名子弟票友参与表演，"新彩新切，演技三天"，剧目包括曲艺、京剧等，"(一)《九音联弹》、(二)《五音大鼓》、(三)《五虎棍》、(四)《文武杂技》、(五)《八角鼓》、(六)《马鞍山》、(七)《真逛西顶》、(八)《汾河湾》"。⑤ 报纸也记载了收费与赈灾情况。票价"头等池子每位大洋一元，二等两楼每位铜元四十枚，三等

---

① 《正乐育化会章程》，北京市档案馆藏，档案号：J4-1-33。
② 《请看助赈义务戏》，天津《大公报》1917年10月16日，第2张。
③ 《演义务戏助赈》，《益世报》1917年8月15日，第7版。
④ 张文瑞：《旧京伶界漫谈》，中华书局，2018，第217页。
⑤ 《济贫会演剧筹款》，《晨钟报》1917年1月13日，第5版。

两廊每位铜元二十五枚","所得票资,全数捐助贫民,以资救济"。① 1920年华北五省旱灾,京师农民救济会邀请著名票友在湖广会馆演唱义务戏,"票价收现洋一元、二元之两种"。② 此次义务戏所收票资,除开支外,一律拨充救济农民。在救济华北五省灾害中,广东音乐研究会赈灾热情很高。该会票友均在北京各机关工作,定于"旧历八月二十二日,在第一舞台演唱广东戏剧",所得戏资,交由华北救灾协会办赈。③

票界除票友以个人身份参加赈灾义演外,票房也积极地进行赈灾义演。天津京剧票房雅韵国风社成立于清光绪中叶,1917年津邑水灾后,雅韵国风社同人约请升平茶园原有各艺员及各园超等艺员,"假定升平茶园,于阴历七月十四、十五两日晚,十六日早晚,演唱义务剧,以戏价作为赈捐",并"敦请王颂臣、孙公讷、宝砚峰、王君直、吕幼才、陈梦九诸君逐日登场"演出。④ 据报纸记载,王颂臣、孙公讷、宝砚峰等皆为雅韵国风社票友,平时偶尔游戏,虽然"对于戏场向不赞许,今以事关善举慨然允诺",演出"所收戏价尽数交警务处施政防灾"。⑤ 此次义务戏期间的所有花销,全部由雅韵国风社承担。

春阳友会是当时北京著名票房,成立于1914年,在华北灾荒之际,经常举行义演赈灾。1917年10月14日,春阳友会会长樊棣生呈报警察厅:"天津水灾,各园纷纷演戏筹款。该会全体票友定于二十七、二十八两天,在东大市浙慈馆演戏助赈,开销均归该会,票价送区作赈,已由该厅批示照准。"⑥ 1917年11月,冀属六县水灾急赈会的发起人于邦华,邀请春阳友会全体艺员在东大市浙慈会馆内演唱义务戏二日,⑦ 所得票资全部寄往灾区充作赈款。1920年12月4日,春阳友会为华北五省旱灾难民募捐,"拟招集同好,假第一舞台演戏两日",⑧ 演出所得票资,全数用来救助灾黎。12月9日,春阳友会同人在东安市场吉祥园演戏筹款,演出二日,

---

① 《济贫会演剧筹款》,《晨钟报》1917年1月13日,第5版。
② 《湖广馆演戏助赈》,《顺天时报》1920年8月24日,第7版。
③ 《广东音乐会演剧助赈》,《顺天时报》1920年9月23日,第7版。
④ 《演唱义务戏助赈》,《益世报》1917年8月29日,第6版。
⑤ 《善士演唱义务戏》,天津《大公报》1917年8月29日,第2张。
⑥ 锦:《票友演戏助赈》,《顺天时报》1917年10月16日,第7版。
⑦ 《演戏筹款赈灾》,《顺天时报》1917年11月19日,第3版。
⑧ 《票友演戏助赈》,《顺天时报》1920年12月4日,第7版。

"所入票价，悉数充华北救灾协会赈款之用"。① 报纸记载，第一日剧目为："全体合演《大赐福》，钱仲明《长寿星》，裘君莅亭《十面埋伏》，何君雅秋、诸君如香《双凤阳花鼓》，樊君瑞田《朱砂痣》，莫君敬一及槐荫馆主等《战濮阳》，寄庐君《穆柯寨》，陈君远亭《天雷报》，恩君禹之等《群英会》，真隐君《水帘洞》。"第二日剧目为："全体合演《摘英会》，马君云青《审七长亭》，程君连喜、诸君如香《红鸾禧》，乔君盖臣《赠马》，松君介眉《三进士》，铁君麟甫、樊君润田《八大锤》，刘君砚芳《定军山》，樊君杏苗《二进宫》，章君小山《审头》，真隐君《安天会》。"② 此次票友义务戏有不少名票参与，其中刘砚芳、诸如香、程连喜等属纯粹义务演出。戏价不低，分类明确："楼上堂客包厢十六元，包桌六元；头等散座大洋一元，二等散座大洋六角；楼下官客包桌六元，头等散座一元，二等散座六角。茶资每位一律八枚。"③

票友、票房参与赈灾义演热情较高，加之票友们的技艺水平非同一般，对于观众具有一定吸引力，容易达到筹款的目的。

（三）戏园发起赈灾义演

在梨园与票友赈灾义演之外，演出场所戏园发起的赈灾义演甚为显眼。戏园经理、园主为救助灾民不遗余力。以1917年天津洪水灾害为例，就有京师各界发起急赈会，内外城各戏园定期演出义务戏，助赈天津水灾。参与演出的各戏园有丹桂园、天乐园、广兴园、中和园、广德楼、三庆园、庆乐园、广和楼、第一台和吉祥园，均在农历八月二十一日到二十九日，有日戏，有夜戏。④ 吉祥园义务戏由梅兰芳、俞振廷等发起，"所有该园名角如梅兰芳、俞振廷、王凤卿等均各演新奇名剧二出，并拟约陈德霖同时助演"，所入款项，全数归天津赈灾之用，吉祥园主人并不从中取价。该园将"第一层楼辟作包厢（男女合座）十八个，每厢大者二十四元，小者十八元，其池座及女客二层楼座，则定为一元，至楼上之女廊

---

① 《春阳友会演戏筹赈小启》，《京报》1920年12月10日，第10版。
② 《春阳友会演戏助赈》，《京报》1920年12月9日，第10版。
③ 《春阳友会演戏筹赈小启》，《京报》1920年12月10日，第10版。
④ 《各戏园演戏助赈》，《益世报》1917年10月5日，第7版。

座，以及楼下之男廊，则定为铜元七十枚及六十枚两种"。① 从农历八月二十一日到八月二十九日，京城内外城各戏园皆为天津灾民演戏筹款，因此，各戏园演出时免不了会有竞争，"内城之丹桂，外城之天乐、广兴等园，皆已演竣，然该园等各处一隅，故无甚竞争，惟大栅栏一带之戏园，既麇集一隅，对此义举则均存有一种竞筹多款之欲望，故此各演其拿手好戏，以招座客"，不到晚上 8 时，两园座客就已经坐满。中和、广德两园在开始演唱义务戏的第一日，就已呈现竞争的态势。中和园方面，"所演之戏目系金刚钻唱《教子》，李凤云演《铁公鸡》"。中和园在《教子》未开演前，请外右二区署长英熙君演说天津水灾苦况，英君演说完毕后，继有"唱小花脸之女伶赵来云扮作《花子拾金》模样，唱至中途，乃开动募赈捐之演说"。因此，中和园认捐者不少。广德楼方面，由"鲜灵芝、张小仙等合演《二烈女》"，"首由九月菊出台演说，兼以诙谐之词，令人欲哭欲笑，次为张小仙演说，嗫嚅羞涩，不能毕其词，最后为鲜灵芝演说"。此场演出，当场认捐者踊跃，"楼上女客中有呼交捐款声，警厅监视员以男子不便上楼，乃派人向后台询诸女伶谁愿尽此义务，女伶九月菊即挺身而往，观其见义勇为之态，令人可嘉"。②

三 京津艺界赈灾义演特点

灾荒造成大批受灾难民流离失所，为救助灾民，政府上下动员，官绅、民间不同阶层均积极展开救助，义演筹款效果显著，艺界在救助过程中与其他阶层形成合力，因而成为赈灾的主力军之一。其义演特点主要表现在以下几个方面。

（一）义演参与者的广泛性及社会网状性

赈灾义演是涉及面较广的一种社会活动。艺界在赈灾义演中充当表演者，发挥骨干力量的作用。在较多情况下他们还是组织者，不少戏园和茶园主、票友、票房等，在义演活动中充当组织者的角色，发挥核心力量的

---

① 《吉祥园演戏助赈》，《益世报》1917 年 10 月 13 日，第 7 版。
② 《义务戏之记录》，《顺天时报》1917 年 10 月 10 日，第 7 版。

作用。一般情况下,组织者具有一定的号召力和社会声望,他们代表了社会精英阶层。义演的组织者、表演者以及义演受众——赞助者一起,构成较为广泛的社会网状结构,① 成为赈灾活动的推动力。

如前述艺界赈灾义演中,北京、天津的警察机构、各类慈善团体等,多以组织者的身份参与其中,或为主持者,或为协助者,为成功举办义演发挥了积极作用。在1917年天津水灾时,警察厅不仅约请名伶进行赈灾义演,并经常派警员或到戏园等娱乐场所演讲劝募,或到场维持演出秩序;还在一定程度上代表官府对艺界赈灾义演的支持,保障了慈善义演活动的顺利进行。在赈灾义演中,可见天津红十字会等社会机构和慈善团体的身影,它们在赈灾义演中担任重要角色。1920年梨园同人演戏助赈,定于"九月(阴历)初一、二日,演戏二日",地点定在第一舞台,"除前台后台之必要开销外,所有收入一律助赈"。② 此次义务戏登台各角全系纯粹义务,并且售票交由华北救灾协会办理。警察厅、慈善团体等在京津艺界赈灾义演中不同程度的参与,扩大了艺界赈灾义演的影响,有利于善款的筹措,保障了对灾民的救助。

赈灾义演的骨干力量是艺界。艺人是义务戏的表演者,有时也是组织者。民初华北灾荒之际,艺界赈灾义演除由某伶或某班社参与外,参加赈灾义演的群体也有所扩大。梨园同人男伶、女伶、童伶先后进行赈灾义演,而且还出现了名伶联合义演的情况。如1917年8~9月,京津男女名伶先后进行赈灾义演。此次赈灾义演持续时间长,参与的伶人也非常多,可谓梨园界赈灾义演的一大盛况。京津票友也是艺界中不可忽视的一个群体,票友赈灾义演比较常见,票友成为义务戏演出中必不可少的社会参与群体。③

民初华北灾荒之际,在京津艺界赈灾义演中,警察厅、慈善团体的广泛参与,艺界中伶人和票友的积极演出等,促进了京津艺界的赈灾义演,也体现出赈灾义演联络的广泛性。

---

① 郭常英、岳鹏星:《寓善于乐:清末都市中的慈善义演》,《史学月刊》2015年第12期。
② 《梨园会将演戏助赈》,《晨报》1920年10月8日,第6版。
③ 岳鹏星:《清末民初义务戏的属性》,《史学月刊》2014年第11期。

（二）义演举办方式的多样化

晚清时期义演类型比较单一，多是艺人演唱传统戏剧唱段——义务戏。① 民国初期，京津艺界在进行赈灾义演时，义演的内容发生了变化，除传统戏剧演出外，还出现了新式表演，呈现多样性的特点。1917年天津水灾时，天津权仙经理朱义德、马克等因红十字分会赈济灾民经费不够，于"本月二十一日（即星期二）晚，在老权仙捐演电影一夜"。② 除义务电影外，艺界赈灾义演还表演新剧，如在天津水灾时，新剧家胡笑方编演新剧筹赈救灾。③ 1920年华北五省灾荒之际，艺界赈灾义演内容更加丰富。如正俗新剧社为筹赈灾民，于"三十一日及一日晚，仍在西宣讲所演作《双鱼佩》"，此剧为《社会教育星期报》撰写，分为十二幕，主要描写灾区灾民的苦况等情节。除演出新剧外，还有魔术、双簧、诙谐等节目。④ 由此可知，京津艺界赈灾义演不仅包含传统的义务戏，而且还有一些新式演出内容，反映出艺界赈灾义演形式的多样性。

京津艺界赈灾义演除演出内容比较丰富外，还通过独立或与其他组织合作等不同的组织形式进行义演。艺界同人发起赈灾义演。如1917年8月河北水灾，升平舞台同义社尚和玉、李吉瑞、薛凤池发起演唱义务戏，并集齐同义社全体艺员，早晚登场，所得戏资，分散灾民。⑤ 名伶热心公益由此可见。1920年9月，因华北旱灾，梅兰芳与新明大戏院前后台一干人等商议演义务戏，全体赞成。此次义务戏，前后台秩序整齐，座位也不拥挤，可谓"向来所未有之秩序也"，且"所有售票者、收票者、查票者，各不聊属，以防有弊"，此义务戏可以说是其他义务戏的典范。⑥ 艺界与其他组织合作演出是其慈善义演较为常见的形式。1920年10月3日，华北救灾协会约广东音乐会，计划在北京第一舞台昼夜演戏，演出剧目皆为最

---

① 郭常英、梁家振：《民国初年北京窝窝头会及其义演考析》，《中国高校社会科学》2019年第3期。
② 《请看今日义务电影戏》，《益世报》1917年8月21日，第6版。
③ 《演新剧藉筹赈捐》，天津《大公报》1917年8月31日，第2张。
④ 《新剧社订期演剧助振》，《益世报》1920年12月30日，第10版。
⑤ 《演剧助赈广告》，天津《大公报》1917年8月15日，第1张。
⑥ 《名伶之热心赈灾》，天津《大公报》1920年9月25日，第2张。

有名的广东戏，而且售票分类明确。① 京津艺界无论独立还是合作进行赈灾义演，都反映出其义演组织形式的多样性。

京津艺界赈灾义演，表演内容从传统义务戏到新剧、魔术、双簧等新式节目的加入，独立或者与其他组织合作义演的组织形式，都表现出京津艺界赈灾义演的多样性。

（三）义演与社会捐款形成合力

艺界赈灾义演，除收取票资外，当场还会有许多捐赠，捐助品从钱财到物品无所不有。1917年，河北关上竹林村及赵家场一带受灾严重，无家可归者达200多户。中一区署员和本区绅商提倡，在天桂园演唱义务戏。现场各类捐资较多，"泰昌祥售茶叶得资铜元三百四十六枚，《警世报》售报得资铜元五百十三枚，《正义报》售报得资铜元九十四枚"，该园"手巾把共得资铜元一千五百十一枚，茶壶碗共得资铜元五百八十六枚"。② 该园园主也将收入全部用于助赈。红十字会天津分会在老权仙电影院义映一夜，不仅募得票资众多，还有员工与不留姓名者的捐助。③ 丁振芝邀集各名角在大舞台演唱义务戏三日，"除班底以及名伶往返车资零费之花销，净剩洋二千四百七十元"，当场还有"丁君夫人助洋二十元，十字会助洋十元，共计洋二千五百元。经丁探长拨给三义庄民立第七十四国民学校洋一千元，红十字会洋七百元，正乐育化会洋二百元，其余购买玉米面洋六百元，赈济津中之各贫民云"。④ 1920年，梅兰芳在新明大戏院演义务戏，除售出票资2908元外，还有当场临时捐款者，如施宅、梁宅等五善士各捐400元，共2000元；南洋兄弟烟草公司售烟大洋25.3元，中行京钞1元，铜元57吊。除捐赠钱财外，当场还有购买物品者，以襄义举。⑤ 在艺界赈灾义演中，不论是票资收取、当场捐助，还是物品售卖，都表现出公众的慈善公益之心和对艺界慈善义演的支持。

---

① 《广东音乐会助赈》，天津《大公报》1920年9月30日，第2张。
② 《天桂园之助赈记》，天津《大公报》1917年9月13日，第2张。
③ 《十字会鸣谢助赈》，天津《大公报》1917年8月27日，第2张。
④ 《义务赈款之分配》，天津《大公报》1919年2月14日，第2张。
⑤ 《梅兰芳义务戏成绩》，《京报》1920年9月25日，第6版。

（四）义演打破艺界隔阂，促进合作

民国初年，艺界竞争非常激烈，尤其是"坤伶界竞争之烈，未有甚于今日者也，试观各坤园扰扰攘攘，旗鼓相当，大有群雄割据，争鹿中原之势"。而1917年坤伶发起演唱义务戏，时人却称："各伶咸以救民为前提，忘旧怨，捐私情，坦怀虚心，协同一致，联袂上台，清歌妙舞，怡人耳目，此余所以敬服不措者也。"① 可见义务戏打破了艺界戏班之间的隔阂，促进了艺人之间的合作。艺界的赈灾义演，民众给予了他们高度评价。在天津水灾时，北京诸剧界艺员协同一致，定期演唱义务戏剧，所获戏资尽数助赈，"各艺员之见义勇为"。② 还有1920年2月24日，北京正乐育化会在第一舞台演唱梨园筹赈义务戏，报纸文章记录详细。③ 从中可知出演者名伶之众、剧目之多，伶人无不卖力。从晚上8时之前开场至深夜还未结束，演出时间如此之长，可见其中艺人的个人贡献。作者如此详细评论，可见他对艺人的关注，同时也反映了义演的社会反响。

综上可见，北京和天津两地在民初华北灾荒期间，特别是在1917年和1920年艺界与其他民间团体一起为赈灾救贫发挥作用，艺界的赈灾义演是民间赈灾的重要组成部分。在救助华北灾荒之时，社会各界相互联合，以义演为手段筹募资金，同心协力救助灾民，实施了有效的救助。艺界赈灾义演是民间慈善救助的重要筹款方式，通过独立或合作的方式举办义演、筹集款项，以便赈济灾民。当然，通过赈灾义演，参与者在一定程度上扩大了知名度，提升了社会地位。演出场所——戏园主人参与社会慈善事业，救济民众，显示出慈善公益之心。京津艺界赈灾义演集娱乐与慈善为一体，既实现了筹款救助灾民的目的，也促使社会公众积极参与慈善公益事业。

作者：桑慧荣，河南大学历史文化学院

（编辑：任云兰）

---

① 《坤伶义务戏感言》，《顺天时报》1917年9月23日，第5版。
② 《剧界义勇可风》，《顺天时报》1917年10月6日，第5版。
③ 隐侠：《第一舞台之筹赈义务戏》，《顺天时报》1920年2月16日，第5版。

·城市环境·

感观与科学：近代四川城市河流水质的判读[*]

张 亮

内容提要：在近代城市河流水质的记载中，除文献的相互抵牾外，还存在感观描述与科学认知两个面相，且前者的记载远多于后者。这就要求不能仅就感观描述的记载来判读城市河流水质状况，而要注意辨析史料与概念，充分结合二者的内容相互佐证，才可能提高判读的信度，较为客观地复原城市河流水质状况。在感观描述的记载中，近代四川境内除长江干流、金沙江与大渡河等少数河流长期黄浊外，岷江、沱江、嘉陵江、乌江等多数河流虽在涨水时会由清变浊，但总体上较为清澈。而在水色判读的基础上，结合科学认知的记载，可见在传统的城市生态系统的背景下，受河流含沙量、粪秽、垃圾、生活污水与工业废水等因素的影响，无论水色是清澈还是黄浊，临城河段的水质污染皆较为普遍。囿于水体自净能力的差异，水流量小与水势弱的河流相较于大江大河，其临城河段的水色和水质与其他河段差异明显，更易受到自然与人为因素的影响。

关键词：近代 四川 城市 河流水质 河流水色

如何突破文本的限制，去判定历史时期的城市水质，向为城市水环境研究的难点。一般而言，不同的文本囿于文本特征、作者的知识背景、编撰时代等因素的差异，其所呈现的文本内容与事实相比难免有所出入。其

---

[*] 本文为中国博士后科学基金第65批面上资助项目"近代四川城市饮用水环境变迁与民众生计研究"（2019M651400），教育部人文社会科学重点研究基地重大项目"中华文明核心地区形成的时空过程及其驱动因素研究"（16JJD770009）。

中，一个重要的问题便是如何处理水质记载的两个面相，即感观描述与科学认知的问题。"在传统时期，由于缺乏专门人员和组织机构负责环境卫生问题"，有关城市水质的记载"不仅少，而且十分零散"。19世纪以来，"外来者的视角和西方的环境卫生观念作为一种参照物的登场"，使得更多的记载见于"报刊、游记等历史文献之中"。[①] 需要注意的是，虽然19世纪以来，关于城市水质的记载逐渐增多，但仍多是感观描述，调查数据与化验等科学认知的记载仍占少数。如何从感观描述的记载中剥离客观成分以复原城市水质，以及如何结合感观描述与科学认知的记载来综合地认识城市水质，这些问题亦是亟待解决的难点。

近年来，不少学者基于对文本的辨析，试图重构对历史时期城市水质的认知。其中，尤以余新忠、梁志平的二文，颇有新见。余新忠基于对清代城市水质的辨析，对以往城市水质研究中"选精""集萃"的方法做了探讨，认为应"特别注意解读和利用史料的方法论，充分考虑利用史料的性质、语境和时空特性等内容对自己关注信息的影响，要注意挖掘文本蕴涵的'常识'和典型意义"，以正确认识城市水质的具体图景。[②] 梁志平则从"水质的感观与认知"的角度分析了开埠初期西方人对上海地区饮用水水质的感观认知，认为应从水体物理、生物、化学三方面的特性综合地认识水质，不宜以物理的"浊"与生物的"秽"便简单地认定水质极差。[③] 余、梁二文的着力点都在于重构对水质的认知，此种"认识"与"再认识"的过程，从研究方法上深化了城市水质研究。值得注意的是，余氏一文重在探讨解读与利用史料的方法，梁氏一文则重在辨析时人的感观描述，对水质研究中科学认知的问题涉入不深。是以，笔者拟在前人观念与方法的基础上，注意文献记载的差异，结合感观描述与科学认知的记载综合考量近代四川城市的河流水质，并分析影响河流水质的因素，以期对城市水质研究有所推进。

---

① 余新忠：《清代城市水环境问题探析：兼论相关史料的解读与运用》，《历史研究》2013年第6期。
② 余新忠：《清代城市水环境问题探析：兼论相关史料的解读与运用》，《历史研究》2013年第6期。
③ 梁志平：《西人对1842年至1870年上海地区饮用水水质的认知与应对》，《农业考古》2013年第1期。

感观与科学：近代四川城市河流水质的判读

一 近代四川境内河流的水色

在近代中国城市水质的记载中，最为常见的便是基于人的感知与视觉得来的水色认知。近代以降，在外国人的游记与调查报告中，关于川内主要河流水色的记载相当丰富。透过这些记载，可以一窥近代四川境内河流水色的基本面貌。

（一）水色浑浊的河流

近代时，川内水色浑浊的河流以长江、金沙江与大渡河最为突出。1883年，英国人阿奇博尔德·约翰·立德便多次记述了长江的水色，他称宜昌至三峡河段"通常是浑浊的泥土颜色"。[①] 1906年，中野孤山亦称"扬子江水色的特征"便是"水色浓褐"。[②]

长江上游的金沙江，"夹杂黄金与泥沙共泄"，是"带着铜锈味的浓黄浊水"。[③]《新修支那省别全志》中的记载更为详细，称金沙江因"乱石沙土，不计其数"，"含有大量泥沙"而呈"浊黄色"。[④]

大渡河的水色，亦甚为浑浊。大渡河"与岷江发源于同一山系，向南流经打箭炉，穿过清溪后往东流至嘉定与青衣江汇合，其水甚是浑浊"。[⑤]《新修支那省别全志》亦载大渡河因"水流湍急"而"浑浊不清"。[⑥] 除大渡河外，岷江流域还有少数限于自然条件而水色黄浊的河流，如双流的黄水河，便是因"水漱山石，色异柳江"而得名。[⑦]

---

① 〔英〕阿奇博尔德·约翰·立德：《扁舟过三峡》，黄立思译，云南人民出版社，2001，第48页。
② 〔日〕中野孤山：《横跨中国大陆——游蜀杂俎》，郭举昆译，中华书局，2007，第12页。
③ 〔日〕米内山庸夫：《云南四川踏察记》，《幕末明治中国见闻录集成》第10卷，游摩尼书房，平成9年（1997），第119、223页。
④ 〔日〕《支那省别全志》刊行会编纂《新修支那省别全志》第1卷《四川省》（上），东亚同文会发行，昭和16年（1941），第476、771页。
⑤ 〔日〕东亚同文会编纂《支那省别全志》第5卷《四川省》，东亚同文会发行，大正6年（1917），第312页。
⑥ 《新修支那省别全志》第1卷《四川省》（上），第523页。
⑦ 光绪《双流县志》卷1《山川》，清光绪三年（1877）刻本。

(二) 水色清澈的河流

相较于长江、金沙江与大渡河等少数河流长期黄浊外，岷江、沱江、嘉陵江、乌江等多数河流的水色总体来说较为清澈。

近代时，岷江的水色整体呈青绿色。米内山庸夫称成都至宜宾的岷江河段，"水清甜甘冽［洌］，而且碧绿莹澈"。[①]《新修支那省别全志》中更载岷江"水流清澈，只有极少数时候才会浑浊不清"。[②] 因岷江水色青绿，而金沙江水色黄浊，"二水江合处，两色可辨"。[③] 岷江的支流锦江，水色亦较为清澈。米内山庸夫便称锦江清澈，"水清、波静，在成都之南流入岷江"。[④]《支那省别全志》中对锦江水色的记述更为详细，称锦江"虽然多少混了些细沙软泥"，但总体上来说"水流清澈"，只是"青色里还残杂了些许浊黄色"。[⑤]

大渡河的支流青衣江，水色与大渡河迥异，水如其名，"如青色衣带，在平地划出一条蔚蓝的江流"，被视作"四川省第一清澈的江流"。因大渡河水色浑浊，而岷江干流与青衣江水色清澈，是以交汇时清浊分流。青衣江与大渡河交汇后，河流水色"一侧浑浊且泛红，一侧完全清澈透亮，又因流速不同，到嘉定时北侧还保持着清澈水流"。[⑥] 再在乐山与岷江交汇后，三种水流混合，致使岷江也"稍变浑浊"。[⑦]

沱江的水色整体亦较为清澈。1921年7月，东亚同文书院19期生土山外男等人曾对沱江隆昌段做过如此描述，称"幽深的沱江缓缓流过富饶的大地，水清澈见底"。[⑧]《支那省别全志》中亦不少见相关记载，如三台

[①]〔日〕米内山庸夫：《云南四川踏察记》，《幕末明治中国见闻录集成》第10卷，第219、233页。
[②]《新修支那省别全志》第1卷《四川省》（上），第516页。
[③]〔日〕山川早水：《巴蜀旧影——一百年前一个日本人眼中的巴蜀风情》，李春德、李杰译，蓝勇审定，四川人民出版社，2005，第238页。
[④]〔日〕米内山庸夫：《云南四川踏察记》，《幕末明治中国见闻录集成》第10卷，第218页。
[⑤]《支那省别全志》第5卷《四川省》，第309~310页。
[⑥]《支那省别全志》第5卷《四川省》，第313页。
[⑦]《新修支那省别全志》第1卷《四川省》（上），第517页。
[⑧]〔日〕土山外男等：《蜀汉之旅》，冯天瑜、刘柏林、李少军选编《东亚同文书院中国调查资料选译》上册，李少军等译，社会科学文献出版社，2012，第53页。

县城南门外沱江水色"清澈透亮"。① 此外，沱江的支流濑溪河、毗河、中河、北河等亦是清澈洁净。②

近代时，"与黄浊的长江水相比"，嘉陵江干流水色"只有些许浑浊"，总体来说，"整条江如春水般澄澈"。③ 1861年，托马斯·布莱基斯顿便称嘉陵江"河水清澈，与深褐色的江水形成鲜明对比"。④ 除外国人的记述外，国内文人的相关记载亦不少见。陈友琴在《萍踪偶记》一书中，多次谈到嘉陵江水色之幽美。⑤ 1940年，凯礼亦称"嘉陵江的水是绿色，长江的水是黄褐色"，是以在两江汇合处"两水一清一浊，成一直线，绝不相混"。⑥

与嘉陵江一样，乌江的水色与长江相比，亦为清澈。地处乌江与长江交汇处的涪陵，清代时八景之一便为"黔水澄清"，时载"岷水（长江）色赤，黔水（乌江）色碧，两水合处，赤碧不混，秋冬亦然"。⑦ 托马斯·布莱基斯顿也观察到了乌江与扬子江水色的差异，言"与混浊的江水相比，龚滩河（乌江）似乎要清澈些"。⑧ 阿奇博尔德·约翰·立德亦称涪陵与"科布伦茨一样，位于一条清水河与这条混浊河流的汇合处"，且这"两股不同的水流一起下泻很长一段距离仍然清浊分明"。⑨

需要注意的是，前述诸河流在雨水季节亦会因涨水导致泥沙量激增而由清变浊。1911年，东亚同文书院9期生今井美代吉、小岛利一郎等6人便言锦江虽"秋冬时节沧然清凛"，但夏季涨水则"浊水泛滥"。⑩ 沱江在夏季洪水期间，亦是"江水浑浊"，全然不似"冬春季清澈见底"。⑪ 乌江在"四月到九月间"，亦会时常因雨水而"浑浊不清"。⑫

---

① 《支那省别全志》第5卷《四川省》，第179页。
② 〔日〕米内山庸夫:《云南四川踏察记》，《幕末明治中国见闻录集成》第10卷，第147页;《新修支那省别全志》第1卷《四川省》（上），第901页。
③ 〔日〕迟塚丽水:《新入蜀记》，大阪屋号书店，大正15年（1926），第206~207页。
④ 〔英〕托马斯·布莱基斯顿:《江行五月》，马剑、孙琳译，中国地图出版社，2013，第186页。
⑤ 陈友琴著、陈才智整理《萍踪偶记》，中国青年出版社，2012，第67、95、99页。
⑥ 凯礼:《巴蜀见闻录》，施康强编《四川的凸现》，中央编译出版社，2001，第395~396页。
⑦ 乾隆《涪州志》卷1《形胜》，清乾隆五十年（1785）刻本。
⑧ 〔英〕托马斯·布莱基斯顿:《江行五月》，第172页。
⑨ 〔英〕阿奇博尔德·约翰·立德:《扁舟过三峡》，第101~102页。
⑩ 〔日〕今井美代吉等:《入蜀纪行》，〔日〕沪友会编《上海东亚同文书院大旅行记录》，杨华等译，商务印书馆，2000，第90页。
⑪ 四川省富顺县志编纂委员会编纂《富顺县志》，四川大学出版社，1993，第463页。
⑫ 《支那省别全志》第5卷《四川省》，第168页。

基于前述，可以得见近代四川境内除长江、金沙江与大渡河等少数河流长期黄浊外，岷江、沱江、嘉陵江、乌江等多数河流的水色虽在雨水季节时常由清变浊，但总体来说较为清澈。需要注意的是，水色虽是判断水质的物理指标之一，但不能判断水质的化学与生物特性，是以不能完全准确地反映水质的实际情况。此外，城市乃人口集聚之区，亦是区域内生产与生活最为集中之地。在自然与人为因素的影响下，相较于大江大河，水流量小与水势弱的河流因水体自净能力差，临城河段的水色往往与整条河流的水色差异明显。因此，要了解近代四川城市河流水质的实际情形，除在整体上把握四川境内河流的水色外，仍需结合感观描述与科学认知的资料对临城河段的水质加以分析。

二 近代四川临城河段的水质

（一）成都

成都城区可资取用的河水主要是绕城而过的锦江与穿城而过的御河、金水河。穿城而过的御河、金水河水质不佳，很少用作饮水。清末民初时，傅崇矩称"城内之御河、金河水，断不可饮，因檐沟秽水多注其中，而沿岸居民又淘菜洗衣，倾渣滓于其中也"。[1] 周洵亦言，"城内之金水河及护城河皆岁久淤浅，河身复狭。两岸居民，多倾弃尘秽，且就河边捣衣涤器，水污浊不能饮"。[2] 1945 年，社会部统计处做的社会调查亦揭示，金水河因水势弱易淤而水色"不清"，仅少数"沿河市民取为饮料"。[3]

如前文所述，锦江水色虽在涨水时会由清变浊，但总体较为清澈。傅崇矩便称成都的水"可供饮料者，以河水为佳，因源流来自灌县之雪山也"。[4] 1943 年，高文明亦言"成都真是幸运，恰恰挨近大山之麓"，是以"整年的［都］有着很干净的水流向成都平原"。[5] 但在锦江的临城河段，

---

[1] （清）傅崇矩：《成都通览》，成都时代出版社，2006，第 4 页。
[2] （清）周洵著，周伯谦、杨俊明点校《芙蓉话旧录》，四川人民出版社，1987，第 24 页。
[3] 社会部统计处编印《成都社会概况调查》，李文海主编《民国时期社会调查丛编（二编）·城市（劳工）生活卷》，福建教育出版社，2014，第 483 页。
[4] （清）傅崇矩：《成都通览》，第 4 页。
[5] 高文明：《成都市水的供给问题（续完）》，《田家半月报》第 10 卷第 8 期，1943 年，第 6 页。

尤其是汲水码头周边，河水水质多为外部污物所染。1933年，成都市水业工会联合会王法等人向成都市公安局报称，东北区外汲水码头"污秽不堪"，居民在上游"倒渣滓、刷洗猪头、小肠、便桶、淘菜、洗衣"，而在下游汲取"饮料"，有碍卫生。除东北区汲水码头外，王法等人还称"武城门外水码头处，水夫汲水之地"停放有粪水船十余架，"同在该处装载粪水，浸漏在河"，导致粪水与河水"清浊不分"。① 新东门外的运水码头处，亦是如此，"两岸均堆有大量垃圾"且"粪池林立"，对公共饮水卫生影响甚大。② 1940年出台的《成都市饮水改善计划》中对成都河水水质有如下总结，称蓉城"沿岸人烟稠密，污水垃圾产量甚多，均借河渠为排泄之孔道，河水多被污染"。③

（二）重庆

重庆城区地处长江与嘉陵江之间，虽三面临水，但"负山为城，崖石层叠"且"凿井不易"，是以"全市饮料概系取之临江各城门外"。④ 而城区附近河段的水质，亦多为外部污物所染。1908年时，《重庆商会公报》便载河水"连污带秽"。⑤ 1933年，日本海军省医务局曾化验城区嘉陵江水与日本租借区前长江水，检验结果见表1。

表1　重庆市日本租借区前长江水与嘉陵江水化验情况

取水年月日	地点	呈现样态	气味	性质	氨	亚硝酸	氯	有机物质	硝酸	硫酸	氧化钙
八-五-七	日本租借区前长江水	色白而浑浊	些许异味	中性	无	无	4.0	多	无	少量	少量
八-五-八	嘉陵江水	些许白浊且有悬浮物	有臭味	中性	无	无	4.0	多	无	少量	少量

注：表格中"八-五-七"为昭和8年（1933）5月7日，下同。
资料来源：〔日〕海军省医务局编《长江流域沿岸的基本卫生状况》前篇，东亚研究所，1939，第233~234页。

---

① 《成都市公安局防范时疫及清洁水源案的呈训令、指令》，成都市档案馆藏，档案号：民国0093-05-311。
② 《四川省会卫生实验区计划说明书》，四川省档案馆藏，档案号：民113-02-3063。
③ 《成都市饮水改善计划》，四川省档案馆藏，档案号：民113-01-0134。
④ 重庆市政府秘书处：《九年来之重庆市政》，1936，第61页。
⑤ 《论重庆自来水之宜亟办》，《重庆商会公报》第98期，1908年，第2页。

基于表1，可以得见临城河段的水质并不乐观。从水色上看，长江"色白而浑浊"，嘉陵江稍好，但亦有"些许白浊"，这与前文所做出的水色判断基本一致；从气味上看，两江水皆有异味，而水流量大的长江水稍好；从氨、亚硝酸、有机物质、硝酸、硫酸、氧化钙等看，两江水的化学特性较好，而生物特性较差，即含有大量有机物质，未经消毒而作为饮水，对人体影响甚大。

1948年，时人王良撰有《重庆市之饮水问题》一文，称重庆城区"人烟稠密，所有一切排泄物及垃圾等，概随雨水流入两江"。此种情形在冬季稍好，在夏季水发时更是"沿江两岸所存秽物，概行混入江水，同时埋藏土内之各项病原菌，亦杂入其中，每日由水之媒介，将病原菌散布全市"，是以"至每年夏季，必有赤痢、伤寒及一切胃肠炎症流行"。[①] 该文中还附有1935～1936年化验河水之平均数，化验结果见表2。

表2　1935～1936年重庆长江与嘉陵江化验之平均数

水别	总固体	溶解物	耗氧量 酸性	耗氧量 碱性	总硬度	细菌数（每cc）	大肠菌数（每百cc）
长江水	15238	288	3.6	2.2	160	10500	2000
嘉陵江水	10458	108	2.3	1.8	140	4800	2000

注：上述数字均系百万分之一为单位，即 P. P. M。

资料来源：王良《重庆市之饮水问题》（附表），《新重庆》第2卷第1期，1948年，第16页。

基于表2，可以得见两江水在化学特性上，即硬度、溶解物方面，情况尚好。但从耗氧量、细菌数、大肠菌数来看，两江水的生物特性较差，含有大量有机物质，这与前述日本海军省医务局所做的水质化验结果一致。王良亦称在1935～1936年的水质化验中，多次发现"副伤寒类杆菌、绿脓杆菌、变形杆菌等，均系致病细菌"，且"四季检验，随时含有多数大肠菌，耗氧量甚大，足见含有大量有机物质"。是以，"夏季所有流行病，如赤痢、伤寒、霍乱等症"一有发现，大都是"居住河边"而"直接

[①]　王良：《重庆市之饮水问题》（附表），《新重庆》第2卷第1期，1948年，第16页。

饮用河水之人"。①

(三) 其他城市

在四川地区的其他城市，临城河段也普遍出现污染状况。地处嘉陵江与涪江交汇处的合川，民国时县城河水受"生活废水、煤烟、废弃杂物和少量厂矿废水、废渣"的影响，②临城河段"水质不佳"。③ 在永川，临城河段"居民生活用水和工场、作坊污水"未经处理便直接"排入河中"，导致城外侯溪河和三岔河的水质皆不清洁。④

"盐都"自贡地处釜溪河两岸，釜溪河为荣溪河与威远河汇合后之河流。荣溪河与威远河水流量不大，水势亦不强。在自贡城区上游河段，两河水色皆为清澈，然至临城河段便由清变浊。荣溪河"水道水流速度缓慢"，在"自流井的上游仅是一条纤细的有四五寸（约十五六厘米）深的清流"，然而"仅到几百米的下游"城区时"就变浑浊了"。⑤ 1943年3月24日，自贡久大盐业公司曾对老新桥的釜溪河水与高硐的威远河水进行化验，称两河均"带多量矿物质，间杂许多有机物质及微菌等，饮水极碍健康"。

在化验结果中，老新桥釜溪河水与高硐威远河水相比较，"永久硬度在老新桥为每百万分之374，在高硐为每百万分之784，所含盐质在老新桥为百万分之150，而高硐为百万分之2992，硫酸钙（即俗名石膏）在老新桥为百万分之699，而高硐为百万分之1003"，可见水流量较小的威远河较水流量稍大的釜溪河水质更差。该次化验还称"硬水有暂硬水与永硬水之分，暂硬水经煮沸后即可使用，永硬水则须用化学药品处理，以釜溪河之硬度而论，普遍用途均可无碍"，但临城河段的釜溪河水"存于两堰之间，为时甚久，极少流动，致水中有机物质，均起发酵作用。且以枯水时期，又属雾季，阳光照射河水之时期更短，故微菌素丛生，饮之殊碍卫生"。⑥

---

① 王良：《重庆市之饮水问题》（附表），《新重庆》第2卷第1期，1948年，第16、17页。
② 四川省合川县地方志编纂委员会编纂《合川县志》，四川人民出版社，1995，第554页。
③ 《支那省别全志》第5卷《四川省》，第154页。
④ 四川省永川县志编修委员会编纂《永川县志》，四川人民出版社，1997，第532页。
⑤ 《支那省别全志》第5卷《四川省》，第318~319页。
⑥ 《自贡市自来水厂计划书》，四川省档案馆藏，档案号：民115-01-0989。

综上可见，荣溪河、威远河与釜溪河临近自贡城区的河段水质皆有欠佳良，水流量小与水势弱的荣溪河与威远河的水质情况比釜溪河更差。

民国时，垫江县城"户口稠密，泉井不多"，居民取水主要依赖于百溪河之水。① 百溪河在城区上游"水净沙明，纯系山泉，清洁异常"，其"所污浊者，系到达城境之一段"。究其缘由，一方面是百溪河水流量小与水势弱而"水源不畅"；另一方面则是"全城秽垢堵积于其间"。② 璧山县城的情形与垫江县城一样，城区附近"并无巨大河流，水源恶劣"，③ 城区"河道淤塞，水位低落，水质浑浊"。④ 1942年出台的《璧山县城区给水工程计划书》中，所述颇为详细：

> 璧山城外护城河经北门、小东门、大东门、南门蜿蜒而下，水量尚敷，冬季水竭或久旱时稍感困难。附近虽有小沟数道，然量质均皆不堪饮用。故璧山之水源仅可赖护城河供给，惟在北门以下水流为城区污水及垃圾所污染不宜饮用，上流水源较为洁净。⑤

可见，在璧山城区上游河水还较为洁净，但临城河段多为"城区污水及垃圾所污染"。荣昌县城的情况亦是如此，供给城区居民十分之九饮水的小河"水源不洁"，但小河上游二里处却为"甚佳水源"。⑥

不难得见，水流量大与水势强的河流，在水体自净作用下，临城河段虽已出现不同程度的水质污染，但水色状况与前文基于感观描述得出的水色认识差异不大，如长江干流、嘉陵江与锦江。而水流量小与水势弱的河流，临城河段的水色更易受到自然与人为因素的影响，与其他河段的差异甚为明显，如金水河、荣溪河与百溪河等。是以，基于感观描述得出的水色认识，存在一定的误差。水色虽是判断水质的标准之一，但不能简单地

---

① 《为呈报城厢人民饮料改良委员会组织简章暨改良计划大纲并工作情形一案请鉴核备查由》，四川省档案馆藏，档案号：民113-01-1990。
② 《改良城厢饮料实施计划大纲》，四川省档案馆藏，档案号：民113-01-1990。
③ 《四川省璧山县卫生院二十九年度工作报告》，四川省档案馆藏，档案号：民113-01-0691。
④ 《四川省璧山县卫生院三十年工作月报》，四川省档案馆藏，档案号：民113-01-0695。
⑤ 《璧山县城区给水工程计划书》，四川省档案馆藏，档案号：民113-01-0693。
⑥ 《第二届卫生行政技术会议荣昌县卫生院报告书》，四川省档案馆藏，档案号：民113-01-1612。

以水色的清浊鉴别水质的优劣。在感观描述的基础上，结合科学化验的数据，可以得见，无论是水色黄浊还是清澈的河流，临城河段的水质受民众生产、生活等因素影响，皆存在一定程度的水质污染。需要指出的是，囿于水体自净能力的差异，水流量大小与水势强弱不同的河流，临城河段的水色与水质存在明显的差异。

三　影响城市河流水质的因素

近代时，影响四川城市河流水质的因素主要体现在以下几个方面。

（一）水土流失与季节性变迁

水流量小与水势弱的河流与大江大河相比，其水色更易受到城市垃圾、污水、粪秽等因素的影响。而就大江大河而言，其水色变迁主要是缘于水土流失，"近200年来，由人口急增、燃料问题，长江上游城镇和长期垦殖的盆地丘陵地区森林资源受到较大影响，是森林资源最枯竭而水土流失最为严重的时期"。[①]

1861年，托马斯·布莱基斯顿在重庆时，便亲见长江涨水后留下了"大量的泥土沉积"，他称"4月30日，江水突然上涨，变得浑浊"，而在"5月2日，江水开始回落，其速度之快，以至于到了第二天，便已回到正常水位，只留下大量的泥土沉积"。[②] 在民国档案中，水土流失对水色的影响亦不少见。1941年7月，"大雨之后，江水暴涨，夹杂泥沙之多，在百分之十至十五"，重庆嘉陵江水的色度"较往年为多。此为久晴土松，骤雨冲动所致"。[③] 1945年6月19日至24日间，"江洪暴涨，泥沙太重"，重庆嘉陵江水的混浊度与色度均加重。[④]

[①] 蓝勇主编《近两千年长江上游森林分布与水土流失研究》，中国社会科学出版社，2011，第10页。
[②] 〔英〕托马斯·布莱基斯顿：《江行五月》，第196页。
[③] 《关于检送近来新市区方面供水浑浊情形的呈、启事》，重庆市档案馆藏，档案号：02240001001080000046000。
[④] 《关于报送改善水质色素情形上重庆市工务局的呈》，重庆市档案馆藏，档案号：00670011001890000009。

(二) 城市粪秽与垃圾堆积

城市居民日常生活产生的粪秽与垃圾，亦是影响河流水质的重要因素。1906年，中野孤山便注意到长江沿岸城市的粪秽污染，称长江"混浊不堪，尤其是江岸附近，常有粪水流入"。[①] 检视近代四川各城市，中野孤山所言现象较为普遍。

在成都，城内的粪便"大多由承租厕所之佃夫雇伕运输出城"，储存在城门外之"粪池"，再"转售四乡农户，其运输方法多用粪桶肩挑，间有用粪车拖运者"。城内的垃圾则向由"清道夫倾倒城外河边空地"，再"堆储售卖于农家"。[②] 这些垃圾与粪便在城门外长时间堆积、储存，不仅易散发臭气有碍市容，且污染水源。如成都市每日运往城外的垃圾，其"堆积地点大多在四门大桥侧近"，在平日间便"污秽狼藉，影响居民健康，气候稍干燥，则臭气四溢，百病丛生"，而"沿河居民均在该处汲水以作饮料"更是"妨害卫生"。[③] 成都汲水码头外往往停有粪水船，在汲水之处装载粪水，往往导致粪水浸漏在河。[④]

重庆的情形与成都一样，"粪便和尘土"是由"肥料公司雇的人将其运到城外，粪便就作为农作物肥料，尘土的话要不就投放江中，要不燃烧后作为肥料"，对汲水码头周边水质影响很大。[⑤] 1911年，海德维希·魏司便称，从河岸到城门有"高高的垃圾堆流出令人作呕的脏水，垃圾被从这里推到江水中"。[⑥] 1945年9月，重庆城区沿岸遭受水灾后，沿江住户亦多是将堆积垃圾与粪便污水等倾倒入江。[⑦]

在四川地区的其他城市，粪便与垃圾污染河流水质的情况亦不少见。

---

① 〔日〕中野孤山：《横跨中国大陆——游蜀杂俎》，第50页。
② 《四川省会卫生实验区计划说明书》，四川省档案馆藏，档案号：民113-02-3063。
③ 《成都市参议会首届第二次大会关于迅速将附城沿河垃圾移运乡间以重卫生而壮市容一案的提案》，成都市档案馆藏，档案号：民国0039-01-0004。
④ 《成都市公安局防范时疫及清洁水源案的呈训令、指令》，成都市档案馆藏，档案号：民国0093-05-311。
⑤ 〔日〕海军省医务局编《长江流域沿岸的基本卫生状况》前篇，第238页。
⑥ 〔德〕塔玛拉·魏司编著《巴蜀老照片——德国魏司夫妇的中国西南纪行》，四川大学出版社，2009，第66页。
⑦ 《关于调查重庆市沿江水灾住户环境卫生上重庆市政府的呈，附环境卫生状况表》，重庆市档案馆藏，档案号：00530024000923400462000。

在自贡，釜溪河水之所以"尤为秽浊"，其中一个重要因素便是"两岸秽物到处累积"。① 璧山城河本就"游浅"，加以城区"河边垃圾堆积"，城里"每年产生的煤炭或垃圾"皆"向河边上倒，高积如山"，腐烂的垃圾不仅"滋长苍蝇"传播疫病，而且对河水造成"深度污染"。② 在垫江，县城沿河两岸居民，亦缺乏卫生意识，时常往城河中"倾倒渣滓"，不仅污浊水源，"久之壅塞河流，秽垢更形胜聚"。③

（三）生活污水与工业废水排放

近代时，四川多数城市仍是采用传统的排污方式，即通过阳沟与阴沟组成的沟渠系统直接往城外河流中排放污水。此种排污方式，往往只在于"排"，而不在于"管"，是以城内的污秽之物多伴随雨水、生活污水等直接流入溪河之中，对河流水质造成污染。璧山的污水排放便是如此，城内垃圾与污水均经由沟渠"放入河流"，而璧山城河"平时流量不大"难以起到稀释城内排出之污水的作用，且"挑水码头紧接污水出口"，是以生活污水影响城河水质的"危险情形可以想象"。④ 在隆昌，"城内居民及外南住户十之九均用河水作饮料"，但"此河又为全城沟渠之总汇，致河水污秽不堪"。⑤

1946年以前，重庆尚未修筑现代化的下水道工程，城市排污仍依赖于传统的沟渠系统，污水入江对长江与嘉陵江水质影响甚大。1940年时，重庆市警察局督察员曾英便言"多处污水（如洪岩洞、白鹤亭……）由城内直泄城外，宛若瀑布，臭气四溢"。⑥ 1946年10月，重庆市下水道工程兴建完毕，新修的下水道系统依旧是未经处理便直接将城内生活污水排入两江之中。1947年，重庆市第三区区民代表会主席杨大业便称"本市修筑下

---

① 《四川省自贡市卫生院三十一年度工作报告表》，四川省档案馆藏，档案号：民113-01-0737。
② 《璧山县城区给水工程计划书》《如何解决本城垃圾问题？》，四川省档案馆藏，档案号：民113-01-0693。
③ 《改良城厢饮料实施计划大纲》，四川省档案馆藏，档案号：民113-01-1990。
④ 《璧山县城区给水工程计划书》，四川省档案馆藏，档案号：民113-01-0693。
⑤ 《隆昌县环境卫生工作计划大纲及实施报告》，四川省档案馆藏，档案号：民113-01-0931。
⑥ 《关于请试用利用铅筒引污水于地底流行办法处理污水上重庆市政府的呈》，重庆市档案馆藏，档案号：00670010000210000002。

水道为本年市政主要建设之一,今后全市粪便污水等物均由该道而下",然第三区"地临下城,其水道终点多在城墙为止,再由城墙流下而至阳沟转流江中",导致城外居民多饮水不便。是以,杨大业建议改善下水道工程二点:"(一)由城墙至江中一段一律修筑阴沟,避免黄色大粪,经烈日蒸晒,影响市容观瞻,臭气播散,有碍居民卫生。(二)即修顺城大沟一条,总汇各下水道,粪便、污水等直达于江心,以免有碍城外市民饮水问题而杜夏季时疫流行。"① 从杨大业的表述中不难看出,新式的下水道系统仍是直接将城内污水等排放于两江中。重庆市下水道工程处对杨大业所说情形的函复,更能说明问题,称"本处各下水道线城外部分计划在洪水位线以上一段砌筑暗沟,以免污水漏积。其在洪水线以下者,当无必要"。②

城市居民在河流边倾倒污水、洗衣等情形,亦是生活污水影响河流水质的典型现象。创立于1930年的重庆自来水公司,其起水厂设在大溪沟观音梁,但起水区上游两岸居民,时常于枯水时期"倾倒秽水入江",污染自来水公司之水源。③ 在重庆各汲水码头周边,居民倾倒污水的现象也不少见。1939年时,因大渡口汲水码头附近居民在"码头两侧倾倒污水及渣滓"污染水源,兵工署第三工厂曾特颁布告禁止。④ 在成都,前引成都市水业工会联合会王法等人便曾言东北区外汲水点"上倒渣滓,刷洗猪头、小肠、便桶、淘菜、洗衣"而致下游河水"污秽不堪"。对于成都居民淘菜、洗衣等日常生活产生的污水,时人高文明曾感慨"现在大半洗衣服的人都是利用河边的水,假如大家一旦明白在河边洗衣对于人类的危险时,大家一定会要求设法另外供给洗衣用水的"。⑤ 在綦江东溪的挑水处,居民

---

① 《关于城外居民饮水不便请改善下水道致重庆市参议会的函》,重庆市档案馆藏,档案号:00530020001420000065000。
② 《关于解决城外市民饮水问题并改善下水道工程致都市计划委员会的函》,重庆市档案馆藏,档案号:00530020006730000034000。
③ 《关于取缔上游居民倾倒潲水及汉中制革厂排污污染水源的呈、咨、指令》,重庆市档案馆藏,档案号:00530024000730000033000。
④ 《兵工署第三工厂关于禁止在大渡口码头两侧倾倒污水及渣滓的布告》,重庆市档案馆藏,档案号:01730001000280000077。
⑤ 高文明:《成都市水的供给问题(续完)》,《田家半月报》第10卷第8期,1943年,第6页。

时常在该地"洗衣与洗濯,有碍饮水卫生"。①

传统时期,城市里的手工业作坊在生产过程中便有大量废水影响河流水质。近代以来,伴随工业发展,工业废水污染饮水的情形逐渐凸显。抗战军兴,伴随工业内迁,大量化工与冶炼工厂落户于陪都,工业废水对河流水质的影响在重庆表现得尤为突出。1939年时,顾梦五便言"抗战军兴,沿海各工厂因政府的奖掖,迁入川省的约有一百五十厂,其中的半数又环绕着战时首都"。②在重庆江北猫儿石下码头溪沟两岸居住的市民,"平常饮料均汲用溪沟活流,每届山洪暴发以后,随即将沟内淤泥、砂石淘浚、疏通、保持其清洁水分,供服用,所以沟内两岸居民爱护备至"。然1941年时,天城淀粉厂黄浆粉水漏泄溪沟中,致使"沟内饮水同流合污"而市民"不敢汲食"。③

杨公桥附近小溪"沿溪居民千户以上,均取此溪水为饮泉",四川省立教育学院"教职员生工役六百余人向系同样取此溪水为饮料"。但1942年时,四川省立教育学院函请经济部,称位于杨公桥附近的重庆染整厂自设立以来,便常将"储蓝水连同秽渣倾入溪中,以致全溪之水顿成蓝水,臭气熏人,且其中含有毒质,饮辄致病",该院教职员、学生、工役及磁器口附溪一带居民"饮此含有毒质之溪泉,致遭患腹泻疟,此日多一日"。④到1945年,四川省立教育学院还在因重庆染整厂"倾出染水致全溪变色,影响健康",函请卫生署"拨发清洁饮水药品大批备用"。⑤可见,重庆染整厂废水对杨公桥小溪的污染,并非偶然为之,而是处于长期污染的状态。

在重庆南岸,工业废水污染河流的记载亦不少见。1935年,据重庆市社会局调查,南岸吊洞沟有小溪一股,"经前驱路、敦厚下段、盐点湾直入海棠溪河中",且"沿溪及海棠溪上正街一带居民共约千余户",平时均

---

① 《綦江县警察局第二区警察所关于指定东溪饮水、洗衣地点致钢铁厂迁委员会煤铁两矿联络铁路工程处的公函》,重庆市档案馆藏,档案号:0337000100047000031000。
② 顾梦五:《闲话战时首都》,施康强编《四川的凸现》,中央编译出版社,2001,第22页。
③ 《关于转告天城淀粉厂停止向溪沟排放污水致天城淀粉厂的函》,重庆市档案馆藏,档案号:02620002000110000020000。
④ 《关于转饬染整厂改善水质的往来函》,重庆市档案馆藏,档案号:01220001003990000061000。
⑤ 《关于拨发大批清洁饮水药品致卫生署的公函》,重庆市档案馆藏,档案号:01220001005720000227000。

汲饮此水。然因吊洞沟开设有华胜制革厂，"其排出制革活水，色黑而臭，俱与溪水混为一流"，妨碍饮水卫生，沿溪市民"无不望溪兴叹"。南岸下龙门浩的青水溪，亦因邻近"数家猪毛行、制革厂排出污水混入，故色黄味臭，极不堪充作饮料"。① 南岸的海棠溪，为南岸居民最为重要的饮用水源，"居民饮水洗濯，大部均依赖此水"。② 然海棠溪"流量甚小"且"大小工厂林立，两岸污物无法泄出"，这导致海棠溪"呈墨色，实不宜饮用"。③

（四）其他方面

除前述三个主要方面外，还有一些间接影响城市河流水质的因素。在川西南山地与川西北高原，城市居民的生活用水与牲畜用水往往同在一处，未加区分，对水源水质亦有影响。在新方志资料中，往往以"人畜用水"称之。如阿坝在"解放前，县城内居民及居民饲养的牲畜都饮山沟自流水"；④ 茂县在民国时"城关饮水因依靠沟渠及河水，农业、人畜饮用水混用，水质污染严重"；⑤ 雷波亦是如此，人畜用水并不分离，对水质影响甚大，直到"1984年县财政投资，于城北建2个蓄水池，建东、西、中3条下水道"才"分开人、畜用水"。⑥

总的来说，近代四川城市河流水质受到自然与人为因素的双重影响，主要表现在水土流失与季节性变迁、城市粪秽与垃圾堆积、生活污水与工业废水排放等方面。值得注意的是，在都市化与工业化的背景下，虽然影响城市河流水质的"人为"因素相当凸显，但并不能简单地以"生态破坏论"去阐释。马丁·梅洛西认为在细菌科学兴起以后，现代城市由有机城市向卫生城市转变，城市基础服务如供水、下水、垃圾处理，由运输、转

---

① 《关于调查重庆市南岸市民饮水情况的呈、令》，重庆市档案馆藏，档案号：00530020005190000104000。
② 《关于抄送董显光原函及某西人对于南岸饮水印鉴致吴华甫的函（附原函、意见）》，重庆市档案馆藏，档案号：0067001100206000004。
③ 《关于查办敦厚溪流被污染情形的签呈、公函、训令》，重庆市档案馆藏，档案号：0053002400090000002900。
④ 阿坝县地方志编纂委员会编《阿坝县志》，民族出版社，1993，第520页。
⑤ 四川省阿坝藏族羌族自治州茂汶羌族自治县地方志编纂委员会编《茂汶羌族自治县志》，四川辞书出版社，1997，第330页。
⑥ 四川省雷波县志编纂委员会编《雷波县志》，四川民族出版社，1997，第639页。

移这一物理过程向消毒、杀菌这一化学过程转变。[1] 而就近代四川城市而言，城市生态系统的现代化进程缓慢，基本延续传统，城市的新陈代谢是由"城内"与"城外"、"城市"与"乡村"组成。城市中产生的垃圾、粪秽皆由城内向城外集中，再转运至乡村。城内的污水亦多经由传统的沟渠系统，从城内直接排入城外的江河中。饮水、厕所、下水等诸多方面的消毒与杀菌虽然开始普及，但城市尚未达到"新陈代谢断裂"的程度。是以，在城市生态系统的现代化转型完成之前，城市河流水质易被垃圾、粪秽、污水及工业废水影响是难以避免的。新中国成立后，伴随城镇化与市场化，广袤乡村中产生的垃圾堆积与污水横流等环境问题，亦与乡村生产、生活方式的新陈代谢有关。现今乡村中的环境污染，某种程度可以说是近代中国城市的典型缩影。

四 结语

在近代中国，城市河流水质的文献记载零散，且多是感观描述型资料。西式的科学化验传入后，水质检验数据虽然逐渐增多，但亦不系统。一则是水质检验的取样点较少，不能反映临城河段上、中、下游水质的差异；二则是缺乏长时段连续的检验数据，难以判断水质变迁的时间线索；三则是相较大城市，中小城市所做的水质检验仍较少。如此背景下，在以往的研究中，多依据感观描述型资料，基于水色的"清澈"或"浑浊"来判断城市河流水质。基于前文的讨论，可见此种理路是值得反思的。一方面，水色仅是判断水质的物理指标之一，不能反映水质的化学与生物特性；另一方面，河流水体自净能力的强弱对水色影响很大，与大江大河相比，水流量小与水势弱的河流，临城河段的水色与其他河段有着明显的差异。因此，在资料有限的情况下，水色虽是判断水质的必要参考，但不能简单地以水色的清浊鉴别水质的优劣。

在感观描述的基础上，结合科学化验的数据，对近代四川城市临城河段的水质加以分析，可见在河流含沙量、粪秽与垃圾、生活污水与工业废

---

[1] 马丁·梅洛西：《卫生城市：殖民时代至今的美国城市基建》，约翰霍普金斯大学出版社，1999，转引自侯深《错综的轨迹：在自然中重写城市史》，《史学月刊》2018年第3期。

水等因素的影响下，无论是水色黄浊还是清澈的河流，临城河段的水质污染皆较为普遍。囿于水体自净能力的差异，水流量小与水势弱的河流相较于大江大河，临城河段的水色与水质与其他河段差异明显，更易受到自然与人为因素的影响。值得一提的是，囿于四川各城市水质记载体量的差异，在分析临城河段水质与影响因素的过程中难免存在"选精"与"集萃"的情况。但考虑到近代四川各城市的新陈代谢方式，即处理垃圾、粪秽与污水等污秽物的方式，可知文中所用材料在典型意义外，亦有着一定的普遍意义。是以，笔者认为在城市河流水质的研究中，虽然感观描述的记载远多于科学认知，但若注意辨析史料与概念，明晰水色与水质的差异，充分结合感观描述与科学认知以相互佐证，那么便能在很大程度上提高城市河流水质判读的信度。

作者：张亮，复旦大学历史地理研究中心

（编辑：任云兰）

资源、环境与权益：天津墙子河的近代排污转型及影响*

曹 牧

内容提要：近代天津历史上有着重要地位的墙子河，最初只是僧格林沁修建的环城壕沟南段残存部分。20世纪初，租界将墙子河设为排污管道的泄水河道，并试图通过建立闸门控制墙子河的污水流向，切断与华人区域的水源交换。墙子河的排污能力逐渐增强，但是其他功能却因此消减，从而对城市环境产生了影响。海光寺水闸建立后，华人居民争取领土主权与维护资源、环境和权益的行为交织起来，亦能体现墙子河对天津非租界区域的重要价值。

关键词：天津 河道排污 墙子河

墙子河是近代天津的一条重要河道，它穿租界而过，河流故道经过填塞后成为今日城市繁华地带的主要道路——南京路。水绕津城，两岸垂柳，墙子河曾是城市的一道风景，然而在民国末期却成了天津的"总下水道"，逐渐与恶臭和环境危害联系在一起，居民掩鼻而过时，几乎忘记了这条河道虽非全然天成，但也并不专为排污修造。它彻底转化为都市秽水渠的原因还要归结于近代城市的排污规划和改造活动。在这场改造中，租界企图通过割裂河道和河流功能来满足区内的排污需求，实现租界与华界

---

* 本文系国家社会科学基金青年项目"20世纪天津城市环境污染治理研究"（19CZS050）的阶段性成果。

的污水分隔，却忽视了城市河流的自然和社会属性，引发了社会问题。本文试图通过梳理近代墙子河的排污化转型过程，分析城市河流功能，总结人为改造河道可能对城市自然和社会环境产生的影响。

一 墙子河及其作用

清末，为增强防御能力，僧格林沁在天津城外数里处修建了一圈土城墙，取土后形成的沟渠连通河道成为一条护城壕沟并与周围水体连通，被称为墙子河。这道防线作为清军的主要防御工事，在1900年联军绘制的地图上仍然存在，但随后逐渐荒废，围墙几乎全部消失，墙子河也只是保存了南部的一段。20世纪初的墙子河从南运河三元村附近起始，斜向东南蜿蜒，经过南开蓄水池纳其污水，在海光寺与老城外水洼引出的水渠（后被称为卫津河）相交，随后分为两条，一条通过英法日德租界后抵达海河，另一条向南延展至八里台，转而向东过佟家楼等地后在贺家口注入海河。其中，南部分支被称为废墙子河，又称贺家口引河，据说为清代总兵蓝理首造。彼时蓝理在贺家口营田，除东引海河潮水，还从南门外护城河引出一条小河，以便在河水不足时给农田以接济，此后"蓝田"虽废但沟渠尚存，且与墙子河系统连接起来形成了城市南部的一条重要水系。

墙子河的塑造和维持虽然大多仰赖人工，但其与自然河道一样，都可以将城市不同区域连通起来，并起到调蓄水源等基本作用。墙子河延伸的河道把自然资源和随之而来的利益带到沿线的城市生活区，因而与市民生活联系紧密。总体看来，其城市河道价值大致体现在三个方面。

其一，航运功能。墙子河的河道宽度和交通便捷情况自然无法与海河相比，仅能航行10吨至20吨的槽船和少数小渔船或划子。在交通最为繁忙的春季，平均每日往来船只有30至40条，其他季节通行船只较少，天气稍冷时甚至可能无船通行。从航道质量看来，海河至海光寺间航行较为便利，佟楼以下则船只不能通行。尽管略有缺陷，但墙子河的航运功能仍然不可小觑：它在海光寺一带连接南下的卫津河，与城市南部郊区联通，而城南分布着不少砖窑小厂，又有农田种植瓜果蔬菜，河道是这些小商业者便捷的运货渠道。其中砖窑所产砖块是城市建设，尤其是租界建设所必

资源、环境与权益：天津墙子河的近代排污转型及影响

需的材料，因此在河中往返的船只，大多是载运南郊砖土到旧租界区域的商船。同时，城市内部产生的粪秽污物，经过粪业团体处理后，也要通过这些河道运往乡村。一般从南乡来到市区送货的小船，返程时都会拉上粪土，一方面避免空船损失，另一方面可以增加收益。

天津南郊的砖窑产品，农田所产之蔬菜、水果、稻米可以经墙子河运送至城市核心区域，而城内的粪土、肥料也沿路由此南下。乡民们的小船熙熙攘攘由窄河出入，在墙子河、赤龙河于海光寺附近的汇流处尤其显得繁忙。由于船来人往交通密集，加上运输的物品中有粪土，河中水流又较为污浊，海光寺的三河交汇处也被市民称为"臭三岔口"①。

其二，饮用灌溉功能。墙子河流经城区，因而含有大量秽水，但是这没有影响它在城郊的灌溉甚至饮用功能。墙子河与南乡村田的灌溉很早就联系在了一起，如前所述，以贺家口引河为前身的废墙子河沿线原本就是屯田旧址，蓝理建造的引水系统中，以贺家口引河为干渠向两岸发展出若干渠系的农田系统甚是发达，故此地一度被誉为"小江南"。②尽管蓝理调任后圩田荒淤，但城南区域已因此形成了雄厚的农业基础，这片区域的供水也依然仰仗贺家口引河以及城南小河，也就是随后形成的墙子河系统。

由于这些原因，墙子河佟家楼一段支线沿途有大量农田，八里台、王顶堤、李七庄及毗邻之侯家台等多处农户"所耕稻地不下四、五万亩，每年产稻颇巨，所耕园田亦在两万亩左右，每年所产菜量甚丰"。③ 这些稻田都仰赖墙子河引来的海河潮水灌溉田园，一旦河道淤塞，海河潮水就很难到达津南，农业用水便有来源枯竭之虞。

其三，排污功能。天津低平的地理特性导致污水易于集聚，老城内外

---

① 三岔口指天津老城东北方三条水流交接处，根据《天津卫志》载："三岔河在津城东北，潞、卫二水会流。潞水清，卫水浊，合流东注于海。"（康熙《天津卫志》卷1《形胜》，第26页）也就是潞水（南运河）、卫水（北运河）相汇于海河干流之地。此地是天津城最早的居民聚居地和商贸集结地，自古便是交通运输繁忙、经济发展最快的区域之一，在老天津城地位颇重。此处将海光寺三水相交地带称为"臭三岔口"，可见其交通重要程度。
② 乾隆《天津县志》卷11。
③ 《为据天津市区农会呈请疏通挑挖西营门外三元村废墙子河等情，合行令仰该处会同工务局核议具复核夺由》（1945年12月4日），天津市档案馆藏，档案号：J0091-1-000124。

277

存在的大量洼淀中积蓄了为数不少的生活废水，曾经引水入城的护城河系统也为污水所累，因此排污始终是天津的一件大事。墙子河是城市与外界河流连接的通道，也天然地成为吸纳城市污水的渠道。民国天津的四大排污沟渠中，墙子河位居首位，一度成为天津的总下水道，原因也非常简单——墙子河位于城市郊区的河道，在城市扩展中恰好穿越人口密集区域。河道与多条排污水渠相通，除了在海光寺与城南小河交汇、在租界与赤龙河汇合外，还是南开蓄水池的唯一排污口，加上租界规划中被设置为排污河渠，足以证明其担负了重要的运秽工作。从区位特点看来即便没有租界建设影响，墙子河也必然会积蓄污水，只是当它被设定为租界近代管道化排污的秽水终端后，此类功能得到了进一步强化。

二　墙子河的近代转型

庚子之后租界范围进一步扩张，墙子河的海光寺到梁家园段由位于边缘的河渠变成了横亘英法日德租界的唯一河道，并很快被纳入租界建设规划中。19世纪中后期，西方刚好经历了卫生革命，新的卫生思想以及对水媒传播疾病的认识都让殖民者对水源分类更为谨慎。在他们眼中保障卫生的首要举措就是严格区分废水和生活取水的河道，然而位于中国老城下游的租界并不具有取水的地理优势。为了获得干净的水源，租界甚至考虑过从远途运水或钻探深井以济近渴，但受技术条件制约，直到19世纪末第一个自来水厂建立以前，他们的主要供水来源依然是海河。在此前提下，都市排污的方向必然要绕过海河另辟蹊径，处于租界另一端的墙子河因而成为不二之选。海河南岸的多个租界有相同的污水管理需求，还曾共同挑挖、疏浚即将淤废的墙子河东段，以保证海河潮水能够从梁家园定期涌入带走沟内秽物。

确定墙子河为排污媒介后，以其为终端的排污系统很快建设起来。英国人认为"一个城市的下水道系统始终是该城市总的进步状况的可靠标志",[1] 英租界也是最先建立起下水道排污系统的区域，在墙子河北岸的老

---

[1] 〔英〕雷穆森：《天津租界史（插图本）》，许逸凡、赵地译，刘海岩校订，天津人民出版社，2009，第291页。

租界范围内，管道的铺设时间和规模都不太一致，而在南岸推广界的广阔范围中，地下管道和地上建筑则被统一布局和建造。自1922年开始，英租界施行了强制发展卫生设施计划，在区内地下铺设下水道干管，每条主要道路下都铺设了排泄雨水与污水的下水道干管。《英租界章程手册》中规定市政排水管道的路面排水部分只能排泄地表水（雨水、雪水等），绝不可以排泄泔水、洗浴用水、粪水以及其他有害液体，若家仆未经允许乱用市政路面排水沟渠倾倒污水，将被处以罚款。[①] 因为有良好的排水设施，墙子河外的推广界甚至成了华北最适宜居住的住宅区之一。

如果探寻租界光鲜漂亮的建筑下污物的最终去向，就会发现它们最终几乎都汇入了墙子河。天津市旧租界区下水道统计状况显示，英租界除中街以东沟管注入海河外，剩余沟管排水末端全部设在墙子河沿线，其中河岸南有出水口十个，北有出水口七个；法租界墙子河内区域除10号路沟管单独通向海河，其余分别流入海河和墙子河，墙子河外区域污水沟管全部通向墙子河。为了引流远端地下管道的污水，英法租界都采用了一种逐渐加粗的排污管道设计方法，如老西开56、58号路的沟渠距离墙子河较远且排水量大，为了让污水排出速度更快，从海光寺最远端开始，干管直径从12英寸逐渐增加到18英寸、27英寸，到墙子河排水出口处时直径达到5英尺、6英尺。[②]

墙子河海光寺到梁家园段的河道因此悄然发生改变，从之前传统的城市水道变为现代下水管道排污的终端出口——一个开敞型的下水道。租界尽力将墙子河打造成其现代排水系统中的一部分，因此也力图控制它的水流方向和淤积速度，为实现这一目的，首要之事就是在河流两端建立闸门。

墙子河两端的闸门，一个是位于入海口处的梁家园水闸，另一个是设在华洋交界区的海光寺水闸，租界可以通过调整这两道闸门的启闭时间随时控制水流方向，实现对河道的清理。一份海河工程局公布的围子河

---

① 《天津旧英租界章程手册》，天津市档案馆藏，档案号：W53-1-1196。
② 《天津市下水道现状》（1945年11月15日），天津市档案馆藏，档案号：J0090-1-002874。

(Wei Tze Creek，即墙子河）闸门泵站等设施启闭规定草案,[①]记录了复杂的闸门管控方法。这份管理草案首先确定墙子河河道的功能为向海河西部水道供水，同时设置了数个水位临界点作为开闭闸门的依据。首先，草案将墙子河水道内的水位平均高度定为大沽基准以上7英尺，以此为限，当海河潮水高于此水位时开启梁家园、海光寺水闸，反之则将两闸关闭。其次，将海河水位的最高限度定为大沽基准以上12英尺，如果水位长期居高不下，则应关闭闸门从水阀处取水。最后，同样设置了最低水位标准，即大沽基准以上7英尺，而且规定无论何时一旦海河水位低于此高度，便要关闭所有闸门。通过这种设置，只需让闸门开闭时间与海河潮涌配合，便可将墙子河内污水更换为清水。其具体运作方法为：每天傍晚当海河水位下降到足够低时，开启梁家园水闸，关闭海光寺水闸，以排净河道污水；当海河潮水上涨时，再由梁家园水闸引入新鲜的海河水。经过如此管理，排污渠道墙子河不仅能够获得水源更新，而且不会受到其他水系或者是海河水位起落的影响，始终将水位保持在大沽基准以上5~6英尺。当然，为应对极端情况，还要在两座闸门附近建设锅炉泵站，以便在干旱时增加河道水量，或是在暴雨中将余水及时排出。

　　细读草案规程不难发现，闸门管理的首要目标是维持河道水量。现代排污系统，无论是排污管道还是排污沟渠，都要仰仗水流运输污物，这尤其体现在抽水马桶等家庭排污设备的使用中。在整个都市的排污系统内，水流才是那个不辞辛劳将污物搬走、日夜不息工作的辛勤运夫。因此，要维持排污顺畅就必然要保证各种排污通道里有足量的水源；要想将墙子河改造成为现代排污渠道，重中之重是要保证充分供水。

　　墙子河的两个水闸在保证河道的基本水位方面起到了重要作用。管理条款规定，水道内水位低于大沽基准7英尺时，将关闭所有闸门，以保证存留的河水能够维持适当水位，而在每晚海河水位下降至低于墙子河水位高度时，关闭西侧海光寺闸门，打开东侧连通海河的梁家园水闸，放出污水，并随后引入海河涨起的潮水。两个闸门配合启闭，通过河渠与海河水位差，排出污水、放入新鲜水源，而每遇暴雨，闸门将配合内置的抽水机

[①]《围子河（Wei Tze Creek）》（1923年7月5日），天津市档案馆藏，档案号：W0003-1-000196。

及时排水,并调节闸门两端水位以预防免污水漫溢。

管理的另外一个目的是防止排水道淤塞。墙子河与天津的所有水渠均面临排水困难问题,平坦而低洼的土地上很难制造出合适的高差让污水自动流走,因此几乎所有的沟渠都要经常疏浚才能保持长久,否则很快便会淤塞废弃。租界在其设立之初曾清理过墙子河,然而随着渠中污水比例增加,河道频繁阻塞。墙子河管理条款规定,"所有排放污水到墙子河的脏水管将设置沉淀池","固体或液体垃圾不应直接倾倒入墙子河"[1],目的就是通过强化管理进入河道的污水和废弃物预防淤塞。

设闸的第三重目的,是实现卫生层面的液体隔绝。墙子河从南运河一路向东南与海河连接且与城南水渠交错,水源互相影响,老城人口密集区域的都市废水混杂在渠水中滚滚南下,在海河潮退、墙子河水东行之际,便有通过海光寺流入租界的可能。欧洲19世纪的卫生革命确定了水媒疾病与城市瘟疫暴发的关系,因而从缺乏市政卫生设备的老城区"逆流而入"的污水,在租界看来也是一种卫生风险,而解决问题的唯一方法是割裂墙子河,断绝同一河道中的水源交流。

然而对水道的分割也会大大阻碍河流的航运交通,之前可以自由通行的海光寺与八里台水道交汇点,在闸门建立后只能部分断航,所有出入船只一律要在闸口开放时进入。闸门设定和开放的规则强调了墙子河的渠道保护、水源维持与卫生管理,却限制了交通能力,这也表明墙子河的功能开始由综合型城市水道向现代排污水渠转化,而这种变化也在自然和社会层面产生了一些影响。

三 墙子河产生的影响

租界对墙子河的排污化改造,不仅是将一条城市河道转变为与城市排污管连接的排污水渠,也是在原有城市水系网络中切割出一段,以进一步实现"液体的独立"。这种改造影响了墙子河的原有功能,也改变了原来水系的运行模式,对城市环境、地区利益和资源占有量都产生了重大

---

[1] 《围子河(Wei Tze Greek)》(1923年7月5日),天津市档案馆藏,档案号:W003-1-000196。

影响。

海光寺水闸是这项改造中最重要的工程,但也最富有争议。租界希望在海光寺建闸,但闸址却位于中国政府辖区,为达到建闸目的,英法日租界只能向租界委员会提出要求,由租界委员会出面委托海河工程局代为设计管理。① 复杂的建设背景让水闸的社会影响中融入了大量民族主义和反抗殖民主义情绪。但我们不能否认,激烈情绪的基础是利益的矛盾。总体看来,华人对租界海光寺建闸的意见的出发点集中在资源、利益与环境权益等几个方面。

首先,排污与环境权益问题。1922年,由英法日租界提出、并由租界委员会委托海河工程局开始在海光寺附近修建水闸,工程刚刚启动就引起社会关注。海光寺闸位于天津市区内部沟渠的重要位置上,水闸可以阻挡中国老城区污水进入墙子河,让租界更为干净,却减少了老城的一条排污渠道,造成污水漫溢等环境问题。因此建闸伊始,天津市民就激烈反对。当时中国人在街头散发宣传单抵制建闸,大致反映了当时民众的一类意见:

> 驻津英法日三领事,因为租界的卫生起见,在南门旁墙子河内,设立水闸,为是阻止南市南开流下的污水,不使流入租界,这一来不要紧,连南乡各村的饮料、农人的灌溉园田,以及船户行船均不能行,简直他们的生活,因为这个闸的关系,就不能活了,南市南开跟城里关外污水,亦不能宣泄,所以南市一带,夏天时候,路上泥泞,存水没踝,居民是苦不堪言,租界上一讲卫生,吾国人民,净都要死了,你听可恼不可恼。
>
> (一)设闸的地点,此闸就在海光寺南桥的旁边,墙子河里头,按(说)这个墙子河,领土完全是吾中国的,绝不在各国租界之内,依国土主权大义上说,别说他立一个闸,就是一根草棍,吾们人民是不容的。
>
> (二)此闸设立后的关系,以前所说的国权国土,这是吾们人人应负保护维护不二天职,均有关系……论这段事的关系,亦就差不多

---

① "Copy: Translation from Commissioner for Foreign Affairs"(1923年1月29日),天津市档案馆藏,档案号:W0003-1-000196。

资源、环境与权益：天津墙子河的近代排污转型及影响

快不叫你活着了，你喝了就得尿，你的衣服亦得洗，他硬不叫你倒污水，他讲卫生，你不能活了，船户行船不用打算走，一家大小应当饿死，农夫用水浇灌园田，亦是不行，地土干旱死，窑户造出砖来，亦不能用船运物货，亦不能用船装。

这个闸一设，天津农工商业，全行停歇，仍一事最可注意的，就是这个墙子河，通着海河，是活水，仗着流通，可以作为城厢以及各村的饮料，这一来，亦不能喝了，你看看这个关系有多大？①

传单中除了对外国人侵占主权的控诉，最严重的指责应属"租界上一讲卫生，吾国人民，净都要死了"，实则反映了墙子河阻隔后，租界内的环境卫生状况提高，而华人居住区则将面临更严峻的排水困境。墙子河东部至海河的水道也是老城区排水的一条捷径，阻塞这条通道，对老城和其他仰仗墙子河排污的华人区域本就不佳的生存环境而言无疑是雪上加霜。自设闸之后，老城区长期受到污水返涌的影响，有些地区长期浸泡在秽水浊气中，暴雨之后租界外闸口附近受害尤重，这种情况一直持续到墙子河被彻底改造，其间居民们经受污水折磨长达半个多世纪。

其次，关系到水资源分配问题，尤其是城市与城郊对水源的争夺问题。墙子河顺着八里台河向南流向郊野的大片农田，这里的百余个村落都依赖从老城和租界流来的水源灌溉土地甚至供给饮用，因此闸门设立当年，南乡居民便向政府呈文详述生活的困惑："海河公司反又在海光寺前卫津河内筑设水闸以堵塞河道使引泄更不通畅则苦上加苦，溯其修闸之原因为电灯房使用清水使混水不能侵入，伊害众成家，竟为一己计，殊不知于公民两县该村一百九十余村大有妨害，其害可胜言哉，一修闸堵塞河道不但组织来往行船其害犹小，实修闸堵塞河道，凡臭水脏水积于河内，无处可泄，奈民无水可吃，田园无水灌溉，其所以损害民之生灵者其害更大也。"② 如若说此时闸口初设，城郊农人陈述的诸多困难尚属对未来的推测，那么第二年的旱、雨两季则不仅证实了这些猜想，甚至还生出了新的

---

① 《津人反对设闸之传单》（1924年2月27日），天津市档案馆藏，档案号：W0003-1-000196。
② 《为卫津河修闸害众致天津警察厅的训令（附天津静海两县公民代表韩岐山等呈）》（1922年9月23日），天津市档案馆藏，档案号：J0128-2-002836-008。

问题。

　　1923年春季天津大旱，而海光寺水闸恰好在同年5月建成落闸，通向城南的卫津河因减少了一部分供水很快面临干涸的困境，这不仅使"人民饮料断绝奄奄待毙，惟有凿井而饮"，①而且随着新河与赤龙河中的余水也逐渐消失，围子堤沿线的数百顷稻田也受到无水灌溉的威胁。②在干旱中苦苦挣扎两个月后，雨水终于从天而降，却产生了更大的问题。天津处于北温带季风性气候带，全年降雨量的百分之七十集中在七、八两个月而且多是大暴雨，干旱后的连绵大雨因为泄水通道堵塞，"洼地积水二三尺不能流泻，禾稼均被泡坏，秋收又无指望"。③旱雨两季过后，乡民们清晰地意识到墙子河不仅是农田的给养，也是暴雨排涝必需的泄洪渠道，争取闸权也是争取生存权，故此抗争也更为激烈。

　　1924年，南乡六十村派出代表汪少山向政府力争开闸放水，并以死相威胁表明决心。他认为"该闸之修筑不啻置吾南乡数十万人民于死地也"，进而将争夺闸权与争夺领土主权结合，认为闸权由租界管理是对中国人民的歧视，这种歧视不仅已经影响到自己在内的天津南乡数十万人之生活安全，也关系到中国的合法权益。为此他代表乡民申诉，"万众一心，誓死方休，一致前进，不避艰险，枪刀庇护有所不畏"，④舍生忘死亦要达成目的。村户将身家性命与一条河流、一个闸门联系在一起，这也从另一个角度证明了墙子河对维持南部农田区域运营的重要价值。

　　最后，涉及商贸经济利益。当农民为水源奋力抗争时，商人们也在争夺自己的通航权利。天津南部是重要的砖窑聚集地，每年生产大量砖块和烧砖所需的煤炭，这些基本都需凭借市内的大小支流运输贸易，而闸建立后原来通畅的交通严重受阻。

　　1922年，天津县船户、窑户王贡春就曾呈函，恳请"开通河道便于运

---

① 《为安设水闸影响民生事致警察厅呈》（1923年8月28日），天津市档案馆藏，档案号：J0128-2-002836-041。
② 《为开坝放水致天津警察厅函》（1923年6月24日），天津市档案馆藏，档案号：J0128-2-002836-030。
③ 《为安设水闸影响民生事致警察厅呈》（1923年8月28日），天津市档案馆藏，档案号：J0128-2-002836-041。
④ 《为河闸管理权致天津警察厅杨厅长的呈》（1924年1月24日），天津市档案馆档案，档案号：J0128-2-002836-053。

资源、环境与权益：天津墙子河的近代排污转型及影响

输以维私业"。当时墙子河海光寺水闸已经动工，河道开始堵塞，船只不能往来，船户们请求海河公司在新闸迤南，暂时开掘一条河道以便船只通行，获得了允准，此次又"禀请省长恩准，暂开河道以便行驶船只而救数十村人民困苦，其暂开之河道上必筑一草桥，以便交通，筑桥工料皆系南乡人民船窑户等自行备办，俟海河公司将桥闸修好，可以通过船只，即将此草桥拆毁，照旧补垫船窑户人民等得受莫大裨益，运输亦可暂为交通，实为公益之幸"。①

海光寺河闸迟迟不能完工通航，河闸旁的临时河道通行能力大大低于旧航道，如为权宜之计尚可接受，若长期依赖其维持商业运营，大有不敷使用之虞，受到影响最大的便是南乡窑业。天津城南分布着为数不少的砖窑，经过多年发展已成规模且产品几乎全凭船员装载运销四方，因此船户与窑户相依为命。租界工部局在墙子河建造两个水闸并用闸门将水流阻断，船运因此受阻，砖瓦销售也随之停止，船户曾经提交通航申请，但也仅仅在河道上开辟了一个支口通行船只。不仅如此，河道闭锁后的旱季缺水和雨季内涝也同样影响砖窑生产，尤其雨季洼地积水时窑厂积货都被水淹泡，造成商业不能继续。1923年，海河公司催促、强令商民将闸门附近开辟的通行支口堵塞，船户、窑户不得已再次呈诉，争取开闸放水允许通行，其呈告言辞恳切："南乡本系地脊民贫，人民生计，除田地外，全赖船只及负苦，今受该闸影响不仅商民营业难支，且水不能泄，一片汪洋，禾稼罔不沦没，生机毫无指望。商民等咸抱绝粮之叹，无衣之忧，长此以往，南乡人民惟有灭亡而后已……睹此现象，不寒而栗，不悉该洋人与我商民有何深仇宿怨，非赶尽杀绝不可。"② 由此可见设闸对商业的阻碍逐渐升级，已上升到民族矛盾层面。

一场关于通行不畅的冲突逐渐变成了领土和主权之争。1929年，当特别市工程局因降雨较大闭闸禁止行船两周时，天津砖商同业公会向市府递交的申告中除了表示"殊深惶骇"外，也明确提出了水闸的主权问题。他们认为海光寺水闸的建立本就是受到外国人鼓惑而发生的侵害中国主权的

---

① 《为王贡春恳请开通河道以维私业致天津警察厅训令》（1922年9月14日），天津市档案馆藏，档案号：J0128-2-002836-001。
② 《为修筑水闸不能生存致天津警察厅呈》（1923年9月5日），天津市档案馆藏，档案号：J0128-2-002836-043。

事件，水闸设于中国领土范围内，应由中国政府管辖，只是其当时受到租界蒙蔽才在条约上签字，因此造成闸门管理问题与南郊民生矛盾的根源在于中国对于闸门主权的丧失。"该闸安设正在河口，吾国领土之上，当年设置原系特别一区蒙蔽签字以致外人有所借口，向来两闸并无全行闸往之事，必须容水宣泄以及行船，今竟两闸均行闸住，各处村民船户商业损失特巨，阻碍交通、丧失主权，对比闭闸之事，本行商民以及各村异常愤慨，租界区域极小，开闸绝无丝毫妨碍，工程局竟媚外人而徇其请，其指挥不问中国主权，以及商民损失，公然妨害交通，辱权害莫此为甚。"[1] 故此，总商会认为抗争通行事小，为主权事大，应该得到官方足够重视。

相对于砖商对主权的热诚，特别市政府则采用了较为中和的处理方式，他们仅将函件转发海河工程局，而后者的答复显示，砖商提出的问题乃是由于误会了闸门的设置和运作方法。显然，工程局关闭闸门纯粹出于防患由于海河水势增高造成的水流倒漾危险，不仅如此，为了维护公共卫生，工程局还不惜动用机器抽水保证水流更新。至于通航问题更是子虚乌有，因为"来往船只仍均照常行驶，不过援照向日办法，倒闸入河"，只是由于特殊水情，未能做到随开随放，他们承诺将叮嘱水闸管理员注重闸门启闭，不使船只等候，且"一俟海河水势稍落，仍即照旧办理，以资宣泄而便畅行"。[2]

由上述问答可见，海河闸门启闭权此时确实由租界及海河工程局控制，且后者调控闸门的主要目的为控制河道水流方向（必要时还要辅以电动抽水机，保证闸门下落时的泄水工作）。同时，闸门附近的引闸系统，虽可以解决部分船只通行问题，但因为闸门启闭不勤，同样会造成航运拥堵等问题，因此商运与水流控制之间的矛盾难以避免。

四 河道与城市环境

自然中的河流可以起到调节局部气候、提供淡水资源和生物栖息地、

---

[1] 《为提开墙子河闸事致天津总商会的函》（1928年9月4日），天津市档案馆藏，档案号：J0128-3-006307-001。
[2] 本段材料均来自《为墙子河闸随放事与天津特别市政府工务局的来往函》（1928年9月12日），天津市档案馆藏，档案号：J0128-3-006307-002。

资源、环境与权益：天津墙子河的近代排污转型及影响

供给养分和能量流动的作用；而城市中的河流则因过多受到人类的改造和影响，而常忘记它还具有自然属性。与之相似的问题是，一些完全人造的河渠或洼泊，在城市中与自然水道交错流淌，它们又是否还是自然的一部分？美国环境史学家威廉·克罗农（William Cronon）在《自然的大都会》中提醒研究者们不要在强调自然给我们的巨大影响时，忽略了人类对城市建构产生的难以替代的作用。若自然资源赋予城市以机会，人类则是充分把握和利用了机会的创造者。[1] 由此视角看来，一条位于城市中的人工河道，便如同人为创造的自然河流的一支，将自然资源的福利扩散到城市深处，这样的河流也可能具有更多、更强烈的社会意义。

墙子河虽为人工塑造，却是天津低洼多水的环境中生长出来的一个典型河流，它受海河潮水影响，可双向流动，在旱季引水、雨季排淤。对于城乡交通而言，它是一条重要通道；对于城郊田园村舍而言，它是用水来源；而对于以租界为代表的城市繁华地带而言，它则成为必不可少的排污线路。

天津近代租界区的出现和发展，加大了对墙子河排污功能的要求。租界在区域城市规划中，将下水管道的排水终端设在墙子河两岸，并将墙子河设置为重要的排污渠道，试图通过梁家园和海光寺水闸控制水流，随时引入清水冲刷河道，并在洪水期间阻挡从中国城区涌入的污浊水源，这虽是殖民背景下为租界卫生和环境服务的临时手段，却在之后的城市建设中，因为日渐增强的排污需求而维持下来。20世纪40年代，国民政府计划过多种改善墙子河的方案，其中一则是将海河至海光寺之间的墙子河填塞、改建下水道，这也成为建国后河道改造的最终方案，为墙子河自租界时期便开始的"排污化"转变画上句号。

20世纪初的天津，现代化排污改造刚刚开始就产生了多方面的影响，在导致领土和主权争端外，还损伤了周边居民在环境卫生、资源获取和经济发展等方面的权益，而这些因改造而出现的损失，恰好体现了一条城市河道的具体价值。租界对墙子河的"割断"和改造，也在天津城市河道系统中做了一个罕见的试验——将某条水道去掉，会对城市产生哪些影响？

---

[1] William Cronon, *Nature's Metropolis: Chicago and the Great West*, New York: W. W. Norton & Company Ltd. Press, 1992, p. 55.

它让我们从"失去"的视角再次思考城市河道的自然意义及河道与城市发展的综合关系，并进一步理解自然与城市之间的互相塑造和影响。

作者：曹牧，天津师范大学历史文化学院

（编辑：任云兰）

·会议综述·

"中国与世界：多元视野下的中国城市史研究"学术研讨会暨中国城市史研究会2018年会综述

范 瑛 汪 琪

2018年10月27~28日，题为"中国与世界：多元视野下的中国城市史研究"学术研讨会暨中国城市史研究会2018年会在成都召开。本次会议由中国城市史研究会、四川大学历史文化学院、四川师范大学文化教育高等研究院主办，四川大学城市研究所承办。会议共收到论文100余篇，专家学者就城市研究理论、区域城市发展以及城市政治、经济、社会、文化等多个议题展开了交流探讨。

一 概念、理论与方法

近年来中国城市史研究硕果累累，随着城市研究的推陈出新、中西交流的日益繁复，适时地进行理论方法的总结与展望十分必要。在年会主题发言中，何一民回顾了中国城市史研究的发展历程，指出城市史研究要具备时代情怀、全球视野和整体观；周勇探讨了史学史视阈下的重庆城市史研究，指出虽则城市史研究在近年来取得了巨大成就，但其自身的史学史研究却极其薄弱，亟待填补；吴松弟以贯通的视角考察了秦统一以来的二次城市革命，即唐宋之际的城市革命与19世纪末和20世纪初的城市自治，并着力分析了后者的具体表现。

都城史研究具有重要的政治和学术意义。毛曦从古都学的视角出发，探讨了西安城市的地位和特性。王建伟通过检视北京史的研究现状提出了

"超越城市史"的设想，主张超越狭义的"城市"藩篱，将目光转向城市外围的腹地。王静从概念史的角度比较了中西近代城市研究中的"中间阶层"。她指出，近代西方的城市中间阶层是一种推动变革的社会力量，而近代中国的城市中间阶层则是城市化进程的结果。

二 政治、权力与城市管理

传统皇权政治造就了古代城市较强的政治属性，城市的管理在近代伴随着政治的失序而化作各方扞格的乱象，进而衍化为不同阶层对政治与权力的角逐。涂文学注意到了城市民间组织与政府势力间的纠葛，他讨论了近代民间参与城市化运动的历史局限，并将近代民间组织很难掀起"自下而上"的新型城市化大潮的原因归结为政治的影响。万鲁建讨论了沦陷前后天津日租界管理机制由居留民团体制向民团长负责制转变的源流。侯庆斌则以法租界内的台基案为例，分析了晚清上海陋俗治理中的司法与道德的纠结、华洋二权之间的掣肘。

辛亥鼎革前后，各省政局的丕变大都依托城市展开。李学智分析了湖北与上海在辛亥鼎革后围绕政制设计提出的两套不同方案，认为民国虽定都南京，但其"魂魄"源于上海，设立特别市成为国民政府推进城市发展的重要举措。张喜庆认为，不能简单地将民国时期特别市的设立理解为中央政权的扩张，特别市划界问题的无序反映出南京国民政府权力的孱弱。

烟毒问题既是横亘民国的难解之题，亦是20世纪50年代北京城市管理的重要组成部分。肖红松和马菁指出，这一时期北京的城市禁毒运动是过渡时期党对群众工作的探索，具有内外联动、运动式、军事化等特点。付志刚以成都为典型案例，通过探究中共对城市黑恶帮会的治理，进一步讨论了新中国成立初期城市基层社会的重建过程。

三 商业、资本与城市交通

清末商品经济与民族资本的勃兴，同样对城市格局的嬗蜕产生了重要影响，资本、空间与政治权力间的运作往往呈现裹挟而行的态势。张利民指出，中国城市财政制度迟至近代始渐具雏形，其中地方财政的出现、租界的示范作用、产业结构的转型、地方自治的推动等因素均发挥了关键作用。城市财政制度的确立，对近代城市空间转型产生了重要影响。

商人、商品、消费者等商业活动的构成要素也是城市发展的关键因素。水海刚对近代鼓浪屿公共租界及其周边经济圈的兴起进行了历史考察，论述了移民企业家群体在其中的贡献，探讨了商人活动与城市空间的互动关系。刁莉等考察了清代汉口地区山陕会馆的建立及晋商的活动，他们认为，汉口山陕会馆的建立是当地晋商得以取得成功的重要因素。

交通是城市内部、单体城市之间、区域城市群之间勾连互通的动脉。交通方式的发展与革新无疑带动了区域城市的发展。周德钧、王耀探讨了"走向南方"、"东西整合"与"基本经济区转移"等三种"大历史"因素对长江城镇带发展进程的影响。王川和马正辉则就共和国时期西藏城市的阶段性发展轨迹、西藏地方城市建设指导方针与规划理念、西藏城市总体特征的回顾与展望等三个方面对西藏城市的发展历程进行了考察。

交通与城市之间的关系是城市史研究不可忽视的核心领域。鲍成志讨论了中国古代交通网络变迁对城市体系发展的影响；王立华通过个案研究探析了近代内蒙古西部的交通变迁与城镇发展；李沛霖注意到民国上海电车企业的发展在满足城市人口增长需求的同时，推动了上海的人口流动和城市化进程。

四 人口、社会与城市空间

人口是城市得以形成的基石，人口的聚集为城市带来了资本与需求。任吉东以概念史的视角探析了近代城市苦力，他认为"苦力"这一概念的变迁折射出民国底层流动群体的生存状态，更体现了中国社会转型时期的多元与复杂。李国芳从1920年初上海厚生纱厂招募湖南女工所引发的争议入手，探讨了社会主义传入中国后城市劳资关系的变化。

人口在更大地理区域内的流动则往往会对迁入地城市造成双重影响。荆蕙兰认为清末民初的人口迁移为东北城市的兴起带来了充沛的廉价劳动力和庞大的消费市场；周明长则注意到三线建设时期大量人口、工业向江油的迁移推动了江油经济的繁荣和社会的进步，加速了江油的现代化进程；张勇考察了三线建设时期内迁移民对社会文化的适应及其变化。此外，人口的陡然增加亦会给迁入地城市带来诸多如住房、就业、环境等社会问题。周勇和汪浩讨论了抗战时期重庆的房荒与政府的应对措施；甘露华探究了抗战后期成都的房荒情况及政府的处理措施。

近年来空间理论的更新，突破了空间即场所的观念，为城市研究注入了新的生命力。范瑛考察了20世纪30年代私立华西协和大学的筑墙事件，指出围绕院墙修缮展开的空间竞夺，折射出了民国成都市内的中外主权之争和中西文化之争。与之相反，赵春兰观察了以公园为代表的成都城市空间对西方文化的顺承与接受，指出中西文化交汇下的城市空间对转变民众观念发挥了一定作用。城市空间不仅是中西抵牾、融合的关键，亦是中央与地方互动关系的体现。邵彦涛以兰州城市空间格局为切入点，探析了边疆城市与中央政权之间的互动调适。刘雅媛以上海县城为视角，讨论了传统城市空间向近代转型的动因。她认为，因人地关系紧张而产生的对城市空间的适应性改善具有全国性意义。

五　物质、生活与城市文化

近年来，随着学界"目光向下"趋势的深化，以往被边缘化的边缘人物和日常生活越来越多地进入城市史视野。陈国灿讨论了宋代城市的社会救助，他指出，宋廷对流浪乞丐人员的救助明显超越了前朝的"零散性"和"附带性"，呈现制度化、系统化、规范化倾向。王肇磊讨论了民国时期湖北城市所遭受的疾疫灾害与社会应对。鸦片战争后，现代意义上的卫生观念与船坚炮利联袂而至，对城市生活产生了重要影响。任云兰梳理了天津沦陷后日本当局对天津的卫生整治措施，她认为，日伪当局的相关举措极大改善了天津的公共环境卫生，但带有较强的殖民特点。

声、光、电等现代元素的传入极大改变了近代中国的城市生活方式。高福美指出，电灯照明的引入冲击了北平的夜禁制度，提高了城市交通治安管理能力，改变了城市的商业活动与市民生活方式，推动了时间观念的拓展。新鲜事物的传入与公共设施的建设虽然极大改变了城市生活，但其实际成效有时并不乐观。岳谦厚认为，民国时期太原市自来水事业起步缓慢，且长期受制于人员、技术、资金等因素，产能极其有限，无法满足多数市民的用水需求。

餐饮、歌舞等日常消费娱乐方式是考察城市生活的重要切口。艾智科认为，以喝茶、纪念会、音乐会等三种娱乐活动为中心的日常聚会是战时重庆对外文化交流的特殊场合，在推动达成抗战共识上发挥了潜移默化的作用。而马树华则更加侧重日常消费品本身的文化规训功能，她认为青岛啤酒在调和中西的过程中实现了民族品牌的塑造与国家文化的认同，在渗入并改变市民生活方式的同时成为青岛的符号与象征。

近代中国迫于政局、战乱，各级学校的设立与迁移往往对城市的文化、风气、人才资源产生重大影响。方秋梅讨论了近代中国的"学校市"问题，指出学生是西方市政在近代中国的尝试者、传播者和推动者。丰箫通过上海大学与早期中国共产党的互动，说明学生亦是中共早期城市动员的重要对象，中共早期创立者牢牢抓住上海大学的主持任务，促使其形成了以国家和民族振兴为己任的大学精神。

随着"新史学"的兴起，城市景观的文化意涵与记忆层累渐次成为近年来新的学术增长点。徐鹏以"刘畅遇刺案"为例，剖析了汉代洛阳城上东门的文化内涵。他指出其内外空间象征着皇族由宗法制下的家族成员到分封制下的诸侯的转变，是"家"与"国"的交会之地。与实物景观相比，图片影像更能直观反映时人的城市印象与看法。邱伟云以《点石斋画报》为主要史料，以该报中的"天津"城市图像为研究对象，探析了晚清报刊对天津城市形象的建构问题。

六　国际视域下的城市

通商口岸城市的华洋关系是近代外交史的重要研究领域。王敏考察了一战后事关多国利益的英国对华人代表权问题，分析了英国对华人代表权的定性和华人代表权实现的具体步骤。惠科以巴县知县参与的重庆开埠问题为例，讨论了晚清重庆地方政府的外事活动，指出巴县衙门在行政职能上渐具兼理外事的职能。

近年来，西方原始档案文献的使用，极大地推动了近代口岸城市研究。刘本森透过威海卫的租占分析了晚清民国之际英国在远东的战略。他认为，英国被迫以占地制衡的方式租占威海卫，反映出其高层外交指导思想的不一与在远东外交的无力。杨帆以《北华捷报》为主要史料，考察了近代在华西人对德国占领青岛事件的认知。

中西城市的比较研究向来是国内城市史研究的薄弱环节。罗翠芳（江汉大学）通过对安特卫普与汉口进行比较，考察了近代转型时期中西转口贸易城市的发展。

本次年会时值改革开放40周年，亦是中国城市史勃兴的40年，可谓恰逢其时，意义深远。此次参会者多为中青年学者，佳作迭出，特点鲜明。其一，研究视角的多元化。与会学者大都具有广阔的时空视野，既有全球史视域下的中西比较研究，亦有超越"地方"的地方史研究；既有理论方法的探究，亦有具体个案的分析；既有以史料为核心的严谨考据，亦有强调跨学科的沟通互动。其二，研究思路的立体化。在时段上，既有涵盖自先秦至共和国时期的长时段论述，亦有围绕事件展开的断代史研究；在内容上，既有传统的政治、外交、经济议题，又不乏日常生活、医疗卫生、城市空间等新兴学术增长点。与会学者对诸多问题的深入研究、讨论，丰富了城市史研究的新成果，开拓了城市史研究的新领域，提供了城市史研究的新视角，推动了城市史研究走向新高度。

作者：范瑛，四川大学历史文化学院

汪琪，四川大学历史文化学院

近代以来华北城市与乡村变迁学术研讨会综述

刘凤华

随着中国城市化、城镇化的加速发展,城市和农村问题,以及城乡关系问题受到人们越来越多的关注。以史为鉴,关注现实,从历史中发掘相似问题的根源和治理举措,无疑对现实具有强烈的借鉴意义。2019年4月17~19日,由天津社会科学院主办,天津市历史学学会、南开大学历史学院和天津师范大学历史文化学院协办的"近代以来华北城市与乡村变迁学术研讨会"在天津举行。来自北京大学、复旦大学、华中师范大学等多家高校、科研院所和编辑出版机构的80多位学者参会。学者们围绕城乡建设中的政治经济、社会文化、体系与建设等议题展开热烈讨论。

一 城市相关研究的多元化

本次会议中,有关城市问题的探讨,既有宏观角度的理论探讨,又有以个案为出发点的微观细致研究。

天津社会科学院历史研究所张利民研究员从城市史和区域史研究的兴起、研究对象的同一性、研究视角的内在关联性以及学科建设的需求性等方面,阐述了城市史和区域史研究的异同,提出了提升未来研究的路径与方法,认为近代区域史研究需要构建具有中国特色的、超越"西方中心论"的理论体系和研究路径。天津师范大学历史文化学院张献忠教授对国家、市场和城市三者之间的关系进行了探讨,认为在当前的京津冀协同发展背景下,国家与市场两者的相对均衡协调至关重要,国家力量要在市场框架内发挥作用。复旦大学历史地理研究中心樊如森教授按照"港口—城市—腹地"的研究进路,对近代天津的城市发展进行了系统研究,对港口、城市、腹地三者的共生性关系进行了考察,重新厘定了天津在北方经济发展中的历史地位。

在个案分析方面,与会学者着重研讨了制度变化及政治事件对城市地位、功能、市民生活和城市间关系产生的影响。南开大学历史学院王先明教授研究了城市人民公社,着重讨论了城市人民公社成员的身份认同问题,认为随着城市人民公社的兴建,有着不同身份标识的群体虽然迅速由城市居民转变为社员,但其身份关系仍然存在诸多冲突与紧张,这种冲突性的张力对城市人民公社的消亡产生了影响。天津师范大学历史文化学院李学智教授对近代天津民间社团进行了翔实的考察,论述了天津的民间社团随着清末新政而兴起、受辛亥革命影响而停顿、民国初期的复兴以及20世纪20年代政局动荡下沉寂的历史,在此基础上阐释了民间社团与政治、时局的互联互动关系。苏州科技大学人文学院的张笑川把重大历史事件与苏州省会的地位变迁结合起来进行研究,认为清末以来江苏省会迁出苏州,造成了苏州城市地位下降与发展放缓,这迫使苏州思考新的城市发展道路。天津社会科学院龚宁博士则以海河工程局档案为基础,通过对其吹填业务的剖析和实例分析,阐述了海河工程局吹填业务对于天津的土地开发以及近代天津城市建设的贡献。

会议另一较为集中的议题是近代公共交通与城市现代性、城市地位的关系。北京大学历史学系博士生陈佳奇以天津市区道路为着眼点,通过考察天津解放初期以来各个时期中共对天津道路的政策,阐释了中共通过其制度建构和社会动员对解决天津路政困难所发挥的作用。南京邮电大学的李沛霖从公共交通与时尚理念、公共参与和国家利权的关系角度,探讨了上海公共交通与城市"现代性"的关系。上海社会主义学院刘晖副教授分析了联运制度对郑州城市产生的正反两方面的影响,指出运输的效率和运力的较大提高,弱化了郑州的中转功能,导致郑州部分产业衰落。河南大学经济学院岳鹏星副教授分析了京张铁路的修筑对张家口和崇文门税关的影响,以及张家口和崇文门税关对此做出的回应,进而分析了铁路发展与常关之间的相互关系。山东工艺美术学院讲师任谢元对近代济南道路治理的组织机构、治理方式和成效做了详细考察,认为传统观念、治理主体和手段的单一,造成了城市公共空间提升缓慢以及城市现代性转向举步维艰。

在城市的文化、教育和社会生活方面,北京联合大学应用文理学院副教授李自典分析了20世纪30~40年代政府、旅行社和公共媒体在观光业中所发挥的作用。天津社会科学院历史研究所张弛博士以清末时期天津的教育品陈列馆和制造所为例,考察了天津以自制教育用品的方式来实现教育用品制造本土化的种种尝试,认为这些探索与改革对振兴天津教育、实业发挥了积极作用。河北工业大学马克思主义学院张慧芝教授对鄚州镇庙、鄚州镇庙会功能做了个案考察,她认为在近代社会转型过程中,尽管庙、庙会的宗教功能遭到了逐步削弱,但其祭祀活动却强化了居民的地域身份认同,在推进城乡一体化中发挥了积极作用。

城市发展与外国力量的关系也是本次会议的关注点之一。黄淮学院的简玉祥以抗战时期日本主导下的平津市政联络会议为主题,分析了日方如何商议平、津两市在粮食、染料、物价等事项上的相互协调问题,认为平津市政联络会议是日方榨取和掠夺华北战略资源的一次协调性会议。青岛大学历史学院的冯剑教授以民国时期的青岛期货交易为例,阐述了不同时期中日商人的各种博弈和青岛商品证券交易所的历史变迁。华中师范大学历史文化学院的冯国林考察了日本在1930年津海关事件中的反应、对策与津海关事件发展方向之间的因应关系;与之相呼应的是,上海海关学院杨敬敏讲师考察了胶海关与青岛自由港建设两者之间的关系。

此外,城市下层民众的生活也在本次会议中受到学者关注。天津科技大学马克思主义学院副教授丁丽分析了民国时期华北铁路工人的劳动环境与生产生活状况。天津社会科学院历史研究所任吉东研究员总结了近百年来中国苦力的学术研究史,阐述了学界在研究对象、内容上的变化,归纳了各个阶段学界的研究特征与趋势,阐述了目前学界研究的优长与不足。天津理工大学马克思主义学院讲师朱东北分析了20世纪30年代上海工人职业化、业余生活和伦理选择的变化以及道德失范问题,认为职业团体、城市社团活动、消费观念以及国家的倡导均是影响工人伦理选择的重要因素。

二 乡村问题研究的深入与拓展

与城市相关问题的研究相比,乡村(区域)问题研究的论题比较集中。就研究的视角而言，归纳起来主要有两类：其一是从"国家—社会"关系的视角，审视社会动员、基层社会治理等问题；其二是通过微观案例探讨政权结构与政治生态、乡村建设的经验与意义等问题。相较于城市研究，短时段的微观个案研究占比较大，理论性的探讨占比较小，这体现了学界重视微观个案研究的倾向。

农村建设和农村问题，是国内学界多年关注的热点问题。学者们以"国家—社会"关系的视角，从社会动员、基层社会治理的角度进行了研究。中国海洋大学海洋文化研究所马树华教授分析了20世纪50年代集体化时期某个地区的渔业发展状况，阐述了国家的治理模式、"国家—社会"关系、国家政策与妇女解放政策等几个因素之间的关系。南方医科大学王微博士分析了华北抗日根据地的生产动员与女性解放的关系，阐释了抗战条件下"生产—解放"理念的内涵，以及其在新中国成立后的衍化历史。临沂大学历史文化学院暨沂蒙文化研究院魏本权教授对1949年沂蒙山区春耕生产动员目标、理念、方式和影响进行了考察，他认为，会议动员、文化动员、经济动员和政治动员等是生产动员的基本方式，其所展示的"国家—社会"关系，可作为革命年代农业生产组织化的样本。河北师范大学历史文化学院徐建平教授对北洋政府时期直隶地方政府水上警察局、河务局公巡队等的制度建设进行了考察，认为制度建设既加强了直隶地方政府的水政管理，也强化了其对地方水政的监管。

乡村建设、乡村经济是会议关注的另外一个焦点。青岛农业大学柳敏教授，分析了晏阳初、梁漱溟和沈鸿烈的个人资源和社会资源，阐释了这些资源对定县、邹平、青岛三地乡村建设的目标、路径和成效的影响。天津社会科学院历史研究所熊亚平副研究员对1931~1937年杨村实验的过程和效果进行了分析，阐明杨村实验在合作事业、合作教育和农业推广方面均有显著效果。中国社会科学院历史理论研究所张德明助理研究员考察了20世纪30年代基督教会在华北的经济改良活动。河北大学历史文化学院王永源，探讨了1840~1937年白洋淀棉业的发展趋势。

此外，在文化、社会生活方面，济南大学历史与文化产业学院讲师马晓雪以留学生群体为切入点，分析了留学生与山东教育的关系；山西省社会科学院刘晓丽研究员，剖析了抗战时期根据地举行展览会的历史及其意义；山西大学历史文化学院魏晓锴副教授，以《申报》资料为基础，分析了清末时期的赌博、政府禁赌政策及其效果。

部分论文还不局限于华北、天津的地域范围,对其他区域的问题也进行了探究。此外,中国人民大学法学院赵珊博士、西南大学马克思主义学院谢健讲师等学者,探讨了南京国民政府时期的乡村基层建设、基层纠纷的解决机制与乡村秩序等问题;太原理工大学马克思主义学院杜慧讲师,探讨并评析了国民政府的"工业化"、现代化建设取向以及相关问题。这些议题既丰富了会议内容,也为我们研究和解决天津以及华北区域内的相关问题,提供了借鉴和参考。

三 总结

总体来看,无论是理论问题的探讨,还是个案的分析,均引起了与会学者的热烈反响。这既是一次学术总结,也是未来将研究推向深入的一个新的开始。本次会议呈现以下特点。

其一是理论问题倍受重视,采用"国家—社会"、"港口—腹地"等理论和研究方法的文章仍旧占据较大分量。其二是研究领域多样、研究视角不断拓宽以及研究方法得以综合运用,城镇区划变迁、乡村聚落兴衰、经贸交通沿革、社会文化教育等问题均得以拓展和深化,区域经济学、文化人类学等学科的研究方法与历史学相结合,论点让人耳目一新。例如,王哲博士的《中国城市的"成熟"——基于多源数据的近代城市体系分析》,主要选取并分析了较为可信的若干城市的人口数据,辅之以施坚雅的城市数据和旧海关数据,认为20世纪初期的近代中国城市体系进入了农业社会末期的"成熟"而稳定的阶段,大规模战争和政权更迭对其影响并不是很大,保持着极大的历史稳定性和惰性。其三是档案资料、外文资料得以深入挖掘和充分利用,这使得文章立意和观点均较有新意。例如,路伟东的论文《宣统甘肃"地理调查表"与晚清北方城市和城乡人口结构》,以宣统年间甘肃的"地理调查表"为材料,剖析了晚晴西北城市的边界、人口、规模、文化水平等问题,对于研究传统农业社会北方聚落人口等问题具有参考意义。值得一提的是,日文资料的利用也成为本次会议的亮点之一。新资料的运用必将推动新、旧问题的深入探讨和重新审视。

当然,研究中的短板同样存在。与城市问题、乡村问题一贯受到学界的重视不同，城乡关系问题的研究在数、量两方面均显不足。此外，研究方法和理论也呈现明显的"西方化""一边倒"的倾向。正如有的学者所言，构建适用于中国发展模式、超越"西方中心论"的话语体系，形成中国特色、中国风格的理论体系、研究范式、研究路径，探索华北区域在全国乃至世界现代化发展进程中的共性和个性，论证中国社会经济多元化的发展模式，将是学者们继续努力的方向和目标。

作者：刘凤华，天津社会科学院历史研究所

"大运河历史文化遗产资源与运河文化带建设"学术研讨会综述

杨 楠

在中国大运河成功申遗五周年之际，2019年6月1日，由天津社会科学院、天津市河北区人民政府主办，以及天津社会科学院天津历史文化研究中心和历史研究所、天津市河北区人民政府研究室和河北区文化旅游局共同承办的"大运河历史文化遗产资源与运河文化带建设"学术研讨会在天津召开。来自运河沿线八省市的高校、科研院所、政府部门的百余名代表参加了此次会议。会议共收到论文60余篇，与会专家学者分别从大运河历史文化遗产资源本体研究、大运河历史文化遗产理论研究、大运河与城镇乡村变迁研究、大运河历史文化遗产人文情态研究、大运河非物质文化遗产研究，以及大运河文化带建设等方面展开了深入广泛的讨论。

一 大运河历史文化遗产资源本体研究

关于大运河历史文化遗产资源的本体研究，第一个关注点是对于大运河各段的地域性研究。具体涉及京杭大运河南运河的天津西青段、北运河的武清段、隋唐大运河通济渠的安徽段。任云兰研究员通过挖掘整理归纳出天津西青段南运河的七大物质文化遗产和六大非物质文化遗产，就西青区历史文化遗产资源保护与利用存在的五个方面的问题，提出了十四项具体的对策与建议。侯福志处长根据自己多年来对武清区北运河所做的田野调查，结合自元明清至民国以来丰富的历史文献，对武清区北运河沿岸的历史文化遗产进行了系统研究，建立起武清区北运河的文脉体系，提出了具有可操作性的对策建议。余敏辉教授研究的运河区域是隋唐大运河通济渠的安徽段，虽然该河段绝大部分都埋藏于地下，但柳孜运河遗址的考古发现却具有极其重要的历史文化价值，首次证明了通济渠的确切走向，填补了中国运河考古史上的一项空白。因此，余敏辉教授提出应当加大运河安徽段考古发掘的力度，并做好大运河文化遗产展示工作。

运河本体研究第二个关注点是运河古镇研究，涉及京杭大运河和浙东运河沿线的十个古镇——张家湾、杨柳青、独流、夏镇、窑湾、码头、邵伯、震泽、塘栖、西兴。其中，李金陵主任以山东微山的夏镇为例，从历史沿革、运河遗产现状、运河文化遗产保护以及传承利用情况切入，探讨了如何利用运河古镇文化去打造夏镇这一古镇文化旅游景点。柳邦坤教授以大运河江苏段的窑湾、码头、邵伯、震泽四大运河古镇为例，探究大运河特色文化产业的发展策略问题。罗艳春副教授整理了自元代以来与天津静海独流镇有关的诗文等历史文献，尝试从近代华北集镇整体史的视角去挖掘独流古镇的历史文化内涵。

运河本体研究第三个关注点是运河功能变迁研究。阎金明主任认为大运河的功能已由建设之初的军事功能而逐步衍生出"多功能"，即在沟通南北运输大动脉、促进文化交流、调蓄流量和兴修水利等方面意义重大。今天应当进一步拓展其比较突出的六大效应，使之成为社会经济文化发展的新动力。王长松研究员和李舒涵博士选取了北京什刹海历史文化保护区、白浮泉湿地公园、通州大运河森林公园以及天津的三岔河口历史文化街区、武清北运河郊野公园这五个北运河文化遗产地为研究对象，分析结果表明北运河已经不具备航运功能，仅有排污和泄洪功能，因此应根据北运河的自然条件和文化遗产资源的禀赋，采取与之相配套的宣传展示模式，发掘北运河的文化功能，提升北运河文化遗产的活力。

二 大运河历史文化遗产理论研究

关于《大运河文化保护传承利用规划纲要》的实施，张廷皓院长从大运河的历史价值和文化遗产属性总结出运河工程所具有的四大特征，即多种技术要素的集成性、超大时空尺度的连续性、不断更新改造的动态性、人与水和自然环境的协调性。据此，在落实中央办公厅和国务院颁布的《大运河文化保护传承利用规划纲要》时，应根据各属地的具体情况制定具有可行性的方案与措施。张慧芝教授就"京杭大运河黄河以北片区"的地理空间范围、文化建设过程中对内的"文化认同"作用和对外的"文化识别"作用分别进行了阐释,并对《大运河文化保护传承利用规划纲要》时间节点等问题进行了学理性的解读。

关于大运河文化带建设的相关理论研究。王健研究员提出建设大运河文化公园,必须从战略定位上强化大运河文化公园的内涵与特色,在全局构架上协调好五种关系,在具体实践中建立四大保障机制。齐欣先生从社会学与传播学角度,指出大运河文化带建设中存在的四大困境,即统一性、真实性、完整性、持续性。针对这些困境,他以"大运河遗产小道"和"大运河主题邮局"为个案,提出在运河城市和重要运河节点的建设过程中,采取公共文化建设的政策与措施。

关于大运河文化遗产的理论研究。郑民德副教授认为大运河作为一项世界性文化遗产,在遗产的保护、利用过程中需要国家从整体上给予指导与宏观调控,通过制定具体可行的规章制度、法律法规来保障遗产管理工作的顺利进行。霍艳虹博士认为大运河作为典型的超大型线性文化遗产,应注重遗产的文化内涵。关于大运河线性文化遗产的研究,可以借鉴生物基因的提取方法,对线性文化遗产中的物质文化基因和非物质文化基因进行提取、梳理与归纳,以实现运河文化在遗产保护中的传承与利用。邵波博士全面梳理了大运河天津段历史文化遗产资源的基本情况,对运河文化遗产的保护利用现状和存在问题进行了深入探讨,在大运河文化带建设的背景下,对开展运河历史文化遗产保护与开发利用工作提出了重要的五项对策建议。

关于大运河管理体系研究。陈曼娜教授认为中国传统社会的运河管理系统以当时的运河管理理念为基础,与管理体制、运行机制、监督机制相匹配,构成了一个庞大的管理体系。这套农耕文明时代的运河管理体系,随着运河原生功能的改变必须进行创造性的转换。

三 大运河与城镇乡村变迁研究

如果走出运河本体研究的框架,那么从历史时空的动态层面来看,传统社会农耕文明条件下的商品经济发展往往体现了一种运河与城镇乡村不断变迁的过程。因此，大运河与城镇乡村变迁研究也就成为这次会议关注的热点。

任吉东研究员从天津运河沿岸村镇的命名以及运河两岸村镇的生存之道，来探讨运河村镇的形成与发展过程，认为运河赋予沿线村镇以特色与属性。近代以来，海运、铁路逐渐取代了内河航运，天津运河村镇遂与之俱废，因此，"成也运河，衰也运河"。赵珍教授认为清代京畿地区的漕粮经北运河运输，河道两岸形成了通州、大通桥、张家湾、河西务、杨村、北仓等漕船停靠起运码头。而这些起运节点的形成，很大程度上受到北运河水位水环境的影响。康金莉、邵艳梅两位教授梳理了沧州运河航运水网带来的海盐、粮食、丝织业等产业化的历史，认为是发达的运河贸易促进了运河沿岸大批城镇的兴起，如桑园、连镇、泊头、兴济、青县均发展成为沧州地区重要的商业城镇。张龙副教授和石铮同学对绘制于康熙二十八年（1689）前后的《京杭道里图》展开了详尽分析，判读出图中所绘大运河京津冀流域内二十一条河流及三十四座城池名称。选取了以北京西北郊、通州、天津为代表的重点区域或代表性城市，分析其绘制特点以反映绘制者眼中的京津冀运河流域水系范围及城镇特征。吴元芳、李纲、彭远新副教授试图跳出以往运河城市研究只局限在单个城市与运河相互影响的窠臼，立足于城市群体的角度，探讨运河沿线城镇间相互作用的动力机制，以诠释出运河沿线各城镇间的关系。黑广菊副教授从运河税关对其所在城市以及周围城镇所带来的影响变化入手，考察了临清税关的历史功能。

四　大运河历史文化遗产人文情态研究

大运河历史文化遗产人文情态的表现形式主要包括：运河沿线居民的生活方式、思维方式、娱乐方式、文化习俗、宗教信仰、社会心理等。

王卫华教授以北运河流域后寨府"宗约八条"碑为中心，探讨了清末北运河流域的宗规族约，这种自律性质的乡村治理规范，属于国家意志内化为个体行为规范，与国家法律相辅相成。毛巧晖研究员通过北京通州区北运河下游张家湾镇"曹雪芹墓石"发现事件，考察了运河古镇张家湾与《红楼梦》中文化空间的重合，特别是《红楼梦》所展现的张家湾曾经的

"水路繁华"。杨秀玲研究员分别从名称、发源地、形成时间以及创始人几个方面对评剧在运河北方区域的形成进行了系统而翔实的考证,总结出京津冀运河流域范围内评剧不同的地域特色。叶修成教授以坐落于南运河畔的清代天津名园水西庄为研究对象,分析了水西庄文事活动兴盛、文人群体活跃的人文因素、自然环境和时代背景,揭示了运河文化促成了水西庄文化的繁荣。罗海燕副研究员通过对现存朝鲜半岛士人"运河书写"的梳理,可以看到自元至清末期间,高丽、朝鲜的使者、学者、文人来华时往往都途径大运河,这种由大运河作为载体的中外文明互通共鉴在东亚文明交流史上具有重要意义。万鲁建副研究员从大运河与天津饮食文化的互动关系着手,探讨大运河对天津饮食文化的影响。孙志虹副教授认为有赖于大运河,江南地区的绘画尤其是苏州桃花坞年画的风格和技法得以快捷通畅地到达杨柳青,并在此生发、衍变,最终促进了杨柳青年画自身特色的形成。秦立凯副教授对淮北柳孜出土的隋唐大运河体育文物进行了历史文化解读,认为这些体育文物凝聚着曾经的竞技娱乐盛世景象,具有丰富的文化记忆内涵。吴朋飞副教授和王叶蒙同学系统整理出全国镇水神物的数量,并从种类、空间诸因素确定大运河是中国镇水神物高度密集区的结论。桂慕梅助理研究员认为从元代到民国的七百多年间,由漕运带来的异地文化与天津本地文化相互碰撞融合,逐渐形成了兼具河、海文化与农耕文化特点的天津妈祖信俗。

五 大运河非物质文化遗产研究

张秉政、余敏辉两位教授基于目前隋唐大运河流域"非遗"项目处于易被忽略、状态濒危的现状,提出了保护、传承这些"非遗"项目的系列举措。郭俊华教授通过个案分析天津在大运河"非遗"品牌的开发、利用以及建设方面的不足,并提出了具体完善的方案与措施。王铭副教授对大运河京津冀流域"非遗"项目进行文化梳理,归纳出四种类型——人与神、贡与货、文与武、舞与戏。周广骞老师依据聊城方志收录的有关大运河非物质文化遗产历史文献,总结出聊城的特色工艺、民间信仰、士民风气、民间习俗等非物质文化遗产项目。

六　小结

　　这次研讨会的参会学者从不同学科的认知视角，运用不同的研究方法，对大运河历史文化遗产资源与运河文化带建设问题进行了深入而广泛的探讨。交叉学科的碰撞，催生出新的想法；不同的研究方法，拓展出新的研究领域。比如，运用社会学、传播学与文化遗产学的研究方法，就可以洞悉大运河文化遗产保护中存在的问题与困境；借鉴生物基因的提取方法，对大运河这样的线性文化遗产的文化基因进行提取与归纳，就可以对国际通行的《文化线路宪章》做出中国式的解读。不过，这次研讨会也存在不尽如人意的地方。比如，关于大运河历史文化遗产资源的本体研究，偏于个案与区域局部，而缺乏整体观照与综合性研究，未能体现大运河作为世界线性文化遗产的基本属性；研究成果多集中于京杭大运河，而对隋唐大运河和浙东运河关注不够；研究成果缺乏运河水工遗产、运河管理系统、运河法规等相关内容。

作者：杨楠，天津社会科学院历史研究所

稿　约

《城市史研究》创刊于1988年，是目前国内最早的城市史研究专业刊物，由天津社会科学院历史研究所主办，现为中国城市史研究会会刊，一年两期，由社会科学文献出版社出版发行。

一、本刊欢迎具有学术性、前沿性、思想性的有关中外城市史研究的稿件，涉及的内容包括城市政治、经济、社会、文化、环境及与之相关的地理、建筑、规划等多学科和跨学科研究成果。对选题独特、视角新颖、有创见的文稿尤为重视。

二、文章字数一般应控制在15000字，优秀稿件可放宽至3万字，译稿在本刊须首发，并附原文及原作者的授权证明，由投稿人自行解决版权问题。

三、来稿除文章正文外，请附上：

（一）作者简介：姓名、所在单位、职称、学位、研究方向、邮编、联系电话、电子邮箱；

（二）中文摘要：字数控制在150~200字；

（三）中文关键词：限制在3~5个；

（四）文章的英文译名；

（五）注释：一律采用脚注，每页编号，自为起止。具体格式请参见《社会科学文献出版社2012年学术著作出版规范》第17~25页，下载地址：http://www.ssap.com.cn/pic/Upload/Files/PDF/F6349319343783532395883.pdf。

四、本刊有修改删节文章的权力，凡投本刊者视为认同这一规则。不同意删改者，请务必在文中声明。

五、本刊已加入中国学术期刊（光盘版）全文数据库，并许可其以数字化方式在中国知网发行传播本刊全文，相关作者著作权使用费与稿酬不再另行支付，作者向本刊提交文章发表的行为即视为同意我刊上述声明。

六、为方便编辑印刷，来稿一律采用电子文本，请径寄本刊编辑部电子邮箱：chengshishiyanjiu@163.com。来稿一经采用，即付样刊两册。未用稿件，一律不退，三个月内未接到用稿通知，可自行处理。文稿如有不允许删改和做技术处理的特殊事宜，请加说明。

需要订阅本刊的读者和单位，请与《城市史研究》编辑部联系。联系方式：电子邮箱 chengshishiyanjiu@163.com。

本刊地址：天津市南开区迎水道7号天津社会科学院历史研究所

邮编：300191；电话：022-23075336

《城市史研究》编辑部

更正说明

《城市史研究》第 40 辑中《战时经济：中共接管时期的上海电价与时局》一文的作者纪小乐，其工作单位应为《山东大学学报（哲学社会科学版）》编辑部。

图书在版编目(CIP)数据

城市史研究.第41辑/张利民主编. -- 北京：社会科学文献出版社,2020.1
 ISBN 978-7-5201-6051-3

Ⅰ.①城… Ⅱ.①张… Ⅲ.①城市史-文集 Ⅳ.①C912.81-53

中国版本图书馆 CIP 数据核字（2020）第 014253 号

城市史研究（第41辑）

主　　编／张利民

出 版 人／谢寿光
责任编辑／李丽丽
文稿编辑／肖世伟 等

出　　版／社会科学文献出版社·历史学分社（010）59367256
　　　　　地址：北京市北三环中路甲29号院华龙大厦　邮编：100029
　　　　　网址：www.ssap.com.cn

发　　行／市场营销中心（010）59367081　59367083
印　　装／三河市尚艺印装有限公司
规　　格／开本：787mm×1092mm　1/16
　　　　　印　张：20　字　数：327千字
版　　次／2020年1月第1版　2020年1月第1次印刷
书　　号／ISBN 978-7-5201-6051-3
定　　价／108.00元

本书如有印装质量问题，请与读者服务中心（010-59367028）联系

版权所有 翻印必究